怀疑主义与辩证法

黑格尔辩证法形成问题研究

荆 晶 著

SKEPTICISM AND DIALECTIC

A Study on the Formation of Hegel's Dialectic

復旦大學出版社

国家社科基金后期资助项目出版说明

后期资助项目是国家社科基金设立的一类重要项目,旨在鼓励广大社科研究者潜心治学,支持基础研究多出优秀成果。它是经过严格评审,从接近完成的科研成果中遴选立项的。为扩大后期资助项目的影响,更好地推动学术发展,促进成果转化,全国哲学社会科学工作办公室按照"统一设计、统一标识、统一版式、形成系列"的总体要求,组织出版国家社科基金后期资助项目成果。

全国哲学社会科学工作办公室

序:溪浑水渐清

荆晶今年3月4日就将这本书稿发给我,请我帮他写个序。我自然爽快地答应了,因为我一直是把青年人的这种尊重当作自己一次很好的学习机会,所以每次都很认真对待,而且现在优秀青年学者的研究成果,是值得认真对待的。思想家的可敬与可贵,其实就是在不断"学"的进程中能够不断地"思",超越之前所达到的"思想限度",这样的"思"才是"活的",有灵气和活力的学术。

荆晶是我心目中一个有真功夫的青年学人,这是我在许多年前跟他熟悉之后建立起来的基本印象。但是,有两个客观原因,造成了我对这件应承之事的怠慢,这是我需要在此道歉和交代的。其一确实是因为自己太忙,除了上课、会议和编辑《伦理学术》之外,我这几年几乎把剩余的全部时间都用在了《西方道德哲学通史》十卷本的写作与出版上,所以答应之事没有立刻做,之后竟然就真忘记了;其二之所以答应而没有立刻做,可能是由于我仅仅看了标题上的"辩证法",拿不准自己是否读得下去。

直到9月6日,荆晶迫于出版程序已到我不得不交稿的时候,他才在"微信"中客气满满地问我的"序"是否写完了,我这才想起来我"遗忘"正事了,太过意不去。可是,由于我9月份确实真忙,在极短的时间内拉着得力干将钱康一起,组织召开"第一届全球伦理国际会议",当然还要准备自己将在会议上做主旨发言的论文的写作,确实无法抽空交付其他笔债。好在大度而机灵的荆晶马上与出版社沟通,推迟了出版进度,容我9月底交稿,才稍微缓和了一点我的歉疚。

所以,我于情于理都不能再有一点点怠慢了,在刚刚开完全球伦理会议的9月24日当晚,由于劳累过度,晚上却失眠,怎么都无法入睡,只好干脆起床,来到书房打开电脑(这是我对付失眠的通常办法),才看清书稿的完整标题:怀疑主义与辩证法——黑格尔辩证法形成问题研究,没有学术抱负的人，根本驾驭不了这么庄重而有学究气的课题。这个课题其实在5—6年前也进入了我的视野中，因为在指导研究黑格尔的研究生写论文时，只要碰到研究黑格尔早期思想甚至涉及黑格尔关于哲学史的精神结构问题时，怀疑主义和辩证法的关系，就是一个绕不开的有趣却重要的切入角度。我甚至跟我们学院研究数理逻辑的同事郝兆宽教授一起合开过黑格尔《逻辑学》的研究生课程，就是试图从逻辑学和存在历史的双重视角，来探究和把捉黑格尔辩证法的"初衷"，究竟是单纯为了发动一场思维方式意义上的逻辑学的革命，还是为了将"世界"自身的"自然-精神"结构通过精神现象学的方式呈现出来？这两个问题在之前的黑格尔研究中，实际上已经获得了广泛的共识，但有争议的却是另一个更为关键的问题：辩证法之"辩"（"变"）究竟是现代虚无主义之克服还是虚无主义之表征？

  黑格尔站在谢林"绝对"哲学起点上，已经充分认识到，现代主体性哲学经过康德、费希特所肇起的浪漫主义，已经是在虚无主义的方向上向前推进，先验主体的架构、道德形而上学向道德神学的推进，虽然使得纯粹理性在"现象界"具有立法意义和构成性作用，能破除一般经验性实践理性在立法根据上的虚无化的矛盾，但只要本体世界之"超越"的价值地位处在"无知之幕"中，那么依靠"形式主义立法原理"确立起来的现象世界的"存在法则"就依然有着一个显而易见的"虚无"之根。因此，早期黑格尔哲学无论是从基督教中去发掘耶稣基督的"生命原则"，还是对谢林浪漫主义创立现代新神话的欣赏，亦或对康德之后形而上学的再度复兴，都为了寻找到世界尚未二元分裂，即尚未被"相对化"的那个"绝对"之根据，只要能确立起"绝对"之根基，无论世界如何变化不断，无论主观的相对之辩（变）如何美轮美奂地造化出不同面目的"他者"，我们都能依据所有变化之背后的"绝对者"来审视和规范这个世界，这个世界就永远是确定的、理性的、合乎逻辑地发展着的，这是黑格尔哲学的一个基本意图。所以，在其1802年的《信仰与知识》中，黑格尔借助于对康德、雅可比和费希特哲学的反思批判，强调了要在存在论上确立"绝对中项"（die absolute Mitte）或"绝对同一性"（die absolute Identität），目标就是反抗现代性"虚无主义"（Nihilismus）：

> 但问题是，理性这个胜利者不正在遭受着这样的命运，即野蛮民族获取胜利的强势，相对于有教养的民族处于下风的劣势，所通常遭遇到

的命运,按外表看统治占优势,但按精神看却是屈从于被战胜者。①

依康德之见,超感觉者不能被理性所认知,至高的理念并不同样具有实在性;依雅可比之见,理性羞于乞讨(betteln),也羞于既不用手也不用脚的挖掘,赋予人的只有他那不辨真假的感觉与意识,只有那么一点点真相在理性中的模糊预感,这仅仅只是平常的主观的和本能的东西。依费希特之见,上帝是某种不可把握和不可想象的东西;知识除了知道它一无所知之外,什么也不知,因而不得不遁入信仰。……要理性放弃其在绝对中的存在,完全坎陷在绝对者之外,只对之采取否定态度,这在从前被视为哲学之死亡,而现在却成了哲学的制高点,而启蒙运动的虚无化(Nichtssein)通过对此虚无的意识而变成了体系。②

雅可比的哲学为什么那么嫌恶它在费希特哲学中发现的虚无主义,前文已经指明了;但要涉及费希特的体系本身而论,那么虚无主义的课题诚然在于纯粹的思维;它却是不能达到纯粹思维的,因为纯粹思维简直只能止步于一个方面,因而这种无限的可能性就拥有了一种无限的现实性与自身相对且同时与自身同在。③

因而,如果把黑格尔的辩证法仅仅理解为主观思维的逻辑,那么它仅仅在二元分裂的一系列"对子"(主观-客观、思维-存在、自然-自由、有限-无限、自我-他者,等等)中"辨析"它"相对"超越于"对方"的优势和合理性,则这种"对立"永远都是相互否定、永无休止的"异化"流变,不会承认有绝对的真理与道义,这种"流变"本身黑格尔称之为"恶的无限性"。而辩证法恰恰要在这种"恶无穷的存在历史之流变"中,确立起本原意义上的"绝对同一",即"绝对中项",这就是"变"之前包含"纯有"与"纯无",即既可能"什么都是"("万有")也可能"什么都不是"(Nichts/空无)的"是"本身(Sein)。于是只有这个本原的"是/存在"才是"绝对"、才是"中道"/"绝对中项"。这样理解的"存在"是"存在之本",是尚未变成"道路""道理"的"道"本身,是尚未"是什

---

① "Glauben und Wissen, oder die Reflexionsphilosophie der Subjetivität in der Vollständigkeit ihrer Forman als Kantische, Jacobische und Fichtesche Philosophie", in G. W. F. Hegel Jenaer Schriften 1801 – 1807, Werke 2, 7. Auflage, Frankfurt am Main: Suhrkamp Verlag, 2013, S.287.
② 同上书,第288—289页。
③ 同上书,第410页。

么"却"什么都能是"的"是"本身。所以,黑格尔的逻辑学是包含存在论、本质论和概念论的实体之实存结构,是理念和现实世界、自然世界和精神世界之绝对结构的理念本相的揭示,它既不能像被表面理解的"相互承认理论"那样,把"承认"理解为对对立着的对方的直接承认,因而真正的辩证"和解"也不能是对立着的东西——善与恶、光明与黑暗的"直接和解",而是对立着的东西中各自合理的"理"本身所指向的更高的"道",这就是绝对之中道。道在本体论上是绝对之同一,分殊仅仅在现象界特殊处境下作为单方面的特殊之道,这才表现出针锋相对的对抗性。因而对立的和解,是对立着的双方各自"退一步",退出各自的特殊性立场和观点,以道观道,以物观物,才能看见对立的道其实本来是同一之道。这样才能"和解"于"道",而绝对不是和解于对方。因而,科耶夫从存在论上将黑格尔的"主奴斗争"的辩证法,解读为生存辩证法的普遍形式,也不符合黑格尔存在之逻辑。

黑格尔辩证法要从存在之根上消除虚无主义难题,纯粹思维的辩证法恰恰是虚无之表征,而真正的"辩证"要求我们把纯粹思维中的主观内容,视为存在之历史的客观表达,从而在逻辑上返回主观与客观对立发生之前的本原的存在之根,从而将坎陷于世俗世界中的"理性"重新拉回到"绝对"中。如是,它首先要有一种对相对主义"恶的无限性"具有"知止"的智慧,而黑格尔透过哲学史,看清了这种"智慧"发源于"怀疑主义"。

黑格尔对怀疑主义有自己的解读方式,但基本内涵是符合历史上的怀疑主义思想的。塞克斯都在《皮浪学说概要》中对怀疑主义的定义这样说:

> 怀疑论是一种把现象和思想以任何一种方式对立起来的能力,由之而来的是,由于被对立起来的东西和论证之间的等效性,我们首先进入存疑,随后达致宁静。①

所以"怀疑论"是因对于相互对立的现象和思想都各自具有一套"等效性"的论证,从而让人很难在具有"等效性"价值的对立之间做出合理的选择和判断,因而,它主张在此条件下保持"存疑",而非"否定"。因为对等之物的"否定"是相互的,而不断进展的相互否定,是不可能有肯定物最终留存的,它只能导致"恶无限",而不是黑格尔否定之否定的包含肯定的综合;因而只有通过"存疑",不做任何判断,心灵在此"定力"中保持一种"宁静"

---

① 〔古希腊〕塞克斯都·恩披里柯:《皮浪学说概要》,崔延强译注,商务印书馆,2019年,第5页。

(ataraxia)状态,保持灵魂不受烦扰。

这使得"怀疑论"在希腊化时期的哲学中具有了伦理学的内涵和意义,它通过存疑而保持灵魂的宁静或无纷扰,就既可以显示出比伊壁鸠鲁主义的幸福目标——身体无痛苦、灵魂无纷扰更具有有效性,因为伊壁鸠鲁主义基于感觉的快乐很难达到其伦理目标;它也比斯多亚主义的独断论具有更多的优势,为了对抗伊壁鸠鲁快乐主义的幸福观,斯多亚主义提出了唯有德性才幸福,德性虽有自由意志做主观基础,但毕竟人都有不可违背的自然的天命,是不得不服从的。所以,黑格尔通过对希腊化时期三大哲学流派的分析,分别把伊壁鸠鲁主义和斯多亚主义作为在"现象和思想"中各自提供了一套谁不说服不了谁的具有"等效性"论证的学说,而怀疑主义却通过"存疑"超越两种对立之上,作为"存在的逻辑"处在"高位"。黑格尔就是这样,将每一个时代的精神结构化,在主观精神、客观精神之历史流变之上,保留"绝对精神"这个"在-绝对-中-存在"的"理性"作为时代精神的立法者和"世界历史法庭",从而克服世俗文化中的虚无主义困境。

因此,黑格尔的辩证法就其真实含义而言,保留了柏拉图在"对话"中"辩证"的本义,其目标是通过两种相互对抗的观念或意见的存疑与反驳,引导思想通往最高存在的理念,从而是对在绝对中存在的正义存在方式的确立。我自己对黑格尔辩证法的理解,一直受到伽达默尔关于黑格尔和柏拉图辩证法研究的启发,他把柏拉图辩证法与智者派诡辩论的对立视为对正义的存在方式的辩护问题,这对认清辩证法与怀疑主义的关系给予了决定性的指引。伽达默尔在一篇解读柏拉图对话《吕西斯》的长文中,不仅明确地把辩证法与真正的存在方式的选择问题联系起来,而且把这一点作为柏拉图和亚里士多德的辩证法与诡辩论的根本区别:"亚里士多德本人,第一种有效逻辑的创始者,在《形而上学》的一个有名的段落中,宣称辩证法与诡辩论之间的差别,仅仅在于对生活方式的选择。即辩证法严肃认真地对待那些事情,而诡辩家则只把它们用作赢得论证、证明自己正确的材料。"[1]

只有当我们有了这样一些前理解视野之后,我们才能明白,荆晶从怀疑主义与辩证法的关系入手探究黑格尔辩证法思想的形成,抓住了黑格尔早期思想的一个关键点。我们只有将此关系理解透彻,才能真正弄懂黑格尔的辩证法及其整个哲学。

所以,这本书把我们引向了黑格尔早期著作中一向不被重视的论文:《怀疑主义与哲学的关系。阐述怀疑主义的不同变体、最新怀疑主义与旧怀

---

[1] 〔德〕伽达默尔:《伽达默尔论柏拉图》,余纪元译,北京:光明日报出版社,1992年,第7页。

疑的比较》，这是非常重要的。通过这篇论文，该书详细梳理了各个不同时期黑格尔辩证法研究的论著，我尤其关注的是其中涉及怀疑主义与黑格尔哲学关系的论著，其中关键的文本无一例外地都收全了，展示了该书学术上的厚重，如：

福尔达（Hans Friedrich Fulda，1930—2023）《黑格尔〈逻辑学〉中的一个导论问题》，这是福尔达 1964 年在海德堡大学完成的博士论文，1965 年出第一版，1975 年出了第二版，这本书的重要性就是把怀疑主义作为否定的科学，作为导论已经包含在肯定的科学，即辩证法之中了，它作为导论依然具有意义，但作为科学则有缺陷。这种缺陷在《精神现象学》中被消除了，而怀疑主义要与意识建立起肯定的关系，就必须作为一个环节被保留在辩证法之中，成为精神结构中的一个内在环节。

而对怀疑主义本身的研究，本书提及了斯道德林（Carl Friedrich Stäudlin，1761—1826）的《怀疑主义的历史与精神》，足见下了大工夫，因为这是一本古老著作了，1794 年出版，比我们上文提到的黑格尔自己最早研究怀疑主义的论文（1801）早了 7 年。而这位斯道德林是一位路德宗的新教神学家，宗教界和哲学家都很少有人知道他。上德国的"维基百科"我才看到，此人著作很多，好几本著作的主题是基督教伦理学和德性论方面的，哲学方面的论著几乎没有，同德国古典哲学的关系，可能是研究过康德的宗教哲学，因为 2007 年有一本论文集涉及他对康德宗教哲学的批判：《通过卡尔·弗里德里希·斯道德林对康德宗教哲学的批判》①，而荆晶提到的这本《怀疑主义的历史与精神》两卷本，有一个副标题：vorzüglich in Rücksicht auf Moral und Religion（尤其考虑到道德与宗教方面），显然不是研究黑格尔哲学中的怀疑主义，而是一般怀疑主义在道德与宗教上的表现。

他提到的另一个人，劳尔·李希特（Raoul Richter，1871—1912），也是我之前闻所未闻的德国哲学家，在网上查阅，也只有一点他的信息，他于 1893 在莱比锡大学师从心理学家冯特（Wilhelm Wundt）研究康德和叔本华取得博士学位，荆晶提到的这本关于怀疑主义的专著——《哲学中的怀疑主义及其克服》②我根本就没看到过。

所以，我用不着更多赘述，只是想强调荆晶这本书对怀疑主义和辩证法

---

① "Die Kritik an der kantischen Religionsphilosophie durch Karl Friedrich Stäudlin", in Ulrich L. Lehner, *Religion nach Kant: ausgewählte Texte aus dem Werk Johann Heinrich Tieftrunks (1759 - 1834)*, Nordhausen: Verlag Traugott Bautz, 2007.

② Raoul Richter, *Der Skeptizismus in der Philosophie*, 2 Bde, Leipzig: Verlag der Dürrschen Buchhandlung, 1908.

的研究史的梳理确实无人有他做得这么周全,关于分析哲学中如何通过研究怀疑主义而对黑格尔哲学开放,我也是首次看到从此角度做的细致分析。而其正文,从黑格尔自己关于古代怀疑主义、自我实现的怀疑主义和真正的怀疑主义之界定,来探究黑格尔耶拿早期到《精神现象学》,再到成熟时期的《逻辑学》体系中的黑格尔辩证法的演进,每一步分析都是既有黑格尔经典文献的支持,也同时是在整个黑格尔学术史的学术进程中的观点支持下得出的结论。这么学术的专著,让我读得没有一点枯燥感,几乎都是在纯然的思想之乐中愉悦地就能读完的,因为它能将我们带入进去跟黑格尔一同在思。

因而,这本书不仅给我带来了思想之愉悦,而且更为重要的是,它有力地推进了黑格尔哲学的研究,使我们有兴趣重新思考怀疑主义哲学更多的积极意义。

邓安庆
2023 年 9 月 30 日

目　　录

导　论 　1
　第一节　问题缘起 　1
　　一、国外黑格尔辩证法研究述评 　2
　　二、国内黑格尔辩证法研究述评 　7
　第二节　研究背景 　9
　　一、怀疑主义在黑格尔哲学中的意义 　10
　　二、黑格尔辩证法的形成过程 　18
　第三节　思路框架 　25
　　一、研究思路 　26
　　二、主题框架 　28

第一章　辩证法的前身：真正的怀疑主义 　34
　第一节　黑格尔对怀疑主义的批判 　34
　　一、《怀疑主义与哲学的关系》的写作动机 　34
　　二、舒尔策怀疑主义的困境 　40
　　三、古代怀疑主义的优越性 　45
　第二节　黑格尔对《巴门尼德篇》的解读 　53
　　一、《巴门尼德篇》是真正的怀疑主义的范例 　53
　　二、《巴门尼德篇》作为真正的怀疑主义之更为完美的文献 　57
　　三、《巴门尼德篇》作为真正的怀疑主义之自给自立着的体系 　63
　第三节　黑格尔对古代怀疑主义的重新阐释 　65
　　一、黑格尔理解古代怀疑主义时的偏差 　67
　　二、黑格尔对古代怀疑主义认识上的前后颠倒 　70
　　三、古代怀疑主义作为黑格尔辩证法的入口 　78

第二章　真正的怀疑主义与耶拿逻辑纲领之关系　81
第一节　《耶拿逻辑纲领》：黑格尔思辨逻辑的萌芽　82
一、逻辑的任务：从反思到思辨　85
二、逻辑的内容：从知性到理性　88
三、逻辑的功能：从二律背反到绝对同一　94
第二节　耶拿逻辑纲领与真正的怀疑主义　99
一、耶拿逻辑纲领与真正的怀疑主义　99
二、形而上学的方法：辩证法　104
三、思辨逻辑：从萌芽到雏形　107

第三章　辩证法：自身实现着的怀疑主义　116
第一节　《精神现象学》的开端、道路和原则　120
一、开端是绝对　121
二、意识到达科学的道路　125
三、原则：意识自身提供检验自己的尺度　131
第二节　诸意识形态之间转化的结构、必然性和动力　137
一、诸意识形态之间转化的结构　137
二、诸意识形态之间转化的必然性　141
三、诸意识形态之间转化的动力　145
第三节　《精神现象学》的方法　146
一、《精神现象学》作为"自身实现着的怀疑主义"　147
二、"自身实现着的怀疑主义"的内涵　148
三、黑格尔对古代怀疑主义的双重扬弃　151

第四章　怀疑主义、辩证法与思辨之关系的最终规定　155
第一节　逻辑真实体的三个环节　156
一、抽象的或知性的方面　157
二、辩证的或否定的理性的方面　161
三、思辨的或肯定的理性的方面　164
第二节　从否定的辩证法到肯定的辩证法：黑格尔对柏拉图的继承和扬弃　169
一、黑格尔对柏拉图辩证法的解读　172
二、黑格尔对新柏拉图学派之解释的理解　177
三、黑格尔对柏拉图辩证法的扬弃　180

第三节　辩证法抑或思辨：黑格尔对亚里士多德的解读和批判　182
　　　一、何为亚里士多德的辩证法　184
　　　二、黑格尔对亚里士多德思辨思想的解读　188
　　　三、黑格尔辩证法与亚里士多德辩证法的区别　196

第五章　黑格尔的思辨哲学何以能够抵御怀疑主义的挑战　198
　第一节　绝对的科学体系：黑格尔对阿格里巴的回应（一）　200
　　　一、对第二、第四和第五个论式的回应　200
　　　二、绝对的科学体系　207
　第二节　思辨哲学和辩证法：黑格尔对阿格里巴的回应（二）　209
　　　一、对第一个论式的回应　210
　　　二、对第三个论式的回应　212

结语　思辨思维与怀疑主义　**218**

参考文献　**228**

导　　论

第一节　问题缘起

黑格尔作为继往开来之集大成者,可以说,其哲学代表了19世纪德国观念论的顶峰,因此,其哲学之伟大及其对后世的影响自然无须赘言。美国学者M.怀特在《分析的时代》一书中曾经说过:"几乎20世纪的每一种重要的哲学运动,都是以攻击那位思想庞杂而声名赫赫的19世纪的德国教授的观点开始的,这实际上就是对他加以特别显著的颂扬。我心里指的是黑格尔。……不谈他的哲学,我们就无从讨论20世纪的哲学。"[1]尤其是黑格尔的辩证法,更是对后世影响深远,但也正是其辩证法,使得黑格尔本人及其哲学饱受后人诟病[2]。

事实上,且不说少数专门从事哲学研究的专家学者,似乎只要是对西方哲学传统略知一二的人,都对黑格尔的辩证法耳熟能详,但是正如黑格尔本人所说的那样,熟知并非真知。如果我们关注一下关于黑格尔辩证法或者相关思想的论述,那么我们必须承认,尽管我们习惯上在不断地援引黑格尔的辩证思想,或者辩证法,但关于黑格尔的诸多研究依旧尚未能够毫无争议地说明辩证法在黑格尔哲学中到底是个什么东西,从这一令人遗憾的事实我们或许可以推断出:黑格尔辩证法的真正内容是,它为黑格尔确保了持续的现实性,并且其所涉及的是系统的哲学基本问题,进一步说,探求黑格尔哲学内核——辩证法的理论原则、功能意义和逻辑构成本身可能也是一项

---

[1] M.怀特编著:《分析的时代——二十世纪的哲学家》,杜任之主译,北京:商务印书馆,1987年,第7页。

[2] J. N. Findlay, *Hegel: A Re-examination*, London: George Allen & Unwin Ltd., 1958, pp.58 – 82.

系统化的和哲学史的任务①。

造成这一现象的原因无疑是黑格尔哲学体系本身的艰深晦涩。的确，黑格尔的哲学体系被认为是西方哲学史上最难的并因此而难以接近，它犹如一个巨大的堡垒，很难找到一个便捷的入口，即便是找到入口得以进入内部，也仿佛置身于一个拥有无数岔口和陷阱的迷宫。而黑格尔哲学体系之所以难以理解，很大程度上是由于他用我们熟悉的概念术语来演证一个全新的理论体系，换句话说，传统的概念术语在他那里获得了新的意义。从根本上说，困难则是在于我们用传统逻辑手段处理一种新的思维方式——思辨思维，但黑格尔在他的哲学体系中所发展出的这种思辨思维，亦即作为进入思辨思维的概念思维，是我们的常识或知性思维所陌生的，它将常识或知性思维作为自身发展的一个环节包含于自身之中，并最终走向理性，正如黑格尔在《小逻辑》中所说的那样，"在思辨哲学里，知性也是必不可少的一个'阶段'或环节，但这个环节却是不能老停滞不前进的'阶段'"②。因此，对于今日的哲学研究者来说，我们仍然有必要认真地对待黑格尔的辩证法，毫不夸张地说，这是理解黑格尔哲学体系的关键。

一、国外黑格尔辩证法研究述评

正如我们所看到的那样，从黑格尔哲学诞生的那天起，就从不缺乏对黑格尔辩证法的研究，国外相关的研究文献可谓是汗牛充栋。

从学术史的角度来看，国外关于黑格尔辩证法的研究大致可以划分为三个时期。第一个时期是从黑格尔去世之后到20世纪初。在这一时期，除了黑格尔的《费希特与谢林哲学体系的差别》(1801)以及耶拿时期和柏林时期的一些文章之外，对黑格尔的研究主要集中在黑格尔生前发表的著作和他去世之后其友人和学生根据其生前讲稿和相关听课笔记整理出版的讲演录。由于这些文本代表的主要是黑格尔成熟时期的思想，因此，对黑格尔辩证法的研究大多是针对其成熟时期的辩证法思想，至于黑格尔辩证法思想的起源及其思想体系产生发展的历史过程，则不可避免地被忽略了。

这一时期的学者们或者是在批判黑格尔辩证法思想的基础上，有所继承和发展，这以左翼黑格尔主义者为代表，如大卫·施特劳斯(David F. Strauss)在《耶稣传》(*Das Leben Jesu, kritisch bearbeitet*, 1835)中将黑格

---

① Werner Flach, "Hegels dialektische Methode", in *Hegel-Studien Beiheft*, Band 1, Bonn: H. Bouvier Verlag u. Co. Verlag, 1964, S. 55–64.

② 〔德〕黑格尔：《小逻辑》，贺麟译，北京：商务印书馆，1980年，第110页。

尔辩证法应用于基督教史的研究，卡尔·马克思（Karl Marx）在《1844年经济学哲学手稿》（Ökonomisch-Philosophische Manuskripte Aus Dem Jahre 1844，1932）中尽管对黑格尔的批判还停留在对黑格尔的主体与客体能动的辩证关系的一种人本主义的改写，但是后来，马克思通过对黑格尔辩证法的"形式"与"内容"的双重改造，继承了黑格尔哲学的"合理内核"，并创建了他的"人的自我实现"的辩证法，实现了从解释世界到改变世界的转变。

或者是尽管对黑格尔哲学有着宏观的把握，试图捍卫黑格尔的哲学体系，但对黑格尔辩证法的研究却只是零星地夹杂其中，这以右翼黑格尔主义者为代表，如鲁道夫·海姆（Rudolf Haym）的《黑格尔和他的时代》（Hegel und seine Zeit，1857）和库诺·菲舍尔（Kuno Fischer）的《黑格尔的生平、著作和学说》（Hegels Leben, Werke und Lehr，1901）。

又或者是重视黑格尔辩证法的研究，他们大多论证了黑格尔的辩证法思想，但对黑格尔辩证法赋予不同的内容或偏离歪曲，这以早期新黑格尔主义者们为代表，如詹姆斯·斯特林（J. H. Stirling）的《黑格尔的秘密》（The Secret of Hegel，1865）和弗朗西斯·布拉德雷（Francis Herbert Bradley）的《现象与实在》（Appearance and Reality，1893），后者将黑格尔的有限与无限之关系等完全割裂和对立起来。

第二个时期是从20世纪初到40年代末。随着黑格尔的早期文献和他的其他手稿的整理和出版，国外学界开始研究黑格尔思想的形成和哲学体系的构建过程，尤其是黑格尔哲学是如何形成的这一发生学问题，由此逐渐展开对青年黑格尔的研究并对之前的一些研究结论进行重大修正，这一时期也是新黑格尔主义的流行期。

以1905年威尔海姆·狄尔泰（Wilhelm Dilthey）的《青年黑格尔的历史》（Die Jugendgeschichte Hegels）为开端（狄尔泰在本书中明确指出：黑格尔世界观的形成与其神学研究有着密切的关系，并且黑格尔法兰克福时期草稿中最艰涩的问题就是辩证法和逻辑体系的建筑结构之形成），这一时期出现了一系列对黑格尔早期思想研究具有历史性意义的著作。就辩证法而言，颇具代表性的是理查德·克洛纳（Richard Kroner）的《从康德到黑格尔》（Von Kant bis Hegel，1921—1924）、特奥多·希林（Theodor Haering）的《黑格尔：他的意愿和著作》（Hegel, sein Wollen und sein Werk，1929）和瓦尔特·阿克斯曼（Walter Axmann）的《黑格尔辩证法思想的起源问题》（Zur Frage nach dem Ursprung des dialektischen Denkens bei Hegel，1939），这些著作都明确指出了黑格尔辩证法的起源与基督教之间的关系。克洛纳认为黑格尔的辩证法并非理性思维，而是有生命的精神的自身运动，辩证法是现实中所有运动、生命和活动的原则，并且作为思辨的辩证思维本身是非理性的。阿克斯曼则系统地研究了黑格尔辩证法的起源问题，他首先剖析了黑格尔辩证法的产生背景和思想渊源，其次则考察了辩证法在黑格尔青年时期神学著作中的原型，最后比较说明了黑格尔辩证法与费希特和谢林的辩证法之间的联系与区别，由此阐明，在黑格尔那里，方法与体系是绝不可分离的，辩证法其实就是动态的-历史的逻辑。希林同样考察了黑格尔辩证法与康德、费希特和谢林辩证法之间的关系，并指明了作为黑格尔哲学体系方法的辩证法之开端。

尤其值得一提的是亚历山大·科耶夫（Alexandre Kojève）的《黑格尔导读》（*Introduction à la lecture de Hegel*，1947）和格奥尔格·卢卡奇（György Lukács）的《青年黑格尔》（*Der junge Hegel*，1948）。科耶夫对黑格尔辩证法的解读强调了其否定性和思辨性，但同时也抛弃了黑格尔辩证法的一元论倾向，转而强调某种二元论的意义，即辩证法只能运用到人，而不能运用到自然，可以说，科耶夫实现了辩证法的生存论转向。而卢卡奇则延续了其《历史与阶级意识》（*Geschichte und Klassenbewußtsein*, 1923）中"历史的辩证法"的基本思想，认为黑格尔辩证法产生的动力源于他对当时德国的经济问题、社会问题和政治问题等时代问题的看法，实质乃是个人与资产阶级社会之间的种种矛盾，而早期黑格尔的宗教神学对其成熟期的思想并没有多大的意义。可以说，科耶夫和卢卡奇的研究在很大程度上也代表了当时欧洲思想氛围发生的变化。

第三个时期是从20世纪50年代开始，一直延续至今。相较过去而言，这一时期的研究逐渐回到了黑格尔本身，学者们越来越重视对黑格尔哲学文本的解读和研究。

首先要指出的是，二战以后，德国的黑格尔复兴运动是与法兰克福学派和现象学派紧密联系在一起的。法兰克福学派基于自身的哲学视角对黑格尔辩证法加以批判和重新诠释，更多地赋予其以社会历史批判的维度，法兰克福学派的否定辩证法最终完成于特奥多·阿多诺（Theodor Adorno）的《否定的辩证法》（*Negative Dialektik*，1966），阿多诺在该书中指出，"否定的辩证法"的理论基础是非同一性，基本特征是反概念、反体系，核心是绝对否定，最终结局是瓦解的逻辑。而现象学派对黑格尔辩证法的论述，则主要归功于汉斯-格奥尔格·伽达默尔（Hans-Georg Gadamer）的《黑格尔的辩证法》（*Hegel's Dialectic*，1961），他在该书中阐明了以柏拉图和亚里士多德为代表的古代哲学家的辩证法对黑格尔辩证法起源的重要意义。

60年代初,以《黑格尔研究》(Hegel-Studien)等期刊的出版为代表,进一步推动了对青年时期黑格尔思想的研究,这一热潮一直持续到80年代,期间研究成果层出不穷。颇能代表黑格尔辩证法起源问题研究的著作有古特尔·马路谢克(Günther Maluschke)的《黑格尔辩证法中的批判和绝对方法》(*Kritik und Absolute Methode in Hegels Dialektik*, 1974)、克劳斯·杜辛(Klaus Düsing)的《黑格尔与哲学史》(*Hegel und Geschichte der Philosophie*, 1983)、曼弗雷德·鲍姆(Manfred Baum)的《黑格尔辩证法的起源》(*Die Entstehung der Hegelschen Dialektik*, 1986)和海因茨·霍特格斯(Heinz Röttges)的《辩证法与怀疑主义》(*Dialektik und Skeptizismus*, 1987),这些著作都深入考查了黑格尔探索其哲学方法——辩证法的进程。马路谢克通过阐述怀疑主义、柏拉图辩证法、斯宾诺莎学说、康德哲学与黑格尔辩证法之间的渊源以及《逻辑学》中范畴或规定的辩证形成过程,指明黑格尔辩证法在思想史上的起源、生成和实质。杜辛同样通过对比分析古希腊辩证法、斯宾诺莎学说和康德学说本身与黑格尔对这些学说的看法,试图指明黑格尔关于本体论与辩证法的思辨构思。鲍姆则主要通过对黑格尔伯尔尼时期、法兰克福时期和耶拿时期相关文本的精细解读,澄清了黑格尔辩证法的起源和形成过程。而霍特格斯则以怀疑主义与辩证法之关系这一独特视角,详细论证并阐明了黑格尔关于怀疑主义的研究对其辩证法产生的重要意义。需要特别指出的是,本研究的基本思路就主要得益于霍特格斯的这一研究。当然,对此需要指出的是,汉斯·弗里德里希·福尔达(Hans Friedrich Fulda)早在其所著的《黑格尔〈逻辑学〉导论中的问题》(*Das Problem einer Einleitung in Hegels Wissenschaft der Logik*, 1965)一书中就已经阐述过黑格尔辩证法与怀疑主义之间的关系了。

此外,有关黑格尔辩证法的主题研究,诸如恩斯特·布洛赫(Ernst Bloch)在其著《主体-客体:黑格尔注解》(*Subject-Objekt*: *Erläuterungen zu Hegel*, 1962)中就曾指出,辩证法本身,在人类创造的世界中,无非是主体-客体-关系(Subjekt-Objekt-Beziehung),就是开展着的主体性(erarbeitende Subjektivität),这种主体性总是一再地超越和力争突破这种已经变成它的客体化(Objektivierung)和客体性(Objektivität)。正如戈特弗里德·施蒂勒(Gottfried Stiehler)在《黑格尔〈精神现象学〉中的辩证法》(*Die Dialektik in Hegels "Phänomenologie des Geistes"*, 1964)一书中认为的那样,黑格尔的辩证法是一种"世界精神""绝对理念"的辩证法,它不是真实的自然或真实的历史的辩证法,对于黑格尔而言,辩证法在《精神现象学》中是一个由主体造成的主体与客体之间的紧张领域的结果。施蒂勒还指出，黑格尔的辩证法是描述一种范畴的整体的本质方法和"世界理性"中的辩证关系的研究方法，根据存在与思维的统一性，辩证法也是客观的真实性的运动，这种辩证的运动，对于黑格尔而言，是绝对物的运动，而思想的运动本身，也就是世界的运动。又如比蒂格尔·布勃纳(Büdiger Bubner)在《辩证法与科学》(*Dialektik und Wissenschaft*，1973)一书中探究了黑格尔哲学体系中辩证法与科学之间的张力问题。彼得·肯珀(Peter Kemper)的《辩证法与描述》(*Dialektik und Darstellung*，1980)一书系统地研究了黑格尔《逻辑学》中的思辨方法——辩证法。而迈克尔·沃尔夫(Michael Wolff)在《矛盾的概念》(*Der Begriff des Widerspruchs*，1981)中则对康德和黑格尔的辩证法进行了细致的分析和比较。

另外，还需要补充指出的是，加尔瓦诺·德拉-沃尔佩(Galvano Della-Volpe)在《卢梭与马克思》(*Rousseau e Marx*，1957)等著作中从实证主义和科学主义的立场出发，认为马克思辩证法来源于伽利略的科学实验方法，强调其科学性，进而彻底批判和否定了黑格尔的思辨辩证法，由此提出了"具体—抽象—具体"的"科学的辩证法"。让-保罗·萨特(Jean-Paul Sartre)在《辩证理性批判》(*Critique de la Raison dialectique*，1960)一书中，同样在批判了黑格尔辩证法思想的基础上，提出了一种来源于个人实践，以社会总体性运动为内容，并以社会总体性的可理解性为目标的辩证法，即"人学的辩证法"。

至于英美学界关于黑格尔辩证法的研究，则更多地与20世纪70年代以来分析哲学的认识论转向相关联。因此，对于黑格尔辩证法的研究，通常是从黑格尔的认识论角度来加以研究的。

关于黑格尔早期思想发展研究的代表性著作是哈里斯(H. S. Harris)的两卷本巨著《黑格尔的发展》(*Hegel's Development*，1972—1983)，在该书中作者详细论述了黑格尔从1770年到1806年之间哲学思想的发展历程。事实上，芬德莱(J. N. Findlay)早在《黑格尔：一个再考察》(*Hegel: A Re-examination*，1958)中就已经探讨了黑格尔辩证法的真正含义，黑格尔实际上是如何运用辩证法的，以及他对黑格尔辩证法的某些重要异议。

詹姆斯·麦克塔格特(James McTaggart)在其著《黑格尔辩证法研究》(*Studies in Hegel's Dialectic*，1964)中则系统地考察了黑格尔辩证法的一般本质、不同解释和有效性，辩证法的发展过程及其与时间的关系，辩证法的最终结果及其应用等等。查尔斯·泰勒(Charles Taylor)在《黑格尔》(*Hegel*，1975)中强调了黑格尔辩证法的本体论维度，指出黑格尔有着两种辩证法，一种是本体论的辩证法，其典范是《精神现象学》中的意识辩证法，是严格意义上的辩证法,这最终指向了《逻辑学》中的辩证法;另一种是历史辩证法,其典范是《精神现象学》中的"主奴"辩证法,不是严格意义上的辩证法,只是解释性的或解释学的辩证法。就这两种辩证法的关系而言,前者是后者的基础,后者依赖于前者。

而迈克尔·罗斯(Michael Rosen)在《黑格尔辩证法及其批判》(*Hegel's Dialectic and its Criticism*,1982)中却强烈地批判了黑格尔的辩证法,甚至加以否定,并指出黑格尔辩证法的合理性与其绝对观念论紧密联系在一起。特瑞·平卡德(Terry Pinkard)在《黑格尔的辩证法》(*Hegel's Dialectic*,1988)中也不认为相比于康德的辩证法,黑格尔的辩证法具有一种完全不同的意义,而只是继承和发展了康德哲学中的辩证法思想,即黑格尔哲学的辩证论证源自康德哲学的先验论证,而形而上学论证则来自莱布尼茨的论证方式,黑格尔辩证法关注的是假定范畴以解决在其他范畴中发现的某些困境。

到了霍沃德·凯因茨(Howard Kainz)的《悖论、辩证法和体系》(*Paradox,Dialectic and System*,1988)那里,他却明确指出了黑格尔的独特贡献在于他将悖论、辩证法和体系这三个元素结合起来以创造一种独一无二的动态平衡。而迈克尔·佛斯特(Michael N. Forster)的《黑格尔与怀疑主义》(*Hegel and skepticism*,1989)则通过对黑格尔关于怀疑主义的研究,试图表明黑格尔哲学中对概念与客体和思维与存在之间分离的克服、辩证法和耶拿时期文本(特别是《耶拿逻辑》和《精神现象学》)这三个主要方面的内在动力,只有在它们在认识论计划中所扮演的角色得到解释之后才能变得清晰。

二、国内黑格尔辩证法研究述评

国内学者同样为黑格尔辩证法的研究付出了诸多努力,亦获得了丰富的成果。当然,目前现有的研究也存在着一些不足,如国内学者主要聚焦于探究黑格尔成熟时期辩证法的内涵与实质、比较黑格尔辩证法与之前哲学家辩证法思想(主要集中在康德、费希特和谢林,其他人,诸如赫尔德等,则较少)之间的历史渊源和传承关系。其中比较具有代表性的,如张世英先生在其著作《论黑格尔的逻辑学》(1959)中对黑格尔辩证法与诡辩论之分歧的思想进行了论述,而在《黑格尔的哲学》(1972)一书中,则指出了黑格尔辩证法的唯心主义性质,黑格尔对辩证法本质的歪曲以及辩证法与黑格尔唯心主义体系之间的矛盾。张澄清先生同样在其所著《黑格尔的唯心辩证法》(1984)一书中指出黑格尔在辩证法思想发展史上的杰出贡献是具体地、深刻地论述了辩证法的诸范畴和规律，论述了本体论（辩证法）、认识论和逻辑学一致的思想，以及把辩证法提到客观真理和普遍规律的高度并把辩证法予以系统化等等。邓晓芒先生在其《思辨的张力》（1992）一书中，系统阐述了黑格尔辩证法的语言学起源和生存论起源，论证了黑格尔辩证法的灵魂是否定，其形式是反思，指明了黑格尔辩证法是逻辑学、认识论和本体论的统一。张以明先生在《生命与实践》（2010）中则试图阐明黑格尔辩证法的实践基础和存在基础，由此指明生命概念对黑格尔辩证法所具有的奠基性意义。此外，还有邓安庆先生、丁三东先生、高桦先生、韩水法先生、贺麟先生、李秋零先生、梁志学先生、刘哲先生、倪剑青先生、王树人先生、王天成先生、先刚先生、萧焜焘先生、谢地坤先生、张汝伦先生、张慎先生、张祥龙先生、张志伟先生、赵敦华先生、赵光武先生和庄振华先生等专家学者的相关研究著作①。

还有就是，主要考察黑格尔之后的哲学家对黑格尔辩证法的批判与扬弃路径，如一种是关于马克思对黑格尔辩证法的批判与继承关系的比较研究，一直是学界研究的重点和热点，"颠倒说"一直占据着马克思与黑格尔关系的核心位置；另一种则是关于阿尔都塞、科耶夫、克罗齐、齐泽克和阿多诺等现当代哲学家对黑格尔辩证法的阐释和比较研究，比较具有代表性的专家学者有白刚先生、卞绍斌先生、黄志军先生、贺来先生、季忠先生、刘林先生、马新宇先生、彭燕韩先生、孙正聿先生、王福生先生、吴晓明先生、谢永康先生、俞吾金先生、张亮先生、张廷国先生、赵凤岐先生和张一兵先生等②。

相较而言，国内学界探讨黑格尔早期著作中辩证法思想的起源和发展的研究则比较少，比较具有代表性的著作有，宋祖良先生的《青年黑格尔的哲学思想》（1989）、赵林先生的《黑格尔的宗教哲学》（1996）、杨祖陶先生的《康德黑格尔哲学研究》（2001）和《德国古典哲学逻辑进程》（2003）以及朱学平先生的《古典与现代的冲突与融合》（2010）。宋祖良先生主要论述了青年黑格尔的哲学思想发展过程，但对黑格尔辩证法的起源和发展却也只是零星地提及。赵林先生指明了黑格尔辩证法可以在其法兰克福时期的神学手稿中找到思想原型，并且也与德国神秘主义有着密切的关系。杨祖陶先生则揭示出了黑格尔辩证法在德国观念论和黑格尔逻辑学中的必然发生。而朱学平先生则表明黑格尔将《1800年体系残篇》中的生命辩证法进一步深化为历史辩证法和人性辩证法。

综上所述，此前我国研究黑格尔辩证法的著作几乎没怎么关注黑格尔

---

① 诸位专家学者的相关具体著作请参见本书的参考文献。
② 诸位专家学者的相关具体著作请参见本书的参考文献。

辩证法与怀疑主义的关系,而国外学者则多有专著和论文。有别于国内这些通常的研究视角,本书将以黑格尔对怀疑主义的扬弃与其辩证法形成之关系为特定的切入点,系统地梳理前人的成果,按照黑格尔思想发展的脉络,较为完整地勾勒出黑格尔对怀疑主义的批判改造的复杂过程,并较为清晰地阐明黑格尔是如何批判地扬弃吸收了怀疑主义的积极因素,由此形成了他自己的辩证法思想的,从而为我国黑格尔辩证法研究提供一个新的起点。

当然,受限于这个特定的切入点,首先,本书并非是对怀疑主义的历史的考察和研究[①];其次,本书也非对怀疑主义与认识论之间关系的研究[②],或对怀疑主义的论证方式的研究[③],或对怀疑主义存在的生存论基础的研究[④];再次,本书也非仅是对古代怀疑主义[⑤]和舒尔策的怀疑主义等本身的内涵及其在哲学史中的意义和作用的研究。

但是,通过对黑格尔扬弃怀疑主义的考察,或许诚如恩斯特·布洛赫在其著作《主体-客体:黑格尔注解》中论及黑格尔的语言时所说的那样:"他的许多句子可作为容器,这些容器被浓烈的和烈性的饮料所填满,但是容器却没有或少有把柄。"[⑥]本书也许可以为我们理解黑格尔辩证法的内涵和意义乃至于其整个哲学体系提供一个很好的"把柄"。

第二节 研究背景

如上文所述,本书旨在从黑格尔对怀疑主义的扬弃与其辩证法形成之关系这个特定的视角,对黑格尔辩证法的形成加以研究,其重点在于对黑格尔关于怀疑主义与辩证法形成之关系的规定史的考察和研究,同时也试图

[①] 鲁成波:《西方怀疑论》,济南:山东大学出版社,2003年。
[②] 徐向东:《怀疑论、知识与辩护》,北京:北京大学出版社,2006年。
[③] 曹剑波:《知识与语境:当代西方知识论对怀疑主义难题的解答》,上海:上海人民出版社,2009年。
[④] 胡长栓:《怀疑论研究》,吉林:吉林大学博士学位论文,2006年。
[⑤] 古代怀疑主义的四个时期:(1)创始阶段,以皮浪(Pyrrho)和蒂孟(Timon)为代表;(2)柏拉图中期学园派中的怀疑主义,主要为阿尔凯西劳斯(Arcesilaus)和卡尔尼亚德(Carneades);(3)皮浪主义在罗马时期的复兴,以安尼西德穆斯(Anenisdemus)和阿格里巴(Agrippa)为代表;(4)公元二世纪前后,以梅诺多图(Menodotus)和塞克斯都(Sextus Empiricus)为代表。
[⑥] Ernst Bloch, *Subject-Objekt: Erläuterungen zu Hegel*, Frankfurt am Main: Suhrkamp Verlag, 1962, S.18.

在此基础上阐明黑格尔的哲学体系何以能够抵御怀疑主义的攻击。

针对这一研究视角,还有必要再分别交代一下怀疑主义在黑格尔哲学中的意义,即黑格尔对怀疑主义的思考的发展进程,以及黑格尔辩证法的形成过程,此处涉及的也是与本书直接相关的研究背景的一个综述,这将有助于我们更好地理解本书的研究思路和主题框架。

一、怀疑主义在黑格尔哲学中的意义

对于怀疑主义在黑格尔哲学——特别是在它最为决定性的耶拿时期——中的意义,自从 20 世纪 60 年代以来,才逐渐开始被详细地加以研究,如默克尔(Nicolao Merker)关于黑格尔逻辑之起源的研究[1]和福尔达(Hans Friedrich Fulda)关于《精神现象学》与《逻辑学》之关系的研究[2]。尤其是以《黑格尔研究》(Hegel-Studien)、《黑格尔研究附刊》(Hegel-Studien Beiheft)和《黑格尔年鉴》(Hegel-Jahrbuch)等期刊的出版为代表,进一步推动了研究的兴盛,这一热潮一直持续到 20 世纪 80 年代,期间成果蔚为大观。

在此之前,黑格尔学派对黑格尔与怀疑主义之间关系的研究,仅仅是处于边缘位置,怀疑主义对黑格尔思想发展的意义几乎没有被认识到,虽然拉松(Georg Lasson)[3]、罗森茨威格(Franz Rosenzweig)[4]、克洛纳(Richard

---

[1] Nicolao Merker, *Le Origini della logica hegeliana: Hegel a Jena*, Milano: Feltrinelli, 1961.

[2] 汉斯·弗里德里希·福尔达在《黑格尔〈逻辑学〉中的一个导论的问题》中,通过研究怀疑主义与哲学科学之间的关系,来阐明《精神现象学》与《逻辑学》之间的关系。他认为,怀疑主义——否定的科学,作为导论是有用的——作为科学是多余的,因为否定的科学的环节已经包含在肯定的科学,即辩证法之中了;这个环节之应用为导论并不是多余的;但它是有缺陷的,因为它必须发现认识的诸形式是非科学的。怀疑主义也是某种多余的东西,就怀疑主义本身构成了这种真正科学的一个环节而言。然而,只要这个环节,为了使怀疑主义成为导论,必须摆脱与科学的其他环节的关联,并且必须与行将发现的意识建立一种其他的关联,而我们共同的意识(gemeinsames Bewußtsein)从自身无法建立起这种其他的关联,那么有鉴于此,怀疑主义就并非是多余的;但是怀疑主义并非是科学并因此对于科学而言也不是必然的。怀疑主义将仅仅显现为导论。另一方面,现象学通过将意识立场——它与有限认识的形式相符——作为主题,就由此拥有了一个中介,在这个中介中诸意识立场强制这些形式相互转化,即能够科学地获得,而不会因此成为对这些形式本身的辩证法的研究。怀疑主义将包含在现象学之中,但其缺陷被消除了。参见:Hans Friedrich Fulda, *Das Problem einer Einleitung in Hegels Wissenschaft der Logik*, Frankfurt am Main: Vittorio Klostermann, 1975, S. 28.

[3] Georg Lasson, *Beiträge zur Hegel-Forschung*, 2 Bde, Berlin: Trowitsch & Sohn, 1909 - 1910.

[4] Franz Rosenzweig, *Hegel und der Staat*, Berlin: Suhrkamp Verlag, 2010.

Kroner)①、格洛克纳(Hermann Glockner)②和希林(Theodor Haering)③的黑格尔研究在其几乎纯历史的研究思路中或多或少迫不得已地谈到黑格尔的怀疑主义,但只是有所涉及并且总是一带而过④。此外,库诺·菲舍尔在其书《黑格尔之生平、著作和学说》⑤中也只用了五页不到的篇幅加以讨论,而鲁道夫·海姆(Rudolf Haym)在其著作《黑格尔和他的时代》⑥中也只是稍有提及。一个最为显著的例子是,自从斯道德林(Carl Friedrich Stäudlin)的《怀疑主义的历史与精神》⑦以来,劳尔·李希特(Raoul Richter)这本独一无二的更为宏大的关于怀疑主义的专著——《哲学中的怀疑主义及其克服》⑧,虽然在第二卷中提供了一个关于近代哲学中怀疑主义的详细历史概况,但是在标题为"从休谟到黑格尔"的章节中似乎也无法辨识出黑格尔关于怀疑主义的论述,甚至于一个词都未提及。

另一方面,大致是由于"黑格尔思想中过度的形而上学特性",黑格尔的思想在很大程度上缺席了英美分析传统。内克塔里奥斯·利姆纳提斯(Nectarios G. Limnatis)在其所编的《黑格尔辩证法的维度》⑨的导论中就曾指出,英美分析哲学对黑格尔有着诸多评论,却少有人理解其辩证法,甚至更少有人努力去理解黑格尔的解释学框架和他所试图解决的问题。在英美分析哲学传统中,黑格尔被视为一个顽固不化的思辨形而上学家,对认识论的相关问题毫不关心。因此,英美学界对黑格尔思想的研究,一度大多集中于社会和政治哲学领域,而不是在形而上学或认识论领域。但是,值得欣慰的是,自从20世纪70年代以来,这一研究状况开始发生转变,对黑格尔的研究在英美学界中得到复兴,这主要得益于怀疑主义在分析哲学的认识论争论中重新变得流行起来,对哲学的怀疑主义挑战导致了一场关于"先验

---

① Richard Kroner, *Von Kant bis Hegel*, Tübingen: Verlag von J. C. B. Mohr, 1961.
② Hermann Glockner, *Der Begriff in Hegels Philosophie*, in *Heidelberger Abhandlungen zur Philosophie und ihre Geschichte 2*, Tübingen: Verlag von J. C. B. Mohr, 1924.
③ Theodor Haering, *Hegel, sein Wollen und sein Werk*, Aalen: Scientia Verlag, 1963.
④ Hartmut Buchner, "Zur Bedeutung des Skeptizismus beim jungen Hegel", in *Hegel-Studien Beiheft*, Band 4, Bonn: H. Bouvier Verlag u. Co. Verlag, 1969, S.49.
⑤ Kuno Fischer, *Hegels Leben, Werke und Lehre*, Heidelberg: Carl Winter's Universitätsbuchhandlung, 1901, S.250–254.
⑥ Rudolf Haym, *Hegel und seine Zeit*, Berlin: Verlag von Rudolph Gaertner, 1857.
⑦ Carl Friedrich Stäudlin, *Geschichte und Geist des Skepticismus*, Leipzig: Bey Siegfried Lebrecht Crusius, 1794.
⑧ Raoul Richter, *Der Skeptizismus in der Philosophie*, 2 Bde, Leipzig: Verlag der Dürr'schen Buchhandlung, 1908.
⑨ Nectarios G. Limnatis, ed., *The Dimensions of Hegel's Dialectic*, London, New York: Continuum, 2010.

论证"(Transzendentale Argumente)的讨论,这个讨论虽然令人失望地误入了迷途,但它却深化了对古代哲学怀疑范式的探究,这个探究已经通过分析哲学的认识论问题获得了新生,并且黑格尔及其对怀疑主义挑战的回应也是以这一探究为出发点的——至少从事实角度来看是这样,尽管在其哲学发展进程中也许并非如此①。英美学界的这一复兴是由一系列丰富著作所推动的,诸如肯尼斯·韦斯特法尔(Kenneth Westphal)的《黑格尔的认识论》②、保罗·弗兰克斯(Paul Franks)的《古代怀疑主义、近代自然主义和黑格尔早期耶拿著作中的虚无主义》③和艾伦·斯贝特(Allen Speight)《怀疑主义、现代性和黑格尔辩证法的起源》④等,其中迈克尔·佛斯特(Michael

---

① Hans Friedrich Fulda, "Einleitung: Fragen und Überlegung zum Thema", in *Skeptizismus und spekulatives Denken in der Philosophie Hegels*, Hrsg. von Hans Friedrich Fulda und Rolf-Peter Horstmann, Stuttgart: Klett-Cotta, 1996, S.10.

② 肯尼斯·韦斯特法尔在该书中指出,黑格尔的认识论是对塞克斯都·恩披里克的问题的回应,问题的解决取决于对缜密而系统的认识论加以自我批评的可能性的演证。黑格尔的现象学辩证法的一个重要特征是,源自他为规避阿格里巴(Agrippa)的五式(意见分歧,无穷倒退,相对性,假设和循环论证)所作的努力。黑格尔通过解决皮浪有关标准的两难来规避五式,采用对建构性的自我批判的可能性的一种精细而富有力量的分析来解决此两难。依黑格尔所言,人类意识拥有一种自我批判的结构,无论我们是否知道或利用它。黑格尔试图在结构上展示我们的自我批判能力和在他的现象学中审查"意识形式"的特性,并试图通过依靠"一种对对立的哲学观念的内在批判"而支撑的积极的哲学结论来避免主观臆断。参见: Kenneth Westphal, *Hegel's Epistemology: A Philosophical Introduction to the Phenomenology of Spirit*, Indianapolis: Hackett, 2003。

③ 保罗·弗兰克斯认为,在黑格尔早期耶拿著作中对怀疑主义的看法不仅存在于关于古代和近代的怀疑主义的论文中,同样存在于有关雅各比的作品中。保罗·弗兰克斯试图证明,被黑格尔所贬低的近代怀疑主义应该被理解为一种自然主义,尽管黑格尔的观点有其优点,近代怀疑主义依旧保持着与黑格尔哲学的竞争。保罗·弗兰克斯同时还以雅各比为主题试图论证,黑格尔看到了古代怀疑主义与近代哲学的虚无主义之间有着密切关系。参见: Paul Franks, "Ancient Skepticism, Modern Naturalism, and Nihilism in Hegel's Early Jena Writings", in *The Cambridge Companion to Hegel and Nineteenth-Century Philosophy*, ed. by Frederick C. Beiser, Cambridge: Cambridge University Press, 2009, pp.52 – 73。

④ 艾伦·斯贝特指出黑格尔认识论的一个原创性在于,其试图通过辩证法来克服怀疑主义。他认为,黑格尔用彻底的方式解决了这个问题:怀疑主义,不仅是哲学的必要组成部分,而且作为彻底地自我完成着的怀疑主义也是必要的。对黑格尔立场的一种典型的解释是,黑格尔采用辩证法来回应笛卡尔-休谟的挑战,以克服其有限主张的不稳定性和矛盾,并提供了一种综合的无前提的解答。这一点在现有研究中尚未涉及,但为了弄清黑格尔的立场,特别是他赋予古代怀疑主义高于近代怀疑主义更高地位的立场,是十分必要的。此外,作者认为斯道德林对怀疑主义历史的解释对黑格尔有直接的影响,不仅体现在黑格尔对问题的历史把握上,同样,可能更为重要的,体现在他所传达的怀疑主义反映的社会和生存的焦虑上。这不仅与古代世界的危机,也与黑格尔时代的权威的危机相关。因此,作者得出的结论是,黑格尔在其辩证法中包含怀疑主义,不仅是为了解决认识论问题,而且是要保持对常识的特有的重视——常识的自由与独立。参见:Allen Speight,(转下页)

N. Forster)①的相关著作则具有代表性的意义,这些著作反对将黑格尔误解为一个倒退的形而上学家——对其富有想象力和强大力量的形而上学主张的认识论基础漠不关心,并且其相关的研究成果已经让人信服地表明:黑格尔不仅拥有认识论,而且他也有认真地关注其形而上学体系的认识论的理由。

事实上,哈特姆特·布赫纳(Hartmut Buchner)早在其文《怀疑主义对青年黑格尔的意义》②中就曾指出,黑格尔通过其哲学道路所达到的是绝对观念论(der absolute Idealismus),在其哲学道路上,我们可以发现怀疑主义在黑格尔最初的思辨企图中的必然性,即黑格尔在这里所涉及的是在反对近代怀疑主义的基础上,阐明古希腊怀疑主义的合法的、思辨的环节,并且最终所涉及的是按照绝对的要求,为其哲学学说拯救"真正的"怀疑的环节,以及怀疑在其最初的哲学开端中一个必不可少的位置。毫不夸张地说,黑格尔早期关于怀疑主义的研究,对他后来的辩证法之形成,是一个完全决定性的步骤和过渡,反之,同样非常明显的是,在古代怀疑主义那里,辩证法就已经或多或少处于酝酿之中了。因此,古代怀疑主义对于青年黑格尔思想的一个决定性的发展阶段具有重要的积极意义。

可以发现,肇始于最初的《怀疑主义与哲学的关系》③,黑格尔为了回应

(接上页)"Skepticism, Modernity, and the Origins of Hegelian Dialectic", in *The Dimensions of Hegel's Dialectic*, ed. by Nectarios G. Limnatis, London, New York: Continuum, 2010, pp.140 - 156。

① 迈克尔·佛斯特在其著作中指出,黑格尔对古代怀疑主义和近代怀疑主义的区分,表明黑格尔的认识论程序是顺应古代怀疑主义程序的。作者在本书的第一部分中指出,黑格尔严格区分了古代疑主义和近代怀疑主义,认为前者具有重大的哲学价值,而后者则不是。通过对二者的分析,指明前者,而不是后者,对黑格尔的哲学产生了重要的影响。在第二部分中,作者试图展示,黑格尔所发现的在怀疑传统中具有哲学上的重要意义的怀疑问题,在黑格尔对历史的哲学理解中所扮演的重要的和有趣的角色。黑格尔认为这些怀疑难题的出现在一个确定的历史节点上对人类文化的发展具有决定性的影响,远不止对狭隘意义上的哲学思想发展的影响。这个历史节点是从希腊城邦的统一的与和谐的文化(黑格尔称之为伦理的生活)向罗马及随后犹太-基督教的历史的文化状况(在此之中,人们与上帝、他们所处的自然和社会环境之间处于知性的分离之中)的转变。在第三部分中,作者表明,黑格尔对认识论有着深远的兴趣,他试图构建一张其哲学的保护网以对抗怀疑难题,而这正是其认识论计划中的一个基本部分。黑格尔认识论计划中的一种有趣的方法是,他企图捍卫其哲学系统免受怀疑的攻击,并采用一种本质的和广泛的怀疑进程来保证认识论上的安全。作者认为黑格尔对概念与客体和思维与存在之间分离的克服、辩证法和耶拿时期文本(特别是《耶拿逻辑》和《精神现象学》)这三者,只有在它们在认识论计划中所扮演的角色得到解释之后才能被理解。参见:Michael Forster, *Hegel and Skepticism*, Cambridge, Mass.: Harvard University Press, 1989, pp.1 - 5。

② Hartmut Buchner, "Zur Bedeutung des Skeptizismus beim jungen Hegel", in *Hegel-Studien Beiheft*, Band 4, Bonn: H. Bouvier Verlag u. Co. Verlag, 1969, S.49 - 56。

③ 笔者认为,尽管有所区别,但是《哲学史讲演录》中关于怀疑主义的论述也许很大程度上可以归属于耶拿时期的《怀疑主义与哲学的关系》一文。

怀疑主义的挑战,通过论述古代怀疑主义相比于近代怀疑主义的优越性,提出了"真正的怀疑主义",这种回应并非单纯地或独断地反驳古代怀疑主义的攻击,而是正相反,它是为了建立起一条肯定地评价、保存并扬弃古代怀疑主义的道路①。首先,从伯尔尼时期到耶拿早期,古代怀疑主义在青年黑格尔从宗教批判到怀疑主义批判的进程中的作用体现为:古代怀疑主义是对知性反思和矛盾对立的批判,而"真正的怀疑主义"其实就是确定的否定,这种否定就其内容而言是从否定开始的确定,并由此被把握为一种理性的东西;其次,古代怀疑主义还具有这种功能,即把一种抗拒理性需求的知性型式转化为它的无能,尽管理性对知性的革命并未完成;最后,古代怀疑主义的自我理解可以被把握为达到辩证法的步骤,而辩证法则以知性思维的这种怀疑的自我反思的否定为前提,也就是说,以理性思维为前提,因此,哲学就是这种自我理解着的怀疑主义,借助于怀疑主义与哲学之间的这种关联,"真正的怀疑主义",在从怀疑的否定到辩证哲学的进程中,实现了一种引导性和批判性的功能,这也就是逻辑在黑格尔耶拿早期哲学体系中承担的功能②。

---

① 朱塞佩·瓦尔尼耶在《怀疑主义与辩证法》一文中指出,黑格尔在认识论上的转变是对怀疑主义的挑战的回应。因此,黑格尔对于怀疑主义的论证的独特修正,不一定是来源于这种对认识论传统的诸核心要点的忽视,这些核心要点被形而上学的企图所掩盖,并因此这种独特修正没有采用一种独断论地、已经预先确定地回应怀疑主义挑战的形式。参见:Giuseppe Varnier, "Skeptizismus und Dialektik: Zu den entwicklungsgeschichtlichen und erkenntnistheoretischen Aspekten der Hegelschen Deutung", in *Hegel-Studien*, Band 21, Bonn: Bouvier Verlag Herbert Grundmann, 1986, S.129 – 141。此外,亦可参见:Michael Forster, *Hegel and Skepticism*, Cambridge, Mass.: Harvard University Press, 1989; Kenneth Westphal, *Hegel's Epistemology: A Philosophical Introduction to the Phenomenology of Spirit*, Indianapolis: Hackett, 2003; Paul Franks, "Ancient Skepticism, Modern Naturalism, and Nihilism in Hegel's Early Jena Writings", in *The Cambridge Companion to Hegel and Nineteenth-Century Philosophy*, ed. by Frederick C. Beiser, Cambridge: Cambridge University Press, 2009, pp.52 – 73; Allen Speight, "Skepticism, Modernity, and the Origins of Hegelian Dialectic", in *The Dimensions of Hegel's Dialectic*, ed. by Nectarios G. Limnatis, pp.140 – 156。

② 路德维希·哈斯勒在《怀疑与自然:怀疑主义对于早年黑格尔的哲学功能》一文中指出,首先,不仅在伯尔尼时期,而且在法兰克福时期,以至于在耶拿早期,青年黑格尔把实在(现实)性(Realität)视为一种原则上矛盾的东西,并且他希望通过一种革命克服这种在它的矛盾中变得僵化的实在性。因此,哲学就是这种思维——这种思维只是直接地以所有古代的思维型式的怀疑地否定为前提,但却不是特意地把握和展现为这种思维——的一种新的自我理解的系统化反思的重构,这同时也是对合理性型式(Rationalitätstype)的一种转变的系统反思。其次,怀疑主义,在从怀疑的否定到辩证哲学的进程中,实现了一种哲学上的预备功能。最后,黑格尔不仅认识到走向自然(Natur)的怀疑倾向,而且认为这种倾向是有价值的,虽然它被把握为未实现了的怀疑主义。怀疑主义者的思考是处于(转下页)

紧接着在1801—1802年或1802—1803年,黑格尔所构想出的耶拿逻辑纲领,仍然区别于作为绝对认识的形而上学并且应该被系统地导向作为一种科学的怀疑主义的形而上学①。随后在1804—1805年的《耶拿体系草稿Ⅱ:逻辑,形而上学,自然哲学》中,黑格尔对真正的怀疑主义与其逻辑和形而上学之间的关系加以论述并指出,如果从思辨的辩证的立场上对逻辑与形而上学加以辨别的话,知性的怀疑主义是不可避免的,也是片面的,它必须由辩证-思辨理性来加以补充,由此真正的怀疑主义变成了每一种真正哲学的一个真正组成部分,并且已经暗含地指出黑格尔的成熟的体系是非前提的。正如曼弗雷德·鲍姆在《青年黑格尔的〈逻辑与形而上学〉的方法》中所说的那样,黑格尔把形而上学作为真正的怀疑主义的补充,并且指出辩证法还不是被视为一种哲学的研究方法或描述方法的名称,而是被视为某种发生于逻辑的事实情况之中——或是从逻辑中提取到的,或是从逻辑的消逝过程得到的——的形而上学的方法②。

然后,是在《精神现象学》中,黑格尔把精神现象学本身规定为自身实现着的怀疑主义,并且这个概念与他在耶拿早期对古代怀疑主义的批判相关联。但是,这种自身实现着的怀疑主义,作为哲学体系之方法,在原则上与其批判过的古代怀疑主义相区别开来。可以说,这种自身实现着的怀疑主义事实上就是辩证法,它首先是作为逻辑的方法,这种方法在耶拿逻辑纲领中被他作为科学的怀疑主义,并且就这点而言,它作为形而上学或真正的绝对认识中的系统化导论而接受。当然,在这种早期的意义上,辩证法尚不是思辨方法。恰如杜辛在《古代怀疑主义对于黑格尔批判感性确定性的意义》中表明的那样,黑格尔在《精神现象学》的第一章中对感性确定性的批判,可以追溯到古代怀疑主义,尤其是古代怀疑主义对感性存在的真理的批判,并且这种批判在方法和内容上都改进了,由此暗示这种批判是与黑格尔特有的自身实现着的怀疑主

(接上页)绝对的要求之下的,即使在怀疑主义那里,自然(绝对物)与活的生命(被限制物)之间的矛盾的肯定扬弃并未得以解决。但是解决是可能的,如果在对怀疑主义的系统化反思的道路上,把否定的力量重新引入历史的生命的话。参见:Ludwig Hasler, "Skepsis und Natur: Zur philosophischen Funktion des Skeptizismus beim frühen Hegel", in *Hegel-Jahrbuch 1976*, Köln: Pahl-Rugenstein, 1978, S. 333 – 342。

① Klaus Düsing, "Die Bedeutung des antiken Skeptizismus für Hegels Kritik der sinnlichen Gewißheit", in *Hegel-Studien*, Band 8, Bonn: Bouvier Verlag Herbert Grundmann, 1973, S. 119 – 130.

② Manfred Baum, "Zur Methode der Logik und Metaphysik beim Jenaer Hegel", in *Hegel in Jena*, Hrsg. von Dieter Henrich und Klaus Düsing, *Hegel-Studien Beiheft*, Band 20, Bonn: Bouvier Verlag Herbert Grundmann, 1980, S. 119 – 138.

义概念相关联的①。换句话说,在《精神现象学》中,怀疑主义将呈现出其"方法-形态"的双重身份:一方面被描述为意识经验的形态之一,即古代怀疑主义,另一方面又被规定并应用为整个精神现象学的方法,即自身实现着的怀疑主义②。

最后,是在1830年的《哲学科学百科全书纲要·第一部分:逻辑学》中,黑格尔为怀疑主义与辩证法的关系提供了最终的规定:知性自身误解着地运用辩证法时,就形成了怀疑主义,并且辩证法本质上是属于理性的③,辩证法从此实现了从否定的辩证法到肯定的辩证法——"思辨"的区分和转变,最终阐明了黑格尔哲学关于知性思维、怀疑主义、辩证法和思辨之间的内在关联和区别④,并由此克服了《怀疑主义与哲学的关系》以及《精神现象学》的不足。在此基础之上,黑格尔的哲学体系得以能够抵御以阿格里巴为代表的古代怀疑主义的攻击⑤,就这点而言,迪特马尔·海德曼在《怀疑与辩

---

① Klaus Düsing, "Die Bedeutung des antiken Skeptizismus für Hegels Kritik der sinnlichen Gewißheit", in *Hegel-Studien*, Band 8, S. 119 – 130.

② Ulrich Claesges, "Das Doppelgesicht des Skeptizismus in Hegels *Phänomenologie des Geistes*", in *Skeptizismus und spekulatives Denken in der Philosophie Hegels*, Hrsg. von Hans Friedrich Fulda und Rolf-Peter Horstmann, Stuttgart: Klett-Cotta, 1996, S. 117. 关于《精神现象学》的方法的研究,同时还可以参见:Ulrich Claesges, *Darstellung des erscheinenden Wissens: Systematisches Einleitung in Hegels Phänomenologie des Geistes*, *Hegel-Studien Beiheft*, Band 21, Bonn: Bouvier Verlag Herbert Grundmann, 1981.

③ Daniel Brauer, "Die dialektische Natur der Vernunft: Über Hegels Auffassung von Negation und Widerspruch", in *Hegel-Studien*, Band 30, Bonn: Bouvier Verlag, 1995, S. 89 – 104.

④ 格哈德·霍夫韦伯在《怀疑主义作为黑格尔耶拿时期的"哲学的最初阶段"》一书中指出,黑格尔的哲学之所以遭受"无法理解的"的责难,或者说,是令人感到费解的,原因在于他的哲学超越了知性。正如黑格尔批判了知性思维,怀疑主义同样完成了这个主题,而黑格尔与怀疑主义之关系的研究可以被视为一个好的开端。但是,该书的目的是阐明黑格尔的哲学道路的最初步骤,即通往思辨思维的概念。在该书作者看来,怀疑主义是知性思维与思辨思维之间的接口,因而关于怀疑主义的研究对于黑格尔的思想具有决定性的意义。如果我们要理解黑格尔,可以将他与怀疑主义的关系选为入口。黑格尔极为重视怀疑主义,因为怀疑主义驳斥知性思维和有限性,暗示了知性思维的窘境并因此可能提供另一种思维的可能性。知性思维由于其内在的矛盾性而被迫走向怀疑主义,这种"暗含的怀疑主义"包含于每一种哲学之中。当然,这种"暗含的怀疑主义"可以进一步发展为"明确的怀疑主义",这种怀疑主义不仅针对知性思维,而且总的来说还针对哲学,但是这些对于黑格尔和该书作者而言不是最重要的,重点在于另一种思维,即思辨思维。格哈德·霍夫韦伯关注的是黑格尔哲学关于知性思维、怀疑主义、辩证法和思辨之间的内在关联和区别,或者说,黑格尔如何以一种思辨的方式理解和把握知性思维、怀疑主义、辩证法和思辨四者之间的关系。参见:Gerhard Hofweber, *Skeptizismus als "die erste Stuffe zur Philosophie" beim Jenaer Hegel*, Heidelberg: Universitätsverlag Winter Gmbh, 2006.

⑤ 海因茨·霍特格斯的《辩证法与怀疑主义》一书,为笔者的研究思路提供了非常重要的参考。在这本书中,海因茨·霍特格斯通过对黑格尔关于怀疑主义的相关文本的解读,试图指明:对于作为哲学立场的辩证法的反对者而言,辩证法和怀疑主义反正总是内在(转下页)

证法》一文中认为黑格尔哲学依然易受以阿格里巴为代表的古代怀疑主义的攻击的观点是站不住脚的①。

由此可见,怀疑主义在黑格尔的整个思想发展进程中构成了一个重要的环节,特别是古代怀疑主义对于青年黑格尔思想决定性的发展阶段具有重要的积极意义,即怀疑主义在黑格尔的哲学体系生成过程中扮演着一个

(接上页)地配套的,因为怀疑主义从科学理论上说无非是展现为辩证法的结果。与之相反,辩证论者必须避免否定,怀疑主义仍然是无可置疑地处于辩证法的起源、评价和自我理解的中心(尽管总是忽略)地位。辩证法以它自己的方式认真对待怀疑主义最重要的范畴,即关系的范畴:辩证法无法被定义并由此它与怀疑主义的关系无法在有可能划界的地方被规定,而是说,辩证法这种与怀疑主义的关系属于辩证法的本质,即辩证法是被扬弃了的(实现了的)怀疑主义。但是反之也适用于:怀疑主义离开了辩证法就无法被思考,它至少依靠"有限的知性规定性"的辩证法而生活。最后,在此基础之上,海因茨·霍特格斯阐明了黑格尔的哲学体系是如何来抵御怀疑主义的攻击的。参见: Heinz Röttges, *Dialektik und Skeptizismus: die Rolle des Skeptizismus für Genese, Selbstverständnis und Kritik der Dialektik*, Frankfurt am Main: Athenäum, 1987, S. 9 - 12。

① 迪特马尔·海德曼在《怀疑与辩证法》一文中指出,在黑格尔的思想发展史(从黑格尔的早期著作到《哲学全书》)中,怀疑主义的怀疑在黑格尔的系统中扮演着一个双重的角色。正如海德曼所展示的那样,从思辨的辩证的立场上对逻辑与形而上学加以辨别,知性的怀疑主义是不可避免的和片面的,必须由辩证-思辨理性来加以补充。这样,正如黑格尔的名言所说,怀疑主义变成了每一种真正哲学的一个真正组成部分。与此同时,海德曼指出,黑格尔的成熟的体系是非前提的,这意味着黑格尔不再坚持把现象学作为逻辑学的导论。不过,黑格尔必须为其体系提供一个充足理由的切入点,同时证明其辩证逻辑并对怀疑主义加以反驳。海德曼认为黑格尔并未做到这一点,即使将黑格尔的逻辑视为绝对主体的自我参照规定的序列,依旧留下了绝对主体和有限主体之间的连接问题。由此,海德曼得出结论:黑格尔依然易受怀疑主义的攻击。参见: Dietmar Heidemann, "Doubt and Dialectic", in *The Dimensions of Hegel's Dialectic*, ed. by Nectarios G. Limnatis, pp. 157 - 172。

此外,迪特马尔·海德曼还在《怀疑主义的概念》一书中指出,如果我们把怀疑主义的怀疑理解为知识的组成部分的话,那么我们就拥有了怀疑主义的一个概念。这个主题暗示了,一方面,怀疑主义不应被理解为一个直觉的问题,另一方面,怀疑主义代表了一种有意义的哲学立场,但却不能被直接反驳。这是对怀疑主义的一种让步,但不是为了证实它的主张,即我们无法知道我们的观点是否是正确的。相反,这里所涉及的是这样一种证明,即怀疑主义的怀疑是决定性的元素,并且就这点而言,它是人类理性的不可分割的组成部分,但知识仍然是可能的。与此同时,海德曼还要阐明的是,黑格尔与怀疑主义相对峙的背景。在他看来,对于一种哲学立场的研究应该始终从这种立场的最强有力的论证形式开始,而怀疑主义的主题和论证可以借助于古代皮浪的怀疑主义以范例的方式被加以分析。皮浪的实践怀疑主义的形式与黑格尔那种排他的不可超越的要求——对一种完全理性的真理的贯彻——之间的对峙,使得对怀疑主义的问题及其批判的根本的系统化的诸洞见得以可能。当然,海德曼既没有兴趣证明怀疑主义的不可克服性,也没有兴趣为了直接反驳它而提出新的论据,同样地,海德曼也并不打算证明黑格尔对怀疑主义的诊断的优越性。而是说,海德曼想借助于黑格尔对怀疑主义的解释,开辟一个关于怀疑主义的系统化研究的新视角。参见: Dietmar H. Heidemann, *Der Begriff des Skeptizismus: Seine systematischen Formen, die pyrrhonische Skepsis und Hegels Herausforderung*, Berlin; New York: Walter de Gruyter, 2007, S. 7 - 8。

双重角色:一个是它在揭示感性、知性或有限企图解决形而上学的矛盾中所扮演的解构性角色,另一个则是它在理性、绝对或无限自身的辩证展开中扮演的建构性角色①。由于黑格尔阐释怀疑主义的思想立场和表现方式从一部著作到另一部著作大致一脉相承,仅是略有变化,我们完全可以把黑格尔与怀疑主义的关系视为黑格尔整个思想发展的索引②。

以上是对怀疑主义在黑格尔哲学中的意义,即黑格尔对怀疑主义的思考进程的一个简单梳理,我们可以发现,怀疑主义的确在黑格尔的整个思想发展进程中扮演了一个非常重要的角色。此外,需要特别指出的是,自始至终,只有古代怀疑主义才是黑格尔的主要思考对象,换句话说,是黑格尔哲学的真正的对手,而不是其他的诸如笛卡尔、休谟等人的怀疑主义,更不是舒尔策的怀疑主义。

二、黑格尔辩证法的形成过程

接下来,将描述一下黑格尔辩证法的形成过程。同样地,我们也将发现,黑格尔辩证法的形成过程和黑格尔关于怀疑主义的思考,二者在发展脉络上是基本重合的,这在一定程度上也表明黑格尔对怀疑主义的思考与其辩证法的形成有着内在的关联。

(一)黑格尔辩证法的起源

黑格尔作为德国古典哲学之集大成者,其哲学思想有着诸多来源。首先,无法回避的是,以柏拉图和亚里士多德的辩证法为代表的古代辩证法对黑格尔辩证法的发源性意义,尽管黑格尔在某种程度上对柏拉图和亚里士多德有所误解③。

其次,宗教因素作为黑格尔辩证法形成的前提,应当获得其应有的地

---

① Dietmar Heidemann, "Doubt and Dialectic", in *The Dimensions of Hegel's Dialectic*, ed. by Nectarios G. Limnatis, pp. 157 – 172.
② Gilles Marmasse, "Hegel und der antike Skeptizismus in den Jenaer Jahren", in *Hegel-Studien Beiheft*, Band 50, Hamburg: Felix Meiner Verlag, 2001, S. 134.
③ 关于黑格尔的辩证法与古希腊的辩证法之关系的研究,可以参见:Hans-Geoge Gadamer, "Hegel und die antike Dialektik", in *Hegel-Studien*, Band 1, Bonn: H. Bouvier Verlag u. Co. Verlag, 1961, S. 173 – 199; Reiner Wiehl, "Platos Ontologie in Hegels Logik des Seins", in *Hegel-Studien*, Band 3, Bonn: H. Bouvier Verlag u. Co. Verlag, 1965, S. 157 – 180; G. R. G. Mure, *An Introduction to Hegel*, Oxford: Clarendon Press, 1970, pp. 114 – 128; Klaus Düsing, "Ontologie und Dialektik bei Plato und Hegel", in *Hegel-Studien*, Band 15. Bonn: Bouvier Verlag Herbert Grundmann, 1980, S. 95 – 150; Klaus Düsing, "Ontologie bei Aristoteles und Hegel", in *Hegel-Studien*, Band 32, Bonn: Bouvier Verlag, 1997, S. 61 – 92.

位,辩证法在宗教中的原型分别有:"爱的和解""普遍与特殊的综合"和"有限与无限的绝对综合",对黑格尔而言,辩证法是一条历史道路,一条有限物的自我毁灭之路,同时也是无限物回到最初的开端,回到神圣的总体性的道路,当然,政治因素也扮演着不可缺少的角色①。

再次,赫尔德的有机思维方式、席勒和荷尔德林的哲学思想以及德国神秘主义者(艾克哈特、雅各比和施莱尔马赫等)对黑格尔辩证法的形成提供了重要的洞见②。

最后,康德③、费希特和谢林作为不可或缺的一环,黑格尔通过批判他们以及他自己的独特创造使辩证法发展为一种哲学体系的方法④。

(二) 耶拿时期辩证法的发展⑤

黑格尔在耶拿时期(主要是1800—1805年)进一步探索了哲学方法,事实上,黑格尔的这条探索道路的目的是,试图认识绝对并且为思辨科学加以方法论上的辩护。

在耶拿前期,黑格尔关于哲学方法的思考主要是通过《1800年体系残篇》(1800)、《费希特与谢林哲学体系的差别》(1801)、《教授资格论文论旨》(1801)、《讲演手稿片段》(1801—1802;1803)、《怀疑主义与哲学的关系》

---

① Walter Axmann, *Zur Frage nach dem Ursprung des dialektischen Denkens bei Hegel*, Würzburg-Aumühle: Druckerei wissenschaftlicher Werke Konrad Triltsch Verlag, 1939, S.3.

② 同上。

③ 学界对于康德的辩证法思想和黑格尔的辩证法思想之间的关系存在两种截然不同的观点:一种观点认为黑格尔哲学发展了康德哲学中的辩证法思想;另一种观点则认为相比于康德的辩证法,黑格尔的辩证法具有一种完全不同的意义,黑格尔的辩证法是康德辩证法的曲解。笔者认为康德和黑格尔在辩证法上的差别集中体现于二者对形式逻辑,尤其是矛盾律的态度之上,康德认为矛盾律是无论如何都不能违反的,而黑格尔则认为矛盾律不仅是可以被辩证逻辑所接受的,而且还应该被扬弃为辩证逻辑的一个内在发展环节,因为在黑格尔看来,矛盾律不应该是空洞的、无内容的形式,而应该是具体的、有内容的,最为关键的是,矛盾律所代表的知性本身是脱离任何实践的具体语境来考虑问题的,它不承认世界本身就是矛盾的,而是落入了非此即彼的窠臼。

④ Michael Wolff, *Der Begriff des Widerspruchs: Eine Studie zur Dialektik Kants und Hegels*, Königstein: Hain, 1981; Phillip Moran, *Hegel and the Fundamental Problems of Philosophy*, Amsterdam: B. R. Grüner Publishing Co., 1988, pp.31-63; Stephen Priest, ed., *Hegel's Critique of Kant*, Oxford: Clarendon Press, New York: Oxford University Press, 1987; Michael Rosen, *Hegel's Dialectic and its Criticism*, Cambridge: Cambridge University Press, 1982; Andreas Arndt, "Hegels Begriff der Dialektik im Blick auf Kant", in *Hegel-Studien*, Band 38, Hamburg: Felix Meiner Verlage, 2003, S.105-129.

⑤ 关于黑格尔耶拿时期辩证法的形成的研究,可以参见:Manfred Baum, *Die Entstehung der Hegelschen Dialektik, Neuzeit und Gegenwart*, Band 2, Bonn: Bouvier Verlag Herbert Grundmann, 1986。

(1802)和《信仰与知识》(1802)来完成的。尽管黑格尔的探索无法被视为一种明确指向《精神现象学》的进程,但是黑格尔辩证法的形成结果表明,辩证法并非只是单纯起源于这样一种逻辑,即这种逻辑的功能是形而上学的导论,而是起源于这样一种逻辑,这种逻辑是关于一个绝对物的结构理论,这个绝对物并非超验的或超自然的本质,也非通常意义上的认识对象。关于绝对物的认识——其方法所关涉的是黑格尔辩证法的生成——被构想为"理性的自我认识",并且这也可以被视为精神本身的生命历程,而辩证法首先只是被理解为"否定的"辩证法,即对立的统一,依据黑格尔,哲学必须认识这种对立的统一,必须导致诸知性形式的毁灭并且作为形而上学的绝对物的理性认识的否定一面。对立物被肯定地或"思辨地"认识到统一之后会被包含到辩证法之中,将表明黑格尔哲学从开端就确定的是,或它所提供的是,包含(或统一)差异于自身之中的形而上学学说。

到了耶拿后期,黑格尔在《论自然法的科学研究方法》(1802)、《伦理体系》(1802—1803)和《耶拿体系草稿Ⅱ:逻辑,形而上学,自然哲学》(1804—1805)中对哲学方法的进一步思考,他在《论自然法的科学研究方法》中达到了对斯宾诺莎学说思考的顶点,具备了实践哲学层面上的内涵,并且在该文中可以首次发现"辩证法"这一术语,并且黑格尔表明"辩证法"只能在绝对的前提下才能进行其"证明"①。然后,在《耶拿体系草稿Ⅱ:逻辑,形而上学,自然哲学》中,初步形成了其关于认识的概念和思辨哲学的方法——辩证法。当然,就辩证法的方法特征而言,黑格尔在这里也不是那么清晰,辩证法似乎曾是哲学学科、逻辑或一种逻辑理论的名称,但是在大多数情况下,黑格尔称辩证法为定语,意为"辩证法的"或"辩证性质"的同义词,只是在1804—1805年的逻辑中的两个地方,可以说辩证法是一种思维或反思的方法②。

这一时期黑格尔的辩证法更多是指逻辑学家的一种反思的处理方法,通过这种处理方法,那些未发展的矛盾得到了发展,并且伴随着这个,一个概念得到了实现。因此,一般不能说,逻辑的方法是辩证法,而是说它必须局限于逻辑学家的处理方法,通过这种处理方法,他通过指明一种主张或断言上的矛盾来强迫对此思考,即抛弃这种立场并且转向对立的立场,但是由于矛盾本身可以被理解为统一,并且由于构造矛盾的新统一在黑格尔的逻

---

① G.W.F. Hegel, *Gesammelte Werke* (=GW), Bd. 4, S. 443-446.
② Manfred Baum, *Die Entstehung der Hegelschen Dialektik, Neuzeit und Gegenwart*, Bd. 2, S. 4.

辑中同样属于一种思维的处理方法,所以辩证法在当时基本上是黑格尔逻辑的一种方法,尽管黑格尔事实上也在1804—1805年的形而上学中运用了辩证法①。

(三)《精神现象学》中的辩证法②

1807年的《精神现象学》可以说代表了黑格尔辩证法的一个发展成果,正因如此,卡尔·马克思才将《精神现象学》视为"黑格尔哲学的真正诞生地和秘密"③。在《精神现象学》中,黑格尔将辩证法理解为对认识的运动乃至运动本身的描述,并且在他之前没有人将这个含义与辩证法这个词联系在一起。简单地说,《精神现象学》是关于哲学的真理认识的描述,而辩证法则被视为这种哲学的真理认识的描述方法④,它的客观性是基于理念本身是这种自身辩证地发展的东西。在《精神现象学》中,辩证法获得了广泛的和有意识的应用,辩证法作为通过矛盾的描述和消解而发展的方法,否定地形成了真正辩证的东西,这个东西产生了变易的、现象的发展。可以说,《精神现象学》提供了一种从感性确定性到绝对知识的意识的辩证发展史,而绝对知识则被定义为存在与思维的同一性的和精神的辩证生成的洞见。

---

① Manfred Baum, *Die Entstehung der Hegelschen Dialektik*, Neuzeit und Gegenwart, Bd. 2, S. 4.

② 关于《精神现象学》中的辩证法的研究,可以参见:Reinhart Klemens Maurer, *Hegel und das Ende der Geschichte: Interpretationen zur Phänomenologie des Geistes*, Stuttgart: W. Kohlhammer Verlag, 1965, pp. 9 – 25; Hans Friedrich Fulda und Dieter Henrich, Hrsg., *Materialien zu Hegels "Phänomenologie des Geistes"*, Frankfurt am Main: Suhrkamp Verlag, 1973; Johannes Heinrichs, *Die Logik der "Phänomenologie des Geistes"*, Abhandlungen zur Philosophie, Psychologie und Pädagogik, Band 89, Bonn: Bouvier Verlag Herbert Grundmann, 1974, pp. 7 – 43; Jean Hyppolite, *Genesis and Structure of Hegel's Phenomenology of Spirit*, trans. by Samuel Cherniak and John Heckman, Evanston, Illinois: Northwestern University Press, 1974, pp. 3 – 26; Hans-Georg Gadamer, *Hegel's Dialectic: Five Hermeneutical Studies*, trans. by Christopher Smith, New Haven; London: Yale University Press, 1976; Robert Solomon, *In the Spirit of Hegel: A Study of G. W. F. Hegel's Phenomenology of Spirit*, Oxford: Oxford University Press, 1983, pp. 21 – 27; Kenneth Westphal, *Hegel's Epistemological Realism: A Study of the Aim and Method of Hegel's Phenomenology of Spirit*, Dordrecht, Boston: Kluwer Academic Publishers, 1989, pp. 129 – 139; Otto Pöggeler, *Hegels Idee einer Phänomenologie des Geistes*, Freiburg; München: Verlag Karl Alber, 1993, S. 236 – 242。

③ 马克思:《1844年经济学哲学手稿》,中共中央马克思恩格斯列宁斯大林著作编译局编译,北京:人民出版社,2005年,第97、101页。

④ Reiner Wiehl, "Phänomenologie und Dialektik", in *Hegel-Studien Beiheft*, Band 11, Bonn: Bouvier Verlag Herbert Grundmann, 1974, S. 623 – 634.

(四)《逻辑学》中的辩证法①

在1812年《逻辑学》的序言中,黑格尔将精神(和理性)称为"辩证的",因为它消融了知性的规定性:"但是精神并不停留于无这种结果之中,它在那里又同样是肯定的,从而将前一个单纯的东西重新建立起来,但这却是作为一般的东西。"②一般而言,关于黑格尔的辩证法的研究大多与其《逻辑学》联系在一起,而辩证法作为其方法,大致具有如下特征:(1)逻辑学发展的形式与内容是统一的;(2)逻辑学的展开是一种内在的自我发展;(3)逻辑学的进程是以确定的否定的方式展开的;(4)逻辑学范畴的运动是一个圆圈,始于开端的发展同样也是一种指向发展的根据的回归;(5)范畴的规定既非是分析的也非是综合的,而同时是两者;(6)逻辑学的发展有其自己的方法作为其最终的结果③。概念本身被黑格尔视为一个包含其自身的特殊于自身之中的普遍,其发展被他称为一种"精神的运动":"这种精神的运动,从单纯性中给予自己以规定性,又从这个规定性给自己以自身同一性,因此,精神的运动就是概念的内在发展;它乃是认识的绝对方法,同时也是内容本身的内在灵魂。"④

显而易见,尽管我们有可能甚至必然地会将黑格尔辩证法的形成追溯到以前的和同时代的哲学家们的影响,但事实上并没有任何一位哲学家试图并成功构思一种如此的关于概念和哲学方法的观点。无论是康德和费希特,还是谢林和荷尔德林等,都没有将如此理解的概念的内在发展作为其哲学的主题,甚至没有将其视为一种绝对的认识方法,从这个意义上说,这也是黑格尔的辩证法及其整个哲学体系的独特之处⑤。

---

① 关于《逻辑学》中的辩证法的研究,可以参见:Dieter Henrich, "Anfang und Methode der Logik", in *Hegel-Studien Beiheft*, Band 1, Bonn: H. Bouvier Verlag u. Co. Verlag, 1964, S. 19 – 36; Dieter Henrich, Hrsg., *Die Wissenschaft der Logik und der Logik der Reflexion*, Hegel-Studien Beiheft, Band 18, Bonn: Bouvier Verlag Herbert Grundmann, 1978; Dieter Henrich, Hrsg., *Hegels Wissenschaft der Logik: Formation und Rekonstruktion*, Stuttgart: Klett-Cotta, 1986; Terry Pinkard, *Hegel's Dialectic: The Explanation of Possibility*, Philadelphia: Temple University Press, 1988; J. M. E. McTaggart, *Studies in the Hegelian Dialectic*, Kitchener: Batoche Books, 1999; Nectarios G. Limnitis, ed., *The Dimensions of Hegel's Dialectic*.
② 〔德〕黑格尔:《逻辑学》(上卷),杨一之译,北京:商务印书馆,1982年,第4—5页。
③ Richard Dien Winfield, "The Method of Hegel's Science of Logic", in *Essays on Hegel's Logic*, ed. by George di Giovanni, Albany: State University of New York Press, 1990, p.45.
④ 〔德〕黑格尔:《逻辑学》(上卷),杨一之译,第5页。
⑤ Manfred Baum, *Die Entstehung der Hegeischen Dialektik, Neuzeit und Gegenwart*, Bd. 2, S. 5.

(五)《哲学科学百科全书纲要·第一部分:逻辑学》中关于辩证法与思辨的最终界定

尽管辩证法在《逻辑学》中被视为体系原则加以完美的应用,值得一提的是,黑格尔在《哲学科学百科全书纲要·第一部分:逻辑学》第78—82小节中,对辩证法有一个总结性的评述并由此厘清了辩证法与思辨之间的关系,即理性的肯定(否定之否定)方面,就是肯定的辩证法,也就是思辨。需要特别指出的是黑格尔关于辩证法的另一种规定,即黑格尔认为辩证的东西是"真实的超出有限,而不只是外在的超出有限"①。在法兰克福时期,黑格尔只是将这种超出有限归于宗教,对于黑格尔而言,真实的无限,通过概念,处于反思及其走向灭亡的规定之外,而在这里他则认为,概念本身,就其内在规定被理解为辩证法而言,是真实的无限,这种真实的无限包含有限于自身之中,正是这种概念的形而上学,最终将黑格尔的辩证法与所有其他的认识理论及其对象区分开来②。

以上,是对黑格尔辩证法形成过程的一个简单梳理。那么,黑格尔的辩证法与怀疑主义之间有着何种内在关联呢?关于这个问题的答案,如果预先地说,那就是类似于黑格尔所理解的理性与知性之间的关联。

古往今来,时光流逝,沧海桑田,正可谓"闲云谭影日悠悠,物换星移几度秋?"我们生活在这个世界上,相比于宇宙自知何等渺小。从古之初,岁月无情,生命无常,迫使我们思考人类存在于世的意义,相应地,我们总是试图去把握一种亘古不变的东西,故而屈原才会在《天问》的开端追问:"遂古之初,谁传道之?上下未形,何由考之?冥昭瞢闇,谁能极之?冯翼惟像,何以识之?"对于这种永恒不变之物的终极追求亦是哲学家的理想,古往今来的哲学家们也无一不为之苦思冥想,费尽心力。但在怀疑主义者看来,世界则是变化无常的,并没有亘古不变的东西,永恒不过是如梦如幻如泡如影,因此他们悬搁判断,以求达到心灵宁静。可以说,怀疑主义的幽灵总是萦绕于哲学家的心头,挥之不去。

在黑格尔看来,怀疑主义作为知性与理性之间的临界点,指明了知性认识的二律背反,它不仅否认任何知性真理,而且完全否认知性真理的可能性。但是,怀疑主义只是纯粹站在否定的一面来反对知性,甚至也以某种方式反对理性。尽管如此,怀疑主义的攻击所指向的并非是哲学本身,而是一

---

① 〔德〕黑格尔:《小逻辑》,贺麟译,北京:商务印书馆,1996年,第176—177页。
② Manfred Baum, *Die Entstehung der Hegelschen Dialektik, Neuzeit und Gegenwart*, Bd. 2, S.5-6.

种知性思维。那么关于知性,黑格尔真正所指的是什么呢?

根据黑格尔的说法,知性以一种不变的方式来把握这个世界,也就是说,知性、反思和有限的思维完全没能看到事物的真理,因为知性只是产生固定的表象。知性否定了事物的整体性和运动性,将其分解开来,作为一个标本的、静止的东西加以分析,因此相对于事物发展、真理发展的一个整体性的运动是一种否定的力量,当然,它是必不可少的。知性思维本身由于自身的原因会必然地陷入了一种窘境,只有当知性经验到它原则上的界限或尺度并因此"崩坏",真正的哲学才能展开,即知性的否定才是哲学的开端,或者换句话说,知性结束之地,才是哲学开始之处①。但是仍然存疑的是,知性为什么会如此奋不顾身地奔向绝路?

世界本身是矛盾的、变化的和发展的,只有用理性才能加以把握,因为知性本身是不足的,并不具备认识事情本身的能力。而当知性试图寻找到包罗万象的系统图像时,或者换句话说,当知性在其实际应用中超出自身的概念或主张时,知性实际上就会如黑格尔所断言的那样必然地陷入二律背反之中,即二律背反在一定意义上必然地产生于知性思维。那么,知性是否可以在突破自身的界限或尺度之前就中止呢?

在一种常识的意义上,知性固然可以止步于此,但是依据黑格尔所说,思维进程不应该在某个位置被阻断,直至绝对知识这个终点之前,绝对知识的诸环节——诸意识形态会不断地追求自身的真理,知性同样不例外。在知性概念的自我发展中,知性会必然地沿着它自身的道路尽可能地走下去,直到完全地实现它自身的真理,尽管其结果必定是绝望的。诸意识形态的发展进路或者绝对知识的体系之展开,不仅运用概念,而且还在运用的过程中检验概念,通过这种方式,不仅可以成功地评判每一个概念的发展,而且还可以批判地审视概念的自我发展的原则,由此也显现为概念自己在自身之中发展的道路。知性突破了自身的界限或尺度,在其终点走向了理性,或者换句话说,从知性思维向思辨思维的转变,必定需要的是理性的暴力。只有理性才能系统地、有机地、肯定地把握世界本身或事情本身的生命,由此它超越了知性,并且发展出一种肯定的哲学。诚然,理性也不会止步于自身,但这是后话了。

然而,用理性来统一知性的这种转变是非常困难的,因为知性的思维方式可以说是笼罩了日常生活的一切,所以人类思想之解放才可谓是最难之

---

① Gerhard Hofweber, *Skeptizismus als "die erste Stuffe zur Philosophie" beim Jenaer Hegel*, Heidelberg: Universitätsverlag Winter Gmbh, 2006, S.14-15.

事。知性总是固执于主体与客体之二分，认为非此即彼，但生命和生活却总是变化的和复杂的。知性认为我们可以抽象地孤立地来看待问题，脱离任何实践的具体历史语境来考虑问题，而事实上，我们自降生之始就沉浸于所处时代的一个社会共同体的历史、文化、风俗、习惯、经济和政治等构成的概念体系之中，我们是与世界一体的，无法分离的。更为根本的是，我们只有存在于这个世界中，才能追问"我们是否存在于这个世界之中？"这种问题。

这当然并不是在说，知性与理性是截然对立的，事实上，二者并非两条不同的道路，而是同一条路，因为知性是理性的一个组成部分，或者说，一个环节。黑格尔所要批判的是那种"知性独大的思维方式"的危险倾向：知性追求最普遍的规律，以至于这些最普遍的规律却什么也解释不了，由此将自己推入了荒谬。知性认为变化是事物的特性，而不是事物本身，它总是试图透过现象看本质，知性的世界是恒常的，而现实世界是变化的和暂时的。由于知性的标准和规律总是固定的，不可能永远与世界相符，必然会导致这样的不和，因此标准和规律也必须变化。更进一步说，世界本身就是矛盾的，而理性，或者说，思辨哲学要把握的正是这个本身矛盾着的世界整体，正是在这个意义上，我们才能理解二律背反为何不是知性能力的矛盾，而是世界本身的矛盾。

知性与理性之关系，恰好照应于怀疑主义与黑格尔辩证法之间的关系：当知性自身误解着地运用辩证法时，就形成了怀疑主义，而怀疑主义，作为"知性的辩证法"本身恰恰导致了知性思维的毁灭，由此在一个必然的发展中，知性走向理性，或者说，这整个过程和结果作为一个环节被包含于理性之中，并且由此表明辩证法本质上是属于理性的，辩证法就是被扬弃了的怀疑主义。

第三节　思路框架

在对黑格尔关于怀疑主义的思考和黑格尔辩证法的形成过程有了一个总体的把握之后，本书的研究思路和内容框架也就大致清楚了。当然，虽然本书主要集中在黑格尔对怀疑主义的分析上，但是研究视域实际上是指向整个黑格尔哲学的。尽管在这里对黑格尔思想发展的研究似乎是一种分阶段式的呈现，但是，最终试图获得的实际上是一种对黑格尔哲学发展进展的整体把握。此外，即使后来黑格尔哲学中的某些东西发生了一些变化，并且出现了一些新的问题和观点,但是他思想体系中的一些基本原则并没有发生重大变化,而这些基本原则事实上在青年黑格尔那里就已经或明或暗地表现出来了。

一、研究思路

研究不会单纯地出现,它必须始于问题。正如海德格尔在《存在与时间》中所说的那样,提问的方式(Fragestellung)就已经决定了回答问题的方式,决定了构建整个探究的方式以及研究者所使用的范式①。因此,在我们具体开始探究怀疑主义与辩证法之关系之前,必须首先对黑格尔思考并要解决的哲学问题有一个宏观的把握,这就要求我们立足于黑格尔,立足于黑格尔所处的时代,全身心地投入黑格尔的问题。当然,这是一种努力,我们固然不能简单地以今人之眼观古昔之人,将往昔之人置于今之天平,但是,我们对黑格尔的哲学的研究本身,就已经是一种立于我们所处的时代所作的阐释了。值得庆幸的是,我们对黑格尔的哲学问题的兴趣本身,就已经表明这些问题同样也是我们自己的时代问题,就这点而言,黑格尔是我们同时代的人,这也正是黑格尔哲学的魅力之所在。

事实上,黑格尔的哲学所涉及的是一个根植于西方哲学传统的追求,即存在与思维、有限与无限、普遍与特殊的关系的形而上学问题,"黑格尔是他那个时代对现代性问题最敏感的人,他几乎一走上哲学道路就发现,现代的特征是分裂(Entzweiung),表现为精神与物质、灵魂与肉体、信仰与理智、自由与必然、理性与感性、才智与自然、存在与非存在、概念与存在、有限与无限的对立。"②,这种反对分裂的二元论、坚持统一的一元论的基本态度可以被视为我们理解和研究怀疑主义与辩证法之关系的根柢。尽管黑格尔的哲学思想一旦形成就具有稳定性③,但是辩证法并非某种从天而降的现成的东西,而是黑格尔对其哲学体系的展开方式即方法的长时间思考所得出的一个成果。

显而易见的是,黑格尔从图宾根的学生时期(1788)开始直到法兰克福时期结束(1800),曾广泛并深入阅读柏拉图等诸多哲学家的书籍,并且写作

---

① 〔德〕海德格尔:《存在与时间》,陈嘉映、王庆节译,熊伟校,北京:生活・读书・新知三联书店,1987年,第7—8页。
② 张汝伦:《黑格尔与启蒙——纪念〈精神现象学〉发表200周年》,《哲学研究》2007年第8期。
③ Wilhelm Dilthey, *Die Jungendgeschichte Hegels*, *Gesammelte Schriften*, Band 4, Stuttgart: B. G. Teubner Verlagsgesellschaft, 1959, S.7.

了大量与宗教、道德和伦理学相关的研究手稿①，这些手稿最早由狄尔泰发现，并在其所著《青年黑格尔的历史》②中加以论述，后来被收录到《青年黑格尔的神学著作》中并加以整理出版。在狄尔泰看来，黑格尔世界观的形成与他的神学研究有着密切的关系，而瓦尔特·阿克斯曼的研究随后也阐明了辩证法与其早期神学研究之关系。辩证法与黑格尔1800年之前的思想历程之关系，其实是十分重要的，但是限于本书的主题，唯有留待以后研究，此处暂且不表。但可以明确的是，在法兰克福后期，即青年黑格尔思想发展的这一重要转折时期，他以形而上学一元论的立场深入思考了知性反思所造成的有限与无限、主体与客体、普遍与特殊之间的诸多对立，以及二律背反、矛盾、对立统一、扬弃等相关问题，并且形成了辩证法思想的最初萌芽③。尽管黑格尔此时业已摆脱了早年所受以康德为代表的批判哲学的影响，并已经开始酝酿自己的思辨哲学体系，但他尚未找到合适地表述其体系的概念和形式，故而此时黑格尔的表述仍然带有非常明显的晦涩不明和混杂不清的特征。

黑格尔早年的这些思想在耶拿时期（1801—1806）获得了更为系统的发展，并基本上确立了一种绝对的统一，即"主体-客体-同一性"（Subjekt-Objekt-Identität）④。在耶拿早期，黑格尔日益摆脱了谢林哲学的思路，逐渐形成自己的哲学概念和体系。以《费希特与谢林哲学体系的差别》为例，黑格尔第一次提出了绝对这个概念，为其形成关于绝对的哲学科学体系奠定了基础。在《怀疑主义与哲学的关系》和《讲演手稿片段》中，黑格尔对怀疑主义和逻辑的思考，乃是为了探索自己的哲学方法所作的尝试和努力。在《信仰与知识》中，黑格尔通过对康德、雅各比、费希特等主观理性的反思哲学的批判，重建了客观理性的原则，扬弃传统的独断主义形而上学为一种思辨的实体形而上学。绝对精神这一概念的提出，则表明黑格尔的第一个完整的思辨哲学体系终于在《耶拿体系草稿》中初具雏形。1807年的《精神现象学》则标志着黑格尔的思辨哲学体系的成熟，辩证法也由此完成了对怀疑主义的双重扬弃。随后，在《逻辑学》中，辩证法成为概念的自我发展运动

---

① H. S. Harris, *Hegel's Development, Volume I: Toward the Sunlight 1770 - 1801*, Oxford: Clarendon Press, 1972.
② Wilhelm Dilthey, *Die Jungendgeschichte Hegels, Gesammelte Schriften*, Band 4, S.1 - 187.
③ 赵林：《〈耶拿逻辑〉与"黑格尔哲学的真正起源和秘密"》，《武汉大学学报（人文科学版）》2013年第3期。
④ Ludwig Hasler, "Skepsis und Natur: Zur philosophischen Funktion des Skeptizismus beim frühen Hegel", in *Hegel-Jahrbuch 1976*, S.333 - 342.

的展开方式。最后,黑格尔对怀疑主义与辩证法之关系的最终规定实现于1830年《哲学科学百科全书纲要·第一部分:逻辑学》之中。

因此,本书的研究思路是:立足于对黑格尔不同时期有关怀疑主义的文本的分析,厘清黑格尔的"真正的怀疑主义(耶拿逻辑纲领)—自身实现着的怀疑主义—辩证法—思辨"的内在发展脉络,阐明四者之间的联系和区别。随后,通过整体性地比较黑格尔辩证法与柏拉图、亚里士多德的辩证法的异同,进一步明晰黑格尔的辩证法和思辨的内涵与实质。最后,在此基础上,澄清黑格尔的思辨哲学何以能够抵御怀疑主义的挑战。

而本书的研究目的则是:阐明"知性(知性的肯定)—怀疑主义(知性的否定/知性的辩证法)—辩证(理性的否定方面/否定的辩证法)—思辨[理性的肯定(否定之否定)方面/肯定的辩证法]"的结构和四者之间过渡的必然性,从而表明黑格尔思辨思维的内涵与实质。

这里涉及的问题是,首先,依据黑格尔,知性是否以及在何种程度上由于自身的缘故陷入了窘境,从而使思辨思维得以可能,甚至"需要"思辨思维。其次,怀疑主义作为本书的中心,同时也是知性和理性的界限的交汇点,它是如何或在多大程度上否认了知性思维,并由此又是如何或在多大程度上开辟了理性,或者说得更为准确一些,思辨思维的可能性,与此相关,界定辩证与思辨之间的关系必须进入我们研究的视野。最后,即使对我们何以能够发现像思辨思维这样的东西以及是如何认识它的追问超越了本书的范围,但是三者之间过渡的必然性,或者说理性作为体系的内在发展,对于找到通往黑格尔哲学的入口仍是至关重要的,并不夸张地说,这是我们理解黑格尔哲学所面临的基本困难之一。

二、主题框架

按照上述的研究思路,本书将依据如下文本展开,因为在这些文本中黑格尔直接表明了其对怀疑主义的理解:

(1) 1802年的《怀疑主义与哲学的关系》;

(2) 1801—1802年的《讲演手稿片段》中的第三个片段:《逻辑和形而上学:哲学……》;

(3) 1807年的《精神现象学》的导论和关于"怀疑主义"的章节;

(4)《哲学史讲演录》中关于"怀疑主义"的章节;

(5) 1830年的《哲学科学百科全书纲要·第一部分:逻辑学》中第78—82小节。

此外,本书还涉及1801—1803年的《讲演手稿片段》中的其他片段、

1804—1805年的《耶拿体系草稿Ⅱ:逻辑,形而上学,自然哲学》、1812—1816年的《逻辑学》等相关论述。值得一提的是,1801年的《费希特与谢林哲学体系的差别》与1802年的《怀疑主义与哲学的关系》不仅在时间上接近,而且还可以相互阐释。

本书虽然按照编年史意义上的时间来展开论述,但是同时,也是按照问题本身——怀疑主义与黑格尔辩证法形成之关系的规定史——的展开来加以论述的:

(一)黑格尔在法兰克福的后期和耶拿的早期(大约是1799年至1802年)为什么要如此深入地研究怀疑主义,尤其是怀疑主义对黑格尔自身的思想发展及其哲学体系的形成而言意味着什么?古代怀疑主义与最新的怀疑主义的区别在哪里?知性本身必然会陷入窘境吗?黑格尔本人是如何解释古代怀疑主义的?

在《怀疑主义与哲学的关系》一文中,黑格尔之所以认为皮浪的怀疑主义优于舒尔策的怀疑主义,并指明其优越性在于均势原则、未假定任何信念或主张作为前提或根据以及悬搁判断,而舒尔策的怀疑主义本质上是独断的,其目的在于提出"真正的怀疑主义"。

而黑格尔将《巴门尼德篇》称为"真正的怀疑主义"的"更为完美的和自给自立着"的"文献与体系",其事实依据在于:(1)《巴门尼德篇》中包含着怀疑主义的方法论原则在其所有部分中的发展和应用;(2)它还包含一个实现怀疑主义原则的前提的明确暗示;(3)它包含了与怀疑主义论式(主要是阿格里巴的五个论式)相关的指导方针。黑格尔之所以把《巴门尼德篇》视为"真正的怀疑主义"之典范,是因为他试图将"真正的怀疑主义"——可以被称为辩证法的前身——纳入自身的哲学体系之中,并因此将其作为一个哲学体系本身展开的形式,由此,黑格尔的哲学体系可以抵御怀疑主义的均势原则的攻击。

当然,在这个过程中,黑格尔理解古代怀疑主义时存在的一些偏差,如误解、遗漏和评价上的前后不一致,原因在于他是根据他自己学说的眼光来加以阐释的,如黑格尔在早期的《怀疑主义与哲学的关系》和后期的《哲学史讲演录》中,对十个较早的怀疑论式和五个较晚的怀疑论式出现了两种截然相反的态度等,而这些理解偏差从某种程度上也是黑格尔对古代怀疑主义的重新阐释,有助于更好地理解黑格尔自身的思想发展。

总的来说,尽管黑格尔也将以皮浪为代表的"古代的高尚的怀疑主义"视为"真正的怀疑主义",但是,在《怀疑主义与哲学的关系》中,以皮浪为代表的古代怀疑主义与黑格尔所说的以《巴门尼德篇》为代表的"真正的怀疑主义"还是略有区别的。一方面,就与舒尔策的怀疑主义相较而言,无论是以皮浪为代表的古代怀疑主义,还是以《巴门尼德篇》为代表的"真正的怀疑主义",都是辩证法的一种否定结果。另一方面,以皮浪为代表的古代怀疑主义,既是真正的哲学的一个环节,又包含着怀疑主义本身的高贵本质,但却"仅仅停留在辩证法的否定结果方面,怀疑主义没有认清它自己的真结果,它坚持怀疑的结果是单纯抽象的否定",因此古代怀疑主义只能被视为黑格尔辩证法的入口;而以《巴门尼德篇》为代表的"真正的怀疑主义",作为与真正的哲学的合一,它既是怀疑主义,又是独断主义,尽管也以否定为其结果,即作为绝对认识的否定一面或一种单纯否定意义上的辩证法,但"就否定作为结果来说",其最终指向的"至少同时也可说是肯定的"结果,因此只有它可以被视为辩证法的前身。

(二)黑格尔把"真正的怀疑主义"规定为"绝对认识的否定的一面"和"每一种哲学的自由的一面",与其耶拿逻辑纲领之间有何关系?

在黑格尔思辨逻辑的"准备:《基督教的精神及其命运》和《1800 年体系残篇》——萌芽:1801—1802 年的《逻辑和形而上学:哲学……》(简称《耶拿逻辑纲领》)——雏形:1804—1805 年的《逻辑和形而上学》——成熟:1812—1816 年的《逻辑学》"这一序列中,重点考察作为黑格尔思辨逻辑之萌芽的《耶拿逻辑纲领》中逻辑的任务、内容和功能及其与形而上学之间的关系。首先,指明逻辑的任务是,通过系统地把握有限认识或反思的诸形式来超越有限认识,进而通往关于绝对物的思辨认识或理性认识。其次,厘清逻辑的内容或三个阶段:描述有限物或知性的毁灭,由此扬弃自身并过渡为形而上学,并由此阐明逻辑是关于绝对物或无限物的理性认识的否定一面,而形而上学则是关于绝对物或无限物的理性认识的肯定一面。再次,论述逻辑的"完善化"功能,揭示从逻辑到形而上学的过渡是一种返回到作为根据或开端的无限的进程。

由此表明,《怀疑主义与哲学的关系》中所描述的"真正的怀疑主义"其实就是那种总是处于对立和二律背反之中的有限的诸知性规定的逻辑,而第三个片段中关于逻辑的论述的确提供了关于形而上学的方法,说的确切一些,辩证法的一种暗示。当然,无论是有限的诸知性规定的逻辑,还是真正的怀疑主义,或柏拉图哲学意义上的辩证法,都尚未足够作为形而上学的方法,而只能被视为黑格尔辩证法的最初形式——否定的辩证法。在黑格尔那里,它们后来无非都是要过渡为肯定-思辨的辩证法。

而事实上,这种"否定的辩证法",将在 1804—1805 年的《逻辑和形而上学》中发展为一种初具雏形的"肯定的辩证法",关于这一点,可以在思辨逻辑从"萌芽"到"雏形"的进展中被阐明：一是具体内容要素的丰富和细化，二是逻辑和形而上学与认识论的统一，三是逻辑和形而上学的展开方式的一致——辩证法，四是"绝对精神"的诞生。

（三）怀疑主义为何在《精神现象学》中呈现出"方法-形态"的双重身份呢？

立足于《精神现象学》的序言和导论以及关于怀疑主义的章节的相关论述，首先，澄清《精神现象学》的开端是绝对，道路是作为人类精神的意识自身发展为科学的一个现实的形成史，原则是意识自身提供检验自己的尺度。

其次，论述《精神现象学》中诸意识形态之间转化的结构是意识形态的整个序列按照它们的必然性向前发展的过程，其必然性是人类精神本身成长的生命发展过程或绝对或绝对知识或绝对精神本身之自我生成、自我展开和自我返回，亦即确定的否定、辩证法或自身实现着的怀疑主义，其动力则是对象的概念与对象之间存在着不一致，即对概念和对象的同一的追求。

最后，阐明怀疑主义"方法-形态"的双重身份：一方面，这种"自身实现着的怀疑主义"将代替"真正的怀疑主义"，成为精神现象学的方法，更为准确地说，精神现象学的展开方式，其实就是精神现象学本身，在《精神现象学》的导论中被作为主题加以简要但却极为重要地探讨；另一方面，作为"正在显现为现象的知识"（黑格尔同时也称之为"不完全的意识"）的形态之一的怀疑主义，即以皮浪为代表的古代怀疑主义，其在"自我意识"中登场，介于"斯多葛主义"和"苦恼的意识"之间，随后在必然的发展中，被扬弃为意识经验的一个环节。

就自身实现着的怀疑主义作为《精神现象学》的方法而言，古代怀疑主义本身包含着辩证法概念的环节，然而恰恰在这种辩证法中毁灭了，因此辩证法被规定为被扬弃了的怀疑主义，亦即自身实现着的怀疑主义；而就自身实现着的怀疑主义作为《精神现象学》本身而言，辩证法对古代怀疑主义的扬弃，使古代怀疑主义成了自身实现着的怀疑主义的一个环节，而当古代怀疑主义已经被扬弃为一个环节时，自身实现着的怀疑主义也就不再是那种古代的怀疑主义了。由此，黑格尔完成了对古代怀疑主义的双重扬弃。

（四）怀疑主义、辩证法与思辨三者之关系在《哲学科学百科全书纲要·第一部分：逻辑学》中获得了何种最终规定？

依据《哲学科学百科全书纲要·第一部分：逻辑学》中的相关论述，通过对逻辑真实体的三个环节的考察，澄清"知性（知性的肯定）—怀疑主义（知性的否定/知性的辩证法）—辩证（理性的否定方面/否定的辩证法）—思辨[理性的肯定（否定之否定）方面/肯定的辩证法]"的结构和四者之间过渡的必然性。由此,怀疑主义与辩证法之间关系的最终规定得以阐明了:知性自身误解着地运用辩证法时,就形成了怀疑主义,并且辩证法本质上是属于理性的。

到此为止,本书将回到最初的源头,即柏拉图的《巴门尼德篇》,结合《哲学史讲演录》和《逻辑学》的相关论述,通过对柏拉图辩证法与黑格尔的辩证法的整体性的比较研究,来阐明黑格尔是如何在很大程度上把他自己的辩证法理解为始于柏拉图的辩证法的思维出发点的一种延续,以及如何通过吸收新柏拉图学派,尤其是普罗克洛的解释,将柏拉图的"否定的辩证法"发展为他自己的"思辨的辩证法"的,并且由此指明二者本质上的区别在于:柏拉图的辩证法本质上满足于那些抽象的规定的一种外在比较,并因此无法在一种体系化的有机结构中产生范畴的逻辑联结并获得其内在发展。

然后,通过整体性地厘清亚里士多德辩证法的内涵,来指明黑格尔是如何理解亚里士多德的思辨思想以及二者辩证法的区别。对亚里士多德而言,辩证法始终是一种前科学的方法,它不具有必然性,也不可能是经验的自我展开运动或经验本身,仅具有方法论上的意义,只是一种外在于事情本身的处理方法,而黑格尔的辩证法则是"事情本身的过程",具有一种本体论上的意义,是一种肯定-思辨的辩证法,因此他无法援引亚里士多德的辩证法。但是,黑格尔在亚里士多德关于存在的论断、关于运动的学说以及对理性概念的界定中,通过对亚里士多德的文本的创造性阐释,找到了自己哲学意义上的亚里士多德的思辨思想。因此,黑格尔的辩证法,甚至亚里士多德的辩证法(如果将亚里士多德的思辨思想也视为其辩证法的一个组成部分的话),都能够与亚里士多德的思辨思想部分地重合。当然,仍然有别于亚里士多德的思辨思想,黑格尔的辩证法既是绝对本身的自我展开,又是哲学的各个部分的逻辑联结及其发展序列,其展现为一种内在统一的有机发展的体系化的动态结构。

(五)黑格尔的思辨哲学体系何以能够抵御怀疑主义的攻击?

这里所探讨的问题是,黑格尔的思辨哲学何以能够抵御阿格里巴的怀疑主义,准确地说,阿格里巴的五个论式的攻击,因为在黑格尔看来,尽管皮浪的怀疑主义是与哲学相分离的,且并不涉及理性以及理性的认识,但却从未试图针对哲学和理性,而仅是针对普通的人类知性的独断主义。但是,阿格里巴的五个论式,不仅针对普通的人类知性的独断主义,而且针对哲学和在哲学中显露的理性,针对理性意味着针对真正的思辨哲学。

黑格尔基于思辨思维——怀疑主义的一种自我扬弃——的思辨哲学之所以能够抵御怀疑主义,即阿格里巴的"五式"的挑战,原因在于:一方面,黑格尔思辨哲学的开端是作为主体与客体、思维与存在、有限与无限之统一的绝对,它既是开端也是终点,由此构成一个圆圈,而思辨哲学就是绝对或事情本身自身生命的展开过程或完成过程,即真理自身的运动(回应"无穷倒退""假设"和"循环论证");另一方面,思辨哲学在一个科学体系中对绝对加以描述,即诸哲学主张或诸意识形态或诸概念本身的自我发展或自我扬弃所构成的序列,并把这个体系理解为思维本身的一种发展,即绝对思维作为体系,是对绝对思维本身作为起点、展开进程和终点的整体把握,而思辨哲学的展开方式则是辩证法,即事情本身的过程(回应"意见分歧"和"相对性")。

最后,结语部分是对黑格尔的绝对真理的内涵、从知性过渡到怀疑主义再到理性的必然性和黑格尔思辨思维的内涵的一个总结。

关于本书的现实意义,笔者认为,在真正具体地理解黑格尔的哲学思想之前,就谈论本书的现实意义,无疑只会造成对黑格尔哲学的误解,更无法厘清黑格尔哲学对我们的现实意义。只有明确了黑格尔所面临的具体问题,我们才能理解黑格尔的答案对我们的意义,而黑格尔的答案之所以对我们具有现实意义,乃是因为他面临的问题也是我们时代所面临的问题,乃至于是人类千百年来一直面临的问题,即存在与思维、有限与无限、普遍与特殊之关系的形而上学问题,这个问题的背后,是黑格尔哲学对绝对真理的孜孜追求。

但不管怎么样,本书至少可以让我们清楚地看到的是:黑格尔哲学能够真正破除常识、工具理性、逻辑思维和知性思维之窠臼,让我们改变固有的存在方式和思维方式,让我们不再固执于存在与思维、有限与无限、普遍与特殊之间的对立或分裂,让我们整体地理解和把握这个本身矛盾着的世界,让我们可以艰辛甚至于痛苦但又幸福地生活下去。这既是黑格尔哲学留给我们的重要遗产,也是哲学本身对我们提出的要求,更是人之为人的追求。

第一章　辩证法的前身：真正的怀疑主义

我们面临的首要问题是：黑格尔在法兰克福后期和耶拿早期（大约是1799年至1802年）为什么要如此深入地研究怀疑主义，尤其是怀疑主义对黑格尔自身的思想发展及其哲学体系的形成意味着什么？

第一节　黑格尔对怀疑主义的批判

在《怀疑主义与哲学的关系》一文中，我们将会看到黑格尔对待古代怀疑主义与最新的怀疑主义（舒尔策的怀疑主义）的不同态度，而黑格尔之所以认为皮浪的怀疑主义优于舒尔策的怀疑主义，是因为黑格尔认为前者的优越性在于其均势原则、未假定任何信念或主张作为前提或根据以及悬搁判断，而舒尔策的怀疑主义在本质上却是一种基于"意识的事实"的独断主义。至于黑格尔对二者加以比较的目的，则是为了提出他眼中的"真正的怀疑主义"。

一、《怀疑主义与哲学的关系》的写作动机

在黑格尔的时代，对怀疑主义的研究——首先是通过康德和康德主义者以及康德批判者促成的——是一个非常具有现实意义的研究主题，甚至简直是一个当时同时代哲学的时髦主题①。如康德（Immanuel Kant）在1783年

---

① Hartmut Buchner, "Zur Bedeutung des Skeptizismus beim jungen Hegel", in *Hegel-Studien Beiheft*, Band 4, Bonn: H. Bouvier Verlag u. Co. Verlag, 1969, S. 50 – 51. 布赫纳既不承认康德、费希特和谢林对黑格尔关于怀疑主义的解释有着直接的影响，也未提及荷尔德林的影响。但是，需要特别指出的是，既非谢林，也非黑格尔，而是荷尔德林第一个看到了同一哲学在驳斥怀疑主义上的潜力，如他在1795年写给席勒的一封信中如此说道："我试图表明，这项对每个体系都必定会提出的不可忽视的要求，即把主体与客体结合在一个绝对者——自我或者如人们想要的叫法——中虽然从美感上在理智直观中是可能的，但从理论上只是通过一种无限接近才是可能的，正如正方形向圆形的接近……（转下页）

《未来形而上学导论》的前言中就曾明确说过:"我坦率地承认,就是休谟的提示在多年以前首先打破了我独断主义的迷梦,并且在我对思辨哲学的研究上给我指出来一个完全不同的方向。"① 而舒尔策(Gottlob Ernest Schulze)在《安尼西德穆斯或者关于莱茵荷尔德教授在耶拿提出的基本哲学的基础以及拥护怀疑主义反对理性批判的傲慢》(*Aenesidemus oder über die Fundamente der von dem Herrn Professor Reinhold in Jena gelieferten Elementar-philosophie, nebst einer Vertheidigung des Skeptizismus gegen die Anmaßungen der Vernunftkritik*, 1792)② 一书中,借用古罗马诗人赫尔米亚与皮浪主义者安尼西德穆斯之口来批判康德的学生莱茵荷尔德(Karl Leonhard Reinhold)提出的基本哲学,以维护自己的怀疑立场。而费希特(Johann Gottlieb Fichte)则为此专门写了一篇书评——《评〈安尼西德穆斯〉》(*Recension des Aenesidemus oder über die Fundamente der vom Herrn Prof. Reinhold in Jena gelieferten Elementarphilosophie*, 1792),发表于耶拿《文汇报》(*Jenaer Allgemeine Literaturzeitung*, 1794, No.47-49)并将舒尔策视为怀疑主义的代言人③,其后他更在《全部知识学的基础》(*Grundlage der gesammten Wissenschaftslehre*, 1794)中指出:皮浪的怀疑主义是一种"彻底的独断主义",是一种"怀疑它在怀疑的怀疑主义",是自相矛盾的,唯有通过近代的怀疑主义,知识才能彻底取得胜利:

> 只有两种体系:批判的与独断的。怀疑主义,正如我们前面规定的那样,完全不是一种体系,因为它可以说根本否认体系的可能性。但是体系的可能性它却只能按体系来加以否认,因而它是自相矛盾的和完全违反理性的。而且人类精神的本性早已表明它也是不可能的。从来还不曾有人当真地是这样一种怀疑主义者。批判的怀疑主义则是另外一回事,如休谟的、迈蒙的、安尼西德穆斯的。它揭示以往论据的不足,并且恰恰因此而暗示了何处可以找到更为可靠的论据。通过批判

(接上页)我相信,我可以证明,怀疑主义者在何种程度上是有道理的,在何种程度上是没有道理的。"参见:Hölderlin: *Sämtliche Werke*, Band 6, Hälfte 1, Stuttgart: Verlag W. Kohlhammer, 1954, S.181。

① 康德:《未来形而上学导论》,庞景仁译,北京:商务印书馆,1982年,第9页。
② Gottlob Ernest Schulze, *Aenesidemus oder über die Fundamente der von dem Herrn Professor Reinhold in Jena gelieferten Elementar-philosophie, nebst einer Vertheidigung des Skeptizismus gegen die Anmaßungen der Vernunftkritik*, Berlin: Verlag von Reuther & Reichard, 1911.
③ 费希特:《费希特著作选集》(卷一),梁志学主编,北京:商务印书馆,1990年,第421页。

的怀疑主义,知识才彻底取得胜利,即使并非总是在内容上,却肯定是在形式上。如果谁不给予见解精辟的怀疑主义者以应得的尊重,那他就是完全不懂知识的价值。①

而迈蒙(Salomon Maimon)也在其所著《新逻辑或思想理论初探以及附录:赫尔米亚写给安尼西德穆斯的信》(*Versuch einer neuen Logik oder Theorie des Denkens. Nebst angehängten Briefen des Philaletes an Aenesidemus...*, 1794)中立足于批判哲学和怀疑主义,对舒尔策的思想观点做出了回应,同时也批判了莱茵荷尔德的思想②。

与当时诸多哲学家的观点相左,黑格尔则认为彻底的古代的怀疑主义,特别是保存于塞克斯都·恩披里克的著作中的皮浪主义,远远优越于最新的舒尔策的怀疑主义③。依据卡尔·罗森克兰茨(karl Rosenkranz),黑格尔早在法兰克福时期就已经致力于思考怀疑主义,详细研究了柏拉图和塞克斯都④。黑格尔在《1800 年体系残篇》(*Systemfragment von 1800*, 14. Sept. 1800)中就已经注意到了思维作为反思,在这里则是作为"反思所产生的设定(Setzen)",无法实现有限生命和无限生命的统一或达到真正的无限者:"每一名词都是反思的产物,因此每一名词都可以被表明为被设定者,从而设定一物同时就表明另一物未被设定、被排斥在外。这种过程可以追逐至没有止境;但是这种过程必须因此永远制止,并谨记:例如,凡是叫做正题与反题的结合之物,并不是一个设定的东西、抽象知性的东西、反思的东西,而乃就反思来说,具有独特性格的东西,即是超出反思的存在"⑤,在这之中,一种"每一名词都可以被表明为被设定者,从而设定一物同时就表明另一物未被设定、被排斥在外"的表达已经使人回想起皮浪的怀疑主义的基本立场⑥。之后在耶拿初期,黑格尔在《费希特与谢林哲学体系的差别》(*Differenz des Fichteschen und Schellingschen Systems der Philosophie*,

---

① 费希特:《全部知识学的基础》,王玖兴译,北京:商务印书馆,1986 年,第 38 页。
② 关于迈蒙的怀疑,具体论可参见:Richard Kroner, *Von Kant bis Hegel*, Tübingen: J. C. B. Mohr, 1921, S.337-343。
③ Michael N. Forster, *Hegel and Skepticism*, Cambridge, Mass.: Harvard University Press, 1989, p.9.
④ Karl Rosenkranz, *Georg Wilhelm Friedrich Hegels Leben*, Berlin: Verlag von Duncker und Humbolt, 1844, S.100.
⑤ 〔德〕黑格尔:《黑格尔早期著作集》(上卷),贺麟等译,北京:商务印书馆,1987 年,第 475 页。
⑥ Hartmut Buchner, "Skeptizismus und Dialektik", in *Hegel und die antike Dialektik*, Hrsg. von Manfred Riedel, Frankfurt am Main: Suhrkamp, 1990, S.229.

vor Ende Juli 1801)①和《布特威克的思辨哲学基础》(*Bouterweks Anfangsgründe der spekulativen Philosophie*, 26.8.1801 oder früher)②中,都对怀疑主义有所提及。正如我们所看到的那样,黑格尔早在《费希特与谢林哲学体系的差别》结尾处的"关于莱茵荷尔德的观点和哲学"一节中就提到了"真正的怀疑主义"③。考虑到这个非常值得注意的段落的语境,也许在《费希特与谢林哲学体系的差别》中就意味着"真正的怀疑主义"已经处于酝酿之中了。

最终,真正的怀疑主义在他关于怀疑主义最初的也是最重要的论文——《怀疑主义与哲学的关系》中形成了,正是在这篇论文中,黑格尔给予怀疑主义的讨论以一个创造性的贡献。这篇论文最初发表于他与谢林(Friedrich Wilhelm Joseph Schelling)合编的《哲学评论杂志》(*Kritisches Journal der Philosophie*)的第一卷的第二期(1802年3月),其全称为《怀疑主义与哲学的关系:怀疑主义的不同形式,以及最新的怀疑主义与古代的怀疑主义的比较》(*Verhältnis des Skeptizismus zur Philosophie. Darstellung seiner verschiedenen Modifikationen und Vergleichung des neuesten mit dem alten*, vor Mitte Febr.1802)④。它大致包含如下九个主题:

第1—2小节:本论文的研究主旨

第3—12小节:舒尔策的怀疑主义的主观起源:被普遍地接受及其后果——思辨哲学的先天性缺陷的发现;舒尔策如何理解它的理论哲学,舒尔策的怀疑主义的肯定一面和否定一面⑤及其与思辨哲学之关系

第13—14小节:古代怀疑主义与哲学的关系,以及柏拉图哲学中的《巴

---

① Heinz Kimmerle, "Zur Chronologie von Hegels Jenaer Schriften", in *Hegel-Studien*, Band 4, Bonn: H. Bouvier Verlag u. Co. Verlag, 1967, S.139.
② 黑格尔对布特威克的《思辨哲学基础》的批评在于:第一,布特威克把其著作视为一本完全依照怀疑主义方法的教科书,但他有时不忠于此意图,有时又忠于此意图,并没有真正反驳怀疑主义,而只是肯定或避开了怀疑主义;第二,布特威克基于一种心理学的划分将思辨哲学的基础知识划分为三个部分,是一种成问题的怀疑主义方法的一个例子;第三,布特威克的思辨哲学只不过是由经验心理学、普通逻辑、怀疑主义、康德的批判主义和先验唯心主义组成的一个混合物。参见〔德〕黑格尔:《耶拿时期著作:1801—1807》,朱更生译,北京:人民出版社,2017年,第95—104页。
③ 〔德〕黑格尔:《费希特与谢林哲学体系的差别》,宋祖良、程志民译,杨一之校,北京:商务印书馆,1994年,第100页。
④ Heinz Kimmerle, "Zur Chronologie von Hegels Jenaer Schriften", in *Hegel-Studien*, Band 4, S.140.
⑤ G.W.F. Hegel, *Werke in zwanzig Bänden* (=*TWA*: Theorie-Werkausgabe), Bd.2, S.220; G.W.F. Hegel, *GW*, Bd.4, S.20:"舒尔策的怀疑主义的肯定一面与这种思辨哲学相对立,后者探寻源自各种事物的认识,而这些事物应该是实存于我们意识之外的。因为舒尔策的怀疑主义并非仅拥有否定的一面,这种否定的一面关注的是摧毁独断主义者们的幽灵和他们获得关于诸超自然之物的实存认识的企图。"

门尼德篇》(*Parmenides*)是真正的怀疑主义的更为完美的和自给自立着（für sich stehende）的文献和体系

第 15—20 小节：古代怀疑主义与新学园派、中期学园派以及柏拉图主义的关系

第 21—27 小节：关于十个论式①

第 28—33 小节：关于五个论式②

第 34—45 小节：古代怀疑主义与最新的怀疑主义之区别

第 46—54 小节：舒尔策的怀疑主义的三个根据

第 55—69 小节：舒尔策借助于三个根据来批判洛克、莱布尼茨、康德的哲学体系

实际上，几乎确定无疑的是，黑格尔在 1801 年的秋天就已经完成了这篇论文③，而撰写这篇论文的直接动机就是舒尔策——同时也是发表于 9 年前的著名的《安尼西德穆斯》的作者，叔本华（Arthur Schopenhauer）曾经在哥廷根（Göttingen）听过他的讲课——的《理论哲学批判》(*Kritik der theoretischen Philosophie*, Band 1, 1801)④的出版。在黑格尔的这篇论文中，舒尔策的著作所扮演的是一个药引的角色，服务于黑格尔阐明何为"真正的怀疑主义"的目的。

诚如所见，黑格尔在《怀疑主义与哲学的关系》中所提出的"真正的怀疑主义"，绝对不是舒尔策的著作能够提供的，也不是同时代的其他人的著作能够提供的，诚然也完全不可能是近代的、肇始于休谟的怀疑主义，并且黑格尔自己对怀疑主义的兴趣是与同时代的怀疑主义的立场及其发展趋势相区别的。因此，黑格尔早期关于这种怀疑主义的研究不可能被同时代的哲学学说阐明，也就是说，不能把黑格尔关于怀疑主义的研究理解为时代潮流的成果。费希特和谢林没有对黑格尔关于怀疑主义的解释产生影响同样要

---

① 基于产生的依据不同，早期怀疑主义的十个论式分别是：(1)动物的种类；(2)人的不同；(3)感官结构的不同；(4)环境条件的不同；(5)位置、间隔和处所的不同；(6)媒介物的不同；(7)对象数量与构造的不同；(8)相对性；(9)发生的多寡；(10)教育、习俗、法律、传说和教义信仰的不同。参见〔古希腊〕塞克斯都·恩披里可：《悬搁判断与心灵宁静》，包利民等译，北京：中国社会科学出版社，2004 年，第 11 页。

② 稍晚的怀疑主义的五个论式分别是：第一是由于意见分歧，第二是由于无穷倒退，第三是由于相对性，第四是由于假设，第五是由于循环论证。参见〔古希腊〕塞克斯都·恩披里可：《悬搁判断与心灵宁静》，包利民等译，第 32—33 页。

③ Hartmut Buchner, "Hegel und das Kritische Journal der Philosophie", in *Hegel-Studien*, Band 3, Bonn: H. Bouvier Verlag u. Co. Verlag, 1965, S.124 – 125.

④ Gottlob Ernest Schulze, *Kritik der theoretischen Philosophie*, 2 Bde, Hamburg: bey Carl Ernst Bohn, 1801.

被直接地指明,而确定的历史启发是否以及如何深远地存在于学生时期也很难被评定,但至少值得注意的是,不仅斯道德林(Carl Friedrich Stäudlin)已经在 1794 年写出了一部两卷本的但完全是非思辨的《怀疑主义的历史与精神》(Geschichte und Geist des Skepticismus),而且尼特哈默(Friedrich Immanuel Niethammer)于 1791—1793 年在菲勒本(Georg Gustav Fülleborn)主编的《哲学史论稿》(第二卷)(Beiträge zur Geschichte der Philosophie, Band 2)中尝试出版了一部初次用德语翻译的塞克斯都·恩披里克的译本,尽管如此,黑格尔还是独立于他的那个时代的①。

但正如哲学历史学家斯道德林所说的那样,黑格尔对怀疑主义的兴趣涉及的仍然是"时代的病症"②,也就是说,黑格尔在这里并不仅仅是为了这篇论文才深入地研究怀疑主义的。我们可以看到:一方面,这篇论文通过论述古代怀疑主义与舒尔策的怀疑主义之区别,来阐明舒尔策怀疑主义的困境与古代怀疑主义的优越性;另一方面,更为重要的是,由此引申出"真正的怀疑主义"的内涵,即它本质上被视为通向真正哲学的一个过渡阶段,并且最终所关涉的是澄清"真正的怀疑主义"在黑格尔最初的哲学开端以及整个思想发展进程中一个必不可少的位置。

由此可见,黑格尔在这篇论文中的真正动机是一种具有深远的哲学意义的解释:真正的怀疑主义的复兴是与一种真正的哲学的重建相同一的。这种同一指的是,真正的怀疑主义不只是每一种真正的哲学的部分,而是展现为每一种真正的哲学本身的道路,即展现为一条从普通的人类知性/常识(gemeiner Menschenverstand)和经验科学的独断主义直到哲学的关于意识经验的科学的道路③,或者更为准确地说,展现为人类精神本身的历史发展的道路。也就是说,作为哲学开端的绝对之展开所要求之"自身实现着的怀疑主义"(dieser sich vollbringende Skeptizismus)——这也将是"真正的怀疑主义"在《精神现象学》中最重要的身份④。

---

① Hartmut Buchner, "Zur Bedeutung des Skeptizismus beim jungen Hegel", in *Hegel-Studien Beiheft*, Band 4, S.51.
② Gilles Marmasse, "Hegel und der antike Skeptizismus in den Jenaer Jahren", in *Hegel-Studien Beiheft*, Band 50, Hamburg: Felix Meiner Verlag, 2001, S.134.
③ Heinz Röttges, *Dialektik und Skeptizismus: die Rolle des Skeptizismus für Genese, Selbstverständnis und Kritik der Dialektik*, Frankfurt am Main: Athenäum, 1987, S.14.
④ 迈克尔·佛斯特和克劳斯·杜辛也都认为黑格尔把《精神现象学》规定为自身实现着的怀疑主义。参见:Michael N. Forster, *Hegel and Skepticism*, Cambridge, Mass.: Harvard University Press, 1989, p.3; Klaus Düsing, "Die Bedeutung des antiken Skeptizismus für Hegels Kritik der sinnlichen Gewißheit", in *Hegel-Studien*, Band 8, Bonn: Bouvier Verlag Herbert Grundmann, 1973, S.119.

二、舒尔策怀疑主义的困境

如果不是费希特和黑格尔,舒尔策或许不会在哲学史上留下痕迹。当然,不可否认的是,舒尔策的《安尼西德穆斯》在费希特的思想形成中的确起了有影响的作用。尽管舒尔策以某种方式拓展了雅各比对自在之物的批判①,但是,舒尔策始终只是停留在一个肤浅思想家的层次之上,他的哲学也不过是一种描述"意识的事实"(Tatsache des Bewußtseins)的理论。

早在《安尼西德穆斯》这篇论文中,舒尔策就把由他所发展了的怀疑主义描述为启蒙运动的真正成果,而康德的批判主义,在那个力图摆脱独断主义的时代背景下,则被舒尔策视为一种基本原则上的倒退,因为在他看来,康德的哲学思想残存着独断的思维方式②。之后,在《理论哲学批判》中,舒尔策注意到他那个时代的理论哲学,即以康德和康德主义者的先验哲学为代表,企图通过"对人类认识起源的说明"为形而上学提供一种科学的地位,并设法获得"可靠的基础"③。但是,对于舒尔策而言,关于认识的思辨解释只是形而上学中由来已久的"游戏"④的一种变化了的延续方式,即一种单纯的概念的操作,事实上其未能获得真正的洞见⑤。

依据舒尔策,古老的哲学传统中存在的形而上学的主要问题是事物存在的绝对基础的问题,而人们通过"单纯地遵循证明意识的直接要求"的办法来加以说明⑥。舒尔策把这个关于客观世界起源问题的哲学体系称为"宇宙起源学的"(kosmogonischen)体系,与"思想起源学的"(dianoiogonischen)体系相区别开来,后者追问的则是对事物的认识的起源,而康德的先验哲学则属于后者⑦。因此,对于舒尔策而言,近代的批判哲学只是被描述为古代形而上学问题的一种以认识理论为目的的新表达,而理性批判则被他称为一种"观念论的独断主义"⑧。

---

① 迪特·亨利希:《在康德与黑格尔之间——德国观念论讲座》,乐小军译,北京:商务印书馆,2013年,第264页。
② Günther Maluschke, *Kritik und Absolute Methode in Hegels Dialektik*, Hegel-Studien Beiheft, Band 13, Bonn: Bouvier Verlag Herbert Grundmann, 1974, S.22.
③ G. E. Schulze, *Kritik der theoretischen Philosophie*, Band 1, Hamburg: bey Carl Ernst Bohn, 1801, S.XI.
④ 同上。
⑤ Günther Maluschke, *Kritik und Absolute Methode in Hegels Dialektik*, Hegel-Studien Beiheft, Band 13, S.22.
⑥ G. E. Schulze, *Kritik der theoretischen Philosophie*, Band 1, S.91.
⑦ 同上书,第91—92页。
⑧ 同上书,第112页。

舒尔策的怀疑主义，本质上是基于人类的普遍知性的，对于舒尔策而言，怀疑主义的传统理解不是至关重要的，他也并不把自己理解为古希腊怀疑主义的辩护者，正如他所强调的那样，原本古希腊的怀疑主义所流传下来的就只是不完整的报道①。舒尔策借由古代怀疑主义对独断主义的一种特定形式的否定，公开宣称他与古代怀疑主义的差别，因为依据舒尔策，古代怀疑主义"在它的开端和发展中总是通过这样一种东西——即独断主义者们自以为能够知道的东西——被规定"②。在舒尔策看来，古代怀疑主义者同样"完全怀疑感性知识和经验知识的可靠性"③，并且可以被视为对某种代表某个时代的独断主义的一种反思。依据舒尔策，古代怀疑主义者是与一种确定的独断主义相斗争的，这种独断主义虽然把感性认识视为单纯的主观的表象方式，但还是宣布是与感性认识背后的、真正的、自给自立的事物相一致的，也就是说，与外在于所有经验的事物相一致，并因此在一定程度上与事物本身一致④。通过这种解释，舒尔策可以把古代怀疑主义者提出的最初十个论式理解为论据，这些论据针对的是古代独断主义的命题的有效性，说得确切些，可论证性。以这种方式，舒尔策将避开一种解释，即古代怀疑主义据此将感性的知觉本身宣布为不确定的。换句话说，依据舒尔策的解释，同样也对于最初的怀疑主义者而言，感性知觉也描述了一种"固定的信念"，并且把这种固定的信念视为一种与事物实际打交道的一种不容置疑的必要基础，因此借助于感性的感觉，人们拥有关于"外在于经验的事物"⑤的知识。

当古希腊的怀疑主义者最终超越了对独断的理论的怀疑，并且把认识的领域拉进怀疑时，对于舒尔策而言，怀疑主义却在原则上剥夺了认识的领域，例如物理学、天文学和数学认识，因此舒尔策将此宣称为一种不合理的怀疑领域⑥。对舒尔策而言，为了哲学尤其需要这个领域，这个领域是所谓的"意识的事实"的领域，并且他宣布"意识的事实"具有"无可争辩的确定性"⑦。然而，对于舒尔策而言，当所谓的"意识的事实"成为独一无二的不

---

① G. E. Schulze, *Kritik der theoretischen Philosophie*, Band 1, S.587–588.
② 同上书，第595页。
③ 同上书，第593页。
④ Günther Maluschke, *Kritik und Absolute Methode in Hegels Dialektik*, Hegel-Studien Beiheft, Band 13, S.25.
⑤ G. E. Schulze, *Kritik der theoretischen Philosophie*, Band 1, S.598–599.
⑥ Günther Maluschke, *Kritik und Absolute Methode in Hegels Dialektik*, Hegel-Studien Beiheft, Band 13, S.25.
⑦ G. E. Schulze, *Kritik der theoretischen Philosophie*, Band 1, S.51.

容置疑的原则和他的怀疑尺度时,那么一种批判的怀疑主义何以是可能的?无论如何,真理标准应该超越单纯的主观确定性,然而,舒尔策自己的怀疑主义,只能被理解为一种个人意识的确定性的外化①。所以,舒尔策的怀疑主义的开端不仅使得一种真正的哲学成为不可能,而且使得一种真正的怀疑主义也成为不可能。

因此,在《怀疑主义与哲学的关系》的一开始,黑格尔就阐明了这篇论战性文章的直接动机和目的是为了清算一种休谟和康德式的最近流行的新怀疑主义,即舒尔策的怀疑主义。与此同时,黑格尔还表明了他对舒尔策的怀疑主义的态度,即这种怀疑主义绝对不是古代的怀疑主义的延续,而是正相反:

> 怀疑主义与哲学的关系的探讨,以及一种由此产生的关于怀疑主义本身的认识,之所以似乎并非是不值得赞扬的,是因为这些通常关于怀疑主义的概念是极其正式的,并且怀疑主义的高贵本质,如果怀疑主义是真正的话,在最近的这段时间里,习惯上被颠倒为一个公共避难所和非哲学的托词。②

在舒尔策那里,这种古代的怀疑主义的高贵本质被"颠倒为一种公共避难所和非哲学的托词",这种"颠倒"意味着黑格尔把舒尔策的怀疑主义理解为怀疑思维的极端堕落③,对黑格尔而言,舒尔策的《理论哲学批判》不过是所谓的反思哲学的一种肤浅的分支,一个浅薄思想家的呓语,是一种基本错误的、非哲学的,同时也是独断的基本立场,但是,这个颠倒不是外在的,而是内在的,因此是在怀疑主义自身的发展之中的④,简言之,怀疑主义从黑格尔所赋予的高贵角色渐次沦落为舒尔策的那种独断主义的角色。自始至终,舒尔策都是立足于一种独断的经验态度来支撑其怀疑主义的,当然,就舒尔策在发现批判哲学与怀疑主义之间的紧张关系而言,仍是有可取之处的,尽管仍只是一种粗浅的分析⑤。

---

① Günther Maluschke, *Kritik und Absolute Methode in Hegels Dialektik*, Hegel-Studien Beiheft, Band 13, S. 26.
② G.W.F. Hegel, *TWA*, Bd. 2, S. 214; G.W.F. Hegel, *GW*, Bd. 4, S. 197.
③ Ludwig Hasler, "Skepsis und Natur: Zur philosophischen Funktion des Skeptizismus beim frühen Hegel", in *Hegel-Jahrbuch 1976*, Köln: Pahl-Rugenstein, 1978, S. 333.
④ Heinz Röttges, *Dialektik und Skeptizismus: die Rolle des Skeptizismus für Genese, Selbstverständnis und Kritik der Dialektik*, Frankfurt am Main: Athenäum, 1987, S. 14.
⑤ 〔美〕汤姆·罗克摩尔:《黑格尔:之前和之后》,柯小刚译,北京:北京大学出版社,2005年,第36页。

首先，在黑格尔看来，舒尔策在《理论哲学批判》导论中为我们提供了其怀疑主义的一种主观来源的历史，即一种认识必须保证是被普遍地和持久地赞同或接受的①，在这里，舒尔策就已经为他赋予"意识的事实"以无可争辩的确定性埋下了伏笔。而黑格尔则认为，哲学不应以普遍接受为评价标准，不同于那些获得普遍接受的坏哲学，真正的哲学恰恰很有可能不是被普遍接受的②。

其次，黑格尔还指出，舒尔策认为前人致力于发现认识的最终根据的结果是完全不幸的，这是极为主观的观点。为此，黑格尔援引了莱布尼茨的一句话——"我发现，大多数学派在他们主张的东西中很大一部分是正确的，但在他们否定的东西中却并非如此。"——来印证关于哲学体系之间斗争的肤浅观点只是使得各种体系之间的差异出现了，正如亚里士多德的古老原则——"我们必须不与那些否定原理的人争论"所说的那样，当哲学体系彼此相互斗争时，诸原理上的一致是存在的，而当哲学与非哲学斗争时，则完全是另一件事③。

因此，黑格尔断言：舒尔策不过是臆测他发现了思辨哲学的先天性缺陷——从一种独断主义过渡为另一种独断主义，并且这种所谓的思辨哲学的先天性缺陷切断了思辨成功的所有希望之未来④。事实上，早在《安尼西德穆斯》中，舒尔策就公开谴责了所有哲学，也包括康德哲学的那种潜在的独断主义，并且最终宣布了哲学和所有理性知识的要求的虚浮。由此看来，舒尔策早已转身背对哲学，并因此破坏了哲学。

再次，黑格尔指出，舒尔策把实践与审美的部分（伦理学与美学）排除在他的怀疑主义之外，而仅将他自己限于理论哲学，总的来说，舒尔策只认为理论哲学是思辨哲学，但却无法分辨他是如何看待其他部分的，更确切地说，我们无法看到任何关于一种思辨哲学的理念的暗示，并且这种思辨哲学既非理论的，也非实践的，更非审美的。

最后，舒尔策通过经验心理学区分了哲学的三个部分，而无视他早已将经验心理学从哲学中排除出去的事实，却仍然将其作为他划分哲学的来源，这在黑格尔看来是十分怪异的。黑格尔指出，舒尔策的经验心理学实际上是以"意识的事实"为根据的，而这种"意识的事实"只是"关于各种客体的认

---

① G.W.F. Hegel, *TWA*, Bd.2, S.214; G.W.F. Hegel, *GW*, Bd.4, S.197-198.
② G.W.F. Hegel, *TWA*, Bd.2, S.215; G.W.F. Hegel, *GW*, Bd.4, S.198.
③ 莱布尼茨与亚里士多德的这两句话转译自 George di Giovanni and H. S. Harris, *Between Kant and Hegel: Texts in the Development of Post-Kantian Idealism*, Albany: State University of New York Press, 1985, p.355。
④ G.W.F. Hegel, *TWA*, Bd.2, S.215-217; G.W.F. Hegel, *GW*, Bd.4, S.199.

识"(Erkenntnisse von Objekten)或者"意志的表达"(Äußerungen des Willens)或者"优美和崇高的感情"(die Gefühle des Schönen und Erhabenen)也属其中的"愉快和不愉快的感情"(Gefühle der Lust und Unlust)①。

由此,黑格尔指明舒尔策的关键问题:对舒尔策而言,"什么是关于事物的存在的直接认识中的事实的那种无可争辩的确定性的性质? 第57页:'在我们赋予被直观的事物的现实(Wirklichkeit)中,完全没有程度上的区别,即一种事物比另一种事物拥有更多的现实'。第62页:'直观的主体完全直接地认识这些对象及其存在,并且这些对象完全独立于表象力量的作用而自给自立(für sich besteht)和存在(ist)的,同样地,认识主体也是如此自给自立和存在的'"②。

客观地说,舒尔策的怀疑主义很大程度上受到后康德的自然主义和后雅各比的基础主义的影响:在舒尔策看来,"意识的事实"无非是一种直观的经验认识,是对外在对象的直接呈现,从这个意义上说,舒尔策的"意识的事实"是以诸如物理学和天文学的近代自然哲学为基础的,后者在它们关于自然法则的感性材料的解释范围内是有充分根据的,而理论哲学的任务就是去解释人类思维何以能够获得这些直接认识③。

但正如黑格尔所说:"并且此外,每一种科学的认识的特殊起源和科学中可能的确信的程度,仍然没有像今天这样被研究;'许多学说现在都抗拒所有理性的怀疑嗜好,例如物理学和天文学,在当时它们仍然仅是一种未经证实的观点和毫无根据的假说的化身(Inbegiff)。'——这种特性完善了这种新怀疑主义的特征及其与古代怀疑主义的差别;除了'意识的事实',近代的物理学和天文学因此可能同样也都是科学,它们抗拒所有理性的怀疑主

---

① G. W. F. Hegel, *TWA*, Bd. 2, S. 218; G. W. F. Hegel, *GW*, Bd. 4, S. 200.
② G. W. F. Hegel, *TWA*, Bd. 2, S. 221-222; G. W. F. Hegel, *GW*, Bd. 4, S. 203.
③ 迈克尔·佛斯特认为:舒尔策的知觉之幕的怀疑主义的第一个独断的假设是我们拥有至少一种事实的确定知识,即关于我们自己(现在的)心理内容(mental contents),近代怀疑主义者假定他们自己(现在的)心理内容不会产生怀疑困难,并因此觉得有理由保留关于那些心理内容的各种信念作为他们攻击关于外在世界的信念之部分基础。参见:Michael N. Forster, *Hegel and Skepticism*, Cambridge, Mass.: Harvard University Press, 1989, p. 14. 而保罗·弗兰斯则认为舒尔策并非一个"知觉之幕"的怀疑主义者,而是一个直接的唯实主义者。舒尔策的"意识的事实"并非"关于我现在的心理内容的信念",而是一种"直觉的认识";舒尔策也并非如迈克尔·佛斯特所说的那样,基于我们关于外在世界的知识问题,或者贝克莱称之为"知觉之幕"的问题,而是基于一种有别于古代怀疑主义的"自然科学的方法"。参见:Paul Franks, "Ancient Skepticism, Modern Naturalism, and Nihilism in Hegel's Early Jena Writings", in *The Cambridge Companion to Hegel and Nineteenth Century Philosophy*, ed. by Frederick C. Beiser, Cambridge: Cambridge University Press, 2009, pp. 54-58。

义,这些学说——排除了所有不属于其特性的纯数学的东西——在一种彻底主张客观性并且仍然是纯形式的知识中,由关于感性知觉及其与那些力、物质等等知性概念相融合的叙述所组成。这种知识的一部分,即关于知觉的叙述,是与一种科学的知识完全没有关系的,因此诚然也是不属于怀疑主义的,就这点而言,无非是它的主观性应该在关于知觉的讨论中被表明;但是这种知识的另一部分,则是一种独断化的知性的顶点。"① 由此可见,有别于古代怀疑主义以"均势"原则为基础的方法,舒尔策这种假定"意识的事实"的新怀疑主义的确是以近代自然科学的方法为基础的,采用的则是一种独断化的知性的方法,因此它并非怀疑地处理,而是独断地和知性地处理哲学问题,是一种伪怀疑主义。

总之,舒尔策的怀疑主义"无非是否定理性真理并且为此目的而把理性物转化为反思,将对绝对物的认识转化为有限的认识",也就是说,"这种将思维与存在合而为一的理性物分离为对立物、思维与存在,以及对这种对立的绝对坚持,即知性的绝对化,构成了这种独断的怀疑主义无穷重复和普遍应用的根据"②。

因此,黑格尔指出:"在这里,舒尔策已经在本质上偏离了塞克斯都·恩披里克"③,那么,黑格尔在这里为什么要拒绝舒尔策的怀疑主义呢? 进一步说,他依据什么把舒尔策的怀疑主义与古代的怀疑主义对立起来呢? 黑格尔为什么认为古代怀疑主义优越于最新的怀疑主义呢?

三、古代怀疑主义的优越性

回答上述问题的关键在于:"塞克斯都自己在他关于哲学和科学的各个部分的批判中并不作出区分,而是接受这种区分,正如他发现这种区分一样,同时怀疑地攻击它。"④ 与舒尔策的怀疑主义不同,古代怀疑主义把"均势"(ἰσοσθένεια/isostheneia)视为其基本原则:每一个命题或论据都有一个相等的命题或论据与之对立,因为这一原则带来的结果是悬搁(ἐποχή/Epoché)信念⑤。对此,黑格尔是如此来理解的:"这就是说,指出二者之间

---

① G.W.F. Hegel, *TWA*, Bd.2, S.225 - 226; G.W.F. Hegel, *GW*, Bd.4, S.205 - 206.
② G.W.F. Hegel, *TWA*, Bd.2, S.250 - 251; G.W.F. Hegel, *GW*, Bd.4, S.223.
③ G.W.F. Hegel, *TWA*, Bd.2, S.218; G.W.F. Hegel, *GW*, Bd.4, S.200.
④ G.W.F. Hegel, *TWA*, Bd.2, S.218 - 219; G.W.F. Hegel, *GW*, Bd.4, S.200.
⑤ 〔古希腊〕塞克斯都·恩披里可:《悬搁判断与心灵宁静》,包利民等译,北京:中国社会科学出版社,2004 年,第 5 页。该译文参考了佛斯特的译法。参见:Michael N. Forster, *Hegel and Skepticism*, p.10。

的一种相互矛盾,或者指出在一切确定的东西中'任何一个都和它相反的东西具有同样多的价值和效力',换句话说,都同样地可以相信和不相信。"①这意味着均势原则作为怀疑主义的论证方法只是在形式或方法上攻击命题或论据,并不关涉命题或论据的具体内容,因为"他们使每一种确定的、肯定的、思维到的东西与它们的反面相对立;这一点他们是以一定的形式提出来的",也就是说,均势原则不需要以任何其他的信念或主张为依据来攻击命题或论据,因为"从怀疑主义的本性来说,我们不能要求它有命题的体系;所指出的只是揭示对立的一些普遍的形式和方法"②。最终,均势原则作为怀疑主义的论证方法所要达到的目的是悬搁判断,最终目的则是一种指向生活方式(ἀγωγή/Agogé)的心灵宁静(ἀταραξία/Ataraxie),并非不安、痛苦或绝望③。

尽管黑格尔把舒尔策的怀疑主义与古代的怀疑主义相对立,但毋庸置疑,舒尔策与塞克斯都·恩披里克之间是有着密切关系的。舒尔策为了支持他自己的立场,援引了古代的怀疑主义的观点。但是与舒尔策相照应的是,黑格尔也同样援引古代怀疑主义来驳斥舒尔策的立场:一方面,黑格尔指出舒尔策对古代怀疑主义的引证是以一种误解为基础的,也由此指明了舒尔策的怀疑主义本质上的独断主义成分;另一方面,也由此证明了古代怀疑主义才是经久的,并且在哲学上也是有益的④。

黑格尔这么做或许是有着策略上的动机的,即从你的前提出发,来证明你的论证和观点是错误的,从这个意义上说,这也正是黑格尔辩证思想的写照。例如,对舒尔策而言,"任何经验所表明的东西,特别是诸外在感觉(Empfindungen)的化身(Inbegriff),都不能够作为怀疑主义怀疑的一个客体,并且所有科学中只有哲学(因为此外没有一门科学与意识范围之外的事物的认识有关)才能够作为怀疑主义怀疑的一个客体"⑤。而塞克斯都·恩披里克也正是这么说的:

> 我们并不推翻那些我们必然感受到的感性印象。这些印象就是呈现。当我们怀疑背后的客体是否正如它所呈现的这样时,我们是肯定

---

① 〔德〕黑格尔:《哲学史讲演录》(第三卷),贺麟、王太庆译,北京:商务印书馆,1983年,第121页。
② 同上书,第122页。
③ Michael N. Forster, *Hegel and Skepticism*, pp.10–11.
④ Gilles Marmasse, "Hegel und der antike Skeptizismus in den Jenaer Jahren", in *Hegel-Studien Beiheft*, Band 50, Hamburg: Felix Meiner Verlag, 2001, S.135.
⑤ G.W.F. Hegel, *TWA*, Bd.2, S.223; G.W.F. Hegel, *GW*, Bd.4, S.204.

了它呈现这一事实,我们的怀疑并不涉及呈现本身,而只是涉及对呈现的判断——这与怀疑呈现本身不是一回事。……即使我们真的批判呈现,我们也不是想要否认呈现,而是要指出独断主义者的草率。①

舒尔策或许会如此反驳黑格尔关于他的解释:既然古代怀疑主义"肯定了它呈现这一事实",并且"怀疑并不涉及呈现本身",那么它真的怀疑"'意识的事实'的确定性"吗?答案其实是毫无疑问的,正如塞克斯都·恩披里克在《皮浪学说概要》一开始就指出的那样:"首先我们要指出,我下面要说的一切,并没有断定其事实真是如此;我只是像一个编年史家那样,按照事实当下向我呈现的样子,简单地记下每件事实"②,古代怀疑主义从未宣称事实就是如此,而是说事实对他来说呈现如此。即使古代怀疑主义也曾花费大量篇幅讨论"根据什么"标准判断对象,但是仍然未曾忘记提醒我们:"我们并不是主张真理标准是不实在的(因为这就是独断了)。可是,既然独断主义者似乎有理有据地证明了真理标准的确存在,我们也确立了看起来可信的相反论证;那么,虽然我们并不肯定它们是否正确,是否比对手的论证更为真实或更加可信,只是因为这些论证与独断主义者提出的论证显然具有同样的合理性,我们由此可推论出悬搁判断。"③与"独断主义者把自己的对象当实质性真理提出来"不同,"怀疑主义者表述自己的公式的方式却是要让它们实际上也被自己所否定了",因此古代怀疑主义这样的表述不能算作是独断的;更为重要的是,古代怀疑主义在表述那些公式的时候,"他表达的只是向他显现的事情,以非独断的方式说出他自己的印象,不对外部实在作任何正面的肯定"④。

但正是在这一点上,舒尔策向前迈出了决定性的一步,造成了阿基琉斯之踵:"我们必须把感性的存在,把感性意识所给予我们的东西当成真实的;但是对于其他的一切我们必须怀疑;我们所指谓的东西,是最后的东西,乃是'意识的事实'";而"古代的怀疑主义者们诚然承认人必须根据这个最后的东西来指导自己的行为,但是他们并不肯定这个东西是真理"⑤。由此黑格尔指出:舒尔策感觉到他的怀疑主义"赋予'意识的事实'一种无可争辩的

---

① 〔古希腊〕塞克斯都·恩披里可:《悬搁判断与心灵宁静》,包利民等译,第7页。
② 同上书,第3页。
③ 同上书,第70—71页。
④ 同上书,第6页。
⑤ 〔德〕黑格尔:《哲学史讲演录》(第三卷),贺麟、王太庆译,第108页。

确定性,是很少与古代怀疑主义者提供给我们的怀疑主义的概念相一致的"①。这意味着古代怀疑主义并不与舒尔策的怀疑主义拥有相同的立场。

在黑格尔那里,舒尔策的怀疑主义通常被描述为一种不超越于意识之外的哲学,亦即"在我们的意识范围之内被给定的东西的实存拥有无可争辩的确定性"②。为此,舒尔策甚至采用了一种类似于笛卡尔式的论证方式来证明"意识的事实"拥有无可争辩的确定性:"因为这种被给定的东西是呈现于意识之中的,所以我们可以怀疑这种东西的确定性与我们可以怀疑意识自身是同样少的;但是想要怀疑意识是绝对不可能的,因为一种这样的怀疑将会消灭它自己,因为它离开了意识不可能发生,结果它将会什么都不是。在意识之中以及通过意识被给定的东西,人们称之为一种'意识的事实';因此诸'意识的事实'都是无可争辩的现实之物,所有的哲学思辨都必须与它们相关,并且它们可以通过这些思辨被阐明或者被理解。"③

与古代怀疑主义立足于均势原则的方法且未假定任何信念或主张作为前提或根据不同,舒尔策的怀疑主义立足于"意识的事实",并且独断地"在'意识的事实'中设定了无可争辩的确定性,并且正如最为通俗的康德主义那样,把一切理性认识限制于将被分配给那些事实的形式统一"④,由此可见,正是由于舒尔策的怀疑主义延续近代哲学的传统,即试图为哲学确保一种确定的开端——"意识的事实"的无可争辩的确定性,所以恰好沦为古代怀疑主义所攻击的那种独断主义,换句话说,舒尔策的怀疑主义无法抵御均势原则的攻击。因此,舒尔策的这种意识-事实哲学最终所得到的不外是这种愚蠢的答案:"追求一种认识,即这种认识超越于那种真实的、完全确定的诸事物的存在之外或之上,因此这种认识被认为是不确定的——追求这样一种认识也是意识的一个事实。"⑤

由此,黑格尔指出:"(舒尔策先生说:)'由于我们情志的一种原初构成(Einrichtung),我们就有了一种渴望,对依我们之见只是有条件地存在的一切东西,要探寻终极的和无条件的根据。'但是如果意识的任何事实拥有直接的确定性,那么一种某些东西仅是有条件地存在的识见是不可能的,因为'有条件地存在与自身什么都不确定是同义的。'……当他(舒尔策)从对这个世界的野兽般地注视和他无可置疑的确定性过渡为理论哲学的问题时,

---

① G.W.F. Hegel, *TWA*, Bd.2, S.222; G.W.F. Hegel, *GW*, Bd.4, S.203.
② G.W.F. Hegel, *TWA*, Bd.2, S.220; G.W.F. Hegel, *GW*, Bd.4, S.202.
③ 同上。
④ 同上。
⑤ G.W.F. Hegel, *TWA*, Bd.2, S.221; G.W.F. Hegel, *GW*, Bd.4, S.202.

作者在72页表述同样如此:'虽然依据意识的裁定,事物的存在是完全确定的,但是这仍然绝对无法满足理性'(在这里我们将学会,理性由什么组成),'因为对于我们所了解的存在着的事物来说,它们不是不言自明的,即它们存在,它们就是它们之所是。'……有了这种绝对的确定性,即诸事物是如何存在的,如何同时不是不言自明的,即它们存在,它们是它们之所是呢? 同时宣称一种认识,根据这种认识,诸事物的存在和本性是不言自明的,并且同时宣称另一种认识,根据这种认识,诸事物的存在和本性不是不言自明的。"①

黑格尔发现,对舒尔策而言,哲学研究同样与认识的原理有关,依据现象的认识与认识的非现象条件之间的关系,这种研究应当诠释认识的原理②,但是这种怀疑主义却依据经验的态度来把握非经验对象的无条件的认识原理,一方面,这个事物本身被这种认识隐藏了起来,另一方面,这种认识却又使得事物存在是可能的:舒尔策所理解的"理论哲学是关于一切有条件之物的最高和最无条件的原因的科学,我们通常对有条件之物的现实性具有确定性。……但是这个最高的和无条件的原因本身,或者更确切地说,理性者,舒尔策先生同样将其理解为超越我们的意识之外和之上的事物、实存物、与意识完全对立之物……舒尔策先生无非是把理性者、自在表象为积雪之下的山峰"③。

当然,黑格尔对于这种独断的表态是无法接受的。对他而言,真正的基础绝对不会是一种个别的原因,而应该是一种普遍的原理,这种原理不是被隐藏于经验的实行之中的,而是正相反,它是被暴露于经验的实行之中的④。因此,黑格尔强烈指责舒尔策忽视了自己观点之中的矛盾:

首先,如果依据舒尔策所言,现象知识仅仅拥有一个外在的根据,因此现象知识不是内在地有根据的话,那么人们何以能够断言现象认识是真的;

其次,如果人们无法辨认出这种事情的话,人们怎么能够认为事情具有一种根据的地位;

最后,如果人们把物自身视为无法触碰到的话,人们怎么能够把一个物自身称之为"理性的"⑤?

在舒尔策的怀疑主义那里,现象与事物本身或思维与存在之间有着一

---

① G.W.F. Hegel, *TWA*, Bd.2, S.221-222; G.W.F. Hegel, *GW*, Bd.4, S.202-203.
② Gilles Marmasse, "Hegel und der antike Skeptizismus in den Jenaer Jahren", in *Hegel-Studien Beiheft*, Band 50, S.138.
③ G.W.F. Hegel, *TWA*, Bd.2, S.219-220; G.W.F. Hegel, *GW*, Bd.4, S.201.
④ Gilles Marmasse, "Hegel und der antike Skeptizismus in den Jenaer Jahren", in *Hegel-Studien Beiheft*, Band 50, S.139.
⑤ 同上。

条明确的鸿沟,这种区分实际上同样也存在于古代怀疑主义那里,黑格尔在《哲学史讲演录》中认为这种区分与新学园派的阿尔凯西劳斯有着部分联系①。但是,如果古代怀疑主义假定了现象与事物之间的区分,那么不就因此而陷入一个自己所造就的困境中吗?那么它不就成为它自己所抨击的独断主义了吗?那么它同时不也就无法抵御均势原则的攻击了吗?那么黑格尔何以断定舒尔策的怀疑主义是独断的,而古代怀疑主义则不是呢?

答案还是在于二者在处理方式上的一个关键性的区别:尽管古代怀疑主义似乎暗含地提出了这种假设,但是它并未加以肯定地主张,因为它一旦如此,就是自掘坟墓;与之相反,舒尔策的怀疑主义则持之为真并因此陷入关于物自身(Ding an sich)的独断主义的泥潭:"根据这种最新的怀疑主义,人类的认识能力是这样一种东西,即它拥有概念,并且因为它只拥有概念,它无法超越自身达到外在于它的事物;它无法探听(ausforschen)这些事物,也无法探察出(auskundschaften)这些事物——因为这二者(第一部分第 69 页)特别不同;没有一个理性者会臆想占有某种东西的表象同时就占有这种东西本身。"②

区分现象与事物本身所导致的诸如认识能力的有限性的一系列问题总是在舒尔策的怀疑主义中若隐若现,像一个挥之不去的幽灵一样纠缠着它。黑格尔并没有在古代怀疑主义那里发现舒尔策的怀疑主义的那种矛盾,他认为古代怀疑主义并未肯定地区分现象和事物本身,更不用说像舒尔策的怀疑主义那样,把现象视为具有确定性的某种东西,并且能够被感性能力认识到,但是与此同时,虽然通过意识的虚骄,基于完全的主观性,肯定了意识范围之外的事物的存在,却又无法认识到它。总而言之,黑格尔微妙地把握住了古代怀疑主义与舒尔策的怀疑主义由于"均势"原则而产生的本质区别:"不置可否"与"不可置否"。

那么黑格尔彻底区分古代怀疑主义与舒尔策的怀疑主义的目的是什么?对此,首先要回答的是,尽管古代怀疑主义并非肯定地主张,但是无论如何,它还是假设性地区分了现象与事物本身,那么黑格尔为什么要提出"当怀疑主义者说'蜂蜜可能是甜的,也可能是苦的'③时,那就意味着没有

---

① Michael N. Forster, *Hegel and Skepticism*, p.26.
② G.W.F. Hegel, *TWA*, Bd.2, S.253-254; G.W.F. Hegel, *GW*, Bd.4, S.225.
③ 〔古希腊〕塞克斯都·恩披里克的原文是:"比如,蜂蜜对我们呈现为甜的(这个我们是承认的,因为我们通过感觉觉得甜);但是它本身是否甜,我们就不能确定了,因为这已经不是呈现,而是对于呈现的判断。"参见〔古希腊〕塞克斯都·恩披里可:《悬搁判断与心灵宁静》,包利民等译,第7页。

任何被置于蜂蜜背后的东西"①呢?

古代怀疑主义从未把现象与事物本身视为同一个东西,也从未把现象认识与关于事物本身的认识相混淆起来。尽管这种现象知识确定无疑是在呈现之中的,但是现象知识并非是绝对的,而是一种有缺陷的认识,即使现象知识不是虚假的,但它仍然是现象的,并非关于事物本身的。在黑格尔的注解中,古代怀疑主义最终谴责的是感性认识在本质上的虚弱无力,但这种虚弱无力不是一种假定的物自身所造成的,而是因为感性本身的虚妄无实。更进一步说,在塞克斯都那里,古代怀疑主义不仅提出怀疑反对感性认识,甚至还反对理性认识:"如果理性是一个诡计多端的家伙,它把呈现从我们的眼皮底下夺走,那么,我们当然要在有关不明白的事情上去怀疑它,不要由于跟着它而草率行事。"②黑格尔指出,古代怀疑主义从未假定任何在经验之外的基础:

> 当古代怀疑主义采用了基体(ὑποκείμενον/hupokeimenon)、本有(ὕπαρχον/huparchon)、隐藏的(ἄδηλον/adēlon)等等术语时③,它就指称客观性,不表达客观性就构成了它的本质;古代怀疑主义本身持留于呈现的主观性。对于古代的怀疑主义而言,这种现象却并不是一种感性的事物,独断主义和哲学会主张在这种感性的事物背后还有其他事物,即超感官之物。因为古代怀疑主义克制自己不表达任何确定性或是(Sein),所以它本身并不拥有它可能认识的任何事物、任何有条件之物,并且为了使哲学倒台,它也无需把肯定的事物或在这个肯定的事物背后的一个其他事物归咎于哲学。④

概念 adēlon 在这里所指的也不是隐藏的物自身,而是指客观知识在单

---

① G. W. F. Hegel, *TWA*, Bd. 2, S. 225; G. W. F. Hegel, *GW*, Bd. 4, S. 205.
② 〔古希腊〕塞克斯都·恩披里可:《悬搁判断与心灵宁静》,包利民等译,第7—8页。
③ ὑποκείμενον:hupokeimenon,基体或载体,"躺在下面"的意思。ὕπαρχον:huparchon,本有,是个现在分词,由 huper(意思为"代替""在前""在先")和 archon(意思为"起初")二字组成,意思为"先前"。ἄδηλον:adēlon,未看见的、隐藏的、未显现的,H. S. Harris 指出,adēlon 的表达源自于阿那克萨戈拉(Anaxagoras),曾经为学园派(Academics)所使用。参见:George di Giovanni and H. S. Harris, *Between Kant and Hegel: Texts in the Development of Post-Kantian Idealism*, Albany: State University of New York Press, 1985, p. 360。
④ G. W. F. Hegel, *TWA*, Bd. 2, S. 247 – 248; G. W. F. Hegel, *GW*, Bd. 4, S. 221.

纯的感性认识的框架中被视为无法达到的①。

古代怀疑主义不是以超感官之物的名义,而是以感性现象的不确定性的本质来抨击现象的,黑格尔也是如此:"但是古代怀疑主义者远未把意识,这种意识与这些必然的需求有关,提升到一种知识的级别,这种知识是一种客观的断言;塞克斯都说②,我们生活时注重呈现之物,因为按照普通的生活知性,我们无法完全不行动,却并没有提出任何意见或断言。在这种怀疑主义中并不是在谈论对那些事物及其属性的一种信念。"③

所以,在黑格尔那里,古代怀疑主义(需要留意的是,黑格尔错误地把安尼西德穆斯的十个论式归于皮浪,这是黑格尔的一个重大误解)是用来指出现象知识的缺陷的和批判以感性为基础的独断主义的矛盾的,这种矛盾是源自独断主义自身的,也是内在于感性认识之中的,与舒尔策的怀疑主义所设定的超感官与感官之间的对立不同,古代怀疑主义所设定的是感官与感官之间的对立,也就是说,对于古代怀疑主义而言,可疑的不是隐藏于现象背后的事物本身,而是现象对我们所呈现的东西,亦即知觉本身,所以黑格尔才认为"这种解释——似乎怀疑主义[指古代怀疑主义(笔者注)]攻击的不是那些感性知觉本身,而仅仅是攻击那些被独断主义者置于感性知觉之后或之下的事情——是毫无根据的"④。

依据黑格尔的解释,对怀疑主义者而言,现象知识是令人不满意的,不是因为它是虚假的,而是因为它是有限的或主观的:"塞克斯都表示,怀疑主义的标准是呈现者(φαινόμενον/das Erscheinende),事实上我们将其理解为它的现象(φαντασίαν αὐτοῦ/seine Erscheinung),也就是说,主观之物(das Subjektive)。"⑤对黑格尔而言,"仅仅主观的"不是意味着"虚假的",而是意味着"没有客观的内容",也就是说,没有客观的差别。黑格尔并非是偶然地在《信仰与知识》中宣称:对康德而言,知性认识是主观的,因为它仅仅与现

---

① Gilles Marmasse, "Hegel und der antike Skeptizismus in den Jenaer Jahren", in *Hegel-Studien Beiheft*, Band 50, S.139.
② 塞克斯都·恩披里克在讨论"怀疑主义的标准"时,指出:古代怀疑主义的判断标准——在这里,"标准"指的是"行为的标准,是在生活行为中我们根据这些标准做某些事情或不做某些事情"——从始至终都是"呈现","坚持呈现,这就使我们按照通常的生活规则非独断地生活,因为我们无法完全不行动"。参见〔古希腊〕塞克斯都·恩披里可:《悬搁判断与心灵宁静》,包利民等译,第 8 页。
③ G.W.F. Hegel, *TWA*, Bd.2, S.224; G.W.F. Hegel, *GW*, Bd.4, S.204.
④ G.W.F. Hegel, *TWA*, Bd.2, S.225; G.W.F. Hegel, *GW*, Bd.4, S.205.括号中的"古代的"为笔者参考英译本所添加。参见:George di Giovanni and H. S. Harris, *Between Kant and Hegel: Texts in the Development of Post-Kantian Idealism*, p.321。
⑤ G.W.F. Hegel, *TWA*, Bd.2, S.224; G.W.F. Hegel, *GW*, Bd.4, S.204.

象有关。对黑格尔而言,这个问题不在于感性认识是确定的或不确定的,而是在于感性认识是否是一种真正的认识。因此,古代怀疑主义的伟大之处在于:已经看到了感性认识的有限性,并且看到了这个有限性由于它自身的矛盾而被动摇①。正如我们所看到的那样,黑格尔在《精神现象学》中对感性确定性的批判可以追溯到古代怀疑主义②。

第二节　黑格尔对《巴门尼德篇》的解读

接下来,在《怀疑主义与哲学的关系》中,黑格尔非常令人惊讶地将柏拉图的《巴门尼德篇》称为"真正的怀疑主义"的"更为完美的和自给自立着"的"文献与体系"。这里将试图阐明黑格尔之所以将《巴门尼德篇》视为"真正的怀疑主义"之典范,是因为他试图将"真正的怀疑主义"——可以被称为辩证法的前身——纳入自身的哲学体系之中,并因此将其作为一个哲学体系本身展开的方式。

而黑格尔将《巴门尼德篇》视为真正的怀疑主义之更为完美的文献的事实依据是:首先,《巴门尼德篇》中包含着怀疑主义的方法论原则在其所有部分中的发展和应用;其次,它还包含一个实现怀疑主义原则的前提的明确暗示;最后,它包含了与怀疑论式(主要是阿格里巴的五个论式)相关的指导方针。

与此同时,正是在《巴门尼德篇》作为一个柏拉图意义上的怀疑的内在发展体系的意义上,黑格尔才把《巴门尼德篇》视为真正的怀疑主义的"自给自立着"的体系。

一、《巴门尼德篇》是真正的怀疑主义的范例

在上一节中已经指明,黑格尔认为古代怀疑主义优越于最新(舒尔策)的怀疑主义之处在于其"均势"原则。正如黑格尔所展现的那样,黑格尔实际上坚决反对一种古代怀疑主义的伪新版本,即一种流行的康德学派的怀疑主义,其代表就是舒尔策的怀疑主义,这种怀疑主义实际上恰恰代表了其

---

① Gilles Marmasse, "Hegel und der antike Skeptizismus in den Jenaer Jahren", in *Hegel-Studien Beiheft*, Band 50, S.141–142.
② Klaus Düsing, "Die Bedeutung des antiken Skeptizismus für Hegels Kritik der sinnlichen Gewißheit", in *Hegel-Studien*, Band 8, Bonn: Bouvier Verlag Herbert Grundmann, 1973, S.129.

反面,即一种独断主义,亦即一种不仅是"意识事实的"而且是"新时期的物理学和天文学"的独断主义:"古代怀疑主义者会对怀疑主义的一个这样的私生子——这种怀疑主义是与这些科学的花哨的独断主义相协调的——说什么呢?"①

事实上,早在《导论:泛论哲学批判的本质,特别是它与当前哲学状况的关系》("Einleitung. Über das Wesen der Philosophischen Kritik überhaupt und ihr Verhältnis zum gegenwärtigen Zustand der Philosophie insbesondere", Nov.1801)②一文中,黑格尔就已经将舒尔策的这种"意识事实"的批判哲学称为"无精神的反思之最庸俗的产物"(die grellsten Geburten einer geistlosen Reflexion)③。这种最新的怀疑主义只有一个目标,即消减"真正的哲学"。

但是,"怀疑主义的诸概念——这些概念允许只在特定的形式中发现怀疑主义,在这种特定的形式中怀疑主义作为纯粹的单纯的怀疑主义登场——在面对一种哲学立场时就消失了,从这种哲学立场出发,怀疑主义也可以,在舒尔策先生和与他一起的其他人仅仅视为独断的哲学体系的那些哲学体系中,被发现为是真正的怀疑主义"④。

在这里,黑格尔谋求一种"真正的怀疑主义"的复兴,并在其中为被新的怀疑主义所拒斥的、古代真正的怀疑主义划定界限,同时也是为了拯救真正的哲学,这种真正的哲学面临着被怀疑的流行康德主义所排斥的境遇⑤。笔者对黑格尔的意图所感兴趣的是,一方面,舒尔策的批判哲学展现了一个毁坏的怀疑主义和"非哲学"的私生子,另一方面,则是真正的怀疑主义与真正哲学的共同属性:

> 如果离开了怀疑主义与哲学的真正关系的规定,离开了怀疑主义本身心底里是与每一种真正的哲学最为密切地合一的洞见,即有一种哲学,它既非怀疑主义,也非独断主义,而同时是两者,那么所有关于怀疑主义的历史、叙述和新版本都可能会走向死胡同。⑥

---

① G.W.F. Hegel, *TWA*, Bd.2, S.226; G.W.F. Hegel, *GW*, Bd.4, S.206.
② Heinz Kimmerle, "Zur Chronologie von Hegels Jenaer Schriften", in *Hegel-Studien*, Band 4, Bonn: H. Bouvier Verlag u. Co. Verlag, 1967, S.139.
③ G.W.F. Hegel, *TWA*, Bd.2, S.179; G.W.F. Hegel, *GW*, Bd.4, S.122.
④ G.W.F. Hegel, *TWA*, Bd.2, S.227; G.W.F. Hegel, *GW*, Bd.4, S.206.
⑤ Heinz Röttges, *Dialektik und Skeptizismus: die Rolle des Skeptizismus für Genese, Selbstverständnis und Kritik der Dialektik*, S.19.
⑥ G.W.F. Hegel, *TWA*, Bd.2, S.227; G.W.F. Hegel, *GW*, Bd.4, S.206.

正是在这一点上,黑格尔看到了真正的怀疑主义的"高贵本质"。在黑格尔那里,古代怀疑主义将获得与在舒尔策那里完全不同的命运,不再是被误解地或粗制滥造地复原,而是被黑格尔吸收为真正哲学的环节,即作为"行将消逝的东西"①;更为重要的是,每一种真正的哲学与真正的怀疑主义内在地是一致的,即真正的怀疑主义既是独断主义,又是怀疑主义,并因此将展现为每一种真正的哲学本身的道路。也正因为如此,怀疑主义在《精神现象学》中将呈现出双重身份。但是,哲学与怀疑主义的内在同一,也许意味着怀疑主义本身将是多余的,所以怀疑主义通过黑格尔而获得的复兴可能只是自身的一个葬礼。

随后,黑格尔援引柏拉图的《巴门尼德篇》,认为其作为一个卓越的哲学文本,本质上是"真正的怀疑主义"的范例②:

> 我们能够找到比柏拉图哲学中的《巴门尼德篇》更为完美的和自给自立着的真正的怀疑主义之文献与体系吗?③

我们可以看到,黑格尔对《巴门尼德篇》的这种高度评价——黑格尔后来更为准确地将其称为辩证法之杰作——将一直延续到《精神现象学》和《逻辑学》以及《哲学史讲演录》之中,尽管随着黑格尔的思想发展,他依据自己的哲学理念对柏拉图的辩证法的理解有所转变④。

在黑格尔这个令人惊讶的注解中,首先,他把《巴门尼德篇》视为真正的怀疑主义的一个"文献",并指出,《巴门尼德篇》"通过知性概念涵盖并破坏了知识的全部领域",这是内在于每一种哲学的怀疑主义——《巴门尼德篇》中柏拉图的怀疑主义本身是"绝对认识的否定的一面",并且"直接地把理性预设为(绝对认识的)肯定的一面"。

当黑格尔把《巴门尼德篇》中柏拉图的怀疑主义规定为绝对认识的否定的一面,并且直接地把理性假定为绝对认识的肯定的一面时,并不意味着二者是非真理与真理的对立,即理性并非柏拉图的怀疑主义的纯粹的反面,而

---

① 〔德〕黑格尔:《精神现象学》(上卷),贺麟、王玖兴译,北京:商务印书馆,1979 年,第 136 页。
② Heinz Röttges, *Dialektik und Skeptizismus: die Rolle des Skeptizismus für Genese, Selbstverständnis und Kritik der Dialektik*, S. 20.
③ G. W. F. Hegel, *TWA*, Bd. 2, S. 228; G. W. F. Hegel, *GW*, Bd. 4, S. 207.
④ 黑格尔关于巴门尼德本人及其哲学的明确论述,尽管有着极为重要的意义和价值,但也仅只出现于《哲学史讲演录》和《逻辑学》的第一章(关于"有""无"和"生成")以及 1830 年的《哲学科学百科全书纲要·第一部分:逻辑学》的第 86 小节之中。

是这种理性的肯定认识已经暗含于柏拉图的怀疑主义的否定认识之中,只不过它仍然需要一个更为精确的展开①。关于这一点,我们可以在《精神现象学》的展开中更为清晰地把握黑格尔哲学思考的脉络:在这个宏伟的场景中,所有的哲学立场悉数登场,宛如一粒富有生命力的橡果成长为一棵枝繁叶茂的参天橡树,它们在精神自我认识和自我实现的历史过程中证明了自身的自负并且承认一种相对的合法性,由此在黑格尔所构想的绝对知识的体系中被分配给一个确定的位置。一方面,怀疑主义的立场作为哲学的单纯环节,作为暂时的知识立场着眼于真正的和最终的知识,而对于怀疑主义者而言,真正的知识的可能性是完全不可信的;另一方面,黑格尔把怀疑作为哲学思考的一个绝对必要的环节在自身之中扬弃,并且试图在一种包罗万象的体系中为知识的全部形式奠定基础。

其次,《巴门尼德篇》中柏拉图的怀疑主义并不是"一个体系中的一个特殊事物",而是其本身就是一个更为完美的和自给自立着的体系②。

毋庸置疑,伟大的哲学家的最深刻思想往往蕴涵于最令人感到费解之处,而我们所要阐明的正是:黑格尔何以将《巴门尼德篇》称为"真正的怀疑主义"的"更为完美的和自给自立着"的"文献与体系"?

一种可能的答案是:黑格尔之所以将《巴门尼德篇》视为"真正的怀疑主义"的"更为完美的和自给自立着"的"体系"的"文献",并非是偶然的或附带的,而是试图将真正的怀疑主义之怀疑纳入柏拉图自身的系统之中,怀疑作为一个中介服务于摧毁独断主义,并因此作为一个哲学体系本身展开的形式。由此,作为概念思辨的哲学体系可以抵御怀疑主义的均势攻击,这也是黑格尔的哲学概念的真正力量,从这个意义上说,《巴门尼德篇》对黑格尔而言是独一无二的。

对黑格尔而言,怀疑主义在《巴门尼德篇》中绝对不是以暗藏的形式登场,而是明确地发生在每一个真正的哲学体系之中:"这种怀疑主义在《巴门尼德篇》中以其纯粹的清晰形态登场,但是,这种怀疑主义能够在每一个真正的哲学体系中被隐含地找到,因为它是每一种哲学的自由的一面。"③在这里,黑格尔敏锐地把握住了怀疑主义与哲学之间的真正关系,尽管现在仍是略显粗糙地,但却是非常重要地,将真正的怀疑主义与作为哲学的单纯环节的怀疑主义区别开来。

---

① Günther Maluschke, *Kritik und Absolute Methode in Hegels Dialektik*, Hegel-Studien Beiheft, Band 13, S. 43.
② G. W. F. Hegel, *TWA*, Bd. 2, S. 228; G. W. F. Hegel, *GW*, Bd. 4, S. 207.
③ G. W. F. Hegel, *TWA*, Bd. 2, S. 229; G. W. F. Hegel, *GW*, Bd. 4, S. 208.

至此，怀疑主义将以双重的形态登场：一方面，《巴门尼德篇》中的柏拉图的怀疑主义，即"真正的怀疑主义"，将是黑格尔后来称之为"辩证法"的前身，尽管在《怀疑主义与哲学的关系》这篇论文中所讨论的并非辩证法，这种真正的怀疑主义，作为每一种哲学的"自由的一面"，被黑格尔称为每一种规定性的否定本质的反思，在理性那里则仅仅简略地被称为"对矛盾律的违反"①，由此开始，怀疑主义与哲学的关系，以及辩证法都会进入黑格尔研究的中心，对黑格尔而言，这种后来成为辩证法的怀疑主义本身对黑格尔而言将是最重要的，它将暗含构成《精神现象学》的脉络；另一方面，作为"单纯的环节"的怀疑主义将会作为"行将消逝的东西"清晰地出现于《精神现象学》之中②。

黑格尔视《巴门尼德篇》为真正的怀疑主义之更为完美的和自给自立着的文献与体系的根据是什么呢？这个问题又可以细分为两个问题来回答：第一，《巴门尼德篇》被视为"真正的怀疑主义之更为完美的文献"的依据是什么？第二，《巴门尼德篇》被视为"真正的怀疑主义之自给自立着的体系"的依据是什么？

二、《巴门尼德篇》作为真正的怀疑主义之更为完美的文献

我们可以看到，在《怀疑主义与哲学的关系》中，黑格尔之所以将《巴门尼德篇》视为真正的怀疑主义之更为完美的文献，乃是因为他把《巴门尼德篇》中相互对立的假设和推论视为"均势"原则之体现来加以理解，在这里所涉及的主要是《巴门尼德篇》的第二部分③。当然，我们必须把《巴门尼德篇》

---

① G. W. F. Hegel, *TWA*, Bd.2, S.230; G.W.F. Hegel, *GW*, Bd.4, S.208.
② Heinz Röttges, *Dialektik und Skeptizismus: die Rolle des Skeptizismus für Genese, Selbstverständnis und Kritik der Dialektik*, S.21.
③ 以下笔者关于《巴门尼德篇》第二个部分的八组假设的推论的简要梳理，乃是基于陈康先生所翻译的《巴门尼德篇》及其为本篇对话所作的注解加以整理总结而成，详细论述可参见〔古希腊〕柏拉图：《巴曼尼得斯篇》，陈康译注，北京：商务印书馆，1985年，第113—364页。

　　在《巴门尼德篇》的第二个部分中，柏拉图所关涉的是"最普遍的种"，换句后来的话说，是以范畴为对象。柏拉图在第一个假设（137C—142A）中，通过十四组推论，证明"如若一（是）一"，即如果爱利亚学派的"一（ἕν/in）"不是和"是（εἶναι/einai）"结合，而是隔离的、孤立的，那么它就不能以以下诸"相（Eide/复数：Eidos）"或范畴相结合："多"（137C）、"部分"和"整个"（137C—D）、"首端、末端和中间"（137D）、"形"（"圆"和"直"）（137D—138A）、"在其他的里"和"在它自身里"（138A—B）、"静止"和"变动"（138B—139B）、"同"和"异"（139B—E）、"类似"和"不类似"（139E—140B）、"等"和"不等"（140B—D）、"年老些"和"年少些"（140E—141A）、"时间"（141A—D）、"是"（141D—E）、"名字、言论、知识、感觉、意见"（142A）。因此得出的结论是："一"不是"一"（141E—142A）。

　　为了避免陷入第一组假设的悖论中，柏拉图在第二个假设（142B—155E）中，即"如若一是"的十五个推论中，假设的"一"不是一个隔离的、孤立的"一"，而是与"是"相结合的"一"，也就是说，这个"一"就与以下诸"相"或范畴相结合："既是整个又是部分"（142C—D）、（转下页）

的第一个部分和第二部分作为一个整体来加以考察,正如我们所看到的那

(接上页)无限量的"多"(142D—144E)、"有限者"(144E—145A)、"首端、末端和中间"(145A—B)、"形"(145B)、"既在它自身里,也在其他的里"(145B—E)、"既变动又静止"(145E—146A)、"既是异也是同"(146A—147B)、"既类似又不类似"(147C—148D)、"既接触又不接触"(148D—149D)、"既是等于,又是大于和小于它自身和其他的"(149D—151E)、"时间"(151E—152A)、"年龄"(152A—155C)、"是"(155C—D)、"与'是'相结合的'一'是可知的"(155D—E)。因此得出的结论是,"一"不仅是与自身和其他的东西相同一的,而且还是相区别的。在此基础上,柏拉图还讨论了与"是"相结合的"一"与"生"和"灭"的结合等等(155E—156B)。

在第三个假设(157B—159B)中,柏拉图从"如若一是"推论了"其他的"与以下诸"相"或范畴相结合:"'其他的'既分有'一'又是'多',既有'部分'又分有'整个'"(157B—158B)、"'其他的'既是'无限'又分有'界限'"(158E—D)、"'其他的'既是'类似'又'不类似'它们自身,既是相互类似又不相互类似"(158E—159A)。柏拉图在这里试图指出:如果"一"与"是"相结合,那么这些相对立的"相"或范畴在"其他的"(个别事物)里是相互结合而不是相互分离的。

在第四个假设(159B—160B)中,柏拉图立足于"如若一是"讨论了"一"与"其他的"之间的分离:"其他的"既不分有"一",不是"一",也不是多;"其他的"既不是整个,也不是部分;"其他的"既不是类似,也不是不类似等等。得出的结论为:如果"一"与"是"相结合,那么这些相对立的"相"或范畴在"其他的"(个别事物)里是相互结合的,反之,如果"一"是隔离的、孤立的,那么这些相对立的"相"或范畴在"其他的"(个别事物)里是相互分离的。

从第五个假设开始,柏拉图从否定形式的假设出发,指出在什么条件下极端相反的"相"或范畴相互结合。在第五个假设(160B—163B),即"如若一(相对地)不是"中,也就是说,如果"一"与相对的"不是"相结合,那么结论是:"'不是的一'也和可知性结合"(160D)、"'不是的一'也和'异'结合"(160D—E)、"'不是的一'与那些不是'一'的诸多形式有许多种关系"(160E—161A)、"'不是的一'与'类似'和'不类似'结合"(161A—C)、"'不是的一'与'等'和'不等'结合"(161C—E)、"'不是的一'分有'是'也分有'不是'"(161E—162B)、"'不是的一'既变动又静止"(162B—E)、"'不是的一'与'生'和'灭'既结合又不结合"(163A—B)。其结论的意义在于:如果"一"与相对的"不是"相结合,每块极端相反的"相"或范畴在"一"里相互结合。

在第六个假设(163B—164B),即"如若一(绝对地)不是"中,也就是说,如果"一"与绝对地"不是"相结合,那么结论是:它不在任何一样式里分有(广义的)"是"(163C—D);它不和以下一对极端相反的"相"或范畴:"产生"和"消灭"中的任何一个结合(163D);它既不"变动"也不"静止"(163E);"一"既不分有"大"和"小"也不分有"等",既不分有"类似"也不分有"异类"(即"不类似"),"其他的"既不是类似也不是不类似,既不是同于也不是异于"一"(163F—164A);不是的"一"不和另一个有许多关系中的任何一种关系,它不分有三个不同的时间,无以它为对象的一切认识活动,总之,它和万有中任何的皆无关系(163A—B)。

在第七个假设(164B—165E),"如若一(相对地)不是"里,那么"其他的应有什么性质"。即推论"其他的"和"异"的关系,结论是"其他的"表现为无限的"多"(164B—D);推论"其他的"和"数"的关系,结论为"其他的"表现为有以下一对极端相反的性质:"偶"和"奇"(164D—E);结果是"其他的"的每块既表现为"大于""小于",又表现为"等于"另一块(164E—165A);结论为"其他的"表现为"无限"和"有限"(165A—C);"其他的"表现为和它们自身以及彼此"类似"和"不类似"(165C—D)。第七个假设和第三个假设的相同点为"其他的"和本篇对话里所讲的一切极端相反者以及相反者结合,不同点为:在第三个假设中,"其他的"是和那些结合,在第七个假设中,"其他的"看起来和它们结合,二者之分别在于"是"与"现象"的分别。

在第八个假设(165E—166C),即"如若一(绝对地)不是"里,那么"异于一的是,应有什么结果"。其结论乃是第一个假设里推论所得结果的否定:"其他的"不但无那些相反的性质,而且也不看起来有它们。

样,《巴门尼德》中真正思辨的部分始于导言中苏格拉底提出的关于芝诺反对多元论者的推论——相反者能不能互相结合——的研究,这也是本篇谈话的中心问题①。这个推论是由于多样性的存在的假说而产生的,有别于芝诺对多样性的否定,苏格拉底对多样性是肯定的,由此引出少年苏格拉底还无法理解的"类似之相"②与"不类似之相"的结合问题。为了说明这个问题,苏格拉底之后通过引入"相论",即"相的分离观",其可分为三个环节:"相"和事物"对立","相"和事物"分离","事物"分有"相",试图将多样性从芝诺所谴责的荒谬结果中解救出来,但是苏格拉底关于"相论"的表述却无法克服"相"的结合问题,巴门尼德针对这三个环节加以批判,这是《巴门尼德篇》的第一个部分。在第二部分,巴门尼德则通过八组推论详尽地分析了在什么条件下相反的"相"以及事物的相反性质彼此结合,在什么条件下不结合。

在巴门尼德批判苏格拉底的过程中,他教导苏格拉底在从事于分辨美、公正、善以及每一个相之前,应该对自己加以训练,而训练的方式是:"倘若你欲进一层训练你自己,不应当只假设:如若每一个是,以研究由这假设所生的结果,但也必假设:如若同一个不是。"③(135C—136A)至此,巴门尼德

---

① 关于柏拉图的《巴门尼德篇》的主旨以及第一部分与第二部分的关系,陈康先生在其文《论柏拉图的〈巴门尼德篇〉》中作出了详细的论述和令人信服的回答:《巴门尼德篇》作为一篇纯哲学的"谈话",这篇著作的第一部分和第二部分是内在地有机统一的,对二者关系之理解只能建立在本篇谈话的中心问题——"相反者"能不能互相结合——之上。具体论述可参见〔古希腊〕柏拉图:《巴曼尼得斯篇》(附录二),陈康译注,第386—411页。陈康先生将"Parmenides"译为"巴曼尼得斯",贺麟先生和土玖兴先生在黑格尔的《哲学史讲演录》和《精神现象学》中均将其译为"巴门尼德",笔者在这里选用后者的人名译法,二者实质上并无区别,特作此注,仅以提醒。

② 关于εἶδος(eidos)和ἰδέα(idea)的译法,学界一般将其翻译为"相"或"理念",但关于二者之译法在中国学术界争论颇多,汪子嵩先生等在其所著《希腊哲学史》的第二卷第三编第十四章"相"和相论中对此作了详细论述,该书的观点是:"柏拉图的 idea 和 eidos 本来是同出于动词 idein 的两个不同形式,柏拉图使用时并没有什么区别,所以有时在同一句话或同一段落中可以同时出现这两个字……但后来亚里士多德将 eidos 这个术语用为和'质料'对立的'形式'。在柏拉图后期对话中用 eidos 这个字比 idea 多,为了探寻从柏拉图的'相'到亚里士多德'形式'的转变,我们将 idea 和 eidos 译为两个不同的词,凡是柏拉图写为 idea 的译为'相',他写作 eidos 则译为'型'。'相'和'型'在意义上没有明显的不同,但如果从整个发展看,后期哲学中所讲的'型'更近似亚里士多德的'形式'。柏拉图的哲学特别是前期的理论则译为'相论',不另立'型论'。"[参见汪子嵩、范明生、陈村富、姚介厚:《希腊哲学史》(第二卷),北京:人民出版社,2014年,第554页]因此,涉及柏拉图的《巴门尼德篇》,笔者在本书中仍然沿用陈康先生的译法,将其译为"相",陈康先生关于这个词的翻译之论述可参见〔古希腊〕柏拉图:《巴曼尼得斯篇》,陈康译注,第39—41页。而在黑格尔哲学中,则将ἰδέα(idea)一词,德文为"die Idee",译为理念,以示区别。

③ 〔古希腊〕柏拉图:《巴曼尼得斯篇》,陈康译注,第104—105页。

将这种训练方式表述为明确的方法论原则,这个方法论原则已经在具体的对话实践中被证实为行之有效的,同时也在关于"一"的论题中被他充分加以强调。在这个论题中,他指出,什么是通过"一"与"多"而发生的,并且人们根据不同情况把"一"理解为"是者"或不理解为"是者"。最终,这篇对话的著名结论被理解为《巴门尼德篇》的根本思想,即实现了的怀疑主义原则,也就是说,均势原则①:"并且还有以下一点,即看起来无论如若一是或者如若一不是,它和其他的,相对于它们自身以及彼此相对,既完全是一切、又不是一切,既表现为一切、又不表现为一切。最明显了。"②

除了怀疑主义的方法论原则在其所有部分中的发展和应用,《巴门尼德篇》还包含一个实现怀疑主义原则的前提的明确暗示:黑格尔在《怀疑主义与哲学的关系》一文中曾多次强调,真正的怀疑主义是以自由的经验为基础的③。皮浪是一个伟大的富于创造力的人,他以其个性开创了怀疑主义学派,与其说他的个性印刻于他的哲学之中,不如说他的个性就是他的哲学本身,并且他的哲学无非是"个性的自由"④,正是在这个方面,怀疑主义通过理性自由超越了自然必然性⑤。为了达到哲学,柏拉图在《巴门尼德篇》中把这种自由视为条件。在巴门尼德破坏这种由苏格拉底所辩护的相论之前,巴门尼德问苏格拉底,他是否允许"类似""一""公正""美""善",或者"人""火"和"水"的相。因为苏格拉底犹豫不决,所以巴门尼德又问他,这些相是否是由看起来可笑的事物提供的,譬如头发、污泥、秽物。苏格拉底承认,这种想法已经反复使他感到忧虑,相论是否不是普遍地适用于所有事物,然而苏格拉底后来对此又克制住了,"恐怕坠入愚昧的深渊,而毁灭了自己"(130A—E)⑥。显然,依据柏拉图,唯有从因为对愚昧或毁灭的畏惧而止步不前中走出来才能达到真正的哲学。

---

① Franco Chiereghin, "Platonische Skepsis und spekulatives Denken bei Hegel", in *Skeptizismus und spekulatives Denken in der Philosophie Hegels*, Hrsg. von Hans Friedrich Fulda und Rolf-Peter Horstmann, Stuttgart: Klett-Cotta, 1996, S.32. 弗朗哥·基耶雷金在《柏拉图哲学的怀疑与黑格尔的思辨思想》一文中对《巴门尼德篇》中所蕴含的怀疑主义的方法论原则、实现怀疑主义原则的前提的明确暗示以及与怀疑论式相关的指导方针等作了详细且令人信服的论证和阐述,本节下文中涉及这方面的论述很大程度上受益于弗朗哥·基耶雷金的研究成果。
② 〔古希腊〕柏拉图:《巴曼尼得斯篇》,陈康译注,第 364 页。
③ Franco Chiereghin, "Platonische Skepsis und spekulatives Denken bei Hegel", in *Skeptizismus und spekulatives Denken in der Philosophie Hegels*, Hrsg. von Hans Friedrich Fulda und Rolf-Peter Horstmann, S.32.
④ G.W.F. Hegel, *TWA*, Bd.2, S.242-243; G.W.F. Hegel, *GW*, Bd.4, S.217.
⑤ G.W.F. Hegel, *TWA*, Bd.2, S.241; G.W.F. Hegel, *GW*, Bd.4, S.216.
⑥ 〔古希腊〕柏拉图:《巴曼尼得斯篇》,陈康译注,第 50—51 页。

黑格尔认识到了这个问题,所以他援引佛罗伦萨柏拉图学园派的马尔西利奥·费奇诺(Marsilio Ficino)并宣称:人们在触摸《巴门尼德篇》这部神圣的著作的秘密之前,必须先"通过情志(Gemüt)的净化和精神的自由而为此作好准备"①。这种自由,即"从一切事物中摆脱出来",黑格尔多年之后在1830年的《哲学科学百科全书纲要·第一部分:逻辑学》中将其称为哲学科学的研究前提。通过这种自由,这种作为"思维的自由"②的哲学科学的怀疑一切之要求"在要求纯粹思维的决心里"③达到并完成了。

在《巴门尼德篇》中,柏拉图的怀疑主义作为"绝对认识的否定的一面",完全独立地成为一种标志,正如黑格尔所指出的那样,除了怀疑主义的方法论原则和作为现实化条件的自由,《巴门尼德篇》还包含了与怀疑论式相关的指导方针,沿着这些指导方针后来的怀疑主义产生了④。

我们可以看到,阿格里巴的五个论式中的第一个论式:分歧的论式所强调的是普通的观点与哲学学说之间的差异性⑤。这个论式本身就进一步开辟了柏拉图对话的核心问题,即关于多样性的存在的普通的观点与巴门尼德关于"一"的学说以及芝诺为其所作的辩护之间的矛盾(127D—128E)⑥。

对于第二个论式,也就是无限倒退:对于一个根据而言需要一个进一步的根据,对于这个进一步的根据又仍然还需要一个其他的论据,并以此类推直至无限⑦。为了驳斥被苏格拉底所辩护的相论学说,巴门尼德两次应用这种论证方式。第一次他指出,如果大的相有利于同样好理解地产生许多大的东西,那么相中的大在数量方面就无穷尽了:因此这个相造成了,这个相应该有利于把多变成 , 种无限的多(132A B)⑧。第二次则发生于人

---

① G.W.F. Hegel, *TWA*, Bd.2, S.228; G.W.F. Hegel, *GW*, Bd.4, S.207.
② 〔德〕黑格尔:《小逻辑》,贺麟译,第54页。
③ 同上书,第171页。
④ Franco Chiereghin, "Platonische Skepsis und spekulatives Denken bei Hegel", in *Skeptizismus und spekulatives Denken in der Philosophie Hegels*, Hrsg. von Hans Friedrich Fulda und Rolf-Peter Horstmann, S.33.
⑤ G.W.F. Hegel, *TWA*, Bd.2, S.244; G.W.F. Hegel, *GW*, Bd.4, S.218.塞克斯都·恩披里克的原文是:"由于分歧的式乃是让人注意:由于常人和哲人们都会对事物产生无始无终的冲突看法,我们难以决断取舍什么,只能悬而不决。"参见〔古希腊〕塞克斯都·恩披里可:《悬搁判断与心灵宁静》,包利民等译,第33页。
⑥ 〔古希腊〕柏拉图:《巴曼尼得斯篇》,陈康译注,第29—37页。
⑦ G.W.F. Hegel, *TWA*, Bd.2, S.244; G.W.F. Hegel, *GW*, Bd.4, S.218.塞克斯都·恩披里克的原文是:"由于'无穷倒退'的式是:我们用来作为证据解决争端的东西,自身还需要别的证据,而别的证据又需要另外证据,如此无穷后退下去,找不到论证的出发点,所以只能悬而不决。"参见〔古希腊〕塞克斯都·恩披里可:《悬搁判断与心灵宁静》,包利民等译,第33页。
⑧ 〔古希腊〕柏拉图:《巴曼尼得斯篇》,陈康译注,第68—69页。

们试图把相与诸多事物之间关系理解为摹仿时,因为如果相与事物彼此是类似的,人们总是需要一个进一步的相,以表明类似性关系是正确的(132C—133A)①,以至于黑格尔把这种情况的发生称之为"有限物的反思-无穷性"②。

这同样也发生于第三个论式:相对性,也就是这个在古代怀疑主义的十个怀疑论式中涉及范围最广的第八个论式:关系,关系(或相对性)所关涉的是"任何有限物是如何受另一个有限物所制约的,或者任何有限物仅仅在与他物的关系之中存在"③。这个怀疑论式在《巴门尼德篇》中被到处应用,尤其是在第二个部分,人们在那里可以发现那些明确的表述,例如在《巴门尼德篇》中,称之为"每一个对于每一个"(146B2—3)④。

第四个论式,即假设,也在《巴门尼德篇》中反复出现。其内容为:反对独断主义者,后者为了避免被逼进无限倒退,而把某种东西设定为全然是最初的和未经证实的,因此怀疑主义者同样加以模仿,即他有理由无需证据就设定与之相反的假设⑤。但是,巴门尼德为了摆脱相论的困境,正是通过这种方法,提出关于"一"的假设,这种方法的完美实现导致对话陷入困窘的结局。

第五个,也是最后一个论式是循环论证,这个论式指出:一个事物需要它的根据,而这个根据需要这个事物为自身奠定基础⑥。苏格拉底的"相论"的产生史本身就蕴涵某种循环论证,从个别事物里探求普遍者,即柏拉图名之为的"相",但是结论却是"相"与"事物"之间的对立与分离,"事物"分有"相"。巴门尼德严厉地批判这种相与事物之间的分离,认为从相与事物分离必然得出一条结论,即:相不在我们这里,也就是说,不属于我们的世界,

---

① 〔古希腊〕柏拉图:《巴曼尼得斯篇》,陈康译注,第71—76页。
② G. W. F. Hegel, *TWA*, Bd. 2, S. 245; G. W. F. Hegel, *GW*, Bd. 4, S. 219.
③ G. W. F. Hegel, *TWA*, Bd. 2, S. 239; G. W. F. Hegel, *GW*, Bd. 4, S. 215. 塞克斯都·恩披里克的原文是:"由于相对性的式我们已经讲过了:即现象总是在与判断者和伴随感觉的关联中呈现出诸如此类的现象,所以我们对其真实性质只能悬而不决。"参见〔古希腊〕塞克斯都·恩披里可:《悬搁判断与心灵宁静》,包利民等译,第33页。
④ 〔古希腊〕柏拉图:《巴曼尼得斯篇》,陈康译注,第195页。
⑤ G. W. F. Hegel, *TWA*, Bd. 2, S. 245; G. W. F. Hegel, *GW*, Bd. 4, S. 219. 塞克斯都·恩披里克的原文是:"由于假设的式是:当独断主义者被逼进'无穷倒退'论证时,不是通过论证确定自己的立场,而是简单地宣布某个东西作为出发点。"参见〔古希腊〕塞克斯都·恩披里可:《悬搁判断与心灵宁静》,包利民等译,第33页。
⑥ G. W. F. Hegel, *TWA*, Bd. 2, S. 244; G. W. F. Hegel, *GW*, Bd. 4, S. 218. 塞克斯都·恩披里克的原文是:"循环论证的论式是:用于证明讨论中的主旨的证据本身需由被论证者证明,此时,由于我们无法确立二者中的任何一方,我们只能对二者都悬而不决。"参见〔古希腊〕塞克斯都·恩披里可:《悬搁判断与心灵宁静》,包利民等译,第33页。

相与相彼此有联系,但与我们的世界无联系。更进一步说,因为认识所涉及的是个别事物范围内的认识主体和"相"的范围内的认识对象,而"相"的范围和个别事物的范围相互隔离,那么跨越这两个范围的知识是不可能的,由此相与事物之间分离的结论被推入绝境(133B—134E)①。

最后,正如黑格尔在《怀疑主义与哲学的关系》中所指出的那样,苏格拉底与巴门尼德所进行的关于相论的讨论同样也预见到了那些与理性的自我认识有关的疑难("塞克斯都在这里仅是借助于整体与部分的反思概念,如柏拉图在《巴门尼德篇》中那样,塞克斯都在其著作《反自然哲学家》中取消了理性自我认识的可能性"),塞克斯都后来在他的第一本著作《反逻辑学家》中谈论过这个疑难:"如果理性理解自身,那么在它理解着自身时,它必定要么是整体,这个整体理解自身,要么不是整体,而是利用整体的一个部分。如果它是整体,整体理解自身,那么理解了的东西和理解着的东西都是整体;但是如果整体是理解着的东西,那么对于被理解的东西没有留下什么;但是这是非常不合理的:理解着的东西应该是,但是它却不是,被理解的东西。但是理性为此也不能利用自身的一部分,因为部分将如何理解自身呢?如果部分是一个整体,那么对于这个整体没有什么多余的东西要加以理解;如果重新又利用一个部分加以理解,那么这个部分将如何理解自身呢?以此类推直至无限,以至于进行理解时没有任何原则,因为不是最初实行理解的东西没有被发现,就是什么东西都没有被理解。"②

而在《巴门尼德篇》中,面对苏格拉底想要分离"相"的整体与"相"的部分的企图,巴门尼德达到了相同的论断,把相论理解为我们的思想。如果那些相论思想是在我们心中,那么每个思想都是一个思想,都是有所思的思想,或每个思想都是一个思想,却是无所思的思想(132B—C)③。

三、《巴门尼德篇》作为真正的怀疑主义之自给自立着的体系

通过这种溯源性的考证与比较,我们可以确定黑格尔并非是毫无依据地把柏拉图的《巴门尼德篇》视为怀疑主义的一个"文献"。但是如果作

---

① 〔古希腊〕柏拉图:《巴曼尼得斯篇》,陈康译注,第82—94页。
② G.W.F. Hegel, *TWA*, Bd.2, S.235-236; G.W.F. Hegel, *GW*, Bd.4, S.212.黑格尔虽然没有引用的塞克斯都·恩披里克的原文,但是他的翻译与之非常接近。参见:Sextus Empiricus, *Against the Logicians*, Book Ⅰ [310-312], trans. and ed. by Richard Bett, Cambridge, U.K., New York: Cambridge University Press, 2005, pp.61-62. 哈里斯也是如此认为,可参见哈里斯所作的第57条注释:George di Giovanni and H. S. Harris, *Between Kant and Hegel: Texts in the Development of Post-Kantian Idealism*, p.359。
③ 〔古希腊〕柏拉图:《巴曼尼得斯篇》,陈康译注,第70—71页。

为真正的怀疑主义的一个"更为完美的文献",我们可能会发现:如果上述的那些考证和比较确实适用,那么这些证明主要还是要被归于较晚的五个论式。事实上,在黑格尔那里,尤其是在《怀疑主义与哲学的关系》中,这五个较晚的论式是针对哲学的,但是它们与《巴门尼德篇》反对相论的论证之间的一种亲密的关系使得思辨哲学的可能性本身不可避免地受到质疑。我们唯有把整个《巴门尼德篇》作为一个有机整体来考察时,才能发现黑格尔的意图所指向的是:相论与事物的分离导致其无法实现其目标,这是理解相论的唯一可能性,由此我们可能因为其内在的疑难而摒弃这条道路。

简单地说,《巴门尼德篇》无法抵御怀疑主义的攻击。怀疑主义必然会质疑普通的意识的确定性,在这种质疑中,普通的意识从两种立场的谬误中必然地预感到一种更高的真理的必然性,在黑格尔看来,这种预感毫无疑问是"哲学的开端"[1]。从某种意义上说,苏格拉底或许已经理解了这个开端,因为正如黑格尔所指出的那样,他在后来的《智者篇》中提出了那种更高层面的统一:当苏格拉底把相论视为更高的某种东西时,这种东西才能把思想从那些有限的、在它的反面中彼此破坏的规定的谬误中解救出来[2]。在《巴门尼德篇》的第二部分中,怀疑主义以完全不同于第一部分的怀疑主义论式而运作,以至于这种游离于二律背反的思想发展为绝对的总体性或全体性,即使只是以否定的方式。在《巴门尼德篇》的最终结论中,我们发现:在对立的假设的自我扬弃中没有被破坏的,恰恰是"一"的存在与"非一"的存在之间的关系[3]。思维的否定性或主观性的要求达到了它的顶点之后,某种东西脱颖而出,即摆脱了主体的任性并且不是处于与其他的东西的关系之中,而仅仅是处于与自己本身的关系之中。

在黑格尔那里,这种关系本身是不易受怀疑主义攻击的理性者,因为它在它自身之外没有揭示对立,而是包含并支配任何可能的对立于自身之中[4]。这种方法原则后来在《精神现象学》中被黑格尔润色至完美,理性指向的不再是受到怀疑主义攻击的那种思维与存在的分离,而是绝对的"自在自为"的结构,即主体与客体的同一、思维与存在的同一。

---

[1] G. W. F. Hegel, *TWA*, Bd. 2, S. 240; G. W. F. Hegel, *GW*, Bd. 4, S. 215 - 216. 黑格尔关于十个论式与五个论式之内涵的文本分析,笔者将在本章第三节加以论述。

[2] Franco Chiereghin, "Platonische Skepsis und spekulatives Denken bei Hegel", in *Skeptizismus und spekulatives Denken in der Philosophie Hegels*, Hrsg. von Hans Friedrich Fulda und Rolf-Peter Horstmann, S. 38 - 39.

[3] 同上书,第 39 页。

[4] G. W. F. Hegel, Bd. 2, S. 246 - 247; G. W. F. Hegel, *GW*, Bd. 4, S. 219 - 221.

由此可见,正是在《巴门尼德篇》作为一个柏拉图意义上的怀疑的内在发展体系的意义上,黑格尔才把《巴门尼德篇》理解为真正的怀疑主义的一个"自给自立者"的体系。我们可以看到,这个在柏拉图的《巴门尼德篇》中所设想的和被黑格尔吸收为"体系"的发展上升的怀疑已经对黑格尔耶拿初期的体系化企图产生了一个决定性的影响①。

第三节　黑格尔对古代怀疑主义的重新阐释

本章剩下的最后一个需要解决的问题是,黑格尔对古代怀疑主义的理解是否存在某种偏差?

迈克尔·佛斯特在《黑格尔与怀疑主义》中认为黑格尔对古代怀疑主义解释存在着如下四个误解或问题②:

---

① 弗朗哥·基耶雷金在《柏拉图哲学的怀疑与黑格尔的思辨思想》一文中认为:柏拉图的《巴门尼德篇》作为真正的怀疑主义的"完美的和自给自立的文献与体系"对黑格尔耶拿初期的《耶拿逻辑纲领》(即1801—1802年的《逻辑和形而上学:哲学》)和1802年的《论自然法的科学研究方法,自然法在实践哲学中的地位及其与实证法科学的关系》以及后来的《哲学史讲演录》中黑格尔对柏拉图的辩证法的重建都产生了重要的影响。参见:Franco Chiereghin, "Platonische Skepsis und spekulatives Denken bei Hegel", in *Skeptizismus und spekulatives Denken in der Philosophie Hegels*, Hrsg. von Hans Friedrich Fulda und Rolf-Peter Horstmann, S.43-49。

② Michael N. Forster, *Hegel and Skepticism*, pp.36-37.

迈克尔·佛斯特所指出的第一个误解确实有其理由,古代怀疑主义的确只是指出感性认识及其主张之间的矛盾,却并未作出肯定的判断。但是对此黑格尔接下去又如此表述:"换句话说,怀疑对于古代怀疑主义乃是确定的,并没有期望得到真理的打算,它并不是悬而不决的,而是斩钉截铁的,完全确定的;不过这个决定对于它并不是一个真理,而是它自身的确定性。这个决定乃是精神自身的安宁和稳定,不带一点悲愁。"[参见〔德〕黑格尔:《哲学史讲演录》(第三卷),贺麟、王太庆译,北京:商务印书馆,1983年,第111页]黑格尔在这里要指出的是古代怀疑主义无法否认对于怀疑本身是确定的,对于感性认识及其主张的非真理性是确定的,尽管它未明确地表述出来。

对于第二个误解,迈克尔·佛斯特的论述也有其理由。古代怀疑主义很大程度上并非如黑格尔所说的那样只是针对感性认识的内容,即"怀疑主义者们比现代纯粹形式的唯心主义的信徒们走得更远;他们对付的是内容,指的是全部内容,不管是感觉的内容还是思维的内容,认为都有一个与它相反的东西。他们(怀疑主义者们)指出同一个东西里面的矛盾,认为一切被设定的东西都也是相反的东西;这是怀疑主义所谓的假象的客观方面,——不是主观唯心主义"[参见〔德〕黑格尔:《哲学史讲演录》(第三卷),贺麟、王太庆译,第121页],而是以均势原则为根据,更多的是从形式上对感性认识的内容加以驳斥。

关于黑格尔对安尼西德穆斯的十个论式和阿格里巴的五个论式的前后态度的不一致的问题,我将在下文中加以论述。

关于黑格尔把《巴门尼德篇》视为真正的怀疑主义的最完美的和自给自立者的文献与体系的缘由、根据及其重要意义,已在上文中详细阐述过了。

第一个误解是,"古代怀疑主义并不怀疑,它对于非真理是确知的;它并不只是徘徊不定,心里存着一些思想,认为有可能有些东西或许还是真的,它是十分确定地证明一切非真"①,因为古代怀疑主义者们并不志在证明一些东西,也并不试图用某种方式表明那些主张是不正确的,他们只是设法表明支持或反对那些主张的论据看来是势均力敌的,因此我们应该悬搁判断;

第二个误解是,"他们(怀疑主义者们)指出同一个东西里面的矛盾,认为一切被设定的东西都也是相反的东西"②,因为当古代怀疑主义者设立问题的反方的论据以证明所涉及的观点的自相矛盾时,他们自己并不理解;

第三个问题是,黑格尔对阿格里巴的五个论式的前后态度的不一致;

第四个也是最后一个问题是,黑格尔把《巴门尼德篇》视为真正的怀疑主义的更为完美的和自给自立着的文献与体系。

吉尔斯·马尔马斯也在《耶拿时期的黑格尔与古代怀疑主义》一文中认为黑格尔对古代怀疑主义的解释出现了一种重大偏差,并且把皮浪的怀疑主义与学园派的怀疑主义相混淆了③:皮浪的怀疑主义原本主要是一种现象主义,它赋予那些感性材料以信仰,但是它却禁止自己给予这些材料独断的意义,它远非是所有认识的一种攻击性的否定态度,也远非是瞄准一种心灵安宁的状态,它并非否定这些现象,而是决定把自己限制于诸现象,种种迹象表明,这种混淆最初是源自西塞罗(Cicero)的《论学园派》(Academica),并且这一点已经被奥古斯丁(Augustinus)表述过了,从某种意义上说,休谟同样是这种误解的代言人,因为众所周知,他把皮浪主义或极端的怀疑主义批评为一种"人类的奇思怪想"④。

福尔达则同样在《黑格尔哲学中的怀疑主义与思辨思维》的《导论:对主题的发问与思考》一文中,认为黑格尔忽视了皮浪的怀疑主义与柏拉图哲学之间的重要差别⑤。

尽管如此,当我们凝视这些萦绕于黑格尔的理解正确与否的问题时,我

---

① 〔德〕黑格尔:《哲学史讲演录》(第三卷),贺麟、王太庆译,第111页。
② 同上书,第121页。
③ Gilles Marmasse, "Hegel und der antike Skeptizismus in den Jenaer Jahren", in *Hegel-Studien Beiheft*, Band 50, Hamburg: Felix Meiner Verlag, 2001, S.136.
④ 休谟的原文是:"当他(皮浪主义者)从梦中惊醒过来时,他将会是第一个参加对自己进行嘲笑的人,并且会承认,他的一切异议都只是开玩笑,除了表示人类的奇思怪想以外,并没有其他的倾向。"参见休谟:《人类理智研究》,吕大吉译,北京:商务印书馆,1999年,第148页。
⑤ Hans Friedrich Fulda, "Einleitung: Fragen und Überlegung zum Thema", in *Skeptizismus und spekulatives Denken in der Philosophie Hegels*, Hrsg. von Hans Friedrich Fulda und Rolf-Peter Horstmann, Stuttgart: Klett-Cotta, 1996, S.14.

们所要思考的是,黑格尔为何要如此解读古希腊的哲学思想?或许正如杜辛在其为《黑格尔与哲学史》的中译本所写的序言中所表明的那样:"我们之所以不能始终赞同黑格尔对以往欧洲哲学观点和理论所作的解释,原因就在于,黑格尔的解释,乃是独特地根据他自己学说的眼光作出的,因而在许多方面曲解了先前作者的意义和论证。"①,也,正因于此,从某种意义上说,黑格尔对古代怀疑主义和柏拉图哲学的误解也许是"经典的"②。

一、黑格尔理解古代怀疑主义时的偏差

笔者无意为黑格尔强作辩解,但如若立足于黑格尔的文本,我们可以发现:

第一,黑格尔对古代怀疑主义,尤其是皮浪的怀疑主义的解释的确存在一定的偏差。除此之外,黑格尔饱受诟病的是他对怀疑主义学派的历史的重构的确犯下了事实上的错误,即他认为较早的十个论式是属于皮浪的:"针对哲学体系的敌意的一面包括安尼西德穆斯、梅诺多图以及他们的继任者的怀疑主义,皮浪的怀疑主义则不在其列,最初的十个论式属于皮浪的怀疑主义"③,但事实上,较早的皮浪的怀疑主义与安尼西德穆斯、梅诺多图(Menodotus)等的真正的怀疑主义学派的继承可能很少有或没有历史联系,较早的十个论式毫无疑问是属于安尼西德穆斯的④。

第二,正如我们所看到的那样,黑格尔援引第欧根尼·拉尔修的观点⑤,视荷马(Homer)为怀疑主义的发起者,同时也将阿尔基罗库斯(Archilochus)、欧里皮德斯(Euripides)、芝诺、色诺芬尼(Xenophanes)、德谟克利特(Democrit)、柏拉图等引证为怀疑主义者⑥。黑格尔的这种观点固然值得商榷,但是,我们仍然要注意到,黑格尔之所以如此引用,乃是为了阐明自己的核心观点,即"一种真正的哲学本身必然包含一个否定的一面",它径直针对所有有限的东西,因此是针对舒尔策的怀疑主义的⑦。然而,即便如此,黑格尔对《巴门尼德篇》的解释也出现了一个原则性的问题,即他并未把柏

---

① 〔德〕克劳斯·杜辛:《杜辛教授为〈黑格尔与哲学史〉中译本所写的前言》,《黑格尔与哲学史——古代、近代的本体论与辩证法》,王树人译,北京:社会科学文献出版社,1992年。
② Gilles Marmasse, "Hegel und der antike Skeptizismus in den Jenaer Jahren", in *Hegel-Studien Beiheft*, Band 50, S.136.
③ G.W.F. Hegel, *TWA*, Bd.2, S.226; G.W.F. Hegel, *GW*, Bd.4, S.206.
④ 参见哈里斯所作的第32条注释:George di Giovanni and H. S. Harris, *Between Kant and Hegel: Texts in the Development of Post-Kantian Idealism*, p.357.
⑤ 第欧根尼·拉尔修:《名哲言行录》(下),马永翔等译,长春:吉林人民出版社,2010年,第506—508页。
⑥ G.W.F. Hegel, *TWA*, Bd.2, S.227; G.W.F. Hegel, *GW*, Bd.4, S.207.
⑦ G.W.F. Hegel, *TWA*, Bd.2, S.227-228; G.W.F. Hegel, *GW*, Bd.4, S.207.

拉图在《巴门尼德篇》中的特殊立场与其对智者派的批判联系起来并作为主题,因此,黑格尔对他的思维出发点与柏拉图哲学的思维出发点之间的原则性区别确实存在着某种模糊不清①。

第三,黑格尔对怀疑主义的历史的考察与把握也出现了一个重要遗漏:尽管黑格尔在《哲学史讲演录》中注意到了近代怀疑主义的差异性和多样性,但是他却将文艺复兴后期蒙田(Michel de Montaigne)的怀疑主义从哲学史中排除了出去②。

第四,黑格尔对怀疑主义与学园派之间的关系的解释,旨在通过援引塞克斯都——塞克斯都将哲学家划分为独断主义者、学园派和怀疑主义者,尽管他在其整个著作中处理的是独断主义者,但是绝对不意味着他也拒斥学园派——来指明哲学除了独断主义和怀疑主义,还有第三种可能性③。在黑格尔看来,依据学园派的三个类别,怀疑主义与学园派二者之区别可以从三个方面加以分析④:

首先,关于怀疑主义与新学园派的卡尔尼亚德(Carneades)之间的区别,黑格尔基本上持有与塞克斯都相类似的观点:怀疑主义者乃是通过一个暗含的独断,即"他们不知道现象是两者还是并非是两者中的一个",来凸显

---

① Wolfgang Bonsiepen, *Der Begriff der Negativität in den Jenaer Schriften Hegels, Hegel-Studien Beiheft*, Band 16, Bonn: Bouvier Verlag Herbert Grundmann, 1977, S.36.

② Hans Friedrich Fulda, "Einleitung: Fragen und Überlegung zum Thema", in *Skeptizismus und spekulatives Denken in der Philosophie Hegels*, Hrsg. von Hans Friedrich Fulda und Rolf-Peter Horstmann, S.15.

③ G.W.F. Hegel, *TWA*, Bd.2, S.230; G.W.F. Hegel, *GW*, Bd.4, S.209.塞克斯都·恩披里克的原文为:"任何研究的自然结果必然是下列三种之一,研究者或是找到了真理;或是认为真理不可知、不可理解;或是继续从事探究。所以,同样关于哲学所研究的对象,有人宣称已经发现了真理,有人断言真理不可被把握,有人继续求索。那些宣称已经发现了真理的人是'独断主义者',举例来说,尤其是亚里士多德,还有伊壁鸠鲁、斯多亚派以及其他某些人。克莱多马库斯(Cleitomachus)和卡尔尼亚德(Carneades)以及其他的学园派把真理看成是不可把握的。怀疑主义则继续研究。这样,人们似乎可以合情合理地把哲学分为三种主要类型:独断主义、学园派和怀疑主义。"参见〔古希腊〕塞克斯都·恩披里可:《悬搁判断与心灵宁静》,包利民等译,第3页。

④ 塞克斯都·恩披里克关于"怀疑主义与学园派哲学的区别"的看法为:首先,他认为柏拉图是一个独断主义者。其次,他认为"柏拉图新学园派虽然肯定一切都是无法理解的,但是与怀疑主义还是不同。甚至就'一切都是无法理解的'这个命题本身来说,他们正面地肯定这一命题,而怀疑主义认为有的事物可能是可理解的。不过,他们和我们最明显的区别是他们对事物的好与坏的断言上";"虽然学园派与怀疑主义都说他们相信某些事情,他们在这里的差别还是一目了然的";"就终极目的而言,我们与新学园派也不同"。再次,他认为"柏拉图中期学园"派的阿尔凯西劳斯虽然"在我看来与皮浪学说有许多共同之处,因此思想方式几乎与我们一样",但是阿尔凯西劳斯"骨子里是一个独断主义者",因为他只是"用怀疑法检验他的同伴,看他们是否适宜于接受柏拉图的教义"。参见〔古希腊〕塞克斯都·恩披里可:《悬搁判断与心灵宁静》,包利民等译,第47—51页。

他们的观点,而新学园派的卡尔尼亚德则是将"一切都是无法理解的"表述为一个断言①。

其次,黑格尔认为怀疑主义与柏拉图中期学园派的阿尔凯西劳斯的区别远非如舒尔策所阐述的那样,依据舒尔策所言,柏拉图中期学园派被塞克斯都宣称为"过于怀疑的",但是正如我们看到的,塞克斯都发现柏拉图中期学园派是"怀疑不足的",对于阿尔凯西劳斯,黑格尔则复述了塞克斯都的看法②。

最后也是最重要的,乃是关于怀疑主义与柏拉图主义之间的关系,黑格尔再次援引了第欧根尼·拉尔修的观点③,指明有人将柏拉图视为独断主义者,有人将其视为怀疑主义者,尽管考虑到文献缺佚,已无从考证④。不管怎样,黑格尔认为对柏拉图主义与怀疑主义之间的区分"要么是一种单纯的形式上的吹毛求疵,即指摘所断言的偏好(Vorziehen)无非是意识的形式,因为怀疑主义者对必然性和祖国法律的服从正是这样一种仅仅无意识的偏好;要么是如果这种区分针对的是理念的现实性本身的话,那么它关涉的是理性通过自己本身的认识;并且在这点上纯粹的、自身与哲学相分离的怀疑主义的特性(Eigentümlichkeit)必须展现"⑤。

黑格尔还认为,塞克斯都首次在《反逻辑学家》中鉴于哲学家们对真理的标准意见不合而对其驳斥,尤其是对感性认识的真理争论不休,塞克斯都在这里反对的是"理性通过自身而认识自身",换句话说,他认为"理智并不认识它自身……努斯(理性)[不]理解自身",以塞克斯都为代表的较新的怀疑主义者(包括阿格里巴)"完全忽视了理性及其自我认识,躲在蛇发女妖戈尔贡之盾之后……把理性者主观地表达为知性,客观地表达为石头",由此理性被颠倒为"某种绝对-主观物",被降低为"关于整体与部分的概念、关于一种或者绝对主观性或者绝对客观性的概念",由此被降低为"一个确定位置的现象"⑥。塞克斯都"反对理性的自我认识,是怀疑主义攻击理性的所有武器的一个例子,这些武器就是将概念应用于理性",由此理性转化为"有限性",正如舒尔策所做的那样,变为"事物",由此可见,在塞克斯都那里,"虽然皮浪的怀疑主义(古代怀疑主义)已经脱离了哲学(即把怀疑主义包含在自身

---

① G.W.F. Hegel, *TWA*, Bd. 2, S. 231 - 232; G.W.F. Hegel, *GW*, Bd. 4, S. 209 - 210.
② G.W.F. Hegel, *TWA*, Bd. 2, S. 232 - 233; G.W.F. Hegel, *GW*, Bd. 4, S. 210.
③ 第欧根尼·拉尔修:《名哲言行录》(上),马永翔等译,长春:吉林人民出版社,2010年,第165—166页。
④ G.W.F. Hegel, *TWA*, Bd. 2, S. 234; G.W.F. Hegel, *GW*, Bd. 4, S. 211.
⑤ G.W.F. Hegel, *TWA*, Bd. 2, S. 234 - 235; G.W.F. Hegel, *GW*, Bd. 4, S. 212.
⑥ G.W.F. Hegel, *TWA*, Bd. 2, S. 235 - 236; G.W.F. Hegel, *GW*, Bd. 4, S. 212 - 213.

之中的哲学)并与之隔绝,但是它仍然认清了独断主义与哲学(学园派哲学名下的后一种哲学)之间的这种区别以及哲学与怀疑主义的巨大一致,而较新的怀疑主义(阿格里巴的怀疑主义)对此则一无所知"①。后来,黑格尔还进一步指出,塞克斯都对新学园派与怀疑主义的区分"完全变成了空话"②。

第五,黑格尔在早期的《怀疑主义与哲学的关系》和后期的《哲学史讲演录》中,对十个较早的怀疑论式和五个较晚的怀疑论式出现了两种截然相反的态度。的确,通过《怀疑主义与哲学的关系》和《哲学史讲演录》中相关论述的比较,可以发现:黑格尔对十个较早的怀疑论式和五个较晚的怀疑论式的态度存在着前后不一致。

二、黑格尔对古代怀疑主义认识上的前后颠倒

对第五个问题的考察,将有助于我们更为深入地理解黑格尔的旨意。

在《怀疑主义与哲学的关系》这篇论文中,相比于阿格里巴较晚的五个论式,黑格尔更偏爱十个较早的怀疑论式的重要意义和思辨价值。然而在《哲学史讲演录》中则截然不同,他明确地颠倒了他在《怀疑主义与哲学的关系》中的评价:这十个较早的论式"总的来说反对普通的意识,属于一种没有什么教养的思维,——一种首先看感性存在的意识。它们反对我们所谓对事物的直接真理性的通常信仰,以同样直接的方式加以驳斥,并不是通过概念,而是通过对立的存在。它们在例举中也有这种无概念性"③;与之相反,五个较晚的论式"反对那种对涉及发展了的知性意识的反思,反对科学范畴,——反对感性事物的思维存在,反对通过概念对感性事物加以规定"④,因此它们"具有一种完全不同的性质;这些论式比较属于思维的反思,包含着确定概念本身的辩证法。……同时也显然可见,这些论式描述了一种完全不同的哲学思维的立场和修养"⑤。

黑格尔对《巴门尼德篇》与怀疑主义的判断也同样发生极为明显的转变,这种关于《巴门尼德篇》的判断的变化是伴随着黑格尔的体系和辩证法的理念的发展的⑥:在耶拿论文中柏拉图的怀疑主义仍然被视为绝对知识

---

① G.W.F. Hegel, *TWA*, Bd. 2, S. 236 - 237; G.W.F. Hegel, *GW*, Bd. 4, S. 213.
② G.W.F. Hegel, *TWA*, Bd. 2, S. 248; G.W.F. Hegel, *GW*, Bd. 4, S. 221.
③ 〔德〕黑格尔:《哲学史讲演录》(第三卷),贺麟、王太庆译,第 123 页。
④ 同上。
⑤ 同上书,第 133 页。
⑥ Franco Chiereghin, "Platonische Skepsis und spekulatives Denken bei Hegel", in *Skeptizismus und spekulatives Denken in der Philosophie Hegels*, Hrsg. von Hans Friedrich Fulda und Rolf-Peter Horstmann, S. 36.

的否定一面,而在《哲学史讲演录》中,类似于新柏拉图主义的解释,柏拉图的怀疑主义也被解释为肯定的。

在《怀疑主义与哲学的关系》一文中,黑格尔对较早的十个论式与较晚的五个论式的区分始于这么一段话:"但是除了与哲学合一的怀疑主义,与哲学相分离的怀疑主义可以被分为两种,或者它不针对理性,或者它针对理性。"①黑格尔在这里区分了怀疑主义的两种形态,第一种形态指的是真正的怀疑主义,即柏拉图的怀疑主义,而第二种指的是与哲学相分离的怀疑主义,第二种形态依据其是否针对理性,在此基础上可划分为"不针对理性"的安尼西德穆斯的十个论式和"针对理性"的阿格里巴的五个论式。在黑格尔看来,怀疑主义自身从隐含到明确的发展呈现出逐级退化的序列,这与哲学和世界的共同"退化(Ausartung)"是同步的②,并且是通过时间,说得确切一些,"时间的偶然性(Zufälligkeit der Zeit)"③来实现的:

第一个阶段是与哲学合一的隐含的"真正的怀疑主义",即柏拉图的怀疑主义。

第二个阶段是古代怀疑主义(与把怀疑主义包含在自身之中的哲学相分离的明确的古代的"真正的怀疑主义"),即明确登场的皮浪的怀疑主义(事实上是"安尼西德穆斯的十个论式",黑格尔错误地将安尼西德穆斯的十个论式归属于皮浪),尽管这种怀疑主义是与哲学相分离的,且并不涉及理性以及理性的认识,但却从未试图针对哲学和理性,而仅是针对普通的人类知性的独断主义。"古代的真正怀疑主义被鲜明地从塞克斯都为我们提供的脱离了哲学并转而针对它的怀疑主义这个形态中分拣开来,这个古代的真正怀疑主义虽然不具备哲学的肯定一面,而是主张与知识相关的一个纯粹否定性,但是同样不针对哲学。"④

第三个阶段是较新的怀疑主义,即阿格里巴的怀疑主义(包括塞克斯都),阿格里巴五个较晚的论式不仅针对普通的人类知性的独断主义,而且针对哲学和在哲学中显露的理性,针对理性意味着针对真正的思辨哲学,它已经预示并参与了怀疑主义的衰退和堕落。至于外加的另两个论式,对第欧根尼、塞克斯都和黑格尔而言都是无足轻重的。

最后一个阶段是最新的怀疑主义,即舒尔策的怀疑主义,这种怀疑主义可以说是怀疑主义的完全堕落,它本身沦为一种知性的独断主义,因为对于

---

① G.W.F. Hegel, *TWA*, Bd.2, S.237; G.W.F. Hegel, *GW*, Bd.4, S.213.
② 同上。
③ G.W.F. Hegel, *TWA*, Bd.2, S.243; G.W.F. Hegel, *GW*, Bd.4, S.217.
④ G.W.F. Hegel, *TWA*, Bd.2, S.237; G.W.F. Hegel, *GW*, Bd.4, S.213.

舒尔策的怀疑主义与独断主义而言,"'意识的事实'拥有无可争辩的确定性,并且真理存在于时间性(Zeitlichkeit)中……独断主义与怀疑主义在阴暗面上(nach unten,向下)重合并且二者彼此伸出了最友爱之手。舒尔策的怀疑主义把最粗野的独断主义集合于自身之中,克鲁格的独断主义同时也具有那种怀疑主义"①。

相比于较晚的五个论式,黑格尔更加偏爱较早的十个论式,这也许是因为他在耶拿早期的这场论战中主要关涉的是:面对当时文化中对哲学和理性的曲解,为哲学的和理性的理念辩护,毫无疑问,黑格尔在这场论战中的盟友是较早的十个论式,反之,五个后期的论式则参与了黑格尔那个时代哲学的普遍性衰落,而黑格尔则试图与哲学风气的堕落作斗争,因此对其加以质疑②。

黑格尔对怀疑主义论式的区分是来源于塞克斯都的:"塞克斯都在十七个论式中向我们展现了怀疑主义的准则,诸论式的差别确切地向我们指明了他的怀疑主义与古代怀疑主义之间的区别。虽然古代怀疑主义是离开了哲学知识而自给自立着的,但是与此同时,它是完全属于哲学领域之内的,它尤其是与古代哲学完全同一的,后者与主观性几乎没有关系。十七个论式中的前十个论式就属于这种古代怀疑主义,更晚的怀疑主义者才在它们之外增添了五个论式,塞克斯都说的一般是较新的怀疑主义者。"③

对于针对主观主义的反思哲学的较早的十个论式,黑格尔在这里的论战中非常明确地赋予其肯定的评价。在这里,怀疑主义本身登场了,虽然它作为环节属于真正的哲学,但是黑格尔同时也指出了这种怀疑主义的界限:"我们可以看到,它们[指十个论式(笔者注)]是被随机地捡取的,并且在一种自身的学说和一种并非现成的(vorhanden)不熟练性(Ungewandtheit)方面,预设了一种不成熟的反思,或者更确切地说,一种反思的无目的性(Absichtslosigkeit),如果怀疑主义已经与对科学的批判有关系的话,那么就不会有不成熟的反思,或者更确切地说,一种反思的无目的性。"④

尽管如此,黑格尔仍然肯定了这种怀疑主义在批判普通的人类知性或普通意识(gemeine Bewußtsein)中所扮演的角色,这种角色在《精神现象学》中,特别是在"意识"部分的"感性确定性"中,使得哲学从普通的人类知

---

① G.W.F. Hegel, *TWA*, Bd. 2, S. 237 - 238; G.W.F. Hegel, *GW*, Bd. 4, S. 213 - 214.
② Franco Chiereghin, "Platonische Skepsis und spekulatives Denken bei Hegel", in *Skeptizismus und spekulatives Denken in der Philosophie Hegels*, Hrsg. von Hans Friedrich Fulda und Rolf-Peter Horstmann, S. 36.
③ G.W.F. Hegel, *TWA*, Bd. 2, S. 238; G.W.F. Hegel, *GW*, Bd. 4, S. 214.
④ G.W.F. Hegel, *TWA*, Bd. 2, S. 239 - 240; G.W.F. Hegel, *GW*, Bd. 4, S. 215.

性或普通意识中解放出来：

> 但是这些论式(十个论式,笔者注)的内容甚至更清楚地显示出,它们是如何远离一个反哲学的倾向,以及它们是如何完全地和独自地反对普通的人类知性的独断主义；它们之中没有一个涉及理性及其认识,而是全部都完全只是涉及有限物、对有限物的认识或知性。它们的内容部分地是经验的,就这点而言,它们的内容并非先天地(schon an sich)适用于思辨；它们的内容通常部分地涉及关系,或者一切现实之物实际上都受一个他者所限制,并且就这点而言,它们的内容表述了一种理性原则。因此这种怀疑主义绝对不是反对哲学,并且恰恰不是以一种哲学的方式,而是以一种流行的方式,反对普通的人类知性或者普通的意识,普通的意识紧紧抓住被给定之物、事实、有限物(这种有限物意指现象或概念),并且黏附于作为一种确定、保证、永恒的有限物；每一个怀疑论式都以某种方式向普通的人类知性表明这种确定性的不稳定,这种方式同样也接近于普通的意识；也就是说,怀疑主义同样求助于诸现象和诸有限性,并且从诸现象和诸有限性之间的差异以及使得它们全都同等有效中,从这种在有限物本身中被认识的二律背反中,怀疑主义认识到了有限物的非真理(Unwahrheit)。因此,怀疑主义可以被视为通往哲学的最初阶段；因为哲学的开端必须是对普通意识所提供的真理之提升(Erhebung)和对一种更高的真理之预感(Ahung)。①

黑格尔在这里虽未明确指出何为"普通意识所提供的真理之提升"和"一种更高的真理之预感",但是"哲学的开端"毫无疑问的是指向"绝对"的。此外,得以明确的是：怀疑主义不仅指向"感性确定性",而且指向"知觉",以至于"知性"。黑格尔更进一步地指出为什么需要怀疑主义及其论式：

> 此外,它的这种对诸有限性的怀疑主义和它对诸有限性的独断主义并立于普通的人类知性之中,并且那种怀疑主义由此变成某种仅仅是形式的东西；然而通过真正的怀疑主义,独断主义被扬弃了,因此那个关于意识事实的不确定性的普通信念(Glauben)不再是某种形式的东西了,因为怀疑主义把现实性和确定性的整个领域提升为不确定性

---

① G.W.F. Hegel, *TWA*, Bd.2, S.240; G.W.F. Hegel, *GW*, Bd.4, S.215–216.

的层次(Potenz)①,并且消灭了普通的独断主义,这种普通的独断主义无意识地属于作为一种力量(Macht)之特殊风俗、法律和其他境况,对于这种力量而言,个体只是一个客体,并且这种力量借助于效应的线索,也在它的细节中理解个体,对此形成了一种知性的知识,进而只会越来越深地陷入于对那种力量的服务。②

在黑格尔看来,这种早期的十个论式所代表的怀疑主义仍然拥有其肯定的一面,即它不是作为一种(拒斥或反对一种主流文化或宗教的)确定的信念/意见(Häresis)或流派,而是作为"一种训练/生活方式"(ἀγωγήν/Agogin),或"一种生活方式的教育(Erziehung)",或"一种教化(Bildung),这种教化的主观性只在其中才可能是客观的"来指向心灵宁静(ἀταραξία/Ataraxie)的③。并且从其肯定的一面来看,这种"理性的自由将其提升到自然必然性之上"④的怀疑主义是"对任何哲学都不陌生的",并且有助于哲学兴趣的抬升和哲学同一性(Dieselbigkeit)的认清⑤。

可以看到,黑格尔在一定程度上容忍了这种早期的十个论式所代表的怀疑主义的否定一面,即它不仅与普通的人类知性的独断主义相冲突,还与个人的生活方式相冲突,甚至与个人生活于其中的风俗、法律和其他境况乃至整个伦理世界相冲突,由此造成了个人与世界、个人与他人以及个人与自己的一种内在疏离或对立,故而所谓的心灵宁静或个性自由,依旧无法掩盖这种主观性与客观性的分离所带来的痛苦或焦虑。

---

① 黑格尔在这里运用了谢林从数学家埃申迈尔(Karl August von Eschenmayer)那里借来表示自己的自然哲学的一个概念"Potenz",学界对这一术语的翻译尚存争论,此术语可译为类似于亚里士多德意义上的"潜能""强力"或表示阶段发展的"幂次""因次",亦叫"乘方"。黑格尔认为,谢林借用这个来解释其主客同一中量的差别的"层次"或"环节"。参见〔德〕黑格尔:《哲学史讲演录》(第四卷),贺麟、王太庆译,北京:商务印书馆,1983年,第371页。邓安庆先生曾指出:"黑格尔在《伦理体系》中借助于这种'因次方法',来阐明绝对伦理从'自然'、经历'否定'(自由),再到绝对(回复自然伦理)伦理的过程。当他自己的三段论的'辩证法'成熟之后,黑格尔就抛弃了'因次'概念。"参见邓安庆:《从"自然伦理"的解体到伦理共同体的重建——对黑格尔〈伦理体系〉的解读》,《复旦学报(社会科学版)》2011年第3期。考虑到本书的具体语境,笔者在这里按照宋祖良和程志民二位在翻译《费希特与谢林哲学体系的差别》(杨一之校)时所采用的译法,译为"层次"。在笔者看来,Potenz概念同时具有"潜能"和"幂次"之意。关于Potenz的翻译,亦可参考赵鹏:《谢林"Potenz"概念探源》,《世界哲学》2005年第5期;赵俊杰:《也谈谢林早期思想中的"Potenz"概念》,《世界哲学》2006年第1期。

② G.W.F. Hegel, *TWA*, Bd.2, S.241; G.W.F. Hegel, *GW*, Bd.4, S.216.
③ G.W.F. Hegel, *TWA*, Bd.2, S.242; G.W.F. Hegel, *GW*, Bd.4, S.216–217.
④ G.W.F. Hegel, *TWA*, Bd.2, S.241; G.W.F. Hegel, *GW*, Bd.4, S.216.
⑤ G.W.F. Hegel, *TWA*, Bd.2, S.242; G.W.F. Hegel, *GW*, Bd.4, S.217.

因此,黑格尔的思辨哲学必须扬弃这种早期的十个论式所代表的怀疑主义,并且这种思辨哲学作为一种教化,既要拥有这种怀疑主义的肯定一面,同时也要指向否定一面中那种主观性与客观性的分离之统一。

至于以较晚的五个论式为代表的怀疑主义,黑格尔则在怀疑主义从较早的十个论式到较晚的五个论式的发展过程中注意到:尽管后者在内容上对前者部分地有所重复,但是二者在作用和倾向上有着一个本质区别——"人们看到……这五个论式的意图完全不同于最初的十个论式的倾向,并且它们只关涉怀疑主义后来反对哲学的转向"①。

随后,黑格尔进一步指明了这五个论式所具有的作用或扮演的角色:"没有更合适的武器来反对那些有限性的独断主义了,但它们[指五个论式(笔者注)]对哲学是完全无用的。"②因为这五个论式"纯粹包含诸反思概念",所以对于这五个论式而言,一方面,其"隶属于理性"的肯定作用被黑格尔视为反对哲学中的独断主义的武器,即它们能够揭露独断主义者本身的有限概念并且通过均势原则来克服独断论或知性"所宣称的必然二律背反的部分",正是在这一点上,这五个论式完全有理由在后来的《哲学史讲演录》中获得黑格尔的高度评价,尽管这一点在《怀疑主义与哲学的关系》中没有被非常详细地处理③。

另一方面,其"隶属于反思"的否定作用,尽管被黑格尔视为对独断主义必定得胜,但却无用于哲学、理性或理性认识,即"这些论式在哲学面前必定在自身之中分崩离析或者它们本身就是独断的",原因在于:首先,真正的绝对物包含他物于自身之中——"独断主义的本质在于:它把一个有限物,背负着对立的某物(例如,纯粹主体,或者纯粹客体,或者在二元论中二元性与同一性相对立)设定为绝对物,因此关于这个绝对物,理性指明:这个绝对物与它所排斥之物相关,并且只有通过与他物的关系和在这种与他物的关系之中而存在,因此按照关于关系的第三个论式,它不是绝对的"④,因此,真正的绝对物是包含这个在独断主义那里作为绝对物的有限物(有限的绝对物)和与之相关的他物(被排斥之物、对立物)于自身之中的无限物,而最初者的根据就在于这个真正的绝对物或无限物本身,即在自身之中,而非一个在他之外的他物。

在这里,黑格尔通过这五个论式所表现出的反对知性规定的独断主义

---

① G.W.F. Hegel, *TWA*, Bd.2, S.244-245; G.W.F. Hegel, *GW*, Bd.4, S.218.
② G.W.F. Hegel, *TWA*, Bd.2, S.245; G.W.F. Hegel, *GW*, Bd.4, S.218.
③ G.W.F. Hegel, *TWA*, Bd.2, S.245; G.W.F. Hegel, *GW*, Bd.4, S.218-219.
④ G.W.F. Hegel, *TWA*, Bd.2, S.245; G.W.F. Hegel, *GW*, Bd.4, S.219.

的威力与反对理性规定的无能,指明了知性与理性的区别。可能会令人感到迷惑的是①,在《精神现象学》的一个重要段落中,黑格尔同样指明知性本身的一种否定的力量:"分解活动就是知性(理解)的力量和工作,知性是一切威力中最惊人的和最伟大的,或者甚至可以说是绝对的威力。……这样的东西之能够获得一个独有的存在和独特的自由,乃表示否定物的一种无比巨大的威力,这是思维、纯粹自我的能量。……精神是这样的力量,不是因为它作为肯定的东西对否定的东西根本不加理睬……相反,精神所以是这种力量,乃是因为它敢于面对面地正视否定的东西并停留在那里。"②

怀疑主义的否定力量,确切地说,事实上是"真正的怀疑主义"的否定力量,与知性本身的否定力量并不冲突,因为"真正的怀疑主义"作为否定力量,实际上是肯定地指向一种更高层次上的统一,一种知性上升为理性的辩证过程,这也必定是知性本身按照其真理性的尺度而自我否定的一种内在的发展。

这种知性与理性的内在关联后来在《逻辑学》中得以明确地阐明:"知性展示了无穷的力量,它规定普遍的东西,或换句话说,它通过普遍性的形式,分给本身立足不牢的规定性以僵硬的长在……放任那些规定性如以上的状态,不能够通过与抽象普遍性对立的辩证力量、即通过那些规定性自己特有的本性、也就是通过它们的概念,把它们归结为统一:这乃是理性的主观的无力。……因此,把知性和理性分开,像通常所实行的那样,从任何方面看,都必须加以谴责。"③

---

① 霍特格斯认为:"随着后来在《精神现象学》和《逻辑学》中对在早期论文中仍然有效的知性与理性的观念论上的分离的修订,这里所讨论的 1802 年论文中对怀疑主义的相对化将被剥夺基础。"在关于这句话的注释中,他指出:"在这里我指明的仅仅是《精神现象学》的序言中这个重要的段落,与所有早期态度相反,在那里知性被理解为最极端的和绝对的威力,在这里则被理解为否定的力量、思维的能量、纯粹自我的能量……显现为精神的真正力量。相应地,在《逻辑学》中,知性被展示为'无穷的力量'……"参见:Heinz Röttges, *Dialektik und Skeptizismus: die Rolle des Skeptizismus für Genese, Selbstverständnis und Kritik der Dialektik*, S.26. 对此笔者要指出的是,黑格尔在《精神现象学》和《逻辑学》中对怀疑主义的否定力量并未如霍特格斯所说的那样与在《怀疑主义与哲学的关系》中的态度相反,或是代之以把知性本身视为否定的力量。在《精神现象学》的这个段落中,黑格尔所要阐明的是:知性作为分解活动、分析或一种否定的力量,否定的是事物的整体性和运动性,将其分解开来,作为一个标本的、静止的东西加以分析,因此相对于事物发展、真理发展的一个整体性的运动,是一种否定的力量,但必不可少。即使黑格尔代之以把知性本身视为类似或等同于怀疑主义的否定力量,那么二者也并未矛盾,其原因笔者将在下文中加以阐述。

② 〔德〕黑格尔:《精神现象学》(上卷),贺麟、王玖兴译,北京:商务印书馆,1979 年,第 20—21 页。

③ 〔德〕黑格尔:《逻辑学》(下卷),杨一之译,北京:商务印书馆,1982 年,第 280 页。

由此可见,黑格尔把怀疑主义的均势原则理解为二律背反。也就是说,他从一开始就把怀疑主义的处理方式理解为辩证的,只要辩证法通过其结果的二律背反之特性已经是定义的,如果怀疑主义因此战胜了独断主义,那么这就意味着怀疑主义在独断主义的层面上揭示了辩证法作为独断主义自身隐藏的真理,即黑格尔的思辨哲学,如果它可以抵御怀疑主义的攻击的话,那就是说,它已经把怀疑主义转而攻击独断主义的反思和辩证法包含于自身之中了①。

当然,另一方面,在反对理性时,这五个论式又呈现出知性的特性:"针对独断主义,这些论式之所以是理性的,是因为它们让独断主义所放弃的对立物登场以反对独断主义的有限性,即确立二律背反;而转向针对理性,它们保留了纯粹的差异——它们受纯粹的差别所影响——作为其特性;它们的理性之处已经在理性之中了。"②

最终,黑格尔指出,有限性的知性的二律背反必然指向一个无限性的绝对的理性物作为其本身与其对立面的统一:

> 第一个论式所关涉的是差异性,而理性物无论何时何地总是与自己相同,纯粹的不相同只是对知性而言的,并且所有的不相同被理性设定为一;诚然,这种统一性正如那种不同性一样,不能像柏拉图所说的那样以一种庸俗且幼稚的方式来对待,即一头公牛等等被设定为一,而会对此声称,它同时是许多公牛。按照第三个论式,理性物不能被证明,它仅仅在这种关系之中、在一种与他物的必然联系之中;因为它本身无非就是这种关系。因为理性物就是这种关系本身,所以应当彼此奠基的这些互相联系之物(die in Beziehung Stehenden),当它们被知性设定时,它们可能会陷入圆圈或第五个论式,即循环论证,但是理性物本身并非如此;因为在这种关系之中,没有任何东西是通过彼此来奠基的。同样地,按照第四个论式,理性物不是一种未经证实的假定,否则面对此假定,它的对立面就能以此理由来被未经证实地假定,因为理性物没有对立面——它包含这两个有限物,其中一个是另一个的对立面,在自身之中。上述的这两个论式都包含一个原因和一个结果的概念,依据这个概念,一个他物被另一个他物所奠基;因为对理性而言,没有

---

① Heinz Röttges, *Dialektik und Skeptizismus: die Rolle des Skeptizismus für Genese, Selbstverständnis und Kritik der Dialektik*, S.27.
② G.W.F. Hegel, *TWA*, Bd.2, S.246; G.W.F. Hegel, *GW*, Bd.4, S.219.

一个他物与另一个他物相对立,所以不仅是这两个论式,还有这种建立在对立的基础上的并且无穷无尽的对一种根据的要求,即第二个论式,无穷倒退,都烟消云散了;无论是那种要求还是这种无限性[无穷性,指无穷倒退(笔者注)]都与理性无关。①

在黑格尔看来,这个理性概念并非是人为设定的,而是知性本身的辩证法的必然的内在发展的产物。这个理性概念,更进一步说,黑格尔哲学是否能够完全抵御怀疑主义的攻击,将是本书第五章的主题。

三、古代怀疑主义作为黑格尔辩证法的入口

然而在此之前,首先必须注意到这一研究主题与真正的怀疑主义,说得更确切一些,辩证法的内涵密切相关。因此,我们还必须考察黑格尔的真正哲学,即思辨哲学或辩证法本身是如何扬弃古代怀疑主义的,换句话说,对于黑格尔的哲学而言,所需要的根本不是作为一个真正哲学的"立场"或"环节"的古代怀疑主义,因为真正现实的哲学已经包含这个环节于自身之中,并在怀疑主义自身的发展中指明其界限而由此扬弃了它自身。

而怀疑主义的五个论式所代表的反思的怀疑主义本身在怀疑主义历史的发展过程中,把理性的无限性颠倒为知性的有限性,最终所导向的只不过是一种知性的形而上学:"因为这些论式把有限的概念都包含在自身之中并以其为基础,所以它们应用于理性所直接导致的是,它们把理性物颠倒为一个有限物:为了能够给它[指这个有限物(笔者注)]挠痒,它们为它提供了局限性(Beschränktheit)这一疥癣。"②当然,黑格尔同时也指出,这五个论式就其本身而言并非针对理性的思维,但是当它们针对理性的思维时,它们就直接地改变了理性物,使之变成绝对-主观物或绝对-客观物,或者不是变成一个整体就是变成一个部分,怀疑主义对理性的攻击都可以从这方面来理解③。

如果古代怀疑主义,作为哲学的一个单纯的环节,转而反对知识的话,其本身无非是纯粹的否定性或纯粹的主观性:"通过转而反对一般知识,怀疑主义,因为它在这里以一种思维反对另一种思维并且与哲学思维之'是'(Ist)作斗争,因此就被驱使(treiben)去扬弃它自身思维之'是',也就是说,

---

① G.W.F. Hegel, *TWA*, Bd.2, S.246-247; G.W.F. Hegel, *GW*, Bd.4, S.219-220.
② G.W.F. Hegel, *TWA*, Bd.2, S.247; G.W.F. Hegel, *GW*, Bd.4, S.220.
③ 同上。

使自己保持在纯粹的否定性中,这种纯粹的否定性本身就是一种纯粹的主观性。"①并且,古代怀疑主义通过它自身否定性的辩证发展导致自我毁灭,作为哲学的一个环节的古代怀疑主义的自我扬弃,必然是通过作为一种极端的绝对化的一致性的自我扬弃来实现的,换句话说,这个极端离开了它的对立面无法自我保持,由此必然在它的对立面中被扬弃:"在这种最高的一致性(Konsequenz)——这种最高的一致性,即否定性或者主观性,不再把自己限制为特性的主观性,这种特性的主观性同样也是客观性,而是成长为一种知识的主观性,这种知识的主观性针对的是知识——的极端(Extreme)之中,怀疑主义必定变得不一致,因为极端离开了它的对立面无法保持自身。"②在这里,黑格尔就已经暗示了古代怀疑主义后来在《精神现象学》中的自我发展方向:"怀疑主义"必然要经历"苦恼的意识"而最终走向"理性"。

由此,怀疑主义在黑格尔那里获得了双重身份:一方面,作为"哲学的一个单纯环节或诸多意识形态之一";另一方面,作为"自身实现着的怀疑主义,或者进一步说,辩证法"。怀疑主义的这种双重身份将一直延续到《精神现象学》之中,而这也将是本书第三章的研究主题。

总的来说,尽管黑格尔也将以皮浪为代表的"古代的高尚的怀疑主义"视为"真正的怀疑主义"③,但是,在《怀疑主义与哲学的关系》中,以皮浪为代表的古代怀疑主义与黑格尔所说的以《巴门尼德篇》为代表的"真正的怀疑主义"还是略有区别的。

一方面,就与舒尔策的怀疑主义相较而言,无论是以皮浪为代表的古代怀疑主义,还是以《巴门尼德篇》为代表的"真正的怀疑主义",都是辩证法的一种否定结果。

另一方面,以皮浪为代表的古代怀疑主义,既是真正的哲学的一个环节,又包含着怀疑主义本身的高贵本质,但却"仅仅停留在辩证法的否定结果方面,怀疑主义没有认清它自己的真结果,它坚持怀疑的结果是单纯抽象的否定",因此古代怀疑主义只能被视为黑格尔辩证法的入口;而以《巴门尼德篇》为代表的"真正的怀疑主义",作为与真正的哲学的合一,它既是怀疑主义,又是独断主义,尽管也以否定为其结果,即作为绝对认识的否定一面或一种单纯否定意义上的辩证法,但"就否定作为结果来说",其最终

---

① G.W.F. Hegel, *TWA*, Bd.2, S.248; G.W.F. Hegel, *GW*, Bd.4, S.221.
② G.W.F. Hegel, *TWA*, Bd.2, S.249; G.W.F. Hegel, *GW*, Bd.4, S.221.
③ 〔德〕黑格尔:《小逻辑》,贺麟译,第180页。

指向的"至少同时也可说是肯定的"结果,因此只有它可以被视为辩证法的前身①。

这种"真正的怀疑主义"的内涵与实质,将在其与耶拿逻辑纲领之关系的解释,即本书的第二章中,变得更为清晰。

---

① 〔德〕黑格尔:《小逻辑》,贺麟译,第181页。

第二章　真正的怀疑主义与耶拿逻辑纲领之关系

正如接下来我们所看到的那样，黑格尔把"真正的怀疑主义"规定为"绝对认识的否定的一面"和"每一种哲学的自由的一面"，是与其《耶拿逻辑纲领》相一致的[①]。

黑格尔的《讲演手稿片段》(*Fragmente aus Vorlesungmanuskripten*, 1801/02;1803) 由六个片段组成[②]：(1)《哲学概论：讲演录……》(*Introductio in Philosophiam: Diese Vorlesungen...*, 5a-6b, 1801/02)；(2)《哲学概论：绝对本质的理念……》(*Introductio in Philosophiam: Die Idee des absoluten Wesens...*, 1a-2b, 1801/02)；(3)《逻辑和形而上学：哲学……》

[①] 关于怀疑主义与黑格尔耶拿逻辑纲领之间的关系的研究，可以参见：Klaus Düsing, "Spekulation und Reflexion. Zur Zusammenarbeit Schellings und Hegels in Jena", in *Hegel-Studien*, Band 5, Bonn: H. Bouvier u. Co. Verlag, 1969, S. 95 – 128; Wolfgang Bonsiepen, *Der Begriff der Negativität in den Jenaer Schriften Hegels*, Hegel-Studien Beiheft, Band 16, Bonn: Bouvier Verlag Herbert Grundmann, 1977, S. 32 – 37; Manfred Baum, "Zur Methode der Logik und Metaphysik beim Jenaer Hegel", in *Hegel in Jena*, Hrsg. von Dieter Henrich und Klaus Düsing, *Hegel-Studien Beiheft*, Band 20, Bonn: Bouvier Verlag Herbert Grundmann, 1980, S. 119 – 138. 关于黑格尔的耶拿逻辑纲领的研究，可以参见：J. B. Baillie, *The Origin and Significance of Hegel's Logic*, London: Macmillan and Co., Limited, 1901; Johann Heinrich Trede, "Hegels frühe Logik (1801 – 1803/04). Versuch einer systematischen Rekonstruktion", in *Hegel-Studien*, Band 7, Bonn: Bouvier Verlag Herbert Grundmann, 1972, S. 123 – 168; Heinz Kimmerle, *Das Problem der Abgeschlossenheit des Denkens. Hegels "System der Philisophie" in den Jahren 1800 – 1804*, *Hegel-Studien Beiheft*, Band 8, Bonn: H. Bouvier Verlag u. Co. Verlag, 1970; Klaus Düsing, *Das Problem der Subjektivität in Hegels Logik*, *Hegel-Studien Beiheft*, Band 15, Bonn: Bouvier Verlag Herbert Grundmann, 1976; Manfred Baum und Kurt Meist, "Durch Philosophie leben lernen. Hegels Konzeption der Philosophie nach den neu aufgefundenen Jenaer Manuskripten", in *Hegel-Studien*, Band 12, Bonn: Bouvier Verlag Herbert Grundmann, 1977, S. 43 – 81; H. S. Harris, *Hegel's Development, Volume II: Night Thoughts (Jena 1801 – 1806)*, Oxford: Clarendon Press, 1983。

[②] Heinz Kimmerle, "Die Chronologie der Manuskripte Hegels in den Bänden 4 bis 9", in *GW*, Bd. 8, S. 348 – 361.

(*Logica et Metaphysica: Daß die Philosophie...*, 15a–20b, 1801/02)（简称《耶拿逻辑纲领》）；(4)《针对普遍……》(*ist auf das Allgemeine...*, 7a–10b, 1803)；(5)《精神的本质……》(*Das Wesen des Geistes...*, 11a–14b, 1803)；(6)《它的形式……》(*seiner Form...*, 3a–4b, 1803)。第1—3个片段极有可能是源自1801年至1802年的"逻辑与形而上学"冬季学期的课程讲演,因此极有可能写于1801年秋天[①],而第4—6个片段则很有可能写于1803年春天至秋天[②],因此,前三个片段的写作时间与《怀疑主义与哲学的关系》一文基本上处于同一个时间段。

正是在这前三个片段,特别是第三个片段,即《逻辑和形而上学：哲学……》中,黑格尔对思辨逻辑和哲学方法的起源问题加以尝试性的思考[③]。在这个片段中,黑格尔立足于"绝对是可认识的"这一开端,指明其哲学方法,即后来的辩证法之起源,因此,关于第三个片段的研究,将在"绝对的一种科学认识方法"的视角下被给予[④]。当然,黑格尔对"逻辑和形而上学"所进行的讨论,与他在这个时期对有限的认识与无限的认识之关系、反思与思辨之关系、知性与理性之关系以及二律背反与绝对同一之关系的研究是密不可分的,而这又与他关于怀疑主义的研究联系在一起。

第一节 《耶拿逻辑纲领》：黑格尔思辨逻辑的萌芽

到目前为止,国外学者关于黑格尔《耶拿逻辑纲领》的研究虽不是特别多,却获得了一些有价值的成果,其中比较有代表性的是贝里(J. B. Baillie)的《黑格尔逻辑的起源与意义》(1901)、特雷德(Johann Heinrich Trede)的《黑格尔的早期逻辑(1801—1803/04)》(1972)、杜辛的《黑格尔逻辑中的主体性问题》(1976)、鲍姆和麦斯特(Kurt Meist)的《通过哲学学会

---

① Heinz Kimmerle, "Dokumente zu Hegels Jenaer Dozententätigkeit (1801–1807)", in *Hegel-Studien*, Band 4, Bonn: H. Bouvier u. Co. Verlag, 1967, S.53.

② Manfred Baum und Kurt Meist, "Durch Philosophie leben lernen: Hegels Konzeption der Philosophie nach den neu aufgefundenen Jenaer Manuskripten", in *Hegel-Studien*, Band 12, S.44.

③ 关于"逻辑和形而上学：哲学……"这个片段的可靠性,可以在卡尔·罗森克兰茨的《黑格尔生平》中获得依据。参见：Karl Rosenkranz, *Georg Wilhelm Friedrich Hegel's Leben*, Berlin: Verlag von Duncker und Humbolt, 1844, S.189–193。

④ Manfred Baum, "Zur Methode der Logik und Metaphysik beim Jenaer Hegel", in *Hegel in Jena*, Hrsg. von Dieter Henrich und Klaus Düsing, *Hegel-Studien Beiheft*, Band 20, S.119.

生活》(1977)以及哈里斯的《黑格尔的发展》(1983)等。

相较之下,国内相关研究主要还是聚焦于黑格尔成熟时期的逻辑学思想,对黑格尔耶拿逻辑纲领的研究相对较少,其中比较代表性的论著有梁志学先生的《黑格尔建立思辨逻辑的开创活动》、宋祖良先生的《青年黑格尔的哲学思想》、杨祖陶先生的《黑格尔〈耶拿逻辑〉初探》和《从〈耶拿逻辑〉到〈逻辑科学〉的飞跃》(杨祖陶先生将其依据1804—1805年的《耶拿体系草稿Ⅱ:逻辑,形而上学,自然哲学》所译的"逻辑"和"形而上学"两部分一起简称为《耶拿逻辑》,这里也采用的简称是1804—1805年的《逻辑和形而上学》)、赵林先生的《〈耶拿逻辑〉与"黑格尔哲学的真正起源和秘密"》、朱学平先生的《古典与现代的冲突与融合》以及田伟松的博士论文《黑格尔青年时期逻辑学与形而上学思想发展研究》等。

这里笔者将试图在"思辨逻辑的准备:《基督教的精神及其命运》(1799)和《1800年体系残篇》——1801—1802年的思辨逻辑的萌芽;《逻辑和形而上学:哲学……》(简称《耶拿逻辑纲领》)——思辨逻辑的雏形:1804—1805年的《逻辑和形而上学》——思辨逻辑的成熟:1812—1816年的《逻辑学》"这一序列中,重点考察黑格尔《耶拿逻辑纲领》中逻辑的任务、内容和功能及其与形而上学之间的关系,并由此来阐明思辨逻辑从"萌芽"到"雏形"的发展进程以及黑格尔辩证法的形成与发展。

正如赵林先生所指出的那样,在法兰克福时期,黑格尔经历了一生中最大的精神危机,"造成这种精神危机的原因在于,法兰克福时期的黑格尔一方面开始形成思辨哲学的思想内容,另一方面却又找不到表达这些思辨内容的恰当概念和逻辑形式。"[①]正是这场精神危机,促使黑格尔开始逐渐形成属于自己的概念系统和逻辑体系。在前耶拿时期,就逻辑学而言,黑格尔所面临的是形式逻辑与一元论形而上学之间的冲突,这种冲突既体现为抽象分裂与具体统一之间的对立,也体现为反思哲学与"爱(Liebe)"或"生命(Leben)"的哲学之间的对立。在黑格尔看来,从亚里士多德所开创的概念、判断和推理的理论以及思维规律学说,到康德的先验逻辑,都属于形式逻辑,或者换句话说,都是知性逻辑,并且是知性思维的显著代表。这种逻辑的实质无非是一种有限、片面、抽象和分裂的理论,是一种二元论形而上学,亦即反思哲学。正因为如此,黑格尔才会反对这样的逻辑。当然,黑格尔所批判的只是以形式逻辑和反思哲学为代表的二元论形而上学,并非是要完

---

① 赵林:《〈耶拿逻辑〉与"黑格尔哲学的真正起源和秘密"》,《武汉大学学报(人文科学版)》2013年第3期。

全否定形而上学本身。因此,黑格尔在这一时期的主要工作是重构一元论形而上学的表达形态,对逻辑学的思考则基本上是置之不理的,这也是黑格尔在这一时期"对认识论和逻辑问题兴趣很小"的原因①。

黑格尔这一时期重构形而上学的大致脉络是,他先受康德理性主义的影响,转而又在谢林神秘主义的影响下与康德哲学决裂并对之进行批判,即从理性的哲学转向神秘的宗教②。需要注意的是,尽管黑格尔这个时期的确大量地研究了神学问题,但是更多的是对理性、伦理、政治、道德等等相关问题的思考,也就是说,黑格尔关心的仍然是形而上学问题。从《基督教的精神及其命运》(1799)中尝试提出的"爱"的形而上学到《1800 年体系残篇》中明确表示的"生命"的形而上学,我们既可以看到黑格尔在法兰克福后期积极地批判知性反思哲学所造成的有限与无限、主体与客体、普遍与特殊之间的诸多分裂和对立,也可以看到黑格尔自身哲学思想的一种内在发展——从一种单纯统一的主观性形而上学(爱)到一种对立统一的客观性形而上学(生命),而这个生命的概念也将在黑格尔的思辨逻辑学中占有重要的地位。

一般而言,黑格尔在这一时期对待逻辑学和形而上学的基本态度是:反对形式逻辑,思考形而上学。对于黑格尔而言,形式逻辑与他的一元论形而上学之间的冲突必定是不可避免的,这也为黑格尔在耶拿初期批判知性逻辑埋下了伏笔。而黑格尔对形而上学的思考和发展,则促使他去建立一种新的哲学体系,这一新的哲学体系将会重构逻辑学与形而上学之间的关系。换句话说,黑格尔的哲学体系,即一元论形而上学,必然要求一种新的逻辑学,即后来的思辨逻辑,当然,这也是一元论形而上学本身的内在要求。或许,这也正是为什么在《耶拿逻辑纲领》中逻辑学与形而上学之间会呈现出如此一种关系:逻辑是形而上学的导论,形而上学是真正的哲学。在这里,逻辑学的地位明显从属于形而上学。但不管怎么样,重构一元论形而上学这一目标已经将逻辑学和形而上学二者纳入一个统一的基础之上了。到此为止,这一切可以被视为"思辨逻辑的准备"。

到了耶拿初期,黑格尔试图建立新的哲学体系,而逻辑学作为其哲学体系中的第一环,则不可避免地要被加以改造。因此,就逻辑学而言,黑格尔在这一时期的任务是:始创新的逻辑和形而上学。与前耶拿时期相比,黑格

---

① 卢卡奇:《青年黑格尔》,王玖兴译,北京:商务印书馆,1963 年,第 87 页。
② 赵林:《〈耶拿逻辑〉与"黑格尔哲学的真正起源和秘密"》,《武汉大学学报(人文科学版)》2013 年第 3 期。

尔在这一时期思想上的变化主要有三个：一是，关于哲学与宗教的关系，如果说之前哲学的地位或许还是低于宗教的话，那么现在，宗教同样作为关于绝对的理论，也将成为其哲学体系中的一环；二是，不再单纯地否定反思哲学，而是在思辨哲学中理解和把握反思哲学，其表现为反思与思辨的关系、有限与无限的关系、知性与理性的关系将得到重新规定；三是，对哲学的展开方式，即辩证法的探索。

一、逻辑的任务：从反思到思辨

黑格尔在《讲演手稿片段》中的第三个也是最长的片段《逻辑和形而上学：哲学……》的开头就明确指出，哲学研究的那些"有限的开端"（endlichen Anfänge）（17a）并非单纯地在于哲学研究的主观局限性，还在于"对于客观世界的惊恐"（Schrekken der objektiven Welt）、"伦理现实的束缚"（Fesseln der sittlichen Wirklichkeit）、"异己的依据"（fremden Stützen）、"世界精神的古旧形式"（alten Formen des Weltgeistes）（16a – b）①，而黑格尔将在他的课程中预备地考虑到这些有限的开端，并且预告：他将在"逻辑和形而上学"的课程中消除哲学研究的有限开端，并由此达到无限的开端（17a）②。

在黑格尔看来，哲学的有限性似乎与它作为"思辨"的特性相矛盾，因为哲学作为"真理的科学"，其对象是"无限的认识，或者关于绝对的认识"，"有限的认识或反思，与这种无限的认识或思辨相对立，但是，二者彼此却似乎并非绝对地对立着"（17a）③。在这里，反思与思辨的对立由此得以被进一步地规定④："有限的认识或反思，只是从绝对的同一性中抽象出来的，这种

---

① G. W. F. Hegel, *GW*, In Verbindung mit der Deutschen Forschungsgemeinschaft herausgegeben von der Nordrhein-Westfälischen Akademie der Wissenschaften und der Künste, Bd.5: *Schriften und Entwürfe (1799 – 1808)*, Hamburg: Felix Meiner Verlag, 1998, S.270 – 271.关于"逻辑和形而上学：哲学……"的译文还参考了 Walter Cerf and H. S. Harris 的《信仰与知识》英译本中的相关章节。参见：Hegel, *Faith and Knowledge*, trans. by Walter Cerf and H. S. Harris, Albany: State University of New York Press, 1977, pp.10 – 11。
② G.W.F. Hegel, *GW*, Bd.5, S.271.
③ 同上。
④ 克劳斯·杜辛指出：反思与思辨的差别应在谢林与黑格尔所共同拥有的"主体与客体的绝对同一"原则的基础上被阐明。在黑格尔对费希特的批判中，这种区别最初出现于《费希特与谢林哲学体系的差别》之中，但它同样也被谢林所接受并重新解释，正如他在《一种自然哲学的诸理念》（*Ideen zu einer Philosophie der Natur*, 1797 und 1803）中所指明的那样，这对概念证实其对谢林自身关于一种绝对同一的体系的构思以及他对同时代哲学，特别是费希特哲学的批判所具有的重要意义。对此，首先是取决于谢林在这个思想发展阶段对思辨概念的修订。离开了谢林的刺激或影响，黑格尔显然无法获得他关于（转下页）

绝对的同一性就是在理性认识中双方彼此关涉,或被设置为彼此等同,仅是由于这种抽象,它才成为一种有限的认识。"(17b)①虽然在《费希特与谢林哲学体系的差别》中思辨与反思的区别就已经出现了,但是在那里反思的概念似乎是模糊不清的:一方面,反思显现为"哲学的工具",它是"理性的反思"或"哲学的反思",它也可以被称为"思辨"或"思辨反思";另一方面,反思同时也指涉一种"普通的反思",后者作为"抽象思维"实际上是与知性密切相连的,并且区别于作为思辨的反思②。而在这里,黑格尔首次明确区分了反思与思辨:反思就是对有限物的认识,其本身是有限的、分离的、抽象的、固定的和静止的知性认识,而思辨则是关于无限物或绝对物的认识,其本身是关于绝对物的理性认识。

对黑格尔来说,有限物的对立存在和矛盾只是无限物或绝对物的一个否定的意义;它通过理智直观和反思的一种综合,也就是说,通过思辨可以被认识到③。不久之后,他在《信仰与知识,或康德、雅各比和费希特哲学为其完满形式的主观性的反思哲学》("Glauben und Wissen oder die Reflexionsphilosophie der Subjektivität in der Vollständigkeit ihrer Formen als Kantische, Jacobische und Fichtesche Philosophie", vor Juni 1802)④一文中为这对概念更进一步的准确规定作出了巨大贡献⑤。"哲学反思"作为"主体-客体的绝对同一"的其中一个方面始于主体,在它自身前后一致的原则的步伐中超越自身达到思辨,思

(接上页)"思辨"的概念,并且这个概念基本上是超越了"主观性的反思哲学"的。然而,谢林对这对概念的修改证明其对黑格尔的思辨及其相关概念——反思——的吸收是不充分的,尽管在关于同一体系的那些早期论文中,从《我的哲学体系之阐述》(*Darstellung meines Systems der Philosophie*, 1801)开始,谢林就已经在一种完全类似于黑格尔的意义上谈论思辨。关于思辨与反思的关系之探讨最终将导向辩证法的问题。参见:Klaus Düsing, "Spekulation und Reflexion: Zur Zusammenarbeit Schellings und Hegels in Jena", in *Hegel-Studien*, Band 5, S. 95 – 128。

① G. W. F. Hegel, *GW*, Bd. 5, S. 271.
② Heinz Kimmerle, *Das Problem der Abgeschlossenheit des Denkens: Hegels "System der Philisophie" in den Jahren 1800 – 1804*, *Hegel-Studien Beiheft*, Band 8, S. 49.
③ 在黑格尔看来,就思辨方面来看反思,反思的结果即二律背反是"知识的否定的方面,由理性支配的形式的东西自己毁灭了自己",而理智直观,是知识的"肯定的方面"。为了使作为反思和直观的统一的思辨得以可能,必须用绝对物的理智直观的肯定知识来补充无限物的否定认识:"有反思设置的两个对立物的综合,作为反思的作品,要求综合的完善化;作为扬弃自身的二律背反,要求综合在直观中存在。因为思辨的知识必须作为反思与直观的同一性来理解。"参见〔德〕黑格尔:《费希特与谢林哲学体系的差别》,宋祖良、程志民译,杨一之校,北京:商务印书馆,1994 年,第 26—27 页。
④ Heinz Kimmerle, "Zur Chronologie von Hegels Jenaer Schriften", in *Hegel-Studien*, Band 4, Bonn: H. Bouvier Verlag u. Co. Verlag, 1967, S. 140.
⑤ Heinz Kimmerle, *Das Problem der Abgeschlossenheit des Denkens: Hegels "System der Philisophie" in den Jahren 1800 – 1804*, *Hegel-Studien Beiheft*, Band 8, S. 50.

第二章 真正的怀疑主义与耶拿逻辑纲领之关系

辨随即在统一的维度中运动,因为在反思中认识与对象的分离被克服了,而这种分离标示着有限的知性思维。因此,依据黑格尔的描述,康德、雅各比和费希特仍然处于半途之中。

虽然在黑格尔那里,反思(有限的认识)与思辨(无限的认识)被加以明确区分,但二者彼此并非是绝对地对立的,如果反思引导自身至思辨的话,那么反思已经包含于思辨之中了,因此,认识的有限形式的固定本身被视为暂时的,因为这种固定会在一种无限的关系场中的思辨中被撤销,在此之中,个别的形式在与其他的形式的关系之中不再是固定的和分离的①。虽然"有限认识的诸形式同样被设定为有限的诸形式,但是它们的有限性同样被消灭了":"在思辨中,它们(有限认识的诸形式)是彼此关联的;它们是这样的东西,即它们只能通过对立面被扬弃,而对立面也一样如此,就像它们被设定为同一的那样,它们的有限性也同时被扬弃了。但是,单纯的反思仅仅是在对立中认识它们,并且也只是在它们的有限性的形式中拥有它们。"(17b)②也就是说,有限知识的有限形式通过相互对立而被规定,同时暗示了这种对立的统一的认识之可能,而正是在思辨的关系中,对立的彼此消除了这种有限形式。

尽管"思辨思维的诸形式现在在逻辑学中被接纳为有限性的诸形式,习惯上讲,在逻辑中它被抽空了一切思维的内容,并且只有思维之主观的东西得到考察"(18a),却要避免在有限性和片面性中理解思辨思维的形式,即避免思维的一种内容的形式性或无客观的主观性;与此同时,在"知性或反思,有限思维的能力,由理性暗中驱使,以达到一种同一,即知性在它的有限性中通过努力把它的诸形式引导至一种统一来模仿(ahmt)理性"时,也要提防"知性能够产生的这种统一,只是一种形式上的,或者本身只是一种有限的统一,因为它是基于绝对的对立和有限性"(18a)③。

通过《耶拿逻辑纲领》与《费希特与谢林哲学体系的差别》中开头部分之间的比较,我们可以发现:"一种真正完成引导至'理性'或'哲学'的逻辑的极其明显的纲领是与上升为思辨的'哲学反思'的道路相一致的。"④因此,

---

① Heinz Kimmerle, *Das Problem der Abgeschlossenheit des Denkens: Hegels "System der Philisophie" in den Jahren 1800 – 1804*, *Hegel-Studien Beiheft*, Band 8, S.50; Klaus Düsing, *Das Problem der Subjektivität in Hegels Logik*, *Hegel-Studien Beiheft*, Band 15, Bonn: Bouvier Verlag Herbert Grundmann, 1976, S.81.
② G.W.F. Hegel, *GW*, Bd.5, S.271 – 272.
③ 同上书,第272页。
④ Johann Heinrich Trede, "Hegels frühe Logik (1801 – 1803/04): Versuch einer systematischen Rekonstruktion", in *Hegel-Studien*, Band 7, S.142.

虽然思辨是第一的,并且形而上学才是真正的哲学,但是"逻辑和形而上学"中关于哲学的划分,以及逻辑作为哲学之第一部分的地位,仍然有其实质性的理由,因为理性的认识、无限的认识或真正的哲学的素材(die Materie)就是"这种有限的认识"(17b)①。这种有限认识本身的诸有限形式的有限性的毁灭,构成了思辨的内容或那种在理性认识中被研究的东西,换言之,思辨或无限的认识就是对有限认识的有限形式之有限性的关系的扬弃②。

由此可见,逻辑的任务在于,通过系统地把握有限认识或反思的诸形式来超越有限认识,并通往关于绝对物的思辨或理性认识,而作为理念的关于绝对物的认识——构成自然哲学和精神哲学的基础——则属于作为哲学体系第一个部分的形而上学③。因此,在黑格尔那里,逻辑与形而上学的关系对应于反思与思辨的关系:逻辑充当着形而上学的科学导论的角色。而逻辑与形而上学之间的这种关系,在逻辑的内容中,将基于知性与理性之关系得到更为清晰地阐明。

二、逻辑的内容:从知性到理性

或许是由于讲演手稿的片段性质,又或许是由于在耶拿初期黑格尔本身的哲学思想发展尚未成熟,《耶拿逻辑纲领》中关于逻辑的内容很难被厘清。因此,在这里仅限于勾勒出这个逻辑的一个大致轮廓并给出关于这个逻辑的进一步解释的一些提示。需要预先申明的是,在这个片段中,黑格尔并非是要复原传统的形式逻辑,而是试图建立一个新的逻辑④。这个"真正的逻辑"既有别于康德(和费希特)所描述的先验逻辑,也有别于布特威克(Friedrich Bouterwek)、迈蒙以及莱茵荷尔德-巴迪利(Christoph Gottfried Bardili)的范畴演绎逻辑⑤。

---

① G. W. F. Hegel, *GW*, Bd. 5, S. 271.
② Manfred Baum und Kurt Meist, "Durch Philosophie leben lernen: Hegels Konzeption der Philosophie nach den neu aufgefundenen Jenaer Manuskripten", in *Hegel-Studien*, Band 12, S. 55.
③ Klaus Düsing, *Das Problem der Subjektivität in Hegels Logik*, Hegel-Studien Beiheft, Band 15, S. 76.
④ 丁三东:《黑格尔思辨逻辑中的判断学说》,《云南大学学报(社会科学版)》2016年第6期。
⑤ Klaus Düsing, *Das Problem der Subjektivität in Hegels Logik*, Hegel-Studien Beiheft, Band 15, S. 82 - 83. 有关黑格尔关于其同时代哲学的解释中的逻辑与形而上学的关系——黑格尔对康德的先验范畴演绎的吸收和批判、黑格尔的费希特批判中的逻辑与观念论的关系、黑格尔与谢林的绝对形而上学的内容和方法——的详细研究,可参见:Klaus Düsing, *Das Problem der Subjektivität in Hegels Logik*, Hegel-Studien Beiheft, Band 15, S. 109 - 149.

第二章　真正的怀疑主义与耶拿逻辑纲领之关系

依据黑格尔的《耶拿逻辑纲领》，逻辑是形而上学的导论，形而上学是真正的哲学。从思辨的一面看，"以这样的方式来处理有限的诸形式"的逻辑之所以能作为"形而上学的导论"，是因为逻辑本身是基于形而上学的一种抽象①。就这点而言，逻辑通过"完全认清反思，并将其清除出去"，由此逻辑"就不会阻碍思辨"，并且它同时还通过"似乎总是在一种再现（Widerschein）中把绝对者的形象（Bild des Absoluten）保持在我们面前"的方法来让我们熟悉绝对者的否定认识（18b-19a）②。由此可见，黑格尔把形而上学的内容理解为关于绝对物或无限物的思辨认识或理性认识的肯定一面。当然，这种理性认识的肯定一面还是通过作为理性认识的否定一面的逻辑而被准备的。与此相对，黑格尔则把这个"真正的逻辑"的内容理解为诸知性规定或有限物的毁灭，它在否定的层面上表明了无限物的认识的可能性。从某种意义上可以说，这个"真正的逻辑"已是《逻辑学》中那种有限的诸反思规定的自我扬弃的一种预告了。

大致来说，黑格尔是基于知性与理性之关系来阐述这个"真正的逻辑"的内容的，并将其划分为如下三个部分：

第一部分是，"建立起有限性的诸形式，不是将它们经验地聚集起来，而是正如它们从理性中产生出来那样，但是却被知性从理性那里剥夺了，因而它们只能出现于它们的有限性之中"（18a）③。

因此，这个"真正的逻辑"的第一个部分所涉及的是"有限性的诸普遍形式或法则，在既客观又主观的考虑中，或者不考虑这些形式是主观的还是客观的；在这里，就是它们的有限性，并将它们描述为绝对物的反映（Reflex des Absoluten）（在空白处被附注为'普遍的逻辑、诸范畴'）"（19a）④。黑格尔首先要描述和批判的是知性的处理方式、普遍逻辑本身和诸范畴的有限性。对黑格尔而言，因为知性或反思只属于被剥夺了关系的那些孤立的、固定的和有限的诸范畴，或有限性的诸形式，所以知性或反思既无法保证诸范畴的系统关联，也无法保证对世界本身的整体把握⑤。但是，理性或思辨却可以保证，因为在理性或思辨那里，绝对物与有限物并非是知性意义上的那种对立，二者之关系也非一种外在的关系，而是说，绝对物在自身之中建立

---

① Manfred Baum, *Die Entstehung der Hegelschen Dialektik*, *Neuzeit und Gegenwart*, Bd. 2, Bonn: Bouvier Verlag Herbert Grundmann, 1986, S.2.
② G.W.F. Hegel, *GW*, Bd.5, S.272-273.
③ G.W.F. Hegel, *GW*, Bd.5, S.272.
④ G.W.F. Hegel, *GW*, Bd.5, S.273.
⑤ Klaus Düsing, *Das Problem der Subjektivität in Hegels Logik*, *Hegel-Studien Beiheft*, Band 15, S.83.

起有限物的诸形式或范畴,又在自身之中扬弃它们,绝对物在自身之中对有限物的扬弃实为绝对物的自我扬弃,由此诸范畴的系统关联得以实现,并且对绝对物或世界本身的把握也得以可能。当然,尽管知性或反思只是在一种有限性中去把握,却也是对绝对物或无限物的把握——这也是为什么将这些形式描述为"绝对物的反映"的原因。

第二部分是,"描述知性的努力,正如它在一种同一性的生产之中模仿(nachahmt)理性那样,但是却只能产生一种形式的同一性;——为了认清模仿着的知性,我们必须始终将它所复制的那个原型(Urbild),即理性自身的表达(Ausdruck),保持在我们面前"(18b)①。

黑格尔此处援引的"模仿"与"原型"这一说法,所指涉的也许是柏拉图哲学的"相"或犹太教与基督教的关于"上帝的形象"的隐喻②。至于知性模仿理性这一思想,则在《费希特与谢林哲学体系的差别》中可以被找到③。在黑格尔看来,康德所谓的"理性"其实就是"模仿着理性的知性",康德(和费希特)所描述的先验逻辑仍然是知性逻辑,布特威克、迈蒙以及莱茵荷尔德-巴迪利的范畴演绎逻辑也是如此。在这里,黑格尔延续第一部分的道路,继续批判了知性意义上的判断和推论,因为后者同样执着于形式与内容、有限与无限的绝对对立和分离。尽管知性也试图通过模仿理性来获得同一性,但依据黑格尔,知性所获得的并非绝对的同一性,而只是形式的同一性,即"是由抽象产生的,并由对立制约的同一性,即一种统一的抽象知性概念,固定对立的思维"。但是,理性却可以获得"绝对的同一性"——"主体与客体的同一性",能够"把处于对立之中的主体与客体加以扬弃,并在自身之内将其把握"④。

因此,这个"真正的逻辑"的第二个部分所涉及的是在理性中把握作为其环节的知性,即"考察有限性的诸主观形式,或有限的思维,知性;因为知性只属于人类精神的组织(Organisation)之内,我们将简要地构想一下这个组织,并且根据同样的那些考虑,在知性的阶梯长道(Stufengange)中通过诸概念、判断和推论对知性进行考察;关于这些推论,应该指出的是,如果在它们(在空白处被附注为:'知性和理性的诸法则')中,理性的形式更为清晰地显露出来,并因此它通常作为这种理性的思维,被归于理性,那么我们就

---

① G.W.F. Hegel, *GW*, Bd.5, S.272.
② H. S. Harris, *Hegel's Development, Volume II: Night Thoughts (Jena 1801 - 1806)*, p.37.
③ 〔德〕黑格尔:《费希特与谢林哲学体系的差别》,宋祖良、程志民译,杨一之校,第9页。
④ 同上书,第16页。

由此表明,这些推论,就它们是一种单纯的形式推论而言,是属于知性的;而属于理性的,只是知性对理性的一种模仿"(19a)①。

从逻辑的前两个部分来看,黑格尔显然吸收了康德的判断学说,但是黑格尔却并非经验地拣取这些有限的范畴,而是对其加以系统地把握:属于知性的概念、判断和推论在结构上被把握为形式或反思的统一的不同阶段过程,类似于一个"阶梯",并且黑格尔在这里意指的可能是后来《逻辑学》"主观逻辑"的第一部分"主观性"中的内容。更进一步说,这种把握本身是属于理性的,是理性对知性的扬弃,由此进入逻辑的第三部分。

第三部分是,"最终,我们必须通过理性扬弃诸知性形式本身,指明认识的诸有限形式,对于理性而言,具有何种意义和内容;因此,理性的认识,就其属于逻辑而言,将只是理性的一种否定的认识"(18b)②。

前半句指明了这项研究的目的在于阐明有限反思的逻辑对形而上学和真正的哲学的导论功能,后半句则进一步思考了在《费希特与谢林哲学体系的差别》中所提出的二律背反与绝对的同一性之关系③。在黑格尔看来,在知性中,有限的诸知性规定彼此是对立的,它们所能达到的无非是二律背反,知性的反思无法有效地把握这些在知性看来自相矛盾的东西。由此,知性关于诸知性规定的有效性和真理的要求通过二律背反被扬弃。这种扬弃就是理性的否定认识,它为绝对的同一性的肯定把握做好准备,后者是二律背反的根据。关于这一点,将在下一节"逻辑的功能"中加以详细的阐述。

因此,这个"真正的逻辑"的第三个部分所涉及的是"必须阐明理性对这种有限的认识的扬弃",一方面"研究诸推论的思辨意义",另一方面"阐明有限性的那些先前已被论述的知性形式或法则之扬弃",再则"给出一种科学认识的诸基础"——"理性的诸真正法则,如果就它们属于逻辑之内而言,即思辨的否定";此外,"这种纯粹逻辑习惯于与一种应用逻辑联系在一起……源自这种应用逻辑的东西是真正科学的,在此之中,认识的第三部分显露出来"(19b)④。

依据黑格尔,思辨意义在于理性扬弃知性的二律背反,扬弃有限物与无限物的对立,在于知性毁灭了自身,即理性扬弃知性本身,由此,一种关于绝对物和真理的科学认识的障碍被扫除了。而考虑到黑格尔在逻辑的第三个

---

① G.W.F. Hegel, *GW*, Bd.5, S.273.
② G.W.F. Hegel, *GW*, Bd.5, S.272.
③ Klaus Düsing, *Das Problem der Subjektivität in Hegels Logik*, Hegel-Studien Beiheft, Band 15, S.89.
④ G.W.F. Hegel, *GW*, Bd.5, S.273-274.

部分所试图完成的任务是反思哲学的系统化批判,这里的"科学认识的诸基础"或许指向的是康德《纯粹理性批判》中的方法学说①。在"真正的逻辑"的第三个部分,逻辑的最终目的得以表达:"从逻辑的第三个部分,即理性的否定或毁灭的一面,将过渡到真正的哲学或形而上学。"(19b - 20a)②

对逻辑而言,"过渡到真正的哲学或形而上学"是从逻辑的第三个部分开始的,这条道路并不是从有限上升为无限,而是一种返回到无限的进程,无限才是首要的东西,唯有通过无限,有限的东西的否定才能产生,并且才能认识到那些有限形式的逻辑是产生于哲学体系之中的,因此这种过渡或返回就是抽象的逻辑的撤销③。逻辑通过这三个层面或阶段④把知性认识导向它的真理,即理性,逻辑的第三个层面正是描述了这条道路,在这条道路上我们可以达到真正的哲学,也就是说,形而上学。而在形而上学中,"我们首先要完整地构建所有哲学的原则,并且在它的不同环节让它变得清晰;从对这种原则的真正认识,人们就会确信,在任何时候都只有一种同一哲学"(20a)⑤。

如果我们将这个逻辑与康德《纯粹理性批判》中的先验逻辑在结构框架上作一对比,那么我们就能对这个逻辑在哲学上的创新意义获得更为清晰

---

① Johann Heinrich Trede, "Hegels frühe Logik (1801 - 1803/04): Versuch einer systematischen Rekonstruktion", in *Hegel-Studien*, Band 7, S.166 - 167.

② G.W.F. Hegel, *GW*, Bd.5, S.274; Karl Rosenkranz, *Georg Wilhelm Friedrich Hegel's Leben*, Berlin: Verlag von Duncker undHumbolt, 1844, S.191 - 192.

③ Manfred Baum und Kurt Meist, "Durch Philosophie leben lernen: Hegels Konzeption der Philosophie nach den neu aufgefundenen Jenaer Manuskripten", in *Hegel-Studien*, Band 12, S.57.

④ 我们可以在黑格尔耶拿时期的第一个体系化企图——《论自然法的科学研究方法,自然法在实践哲学中的地位及其与实证法科学的关系》(*Über die wissenschaftlichen Behandlungsarten des Naturrechts, seine Stelle in der praktischen Philosophie und sein Verhältnis zu den positiven Rechtswissenschaften*, vor Nov.1802)关于绝对伦理的真正知识的相关论述中发现这种三个层面或阶段的结构,尽管仅限于少量的暗示。参见:G.W.F. Hegel, *GW*, Bd. 4, S. 415 - 485。之后《伦理体系——誊清稿》(*System der Sittlichkeit. Reinschriftenentwurf*, Winter 1802/03 oder Frühjahr 1803)中伦理体系的展开就符合这种三个层面或阶段的结构,显而易见,黑格尔将这种逻辑方法——"重构"应用于伦理体系的构造。参见:Johann Heinrich Trede, "Hegels frühe Logik (1801 - 1803/04): Versuch einer systematischen Rekonstruktion", in *Hegel-Studien*, Band 7, S.152; Klaus Düsing, *Das Problem der Subjektivität in Hegels Logik*, Hegel-Studien Beiheft, Band 15, S. 104. 同样地,黑格尔在《形而上学的结构草稿》(*Gliederungsentwurf zur Metaphysik*, Sommer-Herbst 1804)中谈及作为"形而上学最初的东西"的"认识的理念"时,也采用类似的结构来加以论述。参见:G.W.F. Hegel, *GW*, Bd.7, S.341 - 342。

⑤ G.W.F. Hegel, *GW*, Bd.5, S.274; Karl Rosenkranz, *Georg Wilhelm Friedrich Hegel's Leben*, Berlin: Verlag von Duncker undHumbolt, 1844, S.192.

的把握。如下图所示：

	第一部分：普遍的形式或有限性的诸法则	第二部分：有限性的主观形式、有限的思想、知性	第三部分：推论的思辨含义，一种科学认识的诸基础	从"知性（理性的一个环节）"到"理性的否定方面"	思辨逻辑的萌芽
《耶拿逻辑纲领》(1801—1802)	普遍的逻辑、范畴（质、量、关系），绝对的一种反思	概念、判断、（形式）推论，形式的同一性，理性自身的表达	（思辨）推论，理性扬弃有限的认识，理性或思辨的否定方面		
《纯粹理性批判》	概念分析法（知性）	原理分析论（判断力）	先验辩证论（理性）	从"知性"到"模仿着理性的知性"	作为形式逻辑的先验逻辑
	范畴（量、质、关系、样式）	判断（判断的量、质、关系、样式）	推理		

通过这张图表我们可以看到，在逻辑内容要素的选择上，黑格尔和康德似乎并没有特别大的区别，并且二者具有形式上的类似性。当然，这并不是说黑格尔在逻辑范畴的选择上没有自己的想法："主体与客体的同一限制于十二个，或不如说只限制于九个纯粹的思维活动；因为模式（即样式，笔者注）没有真正的客观的规定，其中存在的基本上是主体与客体的不同一。"①

由此可见，黑格尔抛弃了康德所提出的这三个范畴——样式（可能-不可能、存在-不存在、必然-偶然），保留了剩下的九个范畴，并且调换了量与质的先后次序：质（实在、否定、限制），量（单一、众多、全部），关系[寄存与自存的关系（实体与偶性）、因果与依赖的关系（原因与结果）、共同体里的关系（能动者与被动者的交互作用）]。同样地，黑格尔在逻辑的第二部分中对判断与推论的选择和分类也基本上对应于范畴的选择和安排。但是，对于逻辑各部分内容的属性和关系，黑格尔却赋予了完全不同的内涵：

首先，在逻辑的第一部分，黑格尔将逻辑的范畴与绝对物联系起来，因此，逻辑不再只是具有认识论和方法论上的意义，更具有本体论上的意义，因为无论逻辑的范畴是主观的或客观的，都是关于绝对物的反思，区别只是在于逻辑本身是有限的或无限的。由此可见，在这里，黑格尔从一开始就从

---

① 〔德〕黑格尔：《费希特与谢林哲学体系的差别》，宋祖良、程志民译，杨一之校，第2页。

本体论的层面上确立了逻辑是关于绝对物的认识。而在康德那里,逻辑所关涉的仅是现象,与绝对物本身并无联系。

其次,在逻辑的第二部分,黑格尔通过理性来把握知性的"阶梯长道"——概念、判断、推论。换言之,概念、判断和推论,在黑格尔那里,它们彼此之间不再是孤立的无机物,而是获得了一种有机物的系统关联,这种系统关联其实就是"理性自身的表达",也就是说,知性与理性的关系在理性的系统之内得以重新构建。因此,从逻辑的第一部分到第二部分的过渡,一方面,从单纯知性的层面上理解,就是形式逻辑的一种主观发展,即"知性的肯定",表现为一种知性的无机结构,是一种有限逻辑,这也正是康德先验逻辑的本质;另一方面,从理性的层面上来理解,则是从"知性的肯定"到"理性的否定"的过渡,是理性本身的内在过渡,也是关于绝对物的认识本身的发展。当然,在这里,这种过渡或发展还不是绝对物或绝对精神本身的自我展开。

最后,黑格尔赋予逻辑的第三部分以双重身份。一方面,从"形式的推论"到"思辨意义的推论"的发展,指明了逻辑从第二部分到第三部分的过渡,这一过渡既是有限逻辑到思辨逻辑的过渡,也是思辨逻辑本身的内在发展。另一方面,逻辑的第三部分也是逻辑向形而上学过渡的关联点,即从"理性的否定"到"理性的肯定"过渡的关联点,它分别连接着逻辑的前两部分与形而上学。从逻辑与形而上学的整个关系来看,逻辑是以形而上学为根据的。到此为止,二者形成了一个完整的序列:知性的肯定(逻辑)——理性的否定(逻辑)——理性的肯定(形而上学)。这个完整的体系,作为《耶拿逻辑纲领》,可以被视为黑格尔思辨逻辑的萌芽。

此外,黑格尔还在逻辑的第三个部分简要地提出了"纯粹逻辑"(逻辑、形而上学)与"应用逻辑"(自然哲学、精神哲学)之间的过渡关系,并明确表明应用逻辑的真正科学的内容是属于认识的第三部分的,这在一定程度上暗示了黑格尔后来整个哲学体系的内在发展结构。

总体来说,在《耶拿逻辑纲领》中,我们就可以发现黑格尔的逻辑与以康德为代表的逻辑之间有着本质上的区别,它是一种全新的逻辑。

三、逻辑的功能:从二律背反到绝对同一

我们知道,自从亚里士多德创立逻辑学以来,逻辑学所能获得的最高地位就只是形而上学的工具,因为后者作为本体论研究,才是根本和核心。即便如此,亚里士多德之后,逻辑学甚至还几度陷于被边缘化的窘境。尽管亚里士多德的逻辑学是一种本体论的逻辑,但从根本上来说,逻辑和形而上学

第二章 真正的怀疑主义与耶拿逻辑纲领之关系

之间还是分离的。

康德的贡献则在于,为了挽救理性在形而上学中的绝望命运,为了使形而上学本身不再沦为一种智力的概念游戏,他批判了普通逻辑学,提出了先验逻辑学,旨在通过研究那些对各种对象进行纯思维的规则,来厘清关于对象的知识来源,由此为重建形而上学奠定真正科学的基础。可以说,康德将逻辑学与形而上学关联了起来,并且使逻辑学成为其形而上学的核心组成部分。然而,康德的问题也很明显,即关于显象与物自体、现象与本体的区分,尽管这一区分在形而上学史上具有重要的转折意义,却使得先验逻辑无法与形而上学的认识对象——自然、宇宙和上帝之间建立关系。因此,在康德那里,逻辑学与形而上学之间的关联,也是一种知性的无机结构。

正因为如此,在《耶拿逻辑纲领》中,黑格尔开始通过创立一个新的逻辑来使逻辑通往形而上学成为可能,并由此重建逻辑与形而上学之间的有机关联结构。由于这个逻辑与形而上学都立足于关于绝对物的思辨认识,所以二者终于在认识基础上真正地统一了。类似于黑格尔在《怀疑主义与哲学的关系》一文中所提出的"真正的怀疑主义",这个逻辑在黑格尔的哲学体系中扮演着双重角色:一种是它在揭示知性思维或有限物的认识时的解构性角色,另一种则是它在通往理性或思辨的认识的形而上学时的建构性角色,并合一为逻辑的一种"完善化"(Vervollständigung)的引导性功能。

事实上,早在《1800年体系残篇》中,黑格尔就已经提出了这种完善化的理论:"哲学必须揭露一切有限物的有限性,并且必须要求有限物通过理性达到它们的完善化。"①黑格尔在这里思考的不仅是哲学中这些反思的内在的纯粹规定,还有这种被知性把握的世界的多样性。他发现知性在它应用于世界的无限多样性时失效了,对他而言,知性无非是理性的一个暂时的停靠站点,哲学必须在其自身的完善化中穿越有限物。

随后在《费希特与谢林哲学体系的差别》中,黑格尔进一步指明了那些有限的、彼此孤立的诸反思规定需要完善化才能彼此关联,而这种完善化是由理性来驱动的,并且它显然是逻辑中的一种方法论上的引导性进展②。对于这种完善化,特别需要注意的是,当理性"把知性提高到知性本身之上"

---

① 〔德〕黑格尔:《黑格尔早期著作集》(上卷),贺麟等译,北京:商务印书馆,1987年,第475页。
② Klaus Düsing, *Das Problem der Subjektivität in Hegels Logik*, Hegel-Studien Beiheft, Band 15, S.93.

时,"就驱使知性按知性的方式去达到整体",亦即"产生一个客观的总体"①,而这个"总体"并非是一个"真的无限",而只是一个"坏的无限"②或"主观的无限性"③。显然,这并非知性的真正扬弃,也不是真正的完善化进程。

黑格尔接着在这里描述了真正的完善化进程:"知性通过设置作为条件的对立的限制,使它的这些限制更完善化了;而这些对立的限制需要同样的完善化,因而知性的任务就扩展成无限的",而从"与总体的分离"向"必然性的总体"的引导当然也是"理性的事务和秘密的作用"④。黑格尔认为任何有限的东西,限制自身于固定的规定并且拥有一个界限,通过这个界限,有限的东西与其他的东西、外在于它的东西相区别开来,而依据斯宾诺莎的命题:"一切规定都是否定",有限的东西同样包含一个自身的否定,这个否定不仅被理解为逻辑上的,而且被理解为本体论上的。由此,被命题设定的有限物的规定与其否定之间产生了一种对立,而完善化的意义正是在于:超越这种被设定的有限物,超越对立的有限物并且使二者彼此发生关系,由此对二者的规定之有效性产生了质疑。最终,黑格尔在关于绝对物的认识的框架中,保留了这种完善化的需求:理性扬弃知性意味着"理性的无限性在自身内把握有限物",换句话说,理性或无限物的认识作为统一包含所有的有限物于自身之中。

在逻辑中,如果使知性反思本身成为对象,那么作为对立的诸知性规定的内在发展,必须是在一种系统的关联和反思的自我认识的完善化中才成为可能。正如我们所看到的那样,黑格尔在《费希特与谢林哲学体系的差别》中暗示了逻辑的使命:"如果思维不是被设置为全然不存在对立的理性本身的绝对活动,而是只当作是一种较纯粹的、在其中将对立加以抽象的反思,那么这样一种抽象的思维决不能超出知性而达到应该在自身内把握理性的逻辑,更谈不上达到哲学。"⑤但是,"如果逻辑认识实际上进展到了理性,那么,它必定被导向这样的结果:它把自身消灭在理性中。它必须承认二律背反是它的最高规律"⑥。

在康德那里,二律背反指的是人类理性试图超越自身的经验界限而将

---

① 〔德〕黑格尔:《费希特与谢林哲学体系的差别》,宋祖良、程志民译,杨一之校,第13页。
② 〔德〕黑格尔:《黑格尔早期著作集》(上卷),贺麟等译,第476页。
③ 〔德〕黑格尔:《费希特与谢林哲学体系的差别》,宋祖良、程志民译,杨一之校,第14页。
④ 同上。
⑤ 同上书,第15页。值得一提的是,正如在讲演手稿的第三个片段中那样,黑格尔在这里就已经对逻辑与真正的哲学进行了区分。
⑥ 同上书,第89页。

范畴应用于规定物自体时所产生的两个彼此矛盾却又同时有效的判断,康德将其视为人类理性的一种僭越。而在黑格尔看来,二律背反所包含的矛盾,形式上的表述为:A=A 和 A=B(B 作为非 A),既非人类主观地设定的一种矛盾,也非只有物自体(诸如世界、自由和灵魂)才有的矛盾,而是一切事物本身的存在方式,世界本身就是矛盾的。黑格尔在《费希特与谢林哲学体系的差别》中就已经表明,二律背反的出现是不可避免的①,反思或有限的主观性并非与随便哪个客体的认识相冲突,而是与它自身内在的一种对它而言无法避免的二律背反的规定相冲突,因为每一个命题本身各自指明了与其对立的命题的内容,而它们的有限性及其对立存在的认识的基础则是它们的完善化和关系②。但是,黑格尔却由此推论出:每一个命题包含对立面的内容于自身之中。那么对他而言,绝对的同一性就其内容而言就是尺度,个别的部分本身也因此就是不充分的或片面的,并且据此显现为有限的。最终,有限的部分在它们的对立中是通过它们的统一,说得确切一些,绝对的同一性才存在的,这也是二律背反的前提、存在基础和认识基础。

如果反思不再试图通过不完善的综合避开矛盾,而是认识到矛盾是存在的和不可避免的,那么对反思而言,只要我们仍然接受矛盾律的有效性,一种以矛盾的方式来表述关于世界的认识就不再是可能的。依据黑格尔,反思认识,甚至于所有认识,都是以矛盾的存在为结束的,但是矛盾必须通过一种先行的统一彼此关联,因为这种统一并非通过矛盾被消解,而是构成矛盾的基础。对黑格尔而言,这个基础就是绝对的同一性,绝对的同一性的认识同样以矛盾律的普遍有效性的中止为前提③。依据黑格尔,二律背反的矛盾被视为有限的反思,甚至于是绝对的理性反思:"那么二律背反——自己扬弃自己的矛盾,就是知识与真理的最高的形式上的表达。"④正如黑格尔在他申请教授资格论文的论旨中指出的那样:"矛盾是真理的规则,而无矛盾是谬误的规则(Contradictio est regula veri, non contradictio falsi)。"⑤任何理性认识总是包含一种矛盾律于自身之中,而在此之中,有限物的有效性消亡了。

---

① 〔德〕黑格尔:《费希特与谢林哲学体系的差别》,宋祖良、程志民译,杨一之校,第 23—24 页。
② Klaus Düsing, *Das Problem der Subjektivität in Hegels Logik*, *Hegel-Studien Beiheft*, Band 15, S. 96.
③ 同上书,第 97 页。
④ 〔德〕黑格尔:《费希特与谢林哲学体系的差别》,宋祖良、程志民译,杨一之校,第 24 页。
⑤ G. W. F. Hegel, *GW*, Bd. 5, S. 227; Karl Rosenkranz, *Georg Wilhelm Friedrich Hegel's Leben*, S. 156-159.

黑格尔正是通过否定同一律和矛盾律的有效性,暗示了排中律对理性的普遍有效性,即排中律作为中介,已经暗示并将过渡为作为统一基础的矛盾双方的普遍关联(即黑格尔后来提出的根据律,即理由律或充足理由律),这一思路在黑格尔对费希特《全部知识学的基础》的原理研究中就已经开始变得清晰起来①。依据黑格尔,通过费希特的两个最初的原理,二律背反是完整的;除了自我和非我之外,第三者是不可能的。但黑格尔却认为,这个第三者却是作为二者之基础的彼此矛盾的命题的统一,亦即整体或绝对的同一性,它是"真正最初的和唯一的东西"②。因此,正如黑格尔在1804—1805年《逻辑和形而上学》的"形而上学"第一部分"认识作为诸原理的体系"中所说的那样,对孤立的反思而言,排中律甚至于被视为理性,说得更准确一些,它是对立的诸规定的绝对同一性的中介,而这个绝对的同一性或普遍关联,就是第三者,即根据③。

因此,黑格尔的决定性的思想在于:矛盾是一种关系,并且这种关系被假定为一种使根据得以可能的统一,这种统一是所有二律背反的根据,或者说,是一个整体,这个整体包含对立于自身之中,亦即绝对的同一性。这种统一使得逻辑中的所有关系成为可能,并且通过这种统一,首先把矛盾着的部分关联起来并且能够被视为彼此矛盾着。黑格尔的这种企图,即为绝对的同一性中的逻辑反思的二律背反奠定基础,一直伴随着他在耶拿早期尝试构建整个哲学体系的进程之中④。并且,黑格尔的一个基本立场应该被指明:绝对的同一性经历不同的阶段必然地走向矛盾,但是这种矛盾基于作为根据的绝对同一性,并且这种矛盾对逻辑认识具有决定性的意义。

由此可见,逻辑的这种"完善化"的功能,就是引导二律背反向作为根据的绝对统一的返回,即知性向作为根据的理性的返回,或有限向作为根据的无限的返回,这同样也是逻辑引导自身向形而上学的过渡。值得一提的是,黑格尔对同一性、矛盾律和排中律的思考是其"真正的怀疑主义"的概念及其关于怀疑主义与哲学之关系的规定的基础,并且这些思考本质上首先是其辩证法概念的前提条件,当然,黑格尔只是有机会在耶拿早期初步勾勒出

---

① Klaus Düsing, *Das Problem der Subjektivität in Hegels Logik*, *Hegel-Studien Beiheft*, Band 15, S.97.
② G.W.F. Hegel, *GW*, Bd.4, S.400.
③ 〔德〕黑格尔:《耶拿体系1804—1805:逻辑学和形而上学》,杨祖陶译,北京:人民出版社,2012年,第220—221页。
④ Klaus Düsing, *Das Problem der Subjektivität in Hegels Logik*, *Hegel-Studien Beiheft*, Band 15, S.99.

他的论点,而非详细地发展形成①。

第二节 耶拿逻辑纲领与真正的怀疑主义

在厘清了作为黑格尔思辨逻辑之萌芽的《耶拿逻辑纲领》中逻辑的任务、内容和功能及其与形而上学之间的关系之后,黑格尔的真正的怀疑主义与其耶拿逻辑纲领之间的关系也就变得明晰起来。可以看到,《怀疑主义与哲学的关系》中所描述的"真正的怀疑主义",作为"绝对认识的否定的一面"和"每一种哲学的自由的一面",其实就是《耶拿逻辑纲领》中那种总是处于对立和二律背反之中的有限的诸知性规定的逻辑。

除此之外,第三个片段中还提供了关于形而上学的方法,说的确切一些,辩证法的一种暗示。当然,无论是有限的诸知性规定的逻辑,还是真正的怀疑主义,或柏拉图哲学意义上的否定的辩证法,都尚未足够作为形而上学的方法,而只能被视为黑格尔辩证法的最初形式。在黑格尔那里,它们后来无非都要过渡为肯定-思辨的辩证法。

事实上,这种"否定的辩证法",在 1804—1805 年的《逻辑和形而上学》中就已经发展为一种初具雏形的"肯定的辩证法",关于这一点,将在黑格尔思辨逻辑从"萌芽"到"雏形"的进展中得以阐明:一是具体内容要素的丰富和细化,二是逻辑和形而上学与认识论的统一,三是逻辑和形而上学的展开方式的一致——辩证法,四是"绝对精神"的诞生。

一、耶拿逻辑纲领与真正的怀疑主义

在逻辑的第三个部分,黑格尔试图阐明"真正的哲学或形而上学"的内涵,即"所有哲学的原则"或"哲学的最高原则"构成了形而上学,并且由此构造可能的哲学体系,如果可能的哲学体系指向的是这个真正的哲学,那么它就应该试图描述"一个最高的原则"——这既是黑格尔的"哲学目标"也是"真正的哲学的一个试金石"(20a - b)②。此外,黑格尔在《体系的两个说明》("Zwei Anmerkungen zum System", Sommer 1804)③中同样表达了哲学

---

① Klaus Düsing, *Das Problem der Subjektivität in Hegels Logik*, *Hegel-Studien Beiheft*, Band 15, S.98.
② G.W.F. Hegel, GW, Bd.5, S.274.
③ Heinz Kimmerle, "Zur Chronologie von Hegels Jenaer Schriften", in *Hegel-Studien*, Band 4, S.144.

只有一个唯一的、在那里尚未被命名的原则的思想①。但是黑格尔同时又貌似自相矛盾地指出：虽然我们发现人们在不同的哲学体系中考虑建立起一种这样的最高原理，如莱茵荷尔德和费希特，但是这个最高原理，有时使得"总体的某个要素"(einen Faktor der Totalität)显露出来，有时使得总体的其他要素显露出来(20b)②，这意味着有可能陷入一种怀疑主义的责难。因此，黑格尔的工作必然是要"在今天展示怀疑主义——人们试图用怀疑主义来恐吓哲学，并且在新时期仍然有人把它视为哲学的一个可怕的对手——的幽灵，并认识到怀疑主义的本质"(20b)③。这项工作已经在《怀疑主义与哲学的关系》这篇论文中得以展开，而在此之前，黑格尔就已经或多或少地阐述了他与同时代的哲学家的不同。

在《费希特与谢林哲学体系的差别》中，黑格尔就已经把雅各比称为怀疑主义者，因为后者否认真理可以被认识④。完成这篇论文的几个月之后，正如谢林延续《论独断主义与批判主义的哲学书信》(*Philosophische Briefe über Dogmatismus und Kritizismus*, 1795)中的观点，在《对哲学体系的进一步阐述》(*Fernere Darstellungen aus dem System der Philosophie*, 1803)中将批判主义视为一种不完美的或"坏的怀疑主义"那样⑤，黑格尔在他申请教授资格论文的论旨("Habilitationsthesen/Habilitationstheses", vor 18.10.1801)中，抨击了产生于康德的批判哲学的那种并非真正的怀疑主义："批判哲学缺乏理念，并且它是怀疑主义的一种不完美的形式(Philosophia critica caret Ideis, et imperfecta est Scepticismi forma)。"⑥在黑格尔看来，康德和费希特的批判哲学缺乏绝对物作为无限物是可以被辨识的理念，因而"是一种不完美的怀疑主义形式"。黑格尔对批判哲学的这种评价在后来的《逻辑学》中变得更为清晰："这样，映象(Schein)辨识怀疑主义的现象(Phänomen)，或者说观念论(Idealismus)的现象也是这样一个直接性，它既非某物，也非事物，总之不会是在其规定性和对主体的关系以外那样一个漠不关心的存在(Sein)。怀疑主义不容许自己说'这是'(Es ist)；近代观念论不容许自己把认识看作是关于'自在之物'的知识；怀疑主义的映象总之不

---

① G.W.F. Hegel, *GW*, Bd. 7, S. 343-347.
② G.W.F. Hegel, *GW*, Bd. 5, S. 274-275.
③ 同上书，第275页。
④ 〔德〕黑格尔：《费希特与谢林哲学体系的差别》，宋祖良、程志民译，杨一之校，第104页。
⑤ F. W. J. Schelling, *Friedrich Wilhelm Joseph von Schellings sämmtliche Werke*, Band 5, Stuttgart und Augsburg: J. G. Cotta'scher Verlag, 1859, S. 365.
⑥ G.W.F. Hegel, *TWA*, Bd. 2, S. 533; G. W. F. Hegel, *GW*, Bd. 5, S. 227; Karl Rosenkranz, *Georg Wilhelm Friedrich Hegel's Leben*, S. 156-159.

该具有一个存在的基础,在近代观念论的认识里,不应该出现自在之物。"①简言之,黑格尔的关于绝对物的哲学科学体系既非批判哲学,也非经验哲学或怀疑哲学。

对黑格尔而言,如果"理念本身是无限"②并且"绝对理念是真正的无限"③,那么这种不完美的怀疑主义显然在于:"在这个矛盾的理念的谓语中看到它的不可辨识性之标识,也就是说,怀疑主义把矛盾视为非真理性,甚至是形而上学的认识的标准,而不是辨识出二律背反——作为'展示为绝对物唯一的反思方式'④或'对概念中的不可理解物的真正的、可能通过反思而被促成的揭露'⑤或'知识与真理的最高的形式上的表达'⑥——的那些知性规定的自我毁灭。在黑格尔看来,其原因在于它绝对地设定了反思的有限形式,那就是说,其原因在于某种东西的一种绝对化,这种东西只在一种二律背反的统一性中有其意义。既然有限性在于对立,那么理念的真正的无限性在于同一,即同一是在其自身之内拥有对立。"⑦

因此,有别于批判哲学的那种不完美的怀疑主义,后者畏惧任何知性的有限性的毁灭,通过仅仅主观地主张绝对中的概念与存在的统一的办法,而不具有客观的现实性,并因此仍然拥有诸多独断的特性,柏拉图哲学的"真正的怀疑主义"所关涉的"并不是着手怀疑知性的那些真理,这种知性认识到诸事物是多种多样的、是由部分组成的整体,是一种产生和消亡、一种多样性、一种类似性等等,并且作出此类的客观主张;而是着手全盘否定这样一种认识的一切真理"⑧。对黑格尔而言,真正的怀疑主义完成了消灭有限之

---

① 〔德〕黑格尔:《逻辑学》(下卷),杨一之译,北京:商务印书馆,1982年,第10页。
② G.W.F. Hegel, *TWA*, Bd. 2, S. 345; G.W.F. Hegel, *GW*, Bd. 4, S. 354.
③ G.W.F. Hegel, *TWA*, Bd. 2, S. 352; G.W.F. Hegel, *GW*, Bd. 4, S. 358-359.
④ 〔德〕黑格尔:《费希特与谢林哲学体系的差别》,宋祖良、程志民译,杨一之校,第38页。
⑤ 同上书,第94页。
⑥ 同上书,第24页。
⑦ Manfred Baum, "Zur Methode der Logik und Metaphysik beim Jenaer Hegel", in *Hegel in Jena*, Hrsg. von Dieter Henrich und Klaus Düsing, *Hegel-Studien Beiheft*, Band 20, S. 128.
⑧ G.W.F. Hegel, *TWA*, Bd. 2, S. 228; G.W.F. Hegel, *GW*, Bd. 4, S. 207. 毫无疑问的是,依据黑格尔的解释,这种破坏知性认识的有限知识的功能应归于在柏拉图的《巴门尼德篇》中展开的辩证法。由此可见,《巴门尼德篇》在黑格尔耶拿时期的思想发展中对其思辨辩证法的形成具有重要的意义。一个明显的标志是,《巴门尼德篇》中关于一与多的关系的阐述,作为在自身中被反思的诸规定,在1804—1805年《逻辑、形而上学、自然哲学》中,首先明确地构成"简单关系"出现于逻辑的开端,随则暗含地存在于关于诸原理之体系的认识的章节之中。参见: Klaus Düsing, "Ontologie und Dialektik bei Plato und Hegel", in *Hegel-Studien*, Band 15, Bonn: Bouvier Verlag Herbert Grundmann, 1980, S. 126. 当然,这同时也照应着康德在《纯粹理性批判》中关于"量的范畴""质的范(转下页)

物的有限的反思规定的任务,正如谢林所说的那样,真正的怀疑主义"完全是针对反思认识的,但却是源自真正思辨的原则的,只不过它无法在范畴上表述这个原则,因为它不再是怀疑主义"①。对黑格尔而言,真正的怀疑主义在于:在哲学的完整体系中贯彻那种在对立的扬弃中实行着的同一以及扬弃那种对康德而言无法克服的主体与客体、存在与思维的对立②。

就《耶拿逻辑纲领》中的逻辑和真正的怀疑主义都是旨在扬弃有限的诸知性规定而言,二者是一致的。正如黑格尔在《费希特与谢林哲学体系的差别》中所指出的那样,如果哲学想要为自身奠定基础,它必须深入研究自身的需求,而哲学的这种需求来源于分裂③。分裂的立场全然肇始于笛卡尔的近代哲学的二元论的知性反思的立场④,而单纯的知性哲学的克服可能发生于两条道路之上:通过逻辑的构造和通过内在于哲学的怀疑主义的加工⑤。两条道路不过是一种方法的两面,而这种方法所关涉的则是克服分裂的、知性的立场,为的是在这种批判中同时构造为意识的绝对⑥。

如果理性的反思在不断发展的哲学需求中,因此在不断发展的分裂和不断发展的统一意愿中,超越了知性反思的话,那么理性的反思在这里指的不是形式的、被孤立的和固定着的知性反思,而是那种思辨——黑格尔在《费希特与谢林哲学体系的差别》中称之为"哲学反思",它是一种"绝对自由的行动,它靠绝对的任意性提高自己,超出现有存在的范围,有意识地生产那种在经验意识中理智无意识地所生产的、并且因而表现为现有的东西。……自己设置自身,即主体和客体的同一性,是自由的活动"⑦——并且这种思辨在于:在绝对自身的设定和反思中实现"矛盾的和解"(die Vermittlung dieses Widerspruchs)⑧。这种"哲学反思"或思辨必须克服那些由反思哲学产生的对立或二律背反,而真正的怀疑主义或逻辑为此做好了准备:真正的

(接上页)畴"和"关系的范畴"的范畴表,参见康德:《纯粹理性批判》,邓晓芒译,杨祖陶校,北京:人民出版社,2004年,第64—65页。

① F. W. J. Schelling, *Friedrich Wilhelm Joseph von Schellings sämmtliche Werke*, Band 5, S. 365-366.
② Manfred Baum, "Zur Methode der Logik und Metaphysik beim Jenaer Hegel", in *Hegel in Jena*, Hrsg. von Dieter Henrich und Klaus Düsing, *Hegel-Studien Beiheft*, Band 20, S.129.
③ 〔德〕黑格尔:《费希特与谢林哲学体系的差别》,宋祖良、程志民译,杨一之校,第9页。
④ G.W.F. Hegel, *GW*, Bd.4, S.126.
⑤ Wolfgang Bonsiepen, *Der Begriff der Negativität in den Jenaer Schriften Hegels*, *Hegel-Studien Beiheft*, Band 16, Bonn: Bouvier Verlag Herbert Grundmann, 1977, S.32.
⑥ 〔德〕黑格尔:《费希特与谢林哲学体系的差别》,宋祖良、程志民译,杨一之校,第13页。
⑦ 同上书,第44页。
⑧ 〔德〕黑格尔:《费希特与谢林哲学体系的差别》,宋祖良、程志民译,杨一之校,第13页。

第二章　真正的怀疑主义与耶拿逻辑纲领之关系

怀疑主义通过控制了幻想(die Phantasie)的反思而产生①,它把分裂引导至其顶点,在此之中,对立的统一的需求克服了分裂,与之相反,幻想者在真实的世界中无法完成对立的统一②;逻辑则通过建立起诸知性规定的二律背反,使得诸知性规定走向毁灭,并由此将自身引导至形而上学。无论是在真正的怀疑主义中,还是在逻辑中,知性或反思都在自身的诸规定中被证实为本身是二律背反的或自相矛盾的。

事实上,对黑格尔而言,《怀疑主义与哲学的关系》中所描述的"真正的怀疑主义"其实就是那种总是处于对立和二律背反之中的有限的诸知性规定的逻辑③。当然,黑格尔在耶拿初期构想出的这个逻辑仍然区别于作为绝对认识的形而上学,并且应该作为一种有限反思的逻辑被系统地导向这个形而上学④。有限反思的逻辑在黑格尔耶拿早期的构思中就是谢林所说的"科学的怀疑主义"⑤,就这点而言,它并非只是把握了诸有限规定并消灭了它们,而是系统地按照一定方法发展了这些有限规定⑥。它不仅是形而上学体系或无限物和绝对物的思辨认识体系的导论,而且也是"形而上学即纯粹理念科学的否定的组成部分"⑦。

---

① 〔德〕黑格尔:《费希特与谢林哲学体系的差别》,宋祖良、程志民译,杨一之校,第100页。
② Wolfgang Bonsiepen, *Der Begriff der Negativität in den Jenaer Schriften Hegels*, *Hegel-Studien Beiheft*, Band 16, S.33.
③ Klaus Düsing, "Formen der Dialektik bei Plato und Hegel", in *Hegel und die antike Dialektik*, Hrsg. von Manfred Riedel, Frankfurt am Main: Suhrkamp, 1990, S.182.
④ Klaus Düsing, "Die Bedeutung des antiken Skeptizismus für Hegels Kritik der sinnlichen Gewißheit", in *Hegel-Studien*, Band 8, Bonn: Bouvier Verlag Herbert Grundmann, 1973, S.119.
⑤ F. W. J. Schelling, *Friedrich Wilhelm Joseph von Schellings sämmtliche Werke*, Band 5, S.269.杜辛指出,谢林将关于有限性的诸形式的逻辑描述为"科学的怀疑主义",他要求一种逻辑纲领必须达到关于有限认识的"无效性的范畴知识";"这种否定的知识必须同样成为对绝对性的肯定直观,如果它也应该提升自己为真正的怀疑主义的话"。这种否定的认识同样被谢林精确地规定为:"如果它是与绝对物有关的有限性的诸形式的一种纯粹表现,那么它必定是科学的怀疑主义。"这种"科学的怀疑主义",也许应该在系统的次序中建立并扬弃有限性的诸形式,但是其本身是作为"一种形式的科学,仿佛纯粹的哲学艺术学"的纯粹逻辑。谢林强调,作为怀疑主义的一种如此的逻辑迄今为止仍然是不存在的。谢林在这里显然吸收并发展了黑格尔早期的逻辑概念,后者作为一种与绝对物有关的有限性的诸形式和有限反思连同通过理性的否定认识而扬弃它们的系统描述。因此,我们可以认为,谢林对这种逻辑方法的规定很可能是对黑格尔所提出的方法的一种复制。而"纯粹的哲学艺术学",正如谢林所强调的那样,就是"辩证法"。参见:Klaus Düsing, *Das Problem der Subjektivität in Hegels Logik*, *Hegel-Studien Beiheft*, Band 15, S.101-102.
⑥ Klaus Düsing, *Das Problem der Subjektivität in Hegels Logik*, *Hegel-Studien Beiheft*, Band 15, S.107.
⑦ 〔德〕克劳斯·杜辛:《黑格尔与哲学史——古代、近代的本体论与辩证法》,王树人译,北京:社会科学文献出版社,1992年,第64页。

逻辑与"真正的怀疑主义"都旨在指明：知性或反思在其自身的诸规定中被证实为本身是矛盾的，无论是柏拉图的《巴门尼德篇》的第二个部分中通过假设和推论所展示的悖论和矛盾，还是康德在《纯粹理性批判》的先验辩证法中的二律背反学说。逻辑和真正的怀疑主义都是否定地指向有限的诸知性规定的，它们的共同之处就是它们的否定性，这使得"自由的活动"成为可能——显然，黑格尔在耶拿初期就已经把哲学的自身根据的不同指示归入辩证法①。

二、形而上学②的方法：辩证法

第三个片段中关于逻辑的论述的确提供了关于形而上学的方法，说的确切一些，即辩证法的一种暗示③。对逻辑的第三个部分的分析容易让我们想到这种猜测：黑格尔在逻辑的第三个部分的框架中，就已经形成了——作为这种被限制于这个部分中的通过理性来扬弃知性的方法——辩证法，当然，需要注意的是，在一种应用方式的意义上，黑格尔在耶拿早期仍然未把辩证法理解为诸范畴规定的一种自我扬弃和自我发展的方法④。

无论是有限的诸知性规定的逻辑，还是真正的怀疑主义，或柏拉图哲学

---

① Wolfgang Bonsiepen, *Der Begriff der Negativität in den Jenaer Schriften Hegels*, Hegel-Studien Beiheft, Band 16, S.37.
② 这里的形而上学指的是黑格尔意义上的一元论形而上学，而不是指与辩证法相对的机械论意义上的形而上学。
③ 正如哈里斯所指出的那样，黑格尔在他采用谢林的术语之前，似乎就已经拥有自己的哲学构造方法了，证据在于黑格尔在《费希特与谢林哲学体系的差别》中就已经描述了其哲学构造方法——"理性的自我生产"："在理性的自我生产中，绝对物形成客观的总体。……这样的整体表现为诸命题和诸直观的有机体。理性的任何综合和与之相应的直观（两者在思辨中统一），作为意识物与无意识物的同一性，各自在绝对物中，并且是无限的。但同时这个同一又是有限的和被限制的，这是就它在客观的总体性中被设置，在自身之外有别的综合与直观而言。最不可分离的同一性客观上（物质）、主观上（感觉，即自我意识）同时是无限的对立的同一性，一个完全相对的同一性。理性完善客观总体性的能力是通过自己的对立物，并通过两者的综合产生新的同一性。这新的同一性本身又在理性面前时有缺陷的同一性，又这样再补充自己。体系向自己所提供的最纯粹的方法既不是称为综合的也不是称为分析的，当方法表现为理性的自身的发展时，情况就是这样。理性并不一再地把自己现象的流露作为二重性召唤到自身之内（以此理性只是消灭了它），而是自身在流露中构造成经历二重性的受制约的同一性，这相对的同一性又自身对立，以至于体系不断进展到完成的客观的总体性，客观的总体性与对立的主观的整体性统一成为无限的世界观，这个世界观的延伸借此同时自身缔结成最丰富的最简单的同一性。"（[德]黑格尔：《费希特与谢林哲学体系的差别》，宋祖良、程志民译，杨一校，第 29—30 页）参见：H. S. Harris, *Hegel's Development, Volume II: Night Thoughts (Jena 1801-1806)*, pp.70-71.
④ Johann Heinrich Trede, "Hegels frühe Logik (1801-1803/04): Versuch einer systematischen Rekonstruktion", in *Hegel-Studien*, Band 7, S.156.

第二章 真正的怀疑主义与耶拿逻辑纲领之关系

意义上的否定的辩证法,都尚未足够作为形而上学的方法。在 1804—1805 年的《耶拿体系草稿Ⅱ:逻辑,形而上学,自然哲学》中,黑格尔如此阐明了形而上学的开端:"认识作为到形而上学过渡着的东西,就是对作为辩证法的逻辑本身或作为观念论的逻辑本身的扬弃。"① 在这里,黑格尔把建立二律背反的方法和认识称为辩证法:"一种发展了那些以未发展的形式存在于被设定起来的东西里的对立的辩证操作"②,因此,辩证法是一种基于一种统一的对立的处理方法,它使得诸有限规定的关联得以可能③。

就否定意义上的辩证法而言,它在黑格尔哲学体系中的位置就是其耶拿逻辑纲领,即关于绝对物的认识的导论,由于黑格尔在耶拿早期同样将辩证法这个术语用作有限的诸反思规定的扬弃的方法,因此他最初极有可能也将其逻辑中的方法称作辩证法④。

一个证据是,他后来在《精神现象学》中对逻辑与哲学方法之关系作出如此规定:"有关这种运动的或有关科学的方法的许多主要之点,看来也许需要先行予以说明。但这个方法的概念早已包含在我们上面讲过的东西里了,而真正对这个方法的陈述则是属于逻辑的事情,或甚至于可以说就是逻辑本身。因为方法不是别的,正是全体的结构之展示在它自己的纯粹本质性里。"⑤

另一个证据是,黑格尔后来在《哲学史讲演录》中对怀疑主义与哲学之关系的规定:"怀疑主义是一切确定的东西的辩证法。……所以怀疑主义是反对知性思维的,因为知性思维把确定的区别当作最后的、存在着的区别看待。逻辑的概念本身同时也就是这种辩证法;因为对于理念的真正的认识就是这种否定性,而这种否定性同时也是怀疑主义所固有的。"⑥

由此,第三个片段中的逻辑、真正的怀疑主义与辩证法三者之关系得以被清晰地指明:"对于那时黑格尔的真正哲学怀疑主义的构思,柏拉图的《巴门尼德篇》与康德的二律背反,都具有决定意义。因此,在黑格尔那里,《巴门尼德篇》同时也成为一种逻辑草图的基本定向点。这种逻辑也是体系的创立和对于纯粹的最终知性规定的扬弃,并且就方法而言,也是黑格尔辩证

---

① 〔德〕黑格尔:《耶拿体系 1804—1805:逻辑学和形而上学》,杨祖陶译,第 207 页。
② 同上书,第 179 页。
③ Klaus Düsing, *Das Problem der Subjektivität in Hegels Logik*, Hegel-Studien Beiheft, Band 15, S.106.
④ 同上书,第 105 页。
⑤ 〔德〕黑格尔:《精神现象学》(上卷),贺麟、王玖兴译,第 31 页。
⑥ 〔德〕黑格尔:《哲学史讲演录》(第三卷),贺麟、王太庆译,北京:商务印书馆,1983 年,第 107 页。

法的最初形式。"①

这种否定的辩证法,作为黑格尔的耶拿逻辑纲领的方法,显然照应于他自己之前所勾画的二律背反、完善化等概念以及康德依据怀疑方法对纯粹理性的诸二律背反的探讨,更进一步说,也照应于作为体系中后来的肯定-思辨辩证法。类似于康德对二律背反的描述,黑格尔的这种早期辩证法的结果仍然是一种否定的认识。当然,黑格尔并不接受康德先验哲学的结论,而是认为反思内容的矛盾认识是无限物的认识的素材。黑格尔辩证法形成的另一个背景是柏拉图的《巴门尼德篇》中的辩证法,关于这一点,我们可以从《怀疑主义与哲学的关系》一文中得知。《巴门尼德篇》的结果是矛盾的诸本体论规定的认识,就这点而言,这个结果被视为怀疑的,并且也是否定的。这种辩证法是有限物及其无效性的系统认识的方法,但它并非无限物和绝对物的认识的充足方法。因此,这种辩证法在黑格尔的耶拿早期只是拥有一种原则上否定的意义,它并非如黑格尔后来的辩证法那样被视为哲学体系的方法。当然,辩证法在早期意义上所涉及的是诸反思规定彼此间的关系,它对导论性的逻辑而言是充足的方法。

在黑格尔那里,无论是有限的诸知性规定的逻辑,或是真正的怀疑主义,还是否定的辩证法,后来无非是要过渡为关于确定的否定和一种矛盾的肯定结果的理论,即肯定-思辨的辩证法。总而言之,黑格尔在法兰克福后期和耶拿初期(1799 年至 1802 年)对怀疑主义,特别是古代怀疑主义加以明确地并且集中地研究,与此同时,黑格尔意义上的"真正哲学"的概念形成了。尽管在这一时期,黑格尔后来称之为辩证法的那种东西尚未完全形成,说得更为确切一些,在其哲学体系的早期架构中还缺乏一种精确的和清晰的展开方式,但是已经在形成途中了,即当时对怀疑主义及其与哲学的关系、逻辑与形而上学之关系的研究,以及"真正的怀疑主义"和"逻辑"的提出,已经必然地暗示了一种方法的发现,这种方法满足了纯粹的知性思维之自我毁灭的需求,换句话说,满足了扬弃有限性的需求。事实上,黑格尔后来关于怀疑主义的研究,一方面是将其作为通往绝对精神的一个暂时的历史形态,另一方面,古代怀疑主义的"高贵本质"——"真正的怀疑主义"的这种早期的方法论的和体系化的解释,在某种程度上可以说,依据知性和思辨两个方面,将被扬弃并过渡为完善了的方法的辩证环节②。

---

① 〔德〕克劳斯·杜辛:《黑格尔与哲学史——古代、近代的本体论与辩证法》,王树人译,第 62 页。
② Hartmut Buchner, "Skeptizismus und Dialektik", in *Hegel und die antike Dialektik*, Hrsg. von Manfred Riedel, Frankfurt am Main: Suhrkamp, 1990, S.242–243.

三、思辨逻辑:从萌芽到雏形

在《耶拿逻辑纲领》中,尽管逻辑和形而上学在认识的基础上统一了,即二者都是关于绝对物的认识或理论,但是,二者到底是如何认识绝对物的或关于绝对物的理论是如何展开的,以及二者之间的联系与区别又是什么,这些问题仍然有待于进一步具体展开,而这正是《耶拿体系草稿Ⅱ:逻辑,形而上学,自然哲学》(1804—1805)(*Jenaer Systementwürfe* Ⅱ: *Logik*, *Metaphysik*, *Naturphilosophie*, 1804/05)中"逻辑"与"形而上学"的任务。

一般而言,1804—1805年的《逻辑和形而上学》的任务是:初步建构新的逻辑和形而上学。如果说耶拿逻辑纲领多少还带有康德先验逻辑学的影子,并且作为思辨逻辑的萌芽,由于其本身的纲领性质,也只提出了一个大致的框架,那么1804—1805年的逻辑和形而上学,作为一个整体,则已经初具思辨逻辑的基本雏形,并在诸多方面都有了明显的变化,或者说发展。

(一) 具体内容要素的丰富和细化

可以肯定的是,《耶拿逻辑纲领》与1804—1805年的《逻辑和形而上学》的内容绝非是完全一致的①。如下图所示,从《耶拿逻辑纲领》到《耶拿体系草稿Ⅱ》中的"逻辑",二者在整体结构上是基本一致的,并且都具有扬弃知性逻辑的功能。但是,在具体内容要素的选择安排上,主要有如下一些丰富和细化:

	第一部分	第二部分		第三部分	
《耶拿逻辑纲领》(1801—1802)	普遍的逻辑、范畴(质、量、关系),绝对的一种反思	概念、判断、(形式)推论,形式的同一性,理性自身的表达		(思辨)推论,理性或思辨的否定方面	思辨逻辑的萌芽
《耶拿体系草稿Ⅱ》(1804—1805)中的"逻辑"	简单联系	关系		比列	思辨逻辑的雏形
	质、量、无限性	存在关系:实体性关系、因果性关系、交互作用(样式)	思维关系:特定概念、判断、推论	定义、分类、认识	

---

① Klaus Düsing, *Das Problem der Subjektivität in Hegels Logik*, Hegel-Studien Beiheft, Band 15, S.77.

（续　表）

	第一部分	第二部分		第三部分	
《耶拿体系草稿II》(1804—1805)中的"形而上学"		第一部分:认识作为诸原理的体系	第二部分:客体性形而上学	第三部分:主体性形而上学	
		同一律或矛盾律、排中律、根据律	灵魂、世界、最高本质	理论的自我(或意识)、实践的自我、绝对精神	
《逻辑学》(1812—1816)	客观逻辑:一、存在论	客观逻辑:二、本质论		主观逻辑:三、概念论	思辨逻辑的成熟

1. 逻辑的第一部分"简单联系",即"存在的外部联系",保留了"质"和"量"这两个环节,并增添了"无限性"这个环节。在这部分中,黑格尔展示了质(实在性和否定性相统一的限度)—量(数字的"一"和数字的"一"的众多的全体性)—限量(量的连续性或否定的单一性和分离性或肯定的单一性的区别的统一,一种外在的差别)—程度(引起质的变化的量或内涵的量)—无限性(通过内涵的量与外延的量的绝对矛盾确立)这些范畴由于其内在的矛盾而必然实现向下一个范畴的过渡,即从有限性向无限性的必然过渡,并且区分了坏的无限性(量的无限递增或延伸)和真的无限性(包含有限于自身中的无限),由此表明真的无限物就是包含他物于自身之内的统一整体。换句话说,自身与他物的外部联系实际上是一种自身之内的内在联系,由此达到了"自身联系与他物联系的统一",即"关系"。事实上,黑格尔在这里要阐明的是:认识的对象必须是无限性或绝对物,换句话说,逻辑的开端是无限物或绝对物。

2. 逻辑的第二部分"关系",即"自身联系与他物联系的统一",将原本属于第一部分的"关系"和第三部分的"推论"完全纳入进来,即在原有关系"概念、判断和推论"的基础上,吸纳了"样式"这一关系,并将后者安排为第一个环节"存在关系(实体性关系、因果性关系、交互作用)",而第二个环节则是"思维关系(特定概念、判断和推论)"。

在存在关系中,黑格尔试图表明实体性关系(实体与偶性的关系),不是两个东西的外在联系,而是实体自身的内部关系。实体,作为各个偶性构成的总体,是诸偶性的从可能性(内部)到现实性(外部)和从现实性(外部)到可能性(内部)相结合起来的这种更替或转变的必然统一①。而因果性关系,也不是那种两个独自存在着的分离的东西之间的互相联系,而是"实体或作为一种对立物的联系的必然性"②。也就是说,在因果性关系中,实体试图"实现自己",即"走出自己之外到自己本身去,作为绝对自相对立的东西"③:原因—效果(作为新的原因)—效果(作为新的原因的效果)。当然,实体并没有在因果性关系里实现自己,而是彼此分离地出现在它里面:两个互为因果的实体。由此,就过渡到了交互作用,它是全面发展了的因果关系。交互作用不是两个实体之间平衡的静止,因为如果这样的话,那么它们之间的等同或区别就只是一种漠不相关的外在区别,而是说,在交互作用中,每一个实体的这种产生(从可能到现实)和消逝(从现实到可能)的必然的无穷进展是彼此交织在一起的,从而交互作用就成为一个扬弃了被分离的"诸实体的产生着和消逝着的"存在,它并非一个有生命的整体,而实质上是"诸对立物的与自己本身等同的简单性"④。这种"产生着和消逝着的事实上无非是种种规定性"⑤,因此,诸实体作为规定性在这种简单性中被扬弃并被设定为观念的规定性。到此为止,存在关系被扬弃为自身等同的,与自身联系在一起的,即诸观念的规定性联系在一起的,"或它们的在它们那里的观念性"⑥。由此,存在关系过渡到思维关系,也就是过渡到普遍东西和特殊东西。

思维关系的第一个环节是特定概念,它是联系着的普遍东西和特殊东西的"简单的无对立的相互渗透存在",但它并没有解决规定和反映了的存在之间的矛盾,而是说它自身就是"这个双重化的对立的包摄":一种情况是特定概念是特殊东西被包摄到普遍东西之下的东西;另一种情况是特定概念是普遍东西被包摄到特殊东西之下的东西⑦。而判断就是特定概念里被设定为一的那些对立的东西,即通过系词"是"联系起来的主项和谓项——前者是特殊东西和后者是普遍东西,隔离开来并单独显示出特色⑧。因此,判断中主项与谓项的矛盾表现为:"每一个都是独自的,同时都是在其独自

---

① 杨祖陶:"译者导言",见〔德〕黑格尔:《耶拿体系1804—1805:逻辑学和形而上学》,杨祖陶译,第11—12页。
② 同上书,第62页。
③ 同上书,第94—95页。
④ 同上书,第114页。
⑤ 同上书,第115页。
⑥ 同上书,第116—117页。
⑦ 同上书,第119、124页。
⑧ 同上书,第125页。

存在里涉及另一个,并且互相设定另一个为一个被扬弃的东西",因此,"每一个都仅仅由于另一个是不独自的而是独自的。"①推论是主项(特殊东西)和谓项(普遍东西)"在判断的实现里保持为它们在规定性中彼此相对是的那个东西;而同时——因为每一个在自己那里实现了自己,都在它自己那里把自己构造为关系的整体——两者重合了",它是特定概念通过判断向自身的返回②。换句话说,推论作为思维关系的最后一个环节,返回到了存在与思维的统一。由此过渡到比例,它是存在关系与思维关系的同一性,即认识。

3. 逻辑的第三部分提出了一个全新的环节:"比例",并将其细化为"定义、分类、认识"三个子环节。定义是与定义的主项等同的,主项的本质规定性就是"在其中主项转向与别的诸特殊东西对立,并在这种转向与他们对立的存在中保持着自己本身"③,即自己与自身相联系、相等同,其本质就是普遍东西和特殊东西的统一。但是,定义本质上作为普遍东西必须扬弃它自己的规定性,并使诸规定性持存于作为空虚的中性的空间的普遍东西之中,这样就过渡到分类④。"普遍东西在分类的诸项中实现了自己,分类的诸项是直接由普遍东西的本性决定的",由此,诸项必须处于相关联系之中,并"完全只作为一个类的整体的诸要素",而类自身则因此就是一个否定的统一性。分类就过渡为认识。认识是定义和分类的统一,不是一个静止不动的东西,而是一个从定义到分类(构造)再到定义(证明)的运动,即从统一性到分裂和再从分裂到统一性的运动。也就是说,"认识的这种运动至今总是把一个概念展示为实在性或总体性。一次方是概念或定义本身,二次方是概念的构造或概念的展示为坏的实在性,它的走到自己以外或它的成为他物,而三次方就是真实的实在性或总体性,即通过把成为他物包摄于第一个统一性之下而扬弃这个成为他物的要素"⑤。可以看到,这样的认识,作为一种普遍与特殊、存在与思维、整体与部分、自身与他物的有差别的统一,作为一个圆圈运动,并且最重要的是,作为一个诸关系构成的有机连锁的总体或体系,就是思辨认识或无限认识。这样的认识,就不再是"把形式一直构造到其绝对具体性"的逻辑的对象,而是形而上学的对象。

此外,需要特别指出的是,从后来的《逻辑学》(1812—1816)来看,《耶拿

---

① 〔德〕黑格尔:《耶拿体系1804—1805:逻辑学和形而上学》,杨祖陶译,第129页。
② 同上书,第150、152页。
③ 同上书,第172页。
④ 同上书,第173—175页。
⑤ 同上书,第182页。

体系草稿Ⅱ》中的"形而上学"在本质上也应属于"逻辑",如第一部分"认识作为诸原理的体系"的内容属于《逻辑学》本质论第一部分第二章"本质性或反映规定",第二部分"客体性形而上学",虽未在《逻辑学》中被直接讨论,却也涉及后者的诸多范畴,而"主体性形而上学"则是《逻辑学》概念论中的"理念"部分的萌芽,这应该也是杨祖陶先生将1804—1805年的《逻辑和形而上学》称为《耶拿逻辑》的原因①。

在第一部分"认识作为诸原理的体系"中,黑格尔在对同一律或矛盾律—排中律—根据律的发展进程总体把握的基础上,意在指明:根据作为一个"真实的总体",其实就是根据成为他物(存在关系的诸要素),然后从这个他物重新成为另一个他物(思维关系的诸要素)的转化道路,也就是说,根据本身就是包含存在的诸要素和认识的诸要素在内的一个整体②。

第二部分"客体性形而上学"展示的是灵魂(作为认识的根据)、世界(作为灵魂的根据)和最高本质(作为灵魂与世界的统一)。灵魂是一个否定的"一":它把自己的要素排斥在自身之外,并将其视为独自存在着的内容,然后再把这个内容纳回自身,并使之与自身等同,由此而返回自身③。因此,灵魂是"实体性和主体性的'一'",但它"既不是真实的主体,也不是真实的实体"④。对于灵魂而言,这个在自身之外的他物就是世界,灵魂是"以世界和自己本身在世界之中为前提的"。世界既是"综合作用的交互作用减弱到完全的静止",也是"类的进程"⑤。而最高本质作为二者之统一,不仅是绝对的实体,还是绝对的人格,即绝对的主体。对于最高本质来说,它"本身是绝对的否定",它将"这个绝对的否定"展示为"绝对单纯的东西",即"作为'自我'或作为智力的这个单纯的东西"⑥。

由此,过渡到第三部分"主体性形而上学"。这部分被划分为理论的自我、实践的自我和绝对精神。既是终点也是起点的绝对精神是这样的一个东西:"精神是与自己等同的,而且是与他物等同的;他物是那个扬弃自己本身,并与自己本身等同的东西。这个统一性就是绝对精神。"⑦它是"从简单联系直到实践的自我的全部发展的结果,它以扬弃的形式包含着全部以往

---

① 杨祖陶:《黑格尔〈耶拿逻辑〉初探》,《哲学研究》2011年第2期。
② 〔德〕黑格尔:《耶拿体系1804—1805:逻辑学和形而上学》,杨祖陶译,第220—228页。
③ 杨祖陶:"译者导言",同上书,第29页。
④ 同上书,第233—236页。
⑤ 同上书,第236、243页。
⑥ 同上书,第258页。
⑦ 同上书,〔德〕黑格尔:《耶拿体系1804—1805:逻辑学和形而上学》,杨祖陶译,第295页。

的内容"①。它是实体与主体的真正统一,是绝对精神本身发现自己的过程,即真正的绝对物或无限物的展开过程和结果的统一。

(二) 逻辑和形而上学与认识论的统一

在耶拿逻辑纲领中,逻辑和形而上学作为一个整体,其地位是黑格尔哲学体系的第一个环节。二者在结构上是分离的,并被作如下区分:逻辑是知性的肯定认识,也是理性的一种否定的认识,而形而上学则是理性的一种肯定的认识,也就是说,二者在性质上是理性认识自身内部发展的三个环节。到了1804—1805年的《逻辑和形而上学》,二者的地位和结构并没有发生根本变化。但是在这里,黑格尔试图在认识的基础上,将二者与认识论统一起来:逻辑展示的是人类认识的本性、形式和发展的过程,其作为认识,是主体自身内部诸要素的自我扬弃,其结果是诸原理的一个连锁进展的体系;形而上学展示的是人类认识的根据的实现过程及其结果,其作为认识,是作为"主体和客体有差别的统一"的绝对精神本身发现自我的过程。

更确切地说,逻辑的诸范畴本身作为思维形式,只能"以认识的自身为对象和内容",所以"实际的认识进程"就是"认识的'自身'运动的进程",即"认识认识其自身的进程","而范畴则是表达认识认识其自身所取得的认识内容"②,只是"在逻辑学内认识却始终没有达到对认识自身的认识"③。因此,逻辑只是"绝对物或无限物的有限认识的肯定"。但是,将逻辑把握为一种外在的运动,其本身就已经是"绝对物或无限物的无限认识的否定一面"了。而形而上学则是"绝对物或无限物的无限认识的肯定(否定之否定)一面",它是对认识自身的认识,也是认识成为认识的进程,亦是绝对精神的自我展开进程。

由此可见,这一思路是耶拿逻辑纲领的思路的一种延展:即从"知性认识的肯定(逻辑)——理性的否定认识(逻辑)——理性的肯定认识(形而上学)"发展为"绝对物或无限物的有限认识的肯定(逻辑)——绝对物或无限物的无限认识的否定一面(逻辑)——绝对物或无限物的无限认识的肯定(否定之否定)一面(形而上学)"。

当然,逻辑和形而上学在这里还是有着明确界限的,这表明逻辑与认识论的结合本身仍是有问题的。逻辑,作为形式的认识,在其之内无法实现认识的形式与认识的内容的同一,最终确立的也只是诸原理的体系,即绝对物或无限物的形式的认识,它的根据或真正的内容是在形而上学那里,后者才

---

① 杨祖陶:"译者导言",〔德〕黑格尔:《耶拿体系1804—1805:逻辑学和形而上学》,杨祖陶译,第33页。
② 杨祖陶:"译者导言",同上书,第6—7页。
③ 杨祖陶:《从〈耶拿逻辑〉到〈逻辑科学〉的飞跃》,《哲学动态》2013年第8期。

能实现认识的主观性和存在的客观性的真正同一。这也意味着逻辑和形而上学并未达到后来《逻辑学》中的那种合流,即本体论、认识论和方法论上的真正合一。

(三)逻辑和形而上学的展开方式的一致——辩证法

在这一时期,逻辑与形而上学的内在统一还体现为二者展开方式的一致。

在耶拿初期,无论是耶拿逻辑纲领中的逻辑,还是真正的怀疑主义,都是旨在扬弃有限的诸知性规定,尽管提供了形而上学的方法——辩证法的一种暗示,但都不具备一种应用的意义,而只是拥有一种原则上否定的意义,即否定的辩证法。而在1804—1805年的《逻辑和形而上学》中,无论是逻辑,还是形而上学,其展开方式都具备了辩证法的明确形态:认识的诸环节从一个环节到另一个环节的内在进程中,一环扣一环地被推导出,这种进程既是认识本身的一种内在的有机展开,也是作为认识的绝对精神的自我扬弃运动,这一切在《耶拿逻辑纲领》那里是无法想象的。正是在这里,辩证法开始从一种否定的辩证法发展为一种肯定的辩证法,表现为从"肯定"到"否定"再到"否定之否定"的形态,具有了"确定的否定"的特征。同时,这种肯定的辩证法的建立与形而上学,尤其是与绝对精神这一概念有着密切联系。可以说,认识的过程就是自我认识着的绝对精神的"肯定自身—否定自身或转化为他物—扬弃他物,在他物中回到或达到自身等同"的绝对循环的辩证式展开运动。

然而,此时的黑格尔仍然只将逻辑学,而非形而上学,等同于辩证法,这是因为他在一定程度上延续了耶拿初期对逻辑或辩证法的观点——逻辑作为辩证法还只是单纯地作为一种否定意义上的扬弃有限的方法:"认识作为到形而上学过渡着的东西,就是对作为辩证法的逻辑本身或作为观念论的逻辑本身的扬弃"[①]。

但不管如何,从实质上看,1804—1805年的逻辑和形而上学的展开方式其实都是辩证法。当然,与后来的《精神现象学》或《逻辑学》相比,这里的逻辑和形而上学的诸环节的辩证运动,无论是在进展的关联度上,还是在进展的节奏上,细节或结构处理都显得较为粗糙,甚至可以说辩证法本身还没有真正体现为"科学进展的推动的灵魂"。

(四)"绝对精神"的诞生

绝对精神这一基本概念的提出,可以说是前承《费希特与谢林哲学体系

[①] 〔德〕黑格尔:《耶拿体系1804—1805:逻辑学和形而上学》,杨祖陶译,第207—210页。

的差别》,后启《精神现象学》的关键点,对于黑格尔后来的哲学体系具有决定性的意义。

在《费希特与谢林哲学体系的差别》中,黑格尔认为"绝对"是"主体与客体的有差别的同一",这虽然区别于谢林的"主体与客体的绝对同一",但毫无疑问是在谢林的影响下提出的。至于主体与客体之间是怎样有差别地同一,直到1804—1805年《逻辑的形而上学》提出的"绝对精神"才第一次为后来的哲学体系找到了原点:绝对精神不仅是一个实体,更是一个主体,即一个活的实体。而稍后的《精神现象学》,正是作为绝对精神本身自我展开的具体演示,代替了1804—1805年的《逻辑的形而上学》,成为黑格尔整个哲学体系的导论。更进一步说,黑格尔的整个哲学体系其实就是绝对精神自我发展的三个阶段:第一个阶段是《逻辑学》——绝对精神与自身同一;第二个阶段是《自然哲学》——绝对精神转化为他物;第三个阶段是《精神哲学》——绝对精神扬弃他物并在他物中回到与自身同一。从"绝对"到"绝对精神"的转变,既表明黑格尔从客体性形而上学向主体性形而上学的转变,也表明他真正摆脱了谢林哲学的影响。由此可见,正是绝对精神的提出,使得1804—1805年《逻辑的形而上学》在系统意义上与耶拿逻辑纲领区别开来①。

概而言之,耶拿逻辑纲领中所提出的框架,在1804—1805年的《逻辑的形而上学》中得到了具体展开。这种具体化,是以辩证法的形式为基本特征的。尽管这里的辩证法稍显粗糙,并且逻辑和形而上学之间仍是分离的,但是其最为突出的成果——绝对精神,已经表明逻辑和形而上学作为一个整体,就是绝对精神的绝对循环运动,即认识自身的运动。这正好预示了逻辑和形而上学在《逻辑学》中的真正合一。

综上所述,在《耶拿逻辑纲领》中,逻辑既是知性的肯定,也是理性的否定一面,其作为形而上学的"导论",将过渡到形而上学,即理性的肯定一面。尽管二者作为黑格尔哲学体系的第一部分,彼此之间是分离的,并且只有形而上学始终是黑格尔整个哲学的核心,但因为都是关于绝对物的认识或理论,所以就暗示了后来二者的真正合一,即一种本体论、认识论和方法论合一的逻辑学的可能。当然,《耶拿逻辑纲领》由于其本身的纲领性质,只是在一种最初的意义上,揭示了黑格尔想要构建的一种有别于他人的逻辑学的大致框架,其关于有限的认识与无限的认识之关系、反思与思辨之关系、知

---

① Klaus Düsing, *Das Problem der Subjektivität in Hegels Logik*, Hegel-Studien Beihefet, Band 15, S. 91.

性与理性之关系以及二律背反与绝对同一之关系的论述无一不是在指明这一点。因此,它尚不是1804—1805年《逻辑学和形而上学》中那种绝对精神认识自身的辩证运动式的具体展开,也就更不可能是《逻辑学》中那种作为事物本质的逻辑范畴的自我扬弃的辩证运动,而只能是黑格尔思辨逻辑的萌芽。

第三章 辩证法:自身实现着的怀疑主义

在前两章中,我们可以发现黑格尔哲学体系及其辩证法的形成与其对怀疑主义的扬弃之间存在着一种内在关联,而这种关联将在《精神现象学》中得到进一步体现。

《精神现象学》作为欧洲哲学传统中最神秘的著作之一,对其进行注解的困难在于如何理解这本书的结构和内容,或许是由于其所涉及的是一种历史发展的某种哲学重构,即迄今为止人类在其发展进程中所领会的知识诸形态的重构①。这种重构意味着以一种不同于我们的常识所熟知的或知性的那种方式来理解和把握这个世界或事情本身,因此,《精神现象学》可以说是"一场以我们的语言为手段来反对我们知性之蛊惑的斗争"②。当我们进入《精神现象学》之中,会发现之前牢固建立起来的那些所熟知的东西将会被摧毁,我们无法"再像个听话的市民执守于无疑问的世界意义之安全堡垒内,旁观思想家们争论。在这里没有处于安全距离之内的战地记者,在这里处处都是枪林弹雨"③。那么,黑格尔在《精神现象学》中的这种哲学重构所要完成的任务是什么?

菲舍尔在《黑格尔之生平、著作和学说》中给出了一个可能的答案,他指出,《精神现象学》的任务在于:通过展示二元论的基本思想,亦即事物与思想、主观与客观、对象与意识以及绝对与意识的分离——怀疑主义预设其为基础——之错误,有充分根据地拒斥所有具有二元论的思想倾向的怀疑主义④。毫无疑问,黑格尔深刻地洞察了舒尔策的怀疑主义所面临的窘境,以

---

① Werner Becker, *Hegels "Phänomenologie des Geistes": Eine Interpretation*, Stuttgart: Verlag W. Kohlhammer, 1971, S.7.
② 〔奥〕维特根斯坦(Ludwig Wittgenstein):《哲学研究》,李步楼译,陈维杭校,北京:商务印书馆,2000年,第71页。
③ 〔德〕芬克(Eugen Fink):《黑格尔〈精神现象学〉的现象学阐释》,贾红雨等译,上海:上海书店出版社,2011年,第7页。
④ Kuno Fischer, *Hegels Leben, Werke und Lehre*, Heidelberg: Carl Winter's Universitätsbuchhandlung, 1901, S.297.

第三章 辩证法：自身实现着的怀疑主义

及怀疑主义对哲学的威胁，同时也试图为其自身的哲学体系辩护。海姆在其著作《黑格尔和他的时代》中也曾指出：《精神现象学》的意图是科学地为绝对知识的立场作辩护①。

福尔达在《黑格尔的〈逻辑学〉中一个导论的问题》中则更进一步指出，《精神现象学》一方面通过普通意识及其前提的怀疑的毁灭，另一方面通过科学的肯定演绎，来为黑格尔的科学体系辩护②。同样地，佛斯特在其著作《黑格尔关于一本〈精神现象学〉的理念》中也认为，《精神现象学》在认识论上的任务是通过抵御怀疑的"均势"问题和"概念-例示"问题，以及为所有非黑格尔的观点——这些非黑格尔的观点，按照其自身最初的看法和标准，对那些个人而言是令人信服的——提供黑格尔体系的证明，来为黑格尔的体系辩护③，而福尔达在很大程度上也是在回应黑格尔为其科学体系辩护所遇到的怀疑困难。对于怀疑主义的这种威胁，黑格尔一方面是通过古代怀疑主义原则的发展来克服的，另一方面，更为重要的是，是通过将怀疑主义融入哲学之中并使之成为 体来克服的。

在《精神现象学》的导论中，黑格尔阐述了怀疑主义在精神现象学中的基本角色，他似乎将怀疑主义仅仅局限为"不完全的意识形态之一"④："一般地说，自然的意识对这种陈述所持的见解，就是这样的一种片面的见解；而一种知识，如果它以这种片面性为本质，它就是不完全的意识的形态之

---

① Rudolf Haym, *Hegel und seine Zeit*, Berlin: Verlag von Rudolph Gaertner, 1857, S. 232-233.
② Hans Friedrich Fulda, *Das Problem einer Einleitung in Hegels Wissenschaft der Logik*, Frankfurt am Main: Vittorio Klostermann, 1975, S.4-5, 46, 31, 114-115, 94-101.
③ 迈克尔·佛斯特详细地罗列了《精神现象学》的 11 个任务，并将其分为三组：第一组为教育(pedagogical)的任务，即通过(1)拒绝其他的观点，包括那些最初个人自身所持有的观点，(2)为这些个人提供一条令人信服的通往黑格尔体系的路径，和(3)沿着这条路径为他们提供关于黑格尔体系之内容的初步演示，来教育近代个人理解并接受黑格尔的体系以授予他们该书的理论上和实践上的益处。第二组为认识论(epistemologial)的任务，即通过(4)抵御怀疑的"均势"问题，(5)抵御怀疑的"概念-例示"(concept-instantiation)问题，(6)通过为所有非黑格尔的观点——这些非黑格尔的观点，按照其自身最初的看法和标准，对那些个人而言是令人信服的——提供黑格尔体系的证明，来为黑格尔的体系辩护。最后是形而上学的(metaphysical)任务，即(7)实现绝对精神本质的自我认识并因此达到其完全的实现，(8)演示概念或意义本质上共同的本质，(9)为黑格尔自身体系的诸概念确立意义性或概念性的共同条件，以使得这个体系的概念的表述成为可能和现实，(10)演示真理是被持久的共同一致(enduring communal consensus)所构成的，以及(11)为了拥护黑格尔自身的体系确立一种持久的共同一致以使得这个体系的真理成为可能和现实。参见：Michael Forster, *Hegel's Idea of a Phenomenology of Spirit*, Chicago; London: The University of Chicago Press, 1998, pp.14-15。
④ Heinz Röttges, *Dialektik und Skeptizismus: die Rolle des Skeptizismus für Genese, Selbstverständnis und Kritik der Dialektik*, Frankfurt am Main: Athenäum, 1987, S.31.

一,这种形态的意识投身于形成发展的过程,并将在过程中呈现出来。因为这种片面的见解就是怀疑主义……"①从这个关于怀疑主义的规定可以看出,怀疑主义被黑格尔处理为作为意识的诸多形态之一。

但是,正如霍特格斯所指出的那样,"怀疑主义在很多地方都摆脱了习以为常的处理和描述,它不是真的被描述为意识形态"②:"辩证法作为否定的运动,象它直接地存在着那样,对于意识说来显得首先是意识必须向它屈服而且它是不通过意识本身而存在着的东西。反之在怀疑主义里,辩证法是自我意识的一个环节,自我意识在这种否定过程里不仅发现它的真理性和实在性消失了,而不自知其如何消失的,而且于确信它自己的自由时,使得那给予的被认作真实的他物也随之消失……"③对于这种不一致,唯有通过对《精神现象学》中怀疑主义的自我扬弃之描述的研究才能得到答案,即通过对怀疑主义与辩证法之间的关系的探讨才能得以阐明。

事实上,有别于1802的《怀疑主义与哲学的关系》一文,在《精神现象学》的导论中,黑格尔提出了一个独特的"自身实现着的怀疑主义"(dieser sich vollbringende Skeptizismus)④的术语。关于这个术语的译法大致有两种观点,一种译法是:如贝里和米勒在英译本中将其译为"this thoroughgoing skepticism"⑤,相应地,在中译本中,王玖兴先生将其译为"这种彻底的怀疑主义"⑥,而先刚先生则将其译为"一种趋于极致的怀疑主义"⑦。另一种译法是:如彼得·希斯在翻译维尔纳·马克斯的《黑格尔的精神现象学:序言和导论中关于其理念的规定》一书时,将其译为"self-realizing skepticism"⑧,迈克尔·佛斯特则将其译为"self-completing skepticism"⑨,艾伦·斯贝特也指

---

① 〔德〕黑格尔:《精神现象学》(上卷),贺麟、王玖兴译,北京:商务印书馆,1997年,第56页。
② Heinz Röttges, *Dialektik und Skeptizismus: die Rolle des Skeptizismus für Genese, Selbstverständnis und Kritik der Dialektik*, S.31.
③ 〔德〕黑格尔:《精神现象学》(上卷),贺麟、王玖兴译,第137页。
④ G.W.F. Hegel, *TWA*, Bd.3, S.72; G.W.F. Hegel, *GW*, Bd.9, S.56.
⑤ G.W.F. Hegel, *Phenomenology of Spirit*, translated with an introduction and notes by J. B. Baillie, New York: Macmillan Co., 1910, p.47; G.W.F. Hegel, *Phenomenology of Spirit*, trans. by A. V. Miller, with Analysis of the Text and Foreword by J. N. Findlay, New York: Oxford University Press, 1979, p.50.
⑥ 〔德〕黑格尔:《精神现象学》(上卷),贺麟、王玖兴译,第55页。
⑦ 〔德〕黑格尔:《精神现象学》,先刚译,北京:人民出版社,2013年,第51页。
⑧ Werner Marx, *Hegel's Phenomenology of Spirit: Its Point and Purpose — A Commentary on the Preface and Introduction*, translated by Peter Heath, New York: Harper & Row, 1975, p.51.
⑨ Michael Forster, *Hegel's Idea of a Phenomenology of Spirit*, p.3.

出"thoroughgoing"是更为字面上的译法,可将其译为"self-completing skepticism"①,舒远招先生同样于2007年9月在纪念黑格尔《精神现象学》200周年国际学术研讨会上作题为《自我完成的怀疑主义——对黑格尔〈精神现象学〉导论中一个概念的考察》的报告中,将其译为"自我完成的怀疑主义"。在笔者看来,后一种译法是较为精确的,而且也更加符合黑格尔对"真正的怀疑主义"的界定及其内涵,考虑到其语态,因此译为"自身实现着的怀疑主义"。毫不夸张地说,正是这个"自身实现着的怀疑主义",将成为理解怀疑主义与辩证法之间关系的链接点②。

我们将看到,在《精神现象学》中,怀疑主义作为研究的对象,展示了其"方法-形态"③的双重身份:一方面,这种"自身实现着的怀疑主义"将代替"真正的怀疑主义",成为精神现象学的方法,更为准确地说,精神现象学的展开方式,在《精神现象学》的导论中被作为主题加以简要但却极为重要地探讨;另一方面,作为"正在显现为现象的知识"④(黑格尔同时也称之为"不完全的意识"⑤)的形态之一的怀疑主义,其在"自我意识"中登场,介于"斯

---

① Allen Speight, "Skepticism, Modernity, and the Origins of Hegelian Dialectic", in *The Dimensions of Hegel's Dialectic*, ed. Nectarios G. Limnatis, London, New York: Continuum, 2010, p.141.

② 罗伯特·所罗门在其所著《本着黑格尔的精神》一书中曾指出,至少在《精神现象学》中,黑格尔没有辩证法这种方法,尽管在辩证法这个头衔下,黑格尔的确拥有大量的论证和策略。在整个《精神现象学》中,黑格尔提"辩证法"这个词仅仅几次而已。《精神现象学》的"辩证法"其实就是一个隐喻,一个关于人类意识的成长和发展的隐喻。参见:Robert Solomon, *In the Spirit of Hegel: A Study of G. W. F. Hegel's Phenomenology of Spirit*, Oxford: Oxford University Press, 1983, pp.21–27. 对此,笔者认为,尽管黑格尔在《精神现象学》中极少提及辩证法是一个事实,但是罗伯特·所罗门却忽略了自身实现着的怀疑主义与辩证法之间的内在关联。

③ Ulrich Claesges, "Das Doppelgesicht des Skeptizismus in Hegels Phänomenologie des Geistes", in *Skeptizismus und spekulatives Denken in der Philosophie Hegels*, Hrsg. von Hans Friedrich Fulda und Rolf-Peter Horstmann, Stuttgart: Klett-Cotta, 1996, S.117. 关于《精神现象学》的方法的研究。参见:Ulrich Claesges, *Darstellung des erscheinenden Wissens: Systematisches Einleitung in Hegels Phänomenologie des Geistes*, Hegel-Studien Beiheft, Band 21, Bonn: Bouvier Verlag Herbert Grundmann, 1981。

④ 正在显现为现象的知识,首先,它是自然意识的一种限定的形式,就此而言,它可以说是"趋向于它的真实存在"的([德]黑格尔:《精神现象学》(上卷),贺麟、王玖兴译,第62页)。并因此它可以被描述为一条"向真知识发展中的自然意识的道路,或灵魂的道路,灵魂在这条道路上穿过它自己的本性给它预定下来的一联串的过站,即经历它自己的一系列的形态,从而纯化自己,变成为精神;因为灵魂充分地或完全地经验了它自己以后,就认识到它自己的自在"(同上书,第54—55页)。参见:Werner Marx, *Hegel's Phenomenology of Spirit: Its Point and Purpose — A Commentary on the Preface and Introduction*, trans. by Peter Heath, p.14.

⑤ [德]黑格尔:《精神现象学》(上卷),贺麟、王玖兴译,第56页。

多葛主义"和"苦恼的意识"之间。就这一点而言,黑格尔在《精神现象学》中延续了那种对怀疑主义的角色举棋不定的心理①。由此则产生了一个问题,为什么作为意识的形态之一的怀疑主义能够成为描述意识经验的科学的方法?或者换一种问法:何以怀疑主义一方面被描述为意识经验的形态之一,另一方面同样被规定并应用为整个精神现象学的方法是可能的?

因此,本章的最终目的,亦即第三节的内容是:首先,要阐明的是"自身实现着的怀疑主义"的内涵;其次,在此基础上,要阐明的是怀疑主义的双重身份之间的关系;再次,要阐明的则是"自身实现着的怀疑主义",即辩证法如何扬弃作为意识经验的环节之一的怀疑主义,或者换句话说,怀疑主义在意识经验的道路上是如何自我扬弃的。

当然,如果我们要理解这种"自身实现着的怀疑主义",那么在此之前就必须对《精神现象学》中导论的意图加以整体地把握。正如尤金·芬克所指出的那样,"在精神现象学的导论里,黑格尔并非仅仅试图暂时性地指明哲学的方法特征和运动特征,其首要目的乃是要把该运动本身带入运转之中,即揭示问题"②。黑格尔不同意近代哲学以方法为出发点,而认为哲学应该从问题出发。立足于黑格尔在《精神现象学》导论中的思路:(1)反对某种优先于哲学的认识论,分析关于认识的两个隐喻:"工具"和"媒介物",批判近代哲学基于形而上学二元论的预设;(2)阐明"关于意识的经验的科学"的内涵;(3)阐明意识达到科学的道路本身的展开方式——"自身实现着的怀疑主义"。本章论述将结合《精神现象学》序言和自我意识一章中的相关论述加以分析。

第一节 《精神现象学》的开端、道路和原则③

这里试图澄清的是,黑格尔为什么将绝对作为《精神现象学》的开端,以及黑格尔整个哲学的开端,甚至是人类的根源和出发点?黑格尔在《精神现象学》的导论中,一方面,试图回应近代哲学的倾向,即否定从方法出发,而认为应该从问题出发,另一方面,则是反对传统的方法论,批判近代哲学的

---

① Heinz Röttges, *Dialektik und Skeptizismus: die Rolle des Skeptizismus für Genese, Selbstverständnis und Kritik der Dialektik*, S.32.
② 〔德〕芬克:《黑格尔〈精神现象学〉的现象学阐释》,贾红雨等译,第44页。
③ 需要特别指出的是,笔者关于《精神现象学》的理解主要得益于复旦大学张汝伦先生于2007—2008年秋冬季学期和2009—2010年春夏季学期关于《精神现象学》的课程讲授。

二元论预设。而暗含其中的另一动机则是,回应古代怀疑主义的诘难,并为自己的哲学体系辩护。

我们会看到,精神现象学的道路,既是意识或"精神的直接的实际存在"自身的一种自我教化的历史的描述,或意识自身发展为科学的一个现实的形成过程史的描述,也意味着自然意识,伴随着现象知识的经验历史,教化并提升自身为科学,并且这条道路的原则是意识自身提供检验自己的尺度。

一、开端是绝对

为了阐明《精神现象学》中诸意识形态转化的道路,首先要澄清的是,这条道路的开端,即绝对,其实也是整个精神现象学的开端。

在《精神现象学》导论的一开始,黑格尔就将其矛头直接指向了肇始于笛卡尔的近代哲学的方法论:"如果有人觉得在哲学里在开始研究事情本身以前,即在研究关于绝对真理的具体知识以前,有必要先对认识自身加以了解,即是说,先对人们借以把握绝对的那个工具,或者说,先对人们赖以观察绝对的那个手段,加以考察,这乃是一种很自然的想法"[1],并深入驳斥了这种以康德的批判主义及其模仿者为代表的近代哲学的主要原则——在认识之前必须先批判地审查我们的认识能力本身,即"一个人在跳下水游泳之前,就想要先学习游泳"[2],理由则是"考察认识能力本身就是一种知识,它

---

[1] [德]黑格尔:《精神现象学》(上卷),贺麟、王玖兴译,第51页。众所周知,笛卡尔试图通过探索知识的基础"为科学建立起某种坚定可靠、经久不变的东西"([法]笛卡尔:《第一哲学沉思录》,庞景仁译,北京:商务印书馆,1986年,第14页)。洛克在其著《人类理解论》中通过考察我们心灵的各种能力,搜寻出意见和知识的界限,达到"探讨人类知识的起源、确定性和范围,以及信仰的、意见的和统一的各种根据和程度"的目的([法]洛克:《人类理解论》(上册),关文运译,北京:商务印书馆,1983年,第1—2页)。贝克莱的研究同样始于对人类心灵的能力,或者说,人类的认识能力的考察([英]乔治·贝克莱:《人类知识原理》,关文运译,北京:商务印书馆,1973年,第3—5页)。休谟则认为"关于人的科学是其他科学的唯一牢固的基础"([英]休谟:《人性论》(上册),关文运译,郑之骧校,北京:商务印书馆,1980年,第8页)。康德则在《纯粹理性批判》的第一版序中指明此书的目的在于:"对一般理性能力的批判,是就这些批判可以独立于任何经验而追求的一切知识来说的,因而是对一般形而上学的可能性或不可能性进行裁决,对它的根源、范围和界限加以规定,但这一切都是出自原则。"([德]康德:《纯粹理性批判》,邓晓芒译,杨祖陶校,北京:人民出版社,2004年,第3—4页)所有这些哲学家都将认识论问题作为其他哲学争论的基础,而康德之后的哲学家,诸如莱茵荷尔德、雅各比、费希特、克鲁格、舒尔策和谢林等也都提出了诸多知识理论来回应康德。参见:Kenneth Westphal, *Hegel's Epistemological Realism: A Study of the Aim and Method of Hegel's Phenomenology of Spirit*, Dordrecht, Boston: Kluwer Academic Publishers, 1989, p.4.

[2] [德]黑格尔:《哲学史讲演录》(第四卷),贺麟、王太庆译,北京:商务印书馆,1983年,第259页。

不能达到目的,因为它本身就是这目的,——它不能够达到它自身,因为它原来就在自身之内"①,以及与这种方法论及其主要原则相关联的所谓的关于"绝对"的一种认识的不可能的观点②。黑格尔表面上是在反对近代哲学的方法论,实际上是在反对其认识论。对黑格尔而言,方法是"属于哲学本身的",并不是"外在于或先于哲学的东西",而是哲学本身的形成或展开方式,即事情本身展开的方法。更进一步说,精神现象学本身就是"将自身生产出来的哲学方法,因而也就是显露的方法,而这个方法本质上具有某种运动之特征、发生之特征、历史之特征"③。

近代哲学之所以认为方法优先,乃是因为其"相信通过认识来替意识获取那种自在存在着的东西这一整个办法就其概念来说是自相矛盾的,相信绝对与认识之间存在着一条划然区别两者的界限",因此当我们借助于认识来把握绝对时,得到的并非是事物原来的样子,而是发生形象改变后的事物④。换句话说,近代哲学假定认识为一种"工具"和"媒介物"的观念,也假定我们自身与认识之间有所差别,尤其假定认识与绝对是不相关联的⑤。近代哲学这种假定事实上乃是基于那种"世界是两分的"预设:绝对与认识、存在与思维、主体与客体等之分离,这种预设的两个重要隐喻就是"工具"和"媒介物",前者对应于以康德为代表的积极意义上的知性,后者对应于以洛克为代表的消极意义上的感性,即人的意识或心灵要跃出自身达到绝对,必要借助于既在我们自身之外又在绝对之外的工具或媒介物——认识⑥。

对此,黑格尔认为,这两个隐喻得到的结论——我们无法认识绝对,我们不能认识事情本身,因为透过工具或媒介物,即认识的"折射",事物本身总是被歪曲的⑦——是无法容忍的。黑格尔巧妙地借用常识来反对近代哲学的这种假定:如果我们不能真实地认识事物,如果"抽离了粘鸟的胶竿",抽除作为认识的"光线自身"的"折射作用"——即所谓的工具或媒介物,事实上也就不可能有任何认识,而只剩下"一个纯粹的方向或空虚的

---

① 〔德〕黑格尔:《哲学史讲演录》(第四卷),贺麟、王太庆译,第259页。
② Johannes Heinrichs, *Die Logik der "Phänomenologie des Geistes"*, Bonn: Bouvier Verlag Herbert Grundmann, 1974, S. 7.
③ 〔德〕芬克:《黑格尔〈精神现象学〉的现象学阐释》,贾红雨等译,第43—44页。
④ 〔德〕黑格尔:《精神现象学》(上卷),贺麟、王玖兴译,第51页。
⑤ 同上书,第52—53页。
⑥ Kenneth Westphal, *Hegel's Epistemological Realism: A Study of the Aim and Method of Hegel's Phenomenology of Spirit*, p. 5.
⑦ 〔德〕黑格尔:《精神现象学》(上卷),贺麟、王玖兴译,第52页。

地点了"①。因此,黑格尔拒绝"将认识视为一种工具和媒介物的观念",否定"我们自身与这种认识之间有一种差别",也反对"认识是自为的与绝对不相关联的",亦即反对这种在绝对或真理之外的认识具有真理性②。用约瑟夫·弗莱的话来说,黑格尔认为"总体的原则或根据的指涉物与可理解物的原则或根据的指涉物是同一个东西"③。

黑格尔在这里实际上指明了哲学同时也是其自身问题的出发点:绝对与认识的问题,即存在与思维的问题。当然,黑格尔在这里要处理的并非只是一个认识论和方法论的问题,还是一个本体论的问题④。黑格尔延续了古希腊巴门尼德"思维与存在是同一的"的思想传统,以"自在的为意识的存在"为其决定性的出发点,因为在黑格尔看来,我们首先总是存在于一定时间的一个世界之中的,我们是经验的参与者,而不是旁观者,这个世界不可能与我们分隔开来,后者必然是一个人为的结果,这个世界本身就是绝对,是哲学的起点,是我们存在或思维退无可退的最终前提。由此,黑格尔以一种独特的方式将其哲学的起点与康德的起点区分开来。

正是在这个不能被假设的前提下,黑格尔尝试用现象学的方法来演示人类精神的整个历史,展现人类精神现象的经验形式,这并非是一个现实的序列,这个序列虽是有时间的,却不是编年史意义上的时间,然而这个序列又能在历史中找到。这里的现象学指的是赋予经验现象以意义,指出它有某种必然性——事物发展的内在目的,现象学不是要进入到现象后面,而是

---

① 〔德〕黑格尔:《精神现象学》(上卷),贺麟、王玖兴译,第52页。
② 同上书,第52—53页。
③ Joseph C. Flay, *Hegel's Quest for Certainty*, Albany: State of University New York, 1984, p.252.
④ 迈克尔·佛斯特在《黑格尔与怀疑主义》一书的第三部分阐明了黑格尔在认识论层面上为其哲学科学体系所做的辩护。参见:Michael N. Forster, *Hegel and Skepticism*, Cambridge, Mass.: Harvard University Press, 1989, pp.97-180. 而尤金·芬克在其著《黑格尔〈精神现象学〉的现象学阐释》中论及黑格尔哲学的出发点时,指出:"当然,这里要处理的并非是一个'认识论'的问题,即人类的认知行为是如何以及在多大程度上能正确可信地把握存在并将其纳入概念中的问题。这里试图思考的也并非是认知是如何运转的,它能达到什么成就,而毋宁是试图思考,什么'是'作为知识的知识。这样说还是会产生误解。这个问题要解决的并非是去描述、表述人类的知识,并非是要界定人类知识的有效范围或分析它的经验和先验的成分。知识问题开启了黑格尔的存在论,使之运转在知识的向度内,但这并不是说,黑格尔对知识作了存在论意义上的思考,而是说,他从知识这一难题出发,进展到一般性的、整体性的存在论难题。"参见〔德〕芬克:《黑格尔〈精神现象学〉的现象学阐释》,贾红雨等译,第25页。对此,笔者认为:在黑格尔那里,事物、本体与经验是同一个东西,本体论/存在论(Ontologie)、认识论和方法论是同一的,本体就是自身展开的过程(本体论/存在论),就是认识自身的过程(认识论),就是认识方法的显现过程(方法论)。

要提供支配经验的基本原则。现象学就是研究经验形式的变化,用概念的形式加以把握并成为科学体系,因为"知识只有作为科学或体系才是现实的……真理只有作为体系才是现实的",而这个科学体系同时也是作为绝对或精神本身的展开①。

因此,黑格尔才为"绝对是可以认识的"这个结论给出了一个让常识思维听来骇人听闻的原因,这个原因以命题的形式出现:"只有绝对是真的,或只有真理是绝对的。"②对于常识思维而言,这个命题是独断的,的确,关于这个命题,黑格尔在这里尚未能给出常识思维所要求的论据,因为在黑格尔看来,精神现象学的整个实现过程才能为此提供依据,更确切地说,这个命题就是精神现象学的整个实现过程本身,这个命题可以说是一个预言,真理的本质将在《精神现象学》中得到演示和宣明③。

在这里,"绝对"并非是与"相对"相对的概念,"绝对"是名词,而不是形容词,指的是绝对本体或世界本身,但并非是一个物或有限者,也不是上帝或永恒者,而是人类存在本身,是人类的根源和出发点——存在条件的绝对性,亦即人类存在的总根据,因为我们理解世界的方式就是世界的一部分。

毫无疑问,绝对是黑格尔哲学的起点,哲学就是对绝对的展开,尽管其现在只是作为一个空洞的规定,尚未得到完全的展开:绝对"本质上是个结果,它只有到终点才真正成为它之所以为它……它是现实、主体或自我形成"④。只有从绝对的本体出发,从存在与思维的同一出发,才能只有真而没有假,真或假是根据本体讲的,而不是根据认识关系讲的,在黑格尔这里,真理是本体论(存在论)的问题,而不只是认识论意义上的问题。

也正是在这个意义上,绝对与真理是同一的,或者说,真理是思维与存在的同一的等效物,黑格尔在这里是"把真理的本质规定为对绝对的理解"⑤,真理就是关于绝对的绝对知识,但是绝对知识或真理不是一蹴而就或唾手可得的,它必须被表述为真理自身的科学体系。这个科学体系也不是一下子就能实现的、业已实现了的或类似谢林那样可以通过"顿悟"而获得的,黑格尔称这种"还不是真正的、实现了和展开了的科学自身"还只是一种现象,而科学则必须摆脱这种现象,必须"转过来面对着这种现象"⑥。但

---

① 〔德〕黑格尔:《精神现象学》(上卷),贺麟、王玖兴译,第14—15页。
② 同上书,第53页。
③ 〔德〕芬克:《黑格尔〈精神现象学〉的现象学阐释》,贾红雨等译,第46页。
④ 〔德〕黑格尔:《精神现象学》(上卷),贺麟、王玖兴译,第12页。
⑤ 〔德〕芬克:《黑格尔〈精神现象学〉的现象学阐释》,贾红雨等译,第47页。
⑥ 〔德〕黑格尔:《精神现象学》(上卷),贺麟、王玖兴译,第54页。

是,科学与非科学的现象之间并非是对立的,前者也并非是凌驾于后者之上的,而是说科学是存在于"不真实的知识里的,即它的一种坏的存在方式,它的现象",科学产生于非科学的知识自身的自我扬弃,自我扬弃的形成过程就是科学的道路本身,即科学本身,这条道路就是从非科学的"正在显现为现象的知识"自我发展为科学的道路,亦可被视为"向真知识发展中的自然意识的道路,或灵魂的道路,灵魂在这条道路上穿过它自己的本性给它预定下来的一联串的过站,即经历它自己的一系列的形态,从而纯化自己,变成为精神;因为灵魂充分地或完全地经验了它自己以后,就认识到它自己的自在"①。换句话说,只有当真理被公认地显现为科学时,真理的现象才会被认为与真理的本质相适应②。

二、意识到达科学的道路

从上文可得知,《精神现象学》的导论清晰地暗示了精神现象学的取向:它是要揭露潜藏于那些关于无可争辩的真理的特定主张的诸矛盾特性③。换句话说,黑格尔试图完成在他看来康德和传统未能完成的事:为一种确定的观念论主张提供保障并且展示其他的哲学主张以及日常意识的自然的、非反思的观点主张是不足以达到现实的真理的任务的④。在黑格尔看来,自然意识⑤,在这条科学的道路上所经历的是,尽管它将自己视为"实在的知

---

① 〔德〕黑格尔:《精神现象学》(上卷),贺麟、王玖兴译,第54—55页。
② Johannes Heinrichs, *Die Logik der "Phänomenologie des Geistes"*, S.11.
③ Jacob Loewenberg, *Hegel's Phenomenology: Dialogues on the Life of Mind*, La Salle, Illinois: The Open court Publishing Co., 1965, p.20.
④ Joseph C. Flay, *Hegel's Quest for Certainty*, p.4.
⑤ 自然意识,简单地说,就是常识的或日常的意识,知性的思维意识。它具有如下三个特点:第一,自然意识的目标是获得事物的知识;第二,自然意识认为事物只有通过把认识作为一种中介来使用方能够被认识;第三,自然意识认为绝对"处在一边"而认识"处在另一边"。参见高桦:《论黑格尔在〈精神现象学〉导论中对"自然的意识"的批判》,《哲学动态》2016年第7期。自然意识本质上是直接地与一种总体的情境(Situation)相统一的,这种总体的情境在某一特定的时间是支配并决定自然意识的,自然意识是属于这种总体情境的,虽然总体情境可能视自己为与自然意识相对立的客体化(objecthood)领域。这种意识与决定着的情境的直接统一在《精神现象学》中被黑格尔视为意识的"诸形态"。"自然意识"以多种形态出现,这是为什么意识的自然性并非是一种"永恒的"自然的意义上的"自然",而是相反,是由于变化着的情境——一种变化着的,和在此意义上一种"历史的"意识。变化不定的意识的这种历史特征进一步被一种事实所证明,即甚至是所有过去的"已蜕掉的诸形态"都属于某种特定的意识的"无机自然"。因此,绝对精神包含历史和自然两个维度,不可分割。参见〔德〕黑格尔:《精神现象学》(上卷),贺麟、王玖兴译,第18页。作为一种历史的意识,自然意识变化着。任何现有的自然意识的形态转化为其另一种形态是其本身的教化。意识的自然性的这种教化通过哲学消除其内容的"直接的现实性",被"缩影"为"简单的思维规定",因此,内容作为"一种已经在思想中的东西",要把(转下页)

识",但是将证明它自己只是"知识的概念"或是"不实在的知识"①。

从肯定的意义上说,对这条科学道路本身而言,所获得的是"概念的现实化",换句话说,就是对涉及着的阶段的真理内容的确证②;从否定的意义上说,对自然意识而言,所获得的是"它自身的毁灭,因为它在这条道路上丧失了它的真理性"③。因此,这条道路可以被视为是"怀疑的道路,或说得更确切一些,绝望的道路"④。尽管黑格尔在这里是在玩弄 Zweifel(怀疑)和 Verzweiflung(绝望)两个单词之间德文构词法上的文字游戏,但是不可否认,这条道路对于自然意识本身而言未尝不是绝望的,抑或笛卡尔式的怀疑的终点也只能是绝望。但是,对《精神现象学》而言,其本身不仅是显现为现象的知识的扬弃,而且同样是意识的经验的描述。那么这条道路究竟是怎样的一条道路呢?

一方面,这条道路是意识或"精神的直接的实际存在"自身的一种自我教化的历史的描述,或者意识自身发展为科学的一个现实的形成过程史的描述⑤。黑格尔将这条道路与普遍精神的教化历史的理念相联系,而后者

(接上页)思想中的"自在存在"转化为"自为存在"的形式。这种内容或思维规定的总体性被黑格尔称为近代传统的"实体"。自然意识的进一步教化意味着个人消化"显现于个人之外又构成着个人的无机自然"而据为己有。意识抛弃了规定它的自然性,直到后者被完全地消化。在黑格尔看来,在保持被完全特定的总体情境所支配的意义上,意识必须绝不保持"自然的"。与之相反,进一步的教化将逐渐地导向摆脱这种束缚。消化并不意味着自然性的破坏,也不意味着使客体化的领域适应纯粹自我或理性,而是指在教化进程的终点,意识抽取了所有规定它的内容并且返回到纯粹的自身。对黑格尔而言,意识的完全教化表示摆脱自然性的支配,在它把握了客体化、客观性的理性——不管它是一个人或时代的制度和思维习惯或者本质——并因此意识到它与这种客观性的同一。意识并未因此简单地否定决定它的自然性,而是认识到:诸思维规定的可识别的运动是以观念、习惯、风俗等为基础的。通过把握这种总体的情境,意识使自己摆脱了无机自然并通过对其而言并不透明的诸观念扬弃了自身的规定性。参见〔德〕黑格尔:《精神现象学》(上卷),贺麟、王玖兴译,第18—19页。因此,自然意识的本质在于:作为意识,它具有运动结构,其在近代哲学中达到了规定性;作为一种"自然的"意识,它是一种形态,其直接地与一种总体的情境相统一;但是,从本质上说,它被描述为是以一定方式处于使自己摆脱这种束缚的过程之中的,并因此依据其"教化的"层次,作为一种或多或少"自然的"意识,以不同的形态出现。它完全是作为"精神"的一种"直接的"样态(mode)的。参见:Werner Marx, *Hegel's Phenomenology of Spirit: Its Point and Purpose — A Commentary on the Preface and Introduction*, translated by Peter Heath, pp.3-5.

① 〔德〕黑格尔:《精神现象学》(上卷),贺麟、王玖兴译,第55页。
② Ulrich Claesges, "Das Doppelgesicht des Skeptizismus in Hegels Phänomenologie des Geistes", in *Skeptizismus und spekulatives Denken in der Philosophie Hegels*, Hrsg. von Hans Friedrich Fulda und Rolf-Peter Horstmann, S.119.
③ 〔德〕黑格尔:《精神现象学》(上卷),贺麟、王玖兴译,第55页。
④ 同上。
⑤ 同上书,第23页。

与"引导一个个人使之从他的未受教养的状态到知的状态"的任务相关联,如果我们就"个体的发展形成来考察普遍的个体",这个"普遍的个体"就是"有自我意识的精神",即绝对精神本身,可以发现,普遍精神本身是实体,而普遍精神的发展过程不过是"实体赋予自己以自我意识,实体使它自己发展并在自身中反映"①。

由此,黑格尔考察了特殊的个体与普遍的个体之间的历史关系,前者作为人类精神发展的各个阶段的"具体形式"和"独有的形态",是"不完全的精神",各个阶段虽有一个处于支配地位的规定性,但是其他的规定性则由此而被遮蔽起来,所以各个阶段并不是一个从低级到高级的过程,只不过在较高的精神中,较低的精神成为"一种隐约不显的环节",或"一种遗迹",或"一片简单的阴影",因为各个发展阶段本身各具有其丰富性。这些阶段作为"一条已经开辟和铺平了的道路上的段落而被个体走过",宛如个人为了学习高深的知识而回忆他早已学过的那些为此所准备的知识内容,普遍的个体(即普遍精神)所走过的那些发展阶段的过程,也是如此,那些阶段无非是普遍精神本身要据为己有的"财产"②。在黑格尔看来,普遍精神的教化反映于个人的教化之中,因此事实上,后者本质上不再只是被普遍精神的教化的发展阶段所规定,而是在朝向普遍精神的科学上升道路中,将自身的自我意识转化为这种普遍的精神③,可以说,个人的教化与普遍精神的教化是同构的。

另一方面,这条道路意味着自然意识,伴随着现象知识的经验历史,教化自身并提升自身为科学,而科学作为自然意识的目的,在黑格尔看来,则是"既要描述这种形成运动的发展经过及其必然性,又要描述那种已经沉淀为精神的环节和财产的东西所呈现的形态"④。那么,是什么使得自然意识提升自身为科学的呢?

对此,黑格尔指出,自然意识,作为"科学的知性形式,是向一切人提供的、为一切人铺平了的通往科学的道路,而通过知性以求达取理性知识乃是向科学的意识的正当要求;因为知性一般说来即是思维,即是纯粹的自我,而知性的东西则是已知的东西和科学与非科学的意识共有的东西,非科学的人通过它就能直接进入科学"⑤,也就是说,自然意识本身提供其自身发

---

① 〔德〕黑格尔:《精神现象学》(上卷),贺麟、王玖兴译,第17—18页。
② 同上书,第18页。
③ Werner Marx, *Hegel's Phenomenology of Spirit: Its Point and Purpose — A Commentary on the Preface and Introduction*, trans. by Peter Heath, p.32.
④ 〔德〕黑格尔:《精神现象学》(上卷),贺麟、王玖兴译,第18—19页。
⑤ 同上书,第8页。

展的必然性,知性则为自然意识与科学之间的中介因素,为从非科学进入科学提供阶梯。知性作为一种否定性活动的力量,指向一个被表象的或熟知的东西的分析,尽管知性进行的分解活动所分析出的只能是思想,即已知的固定的和静止的规定,但是知性却将表象"分解"并扬弃为表象自身的环节,亦即精神通过克服知性所获得的否定性的东西,使之成为回到自身的一个环节,由此,被表象的或熟知的东西成了精神的财富①。

但是,精神并不止步于此,它要"扬弃那些固定的思想从而使普遍的东西成为现实的有生气的东西","精神的本质性"就是"通过这样的运动,纯粹的思想就变成概念,而纯粹思想这才真正是纯粹思想、自身运动、圆圈,这才是它们的实体所是的东西",精神本质性的"这种运动构成着一般的科学性的本性",这种运动乃是"它的内容扩张为一个有机的整体的必然的发展运动,由于这种运动,到达知识的概念的那条道路也同样成了一条必然的完全的形成"②。在这里,概念意指精神自身把握自身,这种把握并非是片面的、静止的或固定的,而是全面的、运动的和发展的,精神现象学就是概念③把

---

① 〔德〕黑格尔:《精神现象学》(上卷),贺麟、王玖兴译,第35页。
② 同上书,第22页。
③ 在德语中,"概念"一词其动词形式 begreifen 来源于 greifen(字面意为:去领会、把握),意为去理解、去包含,暗含去领会、去把握之意,其过去分词常被表达为 begriffen sein in,意为去从事于某事。黑格尔也会采用 übergreifen 一词,意为越出其自身以达到他者(对象),对象本身就是概念。概念一词的名词形式 Begriff 具有概念(概念化)和观念双重含义。艾克哈特(Eckhart)用 Begriff 来代替拉丁语中的 conceptus 或 notio;沃尔夫(Wolff)则在"思维中之物的表象"这个意义上来使用概念;概念一词在康德那里获得了稳定的含义:与直观相对,概念是一个普遍的表象或诸多对象之共同表象;它在黑格尔那里通常被译为概念,对黑格尔而言,概念并不是完全通用的,也不是一个表象,当然也不是对象所共有的。参见: Michael Inwood, *A Hegel Dictionary*, Oxford, OX, UK; Cambridge, Mass., USA: Blackwell, 1992, p.58.

伽达默尔在《哲学的开端与终结》一文中谈及"概念"时曾说过:"阐明概念之含义似乎与奥古斯丁阐明时间之含义同样困难,对于概念,我们都心知肚明,都在哲学活动中运用,但却说不出来,不知道它是由什么东西组成的。当我们谈及概念时,这个词就会背叛我们。"概念是一个复杂的结构,它无法用一个词、一句话来穷尽,它大致蕴含如下几层含义:一、概念就是对事物的各个成分进行综合把握,成为一个有机的整体(zusammengegriffen);二、概念就是去整体地理解(zugreift);三、概念就是去整体地把握、领悟、领会(zusammmengreift);四、概念就是对某一个东西摄入并加以保持(begreift);五、用概念来思维即是主动地出击去把握并占有某一个东西(eingreifendes),主动地出击去抓住并吸收某一个东西(ausgreifendes)。参见: Hans-Georg Gadamer, "The Beginning and the End of Philosophy", in *Martin Heidegger: Critical Assessments*, edited by Christopher Macann, London: Routledge, 1992, p.20.

在《小逻辑》中,黑格尔通过将概念与直观或感觉、存在和本质、对象和对象性以及判断等相关范畴加以描述和比较,得出了概念含义的不同方面。在黑格尔哲学中,概念大致具有如下三层含义:第一、概念就是对事物的各个成分进行综合把握,并使之成为(转下页)

（接上页）一个有机的整体或系统。概念作为一个全体，概念的每一环节本身即是整个概念，这全体中的每一个环节都是被设定为与其构成一个整体的概念具有不可分离的统一性。所有的概念都是中介性的，需要其他概念来建立系统。概念是有规定性的东西，有确定性的内容。这样的概念才可以给自我作规定。概念不断从自身分裂出异己的东西，对自身不断地否定，同时也使自身更丰富，是自身潜在性的展开、完满。认为"只有无条件的概念才是完满的，才是无规定的"是不可取的，只有有条件的概念才是好的概念。在黑格尔那里，概念之间并没有截然地区别，它们形成一个辩证地交织在一起的系统，这个系统不能通过零碎地抽象来获得。因此，从根本上说，只有一个概念，这个概念在逻辑中展开自身，形成世界和我的本质。黑格尔经常将概念比作上帝，上帝从虚无中创造世界所揭示的正是概念自我实现为客体。概念应用于世界之中的有限实体，但没有一个实体完全匹配概念，这些有限实体只是相对自我决定的，它们取决于外在其自身的他者。但世界作为一个整体并不依赖他者，而是取决于自身的本性和发展。因此，世界必须完全符合它的概念。

第二，概念是形式与内容、主观与客观、主体与客体的统一。概念作为形式，是一种"无限的有创造性的形式，它包含一切充实的内容在自身内，并同时又不为内容所限制或束缚。"（〔德〕黑格尔：《小逻辑》，贺麟译，北京：商务印书馆，1980年，第328页）"它们（逻辑形式）作为概念的形式乃是现实事物的活生生的精神。现实的事物之所以真，只是凭借这些形式，通过这些形式，而且在这些形式之内才是真的。"（同上书，第331页）应当注意的是，首先，概念给内容以某种形式，但它还受语境、文化背景、意识形式的影响。其次，黑格尔这里所说的概念或逻辑并不是知性意义上的概念或逻辑，后者只是一种单纯的理智推论或知性形式，一种否定的和抽象的形式，而黑格尔的概念是一种肯定的和具体的东西。说概念是主观的，在一定程度上是对的，但并不可以因此认为作为形式的概念只是一套空架格，要先从它的外面去找些独立自存的客体来对其加以填满。反之，我们应该说主观性的概念是辩证发展的，它会突破它的限制，展开它自身进入客观性。主观性和客观性之间并不是一种僵硬的抽象的对立关系，二者毋宁是辩证的。"概念最初只是主观的，无须借助于外在的物质或材料，按照它自身的活动，就可以向前进展以客观化其自身。同样，客体也并不是死板的、没有变动过程。反之，它的过程即在于证实它自身同时是主观的，这种过程形成了向理念进展。"（同上书，第378页）因此，概念与外在对象的真正差别在于它自身是一个概念或一个概念化构造：概念可分化为一个概念的概念和一个客体的概念，正如普遍特殊化自身成为普遍、特殊和个体。概念必须越出其自身以达到他者。

第三，对黑格尔而言，概念是充满生命和活力的，是不断生长的，是一个过程。默罗阿德·韦斯特法尔曾指出，概念是永无止境的，是创造性的形式，是自由的，是创造性的活动，或仅仅是创造性的力量，概念是有作用能力或使（他物）现实化的东西（The Concept is das Wirkende），概念与客观性之联系犹如灵魂与肉体或种子与植物之关系。参见：Merold Westphal, "Hegel's Theory of the Concept", in *G. W. F. Hegel: Critical Assessments*, edited by Robert Stern, London, New York: Routledge, 1993, p.418。需要注意的是，概念在黑格尔那里经常指的是与其已完成的形式相比之下的一个实体的初始阶段：一颗橡果只是"概念"，并未完全实现其概念。总之，概念是活的东西，而不是唯名论式的理解，不能抽象地理解概念。"概念的运动就是发展，通过发展，只有潜伏在它本身中东西才得到发挥和实现。在自然界中，只有有机的生命才相当于概念的阶段。"如果康德哲学是无机科学的隐喻，那么黑格尔哲学则是有机生物学的隐喻。黑格尔在论及判断时，曾指出"概念本身并不象知性所假想的那样自身固执不动，没有发展过程，它毋宁是无限的形式，绝对健动，好象是一切生命的源泉（Punctum saliens），因而自己分化其自身。这种由于概念的自身活动而引起的分化作用，把自己区别为它的各环节，这就是判断。"（〔德〕黑格尔：《小逻辑》，贺麟译，第339页）但概念在其运动中所建立的对方，其实非对方，而是在它自己本身内的。黑格尔同时还指出，"概念乃是内蕴于事物本身之中的东西；事物（转下页）

握世界的过程,精神的诸环节自身即为其对象,由此,黑格尔克服了存在与知识的对立,根绝了主体与实体的分裂,也就是说,我们对事物或世界的认识,不是我们主观意识的活动,而是绝对或精神,即作为主体的实体自我认识的活动①。总之,黑格尔不仅给出了像费希特那样的意识科学,而且让绝对精神的自我认识产生于主体性和实体性相互渗透的过程之中②。

因此,正如霍沃德·凯因茨所指出的那样,《精神现象学》的第一部分的确并不只是提供一种关于知识中的个人意识的进程的历史的或发展的解释,第二部分也的确不只是提供一种到黑格尔的时代为止的历史哲学,但是也非霍沃德·凯因茨所说的,第一部分只是意识运用辩证法审查它所意识到的东西的现有状态,第二部分只是成为精神的意识同样运用辩证法审查

(接上页)之所以是事物,即由于其中包含概念,因此把握一个对象,即是意识着这对象的概念。当我们进行判断或评判一个对象时,那并不是根据我们的主观活动去加给对象以这个谓词或那个谓词,而是我们在观察由对象的概念自身所发挥出来的规定性"(〔德〕黑格尔:《小逻辑》,贺麟译,第339页)。"事实上这里所建立起来的,乃是主词与谓词的统一,亦即概念本身。概念即是空虚的联系字'是'字的充实化。当概念同时被区分为主词与谓词两个方面,则它就被建立为二者的统一,并使二者的联系得到中介,——这就是推论。"(同上书,第355页)"但推论不是别的,而是(如上节所述那样)概念的实现或明白发挥(最初仅在形式上)。因此推论乃是一切真理之本质的根据。在现阶段对于绝对的界说应是:绝对即是推论,或者用命题的方式来表述这原则说:一切事物都是一推论。一切事物都是一概念。概念的特定存在,即是它的各环节的分化,所以概念的普遍本性,通过特殊性而给予自身以外在实在性,并且因此,概念,作为否定的自身回复,使自身成为个体。——或反过来说,现实事物乃是个体事物,个体事物通过特殊性提高其自身为普遍性,并且使自身与自身同一。——现实事物是一,但同时又是它的概念的各环节之多,而推论便表示它的各环节的中介过程的圆圈式行程,通过这一过程,现实事物的概念得以实现其统一。"(同上书,第356页)

总之,对黑格尔而言,概念是一个自成起结的全体(in sich beschlosene Totalität),是一个由其自身决定并完成的全体,它的起点即是终点,它是一个辩证的、运动的首尾相应的螺旋式的发展过程(同上书,第378—379页)。概念是永远阐发和展开的活的过程,是概念的现实化或绝对自身的展开。

参见:J. N. Findlay, *Hegel: A Re-examination*, London: George Allen & Unwin Ltd., 1958; Vittorio Hösle, "What Can We Learn From Hegel's Objective-Idealist Theory of the Concept That Goes Beyond the Theories of Sellars, McDowell, and Brandom?", in *The Dimensions of Hegel's Dialectic*, ed. by Nectarios G. Limnatis, London, New York: Continuum, 2010; Michael Inwood, *A Hegel Dictionary*, Oxford, OX, UK; Cambridge, Mass., USA: Blackwell, 1992; Robert B. Pippin, *Hegel's Idealism: The Satisfactions of Self-Consciousness*, New York: Cambridge University Press, 1989; Merold Westphal, "Hegel's Theory of the Concept", in *G. W. F. Hegel: Critical Assessments*, vol 3, ed. by Robert Stern, London, New York: Routledge, 1993。

① 精神的诸环节在知识因素里自己发展成为一个有机整体的运动过程,即为逻辑或思辨哲学。参见〔德〕黑格尔:《精神现象学》(上卷),贺麟、王玖兴译,第24页。
② Otto Pöggeler, *Hegels Idee einer Phänomenologie des Geistes*, Freiburg; München: Verlag Karl Alber, 1993, S.175.

它的世界①。《精神现象学》所描述的是:作为"一般的科学或知识"的绝对精神自身的一个富于生命的"生成过程","最初的知识或直接的精神",即日常生活中的感性的或知觉的知识,其作为"没有精神的东西",意味着此时人类精神尚未真正地把握自身,为了成为"真正的知识"或"科学",人类精神必须经历"一段艰苦而漫长"的自我展开的过程,在这条道路的终点,成长为绝对精神②。这条道路并非是一个从低级到高级的过程,而是一个从不成熟到更成熟的过程,是事情本身的过程,是精神作为"活的实体""建立自身运动"或"自身转化与其自己之间的中介"的过程,更进一步说,是绝对精神作为"单一的东西分裂为二的过程或树立对立面的双重化过程",是人类精神实现自身或返回到自身的过程,绝对或绝对知识或绝对精神本身之自我生成、自我展开和自我返回的过程,并因此是一个圆圈③。

三、原则:意识自身提供检验自己的尺度

在明晰了诸意识形态转化的道路即意识达到科学的过程之后,我们有必要考察黑格尔是如何描述诸意识形态转化之原则的,即意识自身如何能够提供检验自己的尺度?

黑格尔关于尺度之来源的讨论始于对陈述方法的探讨:"这种陈述,既然被想象为科学对待现象知识的一种行动和对认识的实在性的一种考察与审查,那么不先作一种假定,不先设立尺度以为根据,显然是无法进行的。"④科学作为"对认识的实在性的一种考察与审查",实际上是对认识过程的本质性或非本质性的一种检验,而检验的一个必备的构成要素则是检验所依据的标准,即尺度,那么尺度的来源在何处呢?由于哲学科学"(刚)刚才出现",所以哲学科学自身与任何其他的尺度一样未能证明"自己是本质的或自在的东西",故而哲学科学无法提供尺度⑤。由此就产生了一个矛盾,即哲学作为科学的证明需要一个尺度,但尺度本身由谁来证明?⑥

为了解决这一问题,黑格尔首先指出了一种关于知识和真理的常识观点:"意识是把自己跟某种东西区别开来而同时又与它相关联着的;或者用

---

① Howard Kainz, *Hegel's Phenomenology, Part I: Analysis and Commentary*, University, Alabama: University of Alabama Press, 1979, pp. 23 – 24.
② 〔德〕黑格尔:《精神现象学》(上卷),贺麟、王玖兴译,第 17 页。
③ 同上书,第 11 页。
④ 同上书,第 57—58 页。
⑤ 同上书,第 58 页。
⑥ 黑格尔在这里暗中针对的其实是近代自然科学所信仰的"证明"观念,即"科学应当被且必须可以得到证明"这一铁律本身是否可以被证明?

流行的话说,这就是,有某种为意识的东西;而这种关联或某种东西的为一个意识的存在,这个确定的方面,就是知识。但是我们把自在的存在跟这种为一个他物的存在区别开来;同样地,与知识发生了关联的存在也跟它[知识]区别开来并且被设定为也是存在于这种关联之外的,这个自在的存在的这一方面,就叫做真理。"① 常识观点认为,知识作为意识与某种东西之间的关联,是某种东西的为这个意识的存在,但是,某种东西"为意识"而言是一个东西,即"为一个他物的存在",而就它不"为意识"而言又是另一个东西,即"自在的存在","为一个他物的存在"与"自在的存在"既相关联着又区别开来,在此基础上,知识与真理之间也被赋予这种相同的结构,即在意识中,真理作为这个与知识既发生关联又区别开来并且被设定为存在于这种关联之外的存在,也是一个"自在的存在"。对于常识观点关于知识和真理的这种抽象规定,黑格尔有着如下三个方面的考量:

第一,就某种东西作为一个"为一个他物(意识)的存在"与其作为一个"自在的存在"之间既关联又区别而言,黑格尔要拒斥的是常识和近代哲学那种"绝对是无法认识的"的二元论,并立足于存在与思维或者绝对与认识之间的本质性关联,指明我们在意识到世界时,就已经在这个世界之中并且与世界处于一种关联之中了,因此,任何导致怀疑主义的知识概念显然无法解释我们关于世界的知识②。

第二,就真理作为一个与知识既关联又区别并且是在这种关联之外的"自在的存在"而言,黑格尔要拒斥的则是常识和近代哲学的认识论转向所暗含的一种沦落为主观主义的真理观以及由此导致的真理的不可认识性,并由此表明真理与绝对是同一的,真理就是关于绝对的绝对知识,真理是本体论的问题,而不只是认识论意义上的问题,并且真理的生成过程与知识的生成过程是同一的。

第三,在黑格尔看来,"对认识的实在的一种考察与审查"③,并不只是从认识论意义上来把握意识,而且还是从本体论意义上来把握意识,即把意

---

① 〔德〕黑格尔:《精神现象学》(上卷),贺麟、王玖兴译,第 58 页。在这段话中,黑格尔关注了德语中知识、存在和意识的词源关系:知识在德语中对应的名词为 das Wissen,其动词原形为 wissen,其过去分词为 gewußt,存在在德语中对应的名词为 das Sein,意识在德语中对应的名词则为 das Bewußtsein,这个单词的前缀(be-)意指使不及物变为及物,具有加强、完成的意思,因此意识一词在词源学上的意思是"逐渐达到认识存在",而知识就是"某种东西的为一个意识的存在"。参见:Kenneth Westphal, *Hegel's Epistemological Realism: A Study of the Aim and Method of Hegel's Phenomenology of Spirit*, pp. 100-101。

② Kenneth Westphal, *Hegel's Epistemological Realism: A Study of the Aim and Method of Hegel's Phenomenology of Spirit*, p.101.

③ 〔德〕黑格尔:《精神现象学》(上卷),贺麟、王玖兴译,第 57—58 页。

识理解为设定着的对存在的思维,因而知识或科学不是理论,而是一种关系性的实践行动。就这点而言,我们可以看到,正如哈特曼(K. Hartmann)所说的那样,黑格尔是从意识问题的角度来看待实在问题,并且完全从对后者的解答中来设想对前者的解答的①。

因此,尽管常识通过对知识和真理的抽象规定来指明了知识是意识与对象的关联,但对黑格尔而言似乎无助于解决问题:"对于意识来说,对象就只是象意识所认识它的那个样子,意识似乎不可能窥探到对象的不是为意识的那个本来面目或其自在的存在,因而也就不能根据对象来考查它的知识。"②在常识那里,任何关于对象的知识总是涉及作为自在存在的对象本身与意识所认识的对象之间概念上的区别,而这种区别又暗藏了意识所认识的对象本身(真理)与主体关于这个对象的认识之间更进一步的区别,因此,任何特定的知识主张都要求验证,但是任何验证又必然涉及进一步的知识和知识主张,由此最终只能陷入了一种无穷倒退③。

对此,黑格尔是如此来阐明出路的:"意识之一般地具有关于一个对象的知识这一事实,恰恰就已经表明是有区别的:一个环节是某种自在于意识之外的东西,而另一个环节是知识,或者说,是对象的为意识的存在。根据这个现成存在着的区别,就能进行比较考查。"④

在黑格尔看来,对某种知识的考察依赖于"自在于意识之外的东西"与"知识或对象的为意识的存在"这两个环节的区别,但二者之间的区别是包括在被考察的知识之中的:"我们在整个考察研究过程中必须牢牢记住,概念和对象、为他的存在与自在的存在,这两个环节都在我们所研究的这个知识本身之内。"⑤黑格尔之所以这么说,理由在于:我们研究知识的真理,其实就是研究知识的自在存在,但由于知识是我们的对象,它就是为我们的存在,由此知识的自在就是知识的为我们的存在,这就导致我们所认为的知识的本质,就不是它的真理,而只是我们关于它的知识,即知识的知识⑥。因此,知识的本质和尺度将存在于我们这里,都是由我们的意识自己提供的,我们自己的知识对于意识的知识的真理的审查具有决定性的意义,这就克

---

① Johannes Heinrichs, *Die Logik der "Phänomenologie des Geistes"*, S.20.
② 〔德〕黑格尔:《精神现象学》(上卷),贺麟、王玖兴译,第60页。
③ Kenneth Westphal, *Hegel's Epistemological Realism: A Study of the Aim and Method of Hegel's Phenomenology of Spirit*, p.101.
④ 〔德〕黑格尔:《精神现象学》(上卷),贺麟、王玖兴译,第60页。
⑤ 同上书,第59页。
⑥ 同上书,第58页。

服了知识与真理之间的分离①。在这里,黑格尔用一种表现形式上看来同语反复的方式来强调考察和审查不是外在的检验,而是意识在自身之中实行的一种检验②:"知识"作为"概念"是否与"作为存在物或对象"的"本质或真理"相符合,"对象的本质或真理"作为"概念"是否与"作为对象"的"对象的概念"相符合,显然,"这两个过程乃是一回事情"③。那么如何来理解"自在于意识之外的东西"与"知识或对象的为意识的存在"这两个环节的区别是包括在被考察的知识之中的呢?

黑格尔通过改进和发展之前关于意识、知识与真理三者的规定来加以进一步解释:"意识在它自身就是为一个另外的意识的意识,或者说,它一般说来在其自身就具有着知识环节的规定性;同时,这另外的一个,对意识而言不仅是为它[意识]的,而且也存在于这个关联之外,也是自在的,即是说,也是真理环节。因此,被意识宣布为它自身以内的自在或真理的那种东西,就是我们所用的尺度,意识自己把这个尺度建立起来,用以衡量它的知识。"④如果对象本身是某种在其与意识的关系之外的东西,那么它就无法是那种"被意识宣布"的东西,因为如果是那种"被意识宣布"的东西,它必然是处于与意识的关系之中;反之,如果对象本身是由意识的宣布所产生的某种东西,那它就不应该被称为是"自在的"东西。更进一步说,如果意识无法达到世界本身或自在之物或知识本身,那么意识何以能够确定其关于世界的概念符合世界本身,那么意识何以能够确定其关于知识的概念符合知识本身,那么意识依据什么基础可以推断出意识关于其对象的概念与这些对象本身相符呢?⑤ 对于这些问题,根本答案只能是:意识会发现"它从前以

---

① 〔德〕黑格尔:《精神现象学》(上卷),贺麟、王玖兴译,第 58—59 页。
② 〔德〕芬克:《黑格尔〈精神现象学〉的现象学阐释》,贾红雨等译,第 62 页。
③ 〔德〕黑格尔:《精神现象学》(上卷),贺麟、王玖兴译,第 59 页。黑格尔之前也有过类似的表述,如"正如发展进程的序列一样,目标也是知识所必需确定的;目标就是知识不需要再超越它自己的那个地方,就是它找到了它自己的那个地方和概念符合于对象、对象符合于概念的那个地方"(同上书,第 56 页)。虽然黑格尔这样的表述似乎是一种符合论,但我们不可受之迷惑,黑格尔捍卫的是融贯论,捍卫整体把握的感觉,即概念和判断是联系在一起的,我们总是在施加于事物概念与形式的网络中来理解事物。"符合"指的是内在的、有机的统一的符合。因此,"融贯一致"不是一个认识论的概念,也不是纯粹逻辑或判断逻辑的一致,而是指自我满足、自我同一的整全,不仅仅是形式逻辑的一致,还是自我发展的过程,而非符合单一标准尺度的过程。
④ 〔德〕黑格尔:《精神现象学》(上卷),贺麟、王玖兴译,第 59 页。需要注意的是,"自在的东西"在这里具有双重的含义:一种是自在之物本身,一种是"被意识宣布为它自身以内的自在或真理的那种东西"。
⑤ Kenneth Westphal, *Hegel's Epistemological Realism: A Study of the Aim and Method of Hegel's Phenomenology of Spirit*, p.108.

为是自在之物的那种东西实际上并不是自在的,或者说,它发现自在之物本来就仅只是对它[意识]而言的自在"①。因此,世界本身或自在之物总是为意识的,知识也是为意识的,这就最终克服了意识(为他的存在)与自在之物(自在的存在)之间的分离。

所以,黑格尔才会说,尺度就是"被意识宣布为它自身以内的自在或真理的那种东西"②,理解这句话的关键在于"宣布"(erklärt)一词,也就是说,意识"宣布"什么对它来说是真理,这样,意识也就"建立"(aufstellt)了意识用来衡量它的知识的尺度,并且"建立"其知识的观念。在黑格尔看来,尺度并非是由"我们"建立的,而是每一种意识形态都提供其内在的尺度,即宣布对这种意识形态而言自身之内的真理是什么。这个尺度一方面指定了这种意识形态假定自身得以可能的经验知识的种类或模式,另一方面指定了意识形态假定其在世界中找到的对象的种类的一般结构③。由此,这个尺度构成了这种意识形态自身的确定性,换句话说,这个尺度表明这种意识形态所确信的关于自身的知识及其所认识的世界的样子。更进一步说,"意识在本质上同时既是尺度,又是被尺度衡量的东西"④。

需要注意的是,这个宣布尺度或"意识自身以内的自在或真理的那种东西"的意识并非某种主观意识,而是人类精神或绝对精神本身。意识向着科学自我发展着:意识自身从事着行动,同时对自身进行检验,意识既是被检验者,也是检验者本身。总之,意识的基本结构就是:"意识本身就是它自己的概念;意识自己给它自己提供尺度;意识自身考查自己。"⑤

那么意识在何种程度上是自我检验者呢? 黑格尔作了如此回答:"意识一方面是关于对象的意识,另一方面又是关于它自己的意识;它是关于对它而言是真理的那种东西的意识,又是关于它对这种真理的知识的意识。"⑥"关于对象的意识"是意识关于对它而言何为真理的意识,"自我意识"不仅是"关于它自己的意识",还是"关于意识所认为的真理的知识的意识",《精神现象学》的前两章就是在这个意义上给出"意识"和"自我意识"之标题的⑦。既然"关于对象的意识"和"自我意识"都是"为意识的,所以意识

---

① 〔德〕黑格尔:《精神现象学》(上卷),贺麟、王玖兴译,第60页。
② 同上书,第59页。
③ Kenneth Westphal, *Hegel's Epistemological Realism: A Study of the Aim and Method of Hegel's Phenomenology of Spirit*, p.92.
④ 〔德〕海德格尔:《林中路》,孙周兴译,北京:商务印书馆,2018年,第193页。
⑤ 同上书,第208页。
⑥ 〔德〕黑格尔:《精神现象学》(上卷),贺麟、王玖兴译,第59—60页。
⑦ 〔德〕芬克:《黑格尔〈精神现象学〉的现象学阐释》,贾红雨等译,第63—64页。

本身就是它们两者的比较",并且"它的关于对象的知识之符合于这个对象与否,乃是对这同一个意识而言的"①,这种比较表明对象和对象的知识(概念)在其中分裂开来但不相互分离,并且意识作为这种内在的比较,就是一种自我检验,就是且只是它自身的"运动和生成"(Bewegung und Werden)②,即经验③,"如果在这个比较中双方不相符合,那么意识就必须改变它的知识,以便使之符合于对象;但在知识的改变过程中,对象自身事实上也与之相应地发生变化;因为从本质上说现成存在着的知识本来就是一种关于对象的知识:跟着知识的改变,对象也变成了另一个对象,因为它本质上是属于这个知识的"④。当知识与对象发生不一致时,意识改变了它的知识,与此同时,对象(不是一个物理对象,是事物本身,是意识形态相关的对象,如知识、解释关系、德行等)实际上也发生了改变,而当意识发现知识与对象不一致时,尺度自身也就要发生改变。

"对认识的实在性的一种考察与审查"最终变成了对对象与概念之间的相符性的检验⑤,并由此指明了知识的目标:"知识不需要再超越它自己的那个地方",亦即"概念与对象的彼此符合的那个地方"⑥,也就是《精神现象学》的终点——绝对知识,当然,概念与对象的这种彼此符合是内在的、有机的统一的符合,不仅仅是形式逻辑的一致,还是绝对精神自我发展的过程。绝对知识或绝对精神是一个动态的展开,一种辩证的运动,而不是一个现成的、既定的东西,也不是符合单一标准尺度的过程。事实上,达到绝对知识的进程就是绝对知识本身的展开过程,也就是绝对知识本身。

当然,对于这条道路的进程的方式和必然性以及陈述的方法,我们仍需进一步加以分析和探讨。如果对这些问题作一个更为细致的划分,则需要厘清意识形态之间转化的结构、必然性和动力。

---

① 〔德〕黑格尔:《精神现象学》(上卷),贺麟、王玖兴译,第60页。
② 同上书,第62页。
③ 〔德〕海德格尔:《林中路》,孙周兴译,第198—206页。
④ 〔德〕黑格尔:《精神现象学》(上卷),贺麟、王玖兴译,第60页。
⑤ 肯尼斯·韦斯特法尔曾指出,黑格尔给出了意识关于知识及其对象的理论必须与其内在的原则相一致的五个尺度:(1)为意识的对象与意识关于对象的概念是一致的;(2)为意识的知识与意识关于知识的概念是一致的;(3)标准(1)与标准(2)是一致的;(4)对知识的概念与世界的概念的生成和贯彻执行的解释,暗示了二者是如何通过扬弃较少充足的选择而产生的;(5)知识的概念与世界的概念及其贯彻执行如何能够基于相同的概念和贯彻而被学习、理解和采用。参见: Kenneth Westphal, *Hegel's Epistemological Realism: A Study of the Aim and Method of Hegel's Phenomenology of Spirit*, pp. 110-111。
⑥ 〔德〕黑格尔:《精神现象学》(上卷),贺麟、王玖兴译,第56页。

第二节 诸意识形态之间转化的结构、必然性和动力

这里主要论述《精神现象学》中诸意识形态之间转化的结构是意识形态的整个序列按照它们的必然性向前发展的过程,而这种必然性是人类精神本身成长的生命发展过程或绝对或绝对知识或绝对精神本身之自我生成、自我展开和自我返回,亦即确定的否定、辩证法或自身实现着的怀疑主义,其动力则是对象的概念与对象之间存在着不一致,即对概念和对象的同一的追求。

一、诸意识形态之间转化的结构

那么,《精神现象学》中诸意识形态之间是如何转化的呢？或者更进一步说,其转化的结构、必然性和动力是什么？

对此,黑格尔是通过描述意识经验的运动过程中的一个特定环节来阐明意识形态之间转化的结构的:"意识知道某种东西,这个东西、这个对象是本质或自在;但它也是为意识的自在;因此,在这种真理上就出现了双重意义。我们看到,意识现在有了两种对象,一种对象是第一个自在,另一种是这个自在的为意识的存在。"[①]

黑格尔对意识的两种对象的区分,所关涉的是"自在"如何在意识经验之中成为不同的环节以及这种区分如何被克服。尽管新对象似乎只是"意识对其自身的反映,不是一种关于对象的表象,而是一种关于意识对前一种对象的知识的表象",但是这已经暗示了:第一种对象(即第一个自在)在这个过程中转变为意识,也就是说,它不再是"第一个自在",而是"已经被意识到它是一种只为意识的自在",因此,第一种对象现在是"自在的为意识的存在,真实的东西",亦即"本质"或"意识的对象"[②]。这意味着"这个新的对象包含着对第一种对象的否定;新对象乃是关于第一种对象的经验"[③]。当第一种对象过渡为一个新对象,即"自在的为意识的存在"或"对第一种对象的知识"时,伴随着新对象的出现,一种新的意识形态出现了,这个新的意识形态的本质不同于以前的意识形态的本质,由此可见,"新对象的出现显然是

[①] 〔德〕黑格尔:《精神现象学》(上卷),贺麟、王玖兴译,第60—61页。
[②] 同上书,第61页。
[③] 同上书,第60—61页。

通过一种意识本身的转化而变成的"①,并且这不是某种局部的修正,而是一种根本性的转变。

黑格尔关于意识形态之间转化的结构的描述与托马斯·库恩(Thomas Samuel Kuhn)在《科学革命的结构》中提出的"范式"(paradigm)②理论是类似的③。尽管库恩关注的重心在于自然科学史,尤其是科学革命,但正如黑格尔那样,库恩认为经验提供给我们的并非是一堆固定的和中性的原始感觉材料,理论也非仅是对既有资料的人为解释,亦即并非首先直接地经验到事物然后对其加以解释,而是说,我们"从一开始就预设了范式,它或者是一个现代的科学理论,或者来自日常语言的一部分"④,换句话说,我们总是在一定的概念预设的体系中经验事物。

对库恩而言,科学革命作为"向新范式的转变"⑤,并非产生于重大的实质性的新事物的发现,而是产生于我们理解事物时所采用的基本概念的改变,即我们处理现实的范式的转变。库恩指出,新旧范式的转变起源于科学共同体意识公认的反常现象,其特征是无法被现有范式同化,当然,导致范式改变的反常现象必须对现存知识体系的核心提出挑战,然后,这种对反常的意识开辟了一个新的时期,在这个时期内,观察与概念认识上的反常逐渐地并且同时地突现,与此同时,范式范畴与程序的随之调整或改变,直到使最初的反常现象变为预期现象时为止,至此,科学发现就完成了⑥。对于从一个旧范式到新范式的具体转变过程,库恩如此描述道:

> 从一个处于危机的范式,转变到一个常规科学的新传统能从其中

---

① 〔德〕黑格尔:《精神现象学》(上卷),贺麟、王玖兴译,第60—61页。
② 库恩指出,科学著作的成就"空前地吸引一批坚定的拥护者,使他们脱离科学的活动和其他竞争的模式,同时这些成就又足以无限制地为重新组成的一批实践者留下有待解决的种种问题,凡是共有这两个特征的成就",库恩称之为"范式","范式是与常规科学密切相关的术语",库恩选择这个术语,意在"提示出某些实际科学实践的公认范例——它们包括定律、理论、应用和仪器在一起——为特定的连贯的科学研究的传统提供模型"。库恩在该书的后记中回应地指出,"范式"一词具有两种意义不同的使用方式:"一方面,它代表着一个特定共同体的成员所共有的信念、价值、技术等等构成的整体;另一方面,它指谓着那个整体的一种元素,即具体的谜题解答;把它们当作模型和范例,可以取代明确的规则以作为常规科学中其他的谜题解答的基础"。参见〔美〕托马斯·库恩:《科学革命的结构》,金吾伦、胡新和译,北京:北京大学出版社,2003年,第9、157页。
③ Stephen Houlgate, *An Introduction to Hegel: Freedom, Truth and History*, Oxford: Blackwell Publishing, 2005, pp.7-9.
④ 〔美〕托马斯·库恩:《科学革命的结构》,金吾伦、胡新和译,第115页。
⑤ 同上书,第83页。
⑥ 同上书,第58—60页。

产生出来的新范式,远不是一个累积过程,即远不是一个可以经由对旧范式的修改或扩展所能达到的过程。宁可说,它是一个在新的基础上重建该研究领域的过程,这种重建改变了研究领域中某些最基本的理论概括,也改变了该研究领域中许多范式的方法和应用。在这个转变期间,新旧范式所能解决的问题之间有一个很大的交集,但并不完全重叠。在解谜的模式上,也还存在着一个决定性的差异。当转变完成时,专业的视野、方法和目标都将改变。①

范式一旦发生改变,科学家对他们研究所及的世界的看法也改变了,这世界本身也就随之改变了。在科学革命之后,接受一个新范式的科学家们学会了用一种不同的方式看自然界,所面对的是一个不同的世界。库恩用一个巧妙的比喻来强调这种转变:"革命之前科学家世界中的鸭子到革命之后就成了兔子"②。为了描述新旧范式的区别,库恩提出了一个"不可通约性"(incommensurability)的概念,意在指明:

(1) 新旧范式之间存在着不同的评价标准;

(2) "因为新范式由旧范式产生出来,所以它们通常都收编了许多传统范式以前使用过的语汇和仪器,既有概念上的也有操作上的。但是新范式很少以传统的方式去应用这些借过来的要素。在新的范式中,老的语汇、概念和实验彼此之间有一种新的关系";

(3) 第三个也是最基本的方面,即"竞争着的范式的支持者在不同的世界中从事他们的事业"③。

库恩的范式理论的深刻之处在于它重点揭示了自然科学革命及其科学观的特定转变的历史性。然而,库恩将新旧范式转变的必然性归结为:

(1) 新范式对旧范式无法解决的异常现象的回应,以及由于其似乎比旧范式更加精确,能够解决导致旧范式陷入危机的问题被部分接受④;

(2) 库恩甚至诉诸于个人的适宜感或美感,认为新理论比旧理论"更灵巧""更适宜"或"更简洁"⑤;

(3) 源于个人的和历史的偶然事件的发生⑥,如偶然的技术革命。

---

① 〔美〕托马斯·库恩:《科学革命的结构》,金吾伦、胡新和译,第78页。
② 同上书,第101页。
③ 同上书,第134—135页。
④ 同上书,第138—139页。
⑤ 同上书,第140页。
⑥ 同上书,第15页。

除此之外,新旧范式的转变或科学发展的进程没有终点,科学真理也无终点,因为没有一种理论能够完美到解释其所面对的所有事情。

有别于库恩,黑格尔在《精神现象学》中关注的则是一种包罗万象的人类精神的历史演变,即意识形态之间转化的整个序列的内在机理和结构,其开端和终点都是绝对知识。

在黑格尔看来,任何意识形态都要将自己置于某个历史共同体之中,这个共同体赋予它们行动规范的标准,并且在同一个编年史的时期,不同的人可以分属不同的社会历史共同体。对于客观世界,它总是出现在我们的概念框架中,而不可能把它从我们的概念框架中孤立地剥离出来,在这一点上,黑格尔与传统的观念论相区别开来,因为后者认为:既然事物是我们的观念和印象构成的,那么我们认识的实际上是我们的观念和印象。

意识形态的整个序列按照它们的必然性向前发展,对我们而言,就是意识的经验的形成过程,这个过程也就是一个科学的发展进程。在这里,经验所关涉的是按照一定的概念体系来理解世界的持续进程,正如昆汀·劳尔所指出的那样,在这个进程中,对象本身也越来越多地揭示何为其自身的真理,只有深入探究什么是为我们的,我们才能获得什么是自在的[①]。经验并非是在发现某种新的事物,而是发现关于知识和世界的一系列基本概念与这些概念被应用于的对象,即知识本身和世界本身之间的不一致。因此,对于意识本身而言,经验是一种持续的自我批判的进程,因为这个进程涉及的是意识关于其自身的概念的认识、意识关于何为知识的重构的认识以及意识作为认知者的重新概念化的认识,并且在这个进程中只有通过对较少充足的概念的批判性修正,才能发展出更为充分的概念[②]。

黑格尔关于意识形态之间转化的结构和经验概念的描述具有一种实践层面上的内涵和意义,因为只有在实践活动中,在概念的应用中,我们才能理解到关于世界和知识的概念的内容、含义、成就与不足。这种不足是意识形态的一种内在的不足或片面性,它指向的是一种实践上的矛盾:或者是一个概念体系在实践活动中起作用的方式与我们对概念体系的描述之间的对立;或者是一个概念体系成功实现的标准与实现的程度之间的矛盾。尽管我们可以容忍一种自相矛盾的主观矛盾,但是却不能容忍实践中的矛盾,因为这种矛盾是我们在实践活动本身中必须要解决的,正如乔纳森·罗宾逊

---

① Quentin Lauer, *A Reading of Hegel's Phenomenology of Spirit*, Fordham: Fordham University Press, 1993, p.40.
② Kenneth Westphal, *Hegel's Epistemological Realism: A Study of the Aim and Method of Hegel's Phenomenology of Spirit*, p.130.

所指出的那样,"只有当我们理解了黑格尔是在证明坏的理论会导致坏的实践,而坏的实践又揭露了理论中的逻辑困难时,才能体会黑格尔的论断的全部力量"①。

简言之,《精神现象学》中的经验概念所关注的是人类精神,即意识所经历的却被其遗忘了的道路,《精神现象学》旨在通过认识到人类精神在其发展历史中所经历的各个阶段,使人类精神本身成长为一个完全的自我意识,同时也使人类精神认识到其总是处于一定的历史境遇之中。

二、诸意识形态之间转化的必然性

如果诸意识形态之间转化的结构是意识形态的整个序列按照它们的必然性向前发展的过程,那么如何理解这种必然性?理查德·诺曼就曾指出这个必然性是"一个极为晦涩和容易引起争论的主张"②。如霍沃德·凯因茨就曾指出,《精神现象学》中包含的"必然性"有五种,它们分别是:(1)逻辑的必然性(logical necessity);(2)自然的必然性(natural necessity);(3)假设的必然性(hypothetical necessity);(4)普遍的历史情境和普遍的个体经验的必然性(the necessity of general historical situations and general individual experiences);(5)超越的必然性(the necessity of transcendence)③。在《精神现象学》的导论中,黑格尔非常明确地将意识在"意识本身的转化中"一个"新对象的出现",即"一个新的、具有不同于以前的本质的意识形态"称为意识形态的这个序列的"必然性"④。我们已经知道,意识的本质的基本特征就是"它已经是某种东西,同时又还不是某种东西",它总是作为某种东西而产生出新的某种东西,即获得"新的真实对象",由此,它自己为自身开辟并构成道路,而这种辩证的运动就构成了经验⑤。事实上,这种必然性其实就是确定的否定,就是绝对精神本身成长的生命发展过程,即事情本身的过程,这是一种内在的必然性,而非外在的必然性,因为意识在其发展过程中,不但能够通过其概念显露其自身的"绝望",而且能够在这个过程中自己提出问题并且找到解决问题的答案。

---

① Jonathan Robinson, *Duty and Hypocrisy in Hegel's Phenomenology of Mind: An Essay in the Real and Ideal*, Toronto; Buffalo: University of Toronto Press, 1977, p.2.
② Richard Norman, *Hegel's Phenomenology: A Philosophical Introduction*, London: Sussex University Press, 1976, p.16.
③ Howard Kainz, *Hegel's Phenomenology, Part I: Analysis and Commentary*, University, Alabama: University of Alabama Press, 1979, pp.35-37.
④ 〔德〕黑格尔:《精神现象学》(上卷),贺麟、王玖兴译,第61—62页。
⑤ 〔德〕海德格尔:《林中路》,孙周兴译,第209—210页。

一方面,"由于这种必然性,这条达到科学的道路本身已经就是科学了,而且就其内容来说,乃是关于意识的经验的科学"①,既然意识达到科学本身的道路,即意识自身向科学发展的形成史,就是科学,这就避免了使科学成为诸意识形态的最高结论或诸意识形态各自相对真理的唯一辩护理由,从而陷入一种循环论证的危险。黑格尔的"这种决定性的洞见,确保了黑格尔的理论优越性,并且直到今天仍然赋予他的哲学史谱系结构以魅力,即不在于一种更高和更全面的哲学原则的直接开端,而在于使自己现在的哲学与他们的时代精神之间的从属关系清晰可见的这一成就"②。与此同时,黑格尔还通过对"意识的经验的科学"(现象学,即真理的各个环节被陈述为意识的环节)与"应该被达到的科学"(逻辑科学,即真理的各个环节被陈述为抽象的、纯粹的环节)之间关系的洞见③,表明了现象学与逻辑科学之间逻辑上的统一性——思辨逻辑。

另一方面,也正是由于意识本身的转化的这种必然性,由于意识自身给它自己提供尺度并自己考察自己,黑格尔才明确提出"不仅我们的任何额外的行动是多余的,而且我们也根本不需要去比较它们和认真地考查它们;因此,同样就这一方面来看,既然意识是自己在考查它自己,那么我们还能做的也就只有单纯的袖手旁观了"④,并表示"像这样来考察事物,乃是我们的额外做法"⑤。但问题是,"我们"是什么? 或者换句话说,"我们"在意识走向科学的道路上到底扮演什么角色?

海德格尔虽然明确给出了"我们"的含义,即"那些人,他们虽然在自然的意识的转化中让这种意识保留在其意见中,但同时又特别地观看着显现者的显现"⑥,但海德格尔更多的是在阐述他自己的存在思想,而非是对黑格尔文本思想的精确解读。芬克虽没有具体指出"我们"是什么,但对"我们"所扮演的角色的理解却基本符合黑格尔的文本,即"我们"只是旁观者或见证人,但同时表示我们并非外在于意识之外或与之对立的,而是寓于意识之中并见证着意识自我检验的过程,"即是某种明确的清醒状态"⑦。海因里希斯则在一种哲学解释学的视域中将"我们"理解为读者,而"我们"作为

---

① 〔德〕黑格尔:《精神现象学》(上卷),贺麟、王玖兴译,第62页。
② Büdiger Bubner, *Dialektik und Wissenschaft*, Frankfurt am Main: Suhrkamp Verlag, 1973, S.17.
③ 〔德〕黑格尔:《精神现象学》(上卷),贺麟、王玖兴译,第62页。
④ 同上书,第59页。
⑤ 同上书,第61页。
⑥ 〔德〕海德格尔:《林中路》,孙周兴译,第217页。
⑦ 〔德〕芬克:《黑格尔〈精神现象学〉的现象学阐释》,贾红雨等译,第63页。

读者"甚至从一开始就对意识的道路和目标没有充分的洞察和概览,即这种科学的思辨立场首先是作者自己才能理解的",当然,读者的立场却是"与黑格尔的立场相一致的,然后这种共同'实现了的'的科学立场应该成为意识的历史道路的完满,从而最终成为自然意识本身",因此,"作者的科学的(正如我们将看到的:逻辑的)意识,读者的哲学化教育的意识(我们只称之为'现象学的意识')和当时的自然意识"这三种意识立场具有同一性(Identität)①。但是,海因里希斯仍未很好地澄清"我们"、意识本身与绝对这三者之间的关系。马克斯则认为"我们"就只是现象学家,并且其所扮演的角色是:"第一,他在这条道路上一直伴随着现象的知识;第二,他是经验历史的运动的发动者,并因此也是经验的辩证历史的发动者;第三,现象学家凭借其卓越的知识,审视经验的辩证运动以及构成其基础的必然性的范畴,这使得公开的演示得以可能,并因此面对自然意识时,使得辩护得以可能;第四,作为先前所提到的经验历史的结果,对于现象学家而言,其产生了一个被肯定地理解为原则的综合;第五,他可以充当现象的知识的向导"②,这就又将读者和自然意识排除在"我们"之外。至于霍尔盖特(Stephen Houlgate),则指出"我们"是指读者和现象学家,我们"理解到意识的诸形态形成了一种推进或发展",就我们"观察"到意识自身对其对象的经验而言,我们的角色是消极的,而就我们"思考并阐明"了那一经验并"造成"诸意识形态之间的过渡(此过渡由于先行给予的意识形态而成为了必然的)而言,我们的角色则是积极的③。但是,霍尔盖特这一解释的问题在于,他既没有将这个通往科学的意识的经验理解为人类精神或绝对精神本身的展开,换句话说,还是认为是"我们""造成"了诸意识形态之间的过渡,也未能廓清"我们"与自然意识之间的真正关系。不同于之前的学者,倪剑青将在意识和意识相关项之上所存在着的真正高阶的内容,一个观察者,称为"我们",即"现象学的我们",也就是绝对或绝对之哲学家或"已经在本质王国之中获得了自身的绝对形态的那个绝对本身,真正的无条件者","这种绝对之物本身并不是那种外在的绝对超越者,而是通过序列整体而展示给我们的、内在的无条件者","它是绝对地凌驾于具体的、特定的意识对象性结构之上的'外

---

① Johannes Heinrichs, *Die Logik der "Phänomenologie des Geistes"*, S.13,23,25.
② Werner Marx, *Hegel's Phenomenology of Spirit: Its Point and Purpose —— A Commentary on the Preface and Introduction*, translated by Peter Heath, New York: Harper & Row, 1975, pp.78,91-92.
③ 〔英〕斯蒂芬·霍尔盖特:《黑格尔导论:自由、真理与历史》,丁三东译,北京:商务印书馆,2015年,第90—92页。

部',而不与意识的对象性结构以及意识的诸形态序列处于一个维度上",如绝对知识,它就"并不是这个演进序列的'自然的'终点,而是绝对地在这个序列之中并在这个序列之上的绝对者"①。但是,绝对知识作为意识自我教化或自我发展的序列的终点——科学,意识在这里真正达到了自在自为地存在着的精神,而意识走向科学的过程,既是意识通过对先前各种意识形态的扬弃(亦即各种意识形态的自我扬弃)而认识到自身是绝对知识的过程,也是意识最终立足于绝对精神的立场回看或"回忆"诸意识形态的过程,因此,正如庄振华所说的那样,"绝对知识并没有给到此为止的各种意识形态和精神形态增添什么新的形态,而只是达到了前此所有形态的真正的整体性和统一性,使得每个环节不仅仅是那个环节,而是表现着这种整体性和统一性;另外,绝对知识是对这种整体性和统一性的概念性理解,而不是对后者的表象思维"②。

大致说来,基于黑格尔在《精神现象学》的序言和导论中的相关论述,"我们"应该是一种包含"作者的意识""读者的意识"和"自然意识"在内的"三角形结构"③,但这三种意识层面或意识立场是有区别地合一的:对"作者的意识"而言,是绝对或绝对知识或绝对精神本身之自我生成、自我展开和自我返回的道路在"作者的意识"中的一种描述或演示;对"读者的意识"而言,是绝对或绝对知识或绝对精神本身之自我生成、自我展开和自我返回的道路在"读者的意识"中"回忆""再现"或"领会"这条道路;对"自然意识"而言,则是"自然意识"通过其所有站点教化自身并提升自身为科学的道路,或者是绝对或绝对知识或绝对精神本身之自我生成、自我展开和自我返回的道路扬弃"自然意识"为自身的一个环节的过程。当然,无论是"作者的意识",还是"读者的意识"或"自然意识",都是寓于绝对或绝对知识或绝对精神本身之中的,或者说得更准确些,都是绝对或绝对知识或绝对精神本身的反思(反映)④。与此同时,这条道路对于意识"自身"(Selbst)而言,则是意识"到了绝对知识或科学的层次上,意识有了哲学家的眼光,它终将主角的头衔让给事情本身,它自身则成了进展的一个旁观者"⑤。从这个意义上说,精神

---

① 倪剑青:《〈精神现象学〉的方法、结构与动力》,《哲学研究》2018年第11期。
② 庄振华:《黑格尔的绝对知识——〈精神现象学〉第八章新解》,《云南大学学报(社会科学版)》2022年第2期。
③ Johannes Heinrichs, *Die Logik der "Phänomenologie des Geistes"*, S.12-14.
④ 作为个别的作者的意识或自然的意识,固然可以止步于某个意识形态或环节而停滞不前,但绝对本身作为绝对或绝对知识或绝对精神本身的自我生成或展开,作为事情本身的展开,作为人类精神本身成长的生命发展过程,在达到绝对这个终点之前永不会停滞不前,作者的意识作为对绝对的描述亦是如此。
⑤ 庄振华:《黑格尔的绝对知识——〈精神现象学〉第八章新解》,《云南大学学报(社会科学版)》2022年第2期。

现象学不应该被理解为"itinerarium mentis in Deum（通往天国之路的精神游记）"或"旅行指南"①，而只能是绝对或绝对知识或绝对精神本身，即事情本身的自我生成或展开。因此，黑格尔在这里并非是"将外在观察者的思维内化为思维自身的运动"，并且"意识运动作为一种内在必然的运动，其运动顺序的逻辑必然性"也不是由"我们外在反思来编排和保证的"②。也正是出于这个原因，黑格尔才会要求我们"袖手旁观"（Zusehen），并表明我们的"额外行动/额外做法"（Zutat）在这方面已经是多余的。黑格尔在这里表面上是强调"我们"所扮演的角色，更为重要的是，强调哲学不能从一个预设的标准或尺度出发，而只能从事情本身出发，从人类精神本身成长的生命发展过程出发。

三、诸意识形态之间转化的动力

只有当我们理解了诸意识形态之间转化的这种必然性之后，我们才能真正理解诸意识形态之间转化的动力。知识在到达其目标之前，需要不断超越它自身，这意味着对象的概念与对象之间存在着不一致，这种不一致，一方面，表现为意识关于知识的概念与知识本身的展开活动之间不一致，另一方面，表现为意识关于世界本身的知识与世界本身之间的不一致。这种不一致的出现就是意识需要超越自身的源泉和动力，而对概念和对象的同一的追求，正是意识从一种意识形态转化到下一种意识形态的动力。

对于这种转化的方式，黑格尔作了如此描述："但我们在这里的情况，也就跟我们在前面讨论这种陈述与怀疑主义的关系时所说的是同一个情况，即是说，从一个不真实的知识里产生出来的任何一次结果，都不会变成一个空无所有，而必然地要被理解为对产生结果的那个东西的否定；每一次的结果，都包含着以前的知识里所包含着的真理。"③由此，黑格尔向我们表明了确定的否定、辩证法与自身实现着的怀疑主义三者之间的关系：这种确定的否定构成了"意识对它自身所实行的这种辩证的运动"，即经验的原则，而"这个基于黑格尔的经验概念而被探讨的辩证运动，对应于作为一种自身实现着的怀疑主义的著作的思想规定（Ideebestimmung）"④。

在黑格尔那里，绝对或"绝对思想之所以是绝对的，唯因为它在其辩证

---

① 〔德〕海德格尔：《林中路》，孙周兴译，第 160 页。
② 贾红雨：《论黑格尔哲学体系的开端问题》，《哲学研究》2017 年第 6 期。
③ 〔德〕黑格尔：《精神现象学》（上卷），贺麟、王玖兴译，第 61 页。
④ Johannes Heinrichs, *Die Logik der "Phänomenologie des Geistes"*, S. 31.

的-思辨的过程中运动,并且为此而要求分阶段的发展"①,因此,"黑格尔不是辩证地把握经验,而是根据经验的本质来思考辩证法"②。黑格尔的辩证法所涉及的是意识的知识与对象(自在)之间彼此排斥而又不可分割的共属(Zusammengehören)及其运动③,或者换句话说,意识本身的转化,其原则是确定的否定,辩证法既是绝对或绝对知识或绝对精神本身之自我生成、自我展开和自我返回的形式,又是其内容,毋宁说就是这种自我生成、自我展开和自我返回本身。

在《精神现象学》中,黑格尔辩证法的同义词是"自身实现着的怀疑主义",这种自身实现着的怀疑主义表明意识的进展无非是一种持续的自我否定、自我消灭,但自我否定或自我消灭同时也是一种自我肯定或自我保存,并因此是意识的一条自我扬弃的道路,"意识自身向科学发展的一篇详细的形成史"④。它"通过它的怀疑已经把这样一个目标[绝对知识]收入视野中,并因而把它纳入意识本身的不安的中心中。由于这个中心不断地开始运动,所以,在知识之本质中起支配作用的怀疑已经囊括了意识的一切可能的形态"⑤。它既不属于作者的意识,也不属于读者的意识,也不属于自然意识,而是属于绝对精神本身,但在此基础上,它又属于作者的意识、读者的意识和自然意识。因此,不仅"自然意识的道路应被理解为'自身实现着的怀疑主义',因为这种意识既表明了它对它所先前的所有内容的否定的力量,同时又能够在怀疑原则的前后一致的贯彻过程中为全体的和绝对的真理提供积极的见证"⑥;而且精神现象学本身作为意识的经验,即"自然意识与绝对知识之间的对话"⑦,也应该被理解为这种自身实现着的怀疑主义。

第三节 《精神现象学》的方法

最后,试图阐明的是怀疑主义"方法-形态"的双重身份:一方面,这种"自身实现着的怀疑主义"将代替"真正的怀疑主义",成为精神现象学的方

---

① 〔德〕海德格尔:《同一与差异》,孙周兴、陈小文、余明锋译,北京:商务印书馆,2014年,第60页。
② 〔德〕海德格尔:《林中路》,孙周兴译,第211页。
③ Johannes Heinrichs, *Die Logik der "Phänomenologie des Geistes"*, S.27.
④ 〔德〕黑格尔:《精神现象学》(上卷),贺麟、王玖兴译,第55页。
⑤ 〔德〕海德格尔:《林中路》,孙周兴译,第182页。
⑥ Johannes Heinrichs, *Die Logik der "Phänomenologie des Geistes"*, S.19.
⑦ 〔德〕海德格尔:《林中路》,孙周兴译,第232页。

法,更为准确地说,精神现象学的展开方式,其实就是精神现象学本身;另一方面,作为"正在显现为现象的知识"的形态之一的怀疑主义,即以皮浪为代表的古代怀疑主义,其在"自我意识"中登场,介于"斯多葛主义"和"苦恼的意识"之间,随后在必然的发展中,被扬弃为意识经验的一个环节。

由此,黑格尔完成了对古代怀疑主义的双重扬弃。

一、《精神现象学》作为"自身实现着的怀疑主义"

诚如黑格尔所说的那样,既有别于通常的怀疑,又有别于笛卡尔式的那种怀疑,"自身实现着的怀疑主义"的那种怀疑是"对正在显现为现象的知识的非真理性的一种自觉的洞见,对于这种怀疑而言,毋宁只有真正没现实化的概念才是最实在的东西"①,黑格尔在这里赋予这种怀疑一个绝妙的概括:它是非真实的主张——所谓的真正知识只是表面上为真的知识——的一剂必要的解毒剂②。

在这一点上,黑格尔比批判哲学挖得更深,虽然从康德开始就把怀疑主义应用于使自我作为认识的基础,但并未应用于认识本身,在黑格尔看来,"自身实现着的怀疑主义"的那种怀疑将突破这个界限,因此将不再有表面上确定的知识,不再有独断主义的残余,一种"既非怀疑主义,也非独断主义,并因此同时是二者"的哲学将被建立起来:这种"自身实现着的怀疑主义"所指向的将是"正在显现为现象的意识的全部领域",并且也"只有通过这样的怀疑主义,精神才能善于识别真理,因为它已不复寄望于所谓自然的观念、思想和意见,不管它们是自己的或是别人的。至于径直地就想去识别和审查的那种意识,由于它本身还充满和纠缠着这些自然的观念、思想和意见,事实上就没有能力做它想做的事情",离开了这种怀疑主义,意识就无法摆脱那些自然的观念,等等③。换句话说,怀疑主义的克服不可能是外在地出现,而必须作为"自身实现着的怀疑主义"的自我扬弃才能达到,因此,这种"自身实现着的怀疑主义"为《精神现象学》指示了道路。

简言之,不仅怀疑主义问题的彻底解决是可能的,而且还暗允了一个精神现象学与怀疑主义之关系的问题的答案:《精神现象学》本身就是这种"自身实现着的怀疑主义",其作为描述意识经验的科学的道路本身,既是"向真知识发展中的自然意识的道路,或灵魂的道路"④,又是"意识自身向科学发

---

① 〔德〕黑格尔:《精神现象学》(上卷),贺麟、王玖兴译,第55页。
② Jacob Loewenberg, *Hegel's Phenomenology: Dialogues on the Life of Mind*, p.12.
③ 〔德〕黑格尔:《精神现象学》(上卷),贺麟、王玖兴译,第55—56页。
④ 同上书,第54—55页。

展的一篇详细的形成史",并且还是"一个现实的形成过程"①。

二、"自身实现着的怀疑主义"的内涵

尽管黑格尔在《精神现象学》的导论中将自身实现着的怀疑主义与其他三种怀疑主义,即通常的怀疑、笛卡尔的怀疑和以皮浪为代表的古代怀疑主义相区别开来,但是可以作为自身实现着的怀疑主义真正要回应的对象的,只有古代怀疑主义。黑格尔对自身实现着的怀疑主义与古代怀疑主义的区分始于如下这句话:"不实在的意识的各个形态,由于它们之间有依序前进的必然性和互相关联的必然性,将自己发展出完整的形态体系来。"②不真实的意识形态展现在它的不真实性之中没有被黑格尔理解为一种单纯否定的运动,而怀疑主义,在这里特指皮浪的怀疑主义,看到的只是"纯粹的否定"或抽象的否定,而不是"确定的否定",亦即不是"对于结果之所出的那种东西的否定"并且也不"具有一种内容"③。

皮浪的怀疑主义的这种"片面"的否定性与其"均势原则"的方法论的意义是无法分开的,后者揭示了独断的表象的非真实性。一般而言,皮浪的怀疑主义的片面性,即通往怀疑的绝对化是必然的:"这种虚浮,善于把真理都一一予以败坏,从而退回自身,陶醉在它自己的知性之中,即,陶醉于会瓦解一切思想却不会从中取得其一切内容而只会从中找到赤裸的自我的那种理解力中,——这种虚浮,乃是一种满足,必须听其自然,不去管它,因为它逃避普遍,而只追求自为的存在。"④不管怎样,黑格尔还是给予了皮浪的怀疑主义一个高度评价的方法论的地位,尤其是在早期的《怀疑主义与哲学的关系》一文中,因为对黑格尔而言,扬弃皮浪的怀疑主义为其哲学体系展开的方法——辩证法,即自身实现着的怀疑主义,将是极其重要的,而除此之外,黑格尔再无其他方法上的替代者。

但是,仅仅皮浪的怀疑主义,显然无法借由自身的力量超越其自身,从而转向思辨认识,有别于早期论文,黑格尔在这里明确地指出了皮浪的怀疑主义的无能,这种无能一方面体现在其反驳的结果上,即由于其抽象性的本质,皮浪的怀疑主义在其终点并未产生任何内容。或者说,它也获得了一种内容,但是这个导向荒谬的内容转而反对它的自我理解,因为皮浪的怀疑主义总是探寻新的独断的内容,重新投入空虚之中:皮浪的怀疑主义本身总是独断地将独断的知识概念保留于直接怀疑的否定之中,怀疑意识自身在对

---

① 〔德〕黑格尔:《精神现象学》(上卷),贺麟、王玖兴译,第55页。
② 同上书,第56页。
③ 同上。
④ 同上书,第57页。

独断主义的反驳中并未触及独断主义本身内容的展开,而只是将一个独断的均势原则保留为反驳独断主义的基础。另一方面,这种无能体现在其"均势原则"的反驳方式:"如果反驳得彻底,则这个反驳一定是从原则自身里发展出来的,而不是根据外来的反面主张或意见编造出来的。"①

相比于古代怀疑主义,自身实现着的怀疑主义是一种富有成果的和建设性的怀疑主义形式,它以矛盾或怀疑的自我克服为目的并且应该能够实现这个目的,而自我克服的动力则是源于主体及其意识所假定的思维与存在或者思维主体与其客体之间的矛盾。那么自身实现着的怀疑主义是如何实现自我克服的呢?或者换句话说,什么能够帮助《精神现象学》中所考察的意识免于意识矛盾呢?

黑格尔回答这个问题时的一个点睛之笔是:被试图给予的答案不是形式上的,那就是说,自身实现着的怀疑主义不会无视意识形态各自的内容,而是尽可能全面地考查各个意识形态的内容。因此,自身实现着的怀疑主义必须分析和利用意识所经历的各个阶段之过程和结果,更确切地说,它需要回忆意识经历从一个意识形态导向下一个意识形态的运动。自身实现着的怀疑主义的考查方式早已由"自身实现着的"这一定语指明了:在德语中,与"自身实现着的"一词相对应的是"sich vollbringende",马丁路德在翻译《圣经·新约》的《约翰福音》中耶稣死时的情形时②,将耶稣临死之前所说的最后一句话——"成了!",其希腊文为"tetélestai",翻译为德文"Es ist vollbracht",考虑到基督教文化背景,"实现"(vollbringen)一词意味着:一条道路的终点是一种毁灭,但这同时也可以被理解为一个新的开端③。这种毁灭与新开端的双重性以一种明确的方式描述意识形态之间过渡的特征:

毁灭意味着某个意识形态"感受着从它自身发出的这种暴力",一种"从理性方面来的暴力",这种暴力要破坏意识形态"整个的有限满足",迫使意识形态超越自身,因为"意识本身就是它自己的概念",对自身界限的超越同时也就是自身的死亡④;新开端意味着确定的否定,即"从一个不真实的知

---

① 〔德〕黑格尔:《精神现象学》(上卷),贺麟、王玖兴译,第14页。
② 《约翰福音》第19章第28—30小节:"这事以后,耶稣知道一切都已经成就了,为了要使经上的话应验,就说:'我渴了。'在那里有一个坛子,盛满了酸酒,他们就拿海绵浸了酸酒,绑在牛膝草上,送到他的口里。耶稣尝了那酸酒,说:'成了!'就低下头,断了气。"
③ Ulrich Claesges, "Das Doppelgesicht des Skeptizismus in Hegels Phänomenologie des Geistes", in *Skeptizismus und spekulatives Denken in der Philosophie Hegels*, Hrsg. von Hans Friedrich Fulda und Rolf-Peter Horstmann, S. 120; Heinz Röttges, *Dialektik und Skeptizismus: die Rolle des Skeptizismus für Genese, Selbstverständnis und Kritik der Dialektik*, S. 32.
④ 〔德〕黑格尔:《精神现象学》(上卷),贺麟、王玖兴译,第57页。

识里产生出来的任何一次结果,都不会变成一个空无所有,而必然地要被理解为对产生结果的那个东西的否定,每一次的结果,都包含着以前的知识里所包含着的真理"①。确定的否定并非一种方法论上的主观操作,也并非随意地产生一个新的内容,而是一种扬弃。

确定的否定构成了黑格尔辩证法的原则,而辩证法或自身实现着的怀疑主义指的是:

第一,某个意识形态之内的辩证运动:从一个意识形态自身出发来证明它是否达到其所宣称的它的真理,在这个过程中,证明了这个意识形态的片面性或其内在的不一致性,即从意识形态自身的前提出发,证明其结果与前提之间的矛盾。

第二,作为意识的转化导向一个新的意识形态的辩证运动:在此基础上,意识形态自身提出了一个替代的新形态,这是一个确定的否定,这个新的意识形态包含着被否定的意识形态的真理。这个新的意识形态并非是通过对被否定的意识形态的修改或扩展所达到的,而是在一个新的概念体系中证明新的意识形态是否达到其所宣称的它的真理,在这个新的意识形态中,意识的对象、意识关于对象的知识和意识形态自身的尺度同时都发生了改变。

第三,"自身实现着的"作为第一分词,表示一个还未完成的、正在持续的过程,意味着《精神现象学》趋向绝对知识的发展进程是"前进无已、不可遏止的,不以目标以前的任何过站而满足的"②。

关于自身实现着的怀疑主义与辩证法的关系或者意识经验与自身实现着的怀疑主义的关系的一个例证,同样可以在《精神现象学》导论中关于"经验"的定义中被找到。"辩证法"的概念,第一次,尽管是以定语的形式,被命名:"意识对它自身——既对它的知识又对它的对象——所实行的这种辩证的运动,就其替意识产生出新的真实对象这一点而言,恰恰就是人们称之为经验的那种东西。"③意识所实行的辩证运动就是经验,因此经验从开端之始就克服了怀疑主义与独断主义表面上不可克服的对立。意识的经验的体系化,逻辑上以确定的否定的辩证法原则为根据,使意识形态发展出完整的形态体系,由此使古代怀疑主义被扬弃为自身实现着的怀疑主义成为可能,因此黑格尔并不是通过一个独断的反题来实现的,正相反,他是通过进一步

---

① 〔德〕黑格尔:《精神现象学》(上卷),贺麟、王玖兴译,第61页。
② 同上书,第56页。
③ 同上书,第60页。

思考古代怀疑主义来实现的。

与此同时,怀疑主义与辩证法的关系的最终规定在这里就已经出现了:怀疑主义对辩证法的敌视来源于怀疑主义者的一个误解:"辩证法作为否定的运动,象它直接地存在着那样,对于意识来说显得首先是意识必须向它屈服而且它是不通过意识本身而存在着的东西。"①辩证法并非某种外在于或独立于意识而存在的东西,而就是意识本身的展开方式,就是意识所实行的那种"辩证运动",就是经验本身,就是自身实现着的怀疑主义。

三、黑格尔对古代怀疑主义的双重扬弃

我们可以看到,黑格尔事实上完成了对古代怀疑主义的双重扬弃:一方面,以皮浪为代表的古代怀疑主义被真正地扬弃为"自身实现着的怀疑主义",并由此代替了"真正的怀疑主义",成为《精神现象学》的方法,或者更为准确地说,《精神现象学》的展开方式,这是最为重要的一点,关于这一点,已在上文中加以论述过了;另一方面,黑格尔通过把古代怀疑主义之展现为《精神现象学》的不完全的意识形态之一,将古代怀疑主义下降为意识经验的一个环节,随后在"自我意识"这一章的一个必然的发展中,完成对作为意识形态之一的古代怀疑主义的扬弃。可以预见的是,这种双重的扬弃将使精神现象学抵御古代怀疑主义的攻击。

在"自我意识"这一章中,从斯多葛主义到古代怀疑主义的过渡被黑格尔描述为概念到概念的实现的过渡:"怀疑主义就是那在斯多葛主义那里仅仅是概念的东西之实现,并且是什么是思想的自由之现实的经验;它本身是否定的,并且必须表明其自身为否定的。"②在黑格尔看来,古代怀疑主义完成了斯多葛主义"不曾在自身内完成了对有限存在的绝对否定"③。这也是古代怀疑主义对自我意识的自由的发展的肯定意义。

由此,古代怀疑主义者获得了其源自怀疑主义本质的心灵宁静,也就是说,古代怀疑主义者借助于均势策略保持了这种不变的真正的确定性。但是,古代怀疑主义"本身毋宁就是绝对的辩证的不安息"④,换句话说,古代怀疑主义本身是依靠所有独断的反题的均势而存在的,离开了这个就无法悬搁判断和保持心灵宁静,也就是说,古代怀疑主义无法自由地漠视所有确定的内容和观点。因此,对于古代怀疑主义而言,什么都不是自在的,因为

---

① 〔德〕黑格尔:《精神现象学》(上卷),贺麟、王玖兴译,第 137 页。
② 同上书,第 136 页。
③ 同上书,第 135 页。
④ 同上书,第 138 页。

所有这一切仅仅是为他者的,也就是说,非自立的。即使古代怀疑主义者现在必须并且已经能够采取任何立场,他们仍然无法达到心灵宁静,因为这种心灵宁静,作为古代怀疑主义者的自由的原则,能够使一切沦为非自立的东西。更进一步说,是因为古代怀疑主义的"行动和活动"的矛盾性:古代怀疑主义总是周旋于不变与偶然性之间,摇摆于同一性与非同一性之间。这种怀疑的自我意识的言辞与行为处于一种自相矛盾之中,它始终自相矛盾地肯定着却又同时否定着:古代怀疑主义是"一种永远在制造紊乱的摇摆不定的东西。真正讲来,这就是它的本来面目;因为它自己带来并保持着这种自相矛盾的紊乱"①。

最终,对古代怀疑主义的反思实际上得到的是这样一种东西:古代怀疑主义不仅在怀疑的自我意识的独断的同一性与非同一性的争论中导致一种无法解决的冲突,而且怀疑主义的目标——心灵宁静也无法摆脱这种自相矛盾。

作为古代怀疑主义的自我扬弃,"苦恼的意识"所涉及的是一种包含着矛盾双方于自身之中的统一性,它超越了古代怀疑主义内在的矛盾性和不可克服性:"在怀疑主义里,意识真正讲来经验到它自己是一个自身矛盾着的意识。从这种经验出发,它又进展到一个新的形态,这个新的形态把怀疑主义分离开了的两个思想结合起来了。那对自身缺乏(辩证)思想的怀疑主义必定要消逝,因为事实上它是包含着这两种方式在自身内的一个意识。"②

但是,苦恼的意识最后达到的结果仍是一种分裂,是不独立的、不自由的意识,苦恼意识到后来,要求绝对相信,要求完全依赖于上帝,要求完全取消个人的观点,这就到了怀疑主义的反面——绝对相信。苦恼的意识仍旧无法破除主观与客观、有限和无限的对立。黑格尔认为,我们无法通过信仰的方式达到矛盾的一致,所可依靠的只有普遍的逻各斯理性,因此苦恼的意识自己扬弃自己,从而进入到理性,理性也就是统一。

古代怀疑主义在《精神现象学》中的一个位置恰恰成为怀疑主义本身的一个绝妙注脚。一方面,它指出了"由感性确定性、知觉到知性的辩证运动"③。这种辩证运动证明感性确定性、知觉和知性都不是像它们所声称的那样,能够提供给我们一种自足的知识,而是包含自我否定的矛盾,它们无法兑现它们的承诺,因此三者都不是自足的知识。意识在勾画它们的结构

---

① 〔德〕黑格尔:《精神现象学》(上卷),贺麟、王玖兴译,第 138 页。
② 同上书,第 139 页。
③ 同上书,第 136 页。

时,发现它们是在勾画知性本身的结构,也就是说,它们不是在勾画事物本身的结构,而是在勾画我们概念活动的结构。因此,意识的观点被整合进"自我意识",这个自我意识的特征就是反思我们意识活动本身的结构,即我们对待事物方式的结构。

另一方面,古代怀疑主义,作为自我意识的环节之一,所反思的正是感性确定性、知觉和知性对待事物的方法的结构。古代怀疑主义破坏感性知觉和有限的知性思维的功能和作用在此已无需赘述了,正如黑格尔所说的那样,它指出了"被抽象思维本身",也就是说,知性本身"认为是确定了或固定了的东西之非本质性"①。古代怀疑主义扬弃知性,经历苦恼的意识的"包含矛盾双方在自身内的统一"进入到了理性这一过程恰好给出了如下三个暗示:

首先,暗示了古代怀疑主义的知性本性,即后者只是一种外在的反思,只是片面地否定孤立的诸知性规定,只是单纯的抽象的否定;

其次,暗示了古代怀疑主义就是知性本身内在发展的顶点,这个顶点也就是知性的灭亡;

最后,暗示了古代怀疑主义在从知性到理性的过渡中所扮演的角色,当然,同时也暗示对整个过渡的把握,以及对怀疑主义的否定性本质的洞察是属于理性的。

这些也将是下一章的研究主题。

简言之,就自身实现着的怀疑主义作为《精神现象学》本身而言,自身实现着的怀疑主义的自我展开,意味着古代怀疑主义本身作为知性和理性的链接,在必然的自我毁灭中,实现了自我扬弃,成为自身实现着的怀疑主义的一个内在环节;就自身实现着的怀疑主义作为《精神现象学》的方法而言,自身实现着的怀疑主义扬弃古代怀疑主义为其自身发展的一个环节,而当古代怀疑主义作为被扬弃了的环节时,自身实现着的怀疑主义就恰恰不再是作为一个内在环节的那种意义上的古代怀疑主义了。

由此可见,在《精神现象学》中,自身实现着的怀疑主义(或被扬弃了的怀疑主义)是之前的"真正的怀疑主义"的进一步明确或发展。但值得注意的是,尽管自身实现着的怀疑主义(或被扬弃了的怀疑主义)与辩证法,二者在很大程度上是同义词,尤其是考虑到黑格尔在1830年的《哲学科学百科全书纲要·第一部分:逻辑学》的第78—82小节中为怀疑主义与辩证法的关系提供了最终的规定。但是,从严格的意义上说,到《精神现象学》为止,

---

① 〔德〕黑格尔:《精神现象学》(上卷),贺麟、王玖兴译,第136页。

能够被称为《精神现象学》的方法或展开方式,乃至于精神现象学本身的,只能是"自身实现着的怀疑主义",即使"自身实现着的怀疑主义"从本质上说其实就是辩证法。

因此,纵观黑格尔关于怀疑主义与辩证法之关系的整个哲学思考,在从古代怀疑主义、"真正的怀疑主义"、"自身实现着的怀疑主义"到辩证法这一整个发展序列中,"自身实现着的怀疑主义"应拥有不可或缺的地位。

第四章　怀疑主义、辩证法与思辨之关系的最终规定

在《精神现象学》中，黑格尔完成了对怀疑主义的双重扬弃，而怀疑主义也因此呈现出"方法-形态"的双重身份，事实上，怀疑主义的这种双重性早在1802年《怀疑主义与哲学的关系》一文中就已经被宣明了。尽管如此，在《精神现象学》中，黑格尔还是迈出了一大步，代替了之前的"真正的怀疑主义"，提出了"自身实现着的怀疑主义"这一概念。这个概念成为了怀疑主义与辩证法之间的桥接点，它在原则上指明了古代怀疑主义对黑格尔所具有的重要意义，但同时也指明了"这种自身实现着的怀疑主义"与其他的怀疑主义（主要是指古代怀疑主义）之间的区别。

正如我们将要看到的那样，黑格尔关于怀疑主义、辩证法与思辨之关系的最终规定，则是出现于1830年的《哲学科学百科全书纲要·第一部分：逻辑学》①之中，这一最终规定也表明黑格尔克服了《怀疑主义与哲学的关系》和《精神现象学》中的不足，完成了对知性、怀疑主义、理性、辩证法和思辨之间的关系的思考。到此为止，笔者将基于对柏拉图辩证法、亚里士多德辩证法与黑格尔辩证法的一种整体性的比较研究，进一步阐明黑格尔辩证法和思辨的本质。

---

① 本章论述所依据的主要文本为1830年的《哲学科学百科全书纲要·第一部分：逻辑学》中的第78—82小节。以黑格尔全集历史考证版为例，1817年的《哲学科学百科全书纲要·第一部分：逻辑学》中相应的文本应为第13—16小节（G. W. F. Hegel, GW, Bd. 13, S. 24-25），对应于1827年版的《哲学科学百科全书纲要·第一部分：逻辑学》中的第79—82小节。相比于1817年版，1827年的版本增加了1817年版中没有的第78小节，并且对第79—83小节的内容有所修改增添，如第81小节（1817年版的则为第15小节）（G. W. F. Hegel, GW, Bd. 19, S. 90-93）。相比于1827年的版本，1830年的版本并未有明显的内容增减，只是在标点符号和个别字词上有所修改（G. W. F. Hegel, GW, Bd. 20, S. 117-120）。同样以1830年的版本为例，相比于黑格尔全集历史考证版，黑格尔全集理论版中的第80小节多出了一个黑格尔的学生依据黑格尔讲课笔记添加的附释，第81小节多出了2个附释，第82小节也多出了一个附释（G. W. F. Hegel, TWA, Bd. 8, S. 167-179），本章主要参考的是黑格尔全集理论版。

第一节 逻辑真实体的三个环节

在1830年的《哲学科学百科全书纲要·第一部分:逻辑学》的第81小节中,黑格尔通过源自辩证法的一种内在的超越(immanente Hinausgehen),而不是通过一种外在的孤立的二分性反思,规定了怀疑主义①与辩证法的关系:"当辩证的东西被知性孤立地、单独地应用时,特别是当它这样地被应用来处理科学的概念时,就形成怀疑主义。"②黑格尔巧妙地运用一种倒置的方式来将怀疑主义与知性辩证法相提并论,与此相照应,辩证法无非是被扬弃的怀疑主义,而古代怀疑主义则是一种主观的单纯否定的知性的辩证的东西(辩证法或辩证法原则)。由此,怀疑主义与辩证法的关系似乎获得了一个前所未有的明确规定,怀疑主义也不再因囿于双重身份的窘境,那么黑格尔的这个规定是否真的那么清晰呢?

对这个问题的回答,则有赖于对逻辑真实体的三个环节(这三个环节并不构成逻辑学的三个部分)的分析,而逻辑真实体(即概念或真理③)的三个环节(即方面或阶段④)就是"(a)抽象的或知性(理智)的方面""(b)辩证的或否定的理性的方面"和"(c)思辨或肯定的理性的方面"⑤。

---

① 基于黑格尔在《哲学科学百科全书纲要·第一部分:逻辑学》中的语境,本节中所指涉的怀疑主义,应该是以皮浪为代表的古代怀疑主义,而非以阿格里巴为代表的较新的怀疑主义,更非以舒尔策为代表的最新的怀疑主义,这也基本上对应于《精神现象学》第四章中所分析的那种以皮浪为代表的古代怀疑主义。
② 〔德〕黑格尔:《小逻辑》,贺麟译,北京:商务印书馆,1996年,第176页。
③ 基于黑格尔在第79小节中的表述,可以发现"逻辑真实体"(Logisch-Reellen)、"概念"(Begriffes)与"真理"(Wahren,真相)三个词在这里是同位语,这表明这三个概念的内涵基本上是同义的。贺麟先生在这里将das Wahre翻译为真理,先刚先生则将其翻译为真相,理由是das Wahre(真相)是一个本体论意义上的范畴,而die Wahrheit(真理)则是一个认识论意义上的范畴。先刚先生让我们注意到了这两个概念之间的区别和联系,有着非常重要的意义。笔者在这里尽管沿用贺麟先生的译法,但同样注意到此处das Wahre这一概念所强调的本体论意义,而之所以未改译为真相,只是为了强调真理本身既是一个本体论意义上的范畴,又是一个认识论意义上的范畴,这一点同样适用于本书第三章中的相关翻译和论述。关于das Wahre一词与die Wahrheit一词的分析,可参见先刚:《黑格尔〈精神现象学〉中的"真相"和"真理"概念》,《云南大学学报(社会科学版)》2016年第6期。
④ 基于黑格尔在第79小节中的表述,可以发现"方面"(Seit)与"环节"(Moment,阶段)在这里基本上是同义的,而黑格尔之所以作出如此的表述,无非是要表明"(a)抽象的或知性(理智)的方面""(b)辩证的或否定的理性的方面"和"(c)思辨或肯定的理性的方面"这三者之间的整体性和发展性,强调三者之间的内在关联。
⑤ 〔德〕黑格尔:《小逻辑》,贺麟译,第172页。

第四章 怀疑主义、辩证法与思辨之关系的最终规定

一、抽象的或知性的方面

黑格尔在《哲学科学百科全书纲要·第一部分：逻辑学》的第 78 小节，即"逻辑学概念的初步规定"的第三部分"思想对客观性的第三态度"的结尾处，将"一种如此实现了的怀疑主义"（eines solchen vollbrachten Skeptizismus）——这种怀疑主义无非是黑格尔在《精神现象学》中所提到的"自身实现着的怀疑主义"（dieser sich vollbringende Skeptizismus）（即辩证法）的现在完成时的表达——视为一种"肯定的科学"（affirmativen Wissenschaft，积极的科学），而"辩证的东西（辩证法）"就是这种肯定科学的"本质环节"，考虑到一种如此实现了的怀疑主义、肯定的科学与辩证法三者的内在统一性，二者基本上可以被视为同义的①。但是同样在本小节中，黑格尔又指出了这样一种怀疑主义，即它恰恰不是实现了的，而是"一种贯穿认识的所有形式的否定的科学，也将展现为一个导论"②。在这里，黑格尔照应于他之前在《精神现象学》中的表述（参见本书第三章），再次明确了这种自身实现着的怀疑主义（即辩证法或肯定的科学）与怀疑主义（否定的科学）之间的关系。但与《精神现象学》不同的是，黑格尔随后在第 81 小节中，将怀疑主义规定为知性辩证法，似乎指示着知性与辩证法通过作为"导论"的怀疑主义彼此之间存在着某种关联，或许也正是出于这种关联，黑格尔才将"抽象的或知性（理智）的方面"作为逻辑真实体的第一个环节③。

在第 80 小节，黑格尔如此描述了"抽象的或知性的方面"的特征："就思

---

① 〔德〕黑格尔：《小逻辑》，贺麟译，第 171 页。贺麟先生将"eines solchen vollbrachten Skeptizismus"翻译为"这种彻底的怀疑主义"，笔者在这里基于本段中"一种如此实现了的怀疑主义"与"科学"的对应关系（"一种如此实现了的怀疑主义的这种要求，与科学应该以怀疑一切，即以一切事物的完全无预设性为前提的要求是一样的。"），同时基于这一概念与《精神现象学》中"自身实现着的怀疑主义"（dieser sich vollbringende Skeptizismus）这一概念的关联，将其翻译为"一种如此实现了的怀疑主义"，并认为一种如此实现了的怀疑主义、肯定的科学与辩证法三者的内涵是一样的。参见：G. W. F. Hegel, TWA, Bd. 8, S. 168。

② 〔德〕黑格尔：《小逻辑》，贺麟译，第 171 页。笔者认为，第 78 小节中这一段的翻译应是："怀疑主义，作为一种贯穿认识的所有形式的否定的科学，也将展现为一个导论，在其中将揭露那样的假定的虚无性。但是怀疑主义，不仅是一条令人不愉快的路程，而且也是一段多余的路程，因为辩证的东西本身是一种肯定（积极）的科学的本质环节，正如下文即将指出的那样。再者，怀疑主义只能经验地和非科学地寻求有限的诸形式，并将其作为被给予之物来接受。一种如此实现了的怀疑主义的这种要求，与科学应该以怀疑一切，即以一切事物的完全无预设性（Voraussetzungslosigkeit）为前提的要求是一样的。实际上，这种要求是在要求纯粹思维的决心里，通过自由——这种自由，即从一切事物中摆脱出来，抓住事物的纯粹抽象性或思维的简单性——而实现了的。"参见：G. W. F. Hegel, TWA, Bd. 8, S. 168。

③ 〔德〕黑格尔：《小逻辑》，贺麟译，第 172 页。

维作为知性(理智)来说,它坚持着固定的规定性和各规定性之间彼此的差别。以与对方相对立。知性式的思维将每一有限的抽象概念当作本身自存或存在着的东西。"①

在黑格尔看来,知性作为第一个环节固然是不足的:首先,知性所建立的普遍性只是一种"与特殊性坚持地对立着"的抽象的普遍性,从而使自身也变成一种特殊的东西;其次,知性是一种"抽象的非此即彼"②,它以分离和抽象的方式对待其对象,这就使它成为"直接的直观和感觉的反面",因为后者只涉及并且始终停留于具体性之中③;再次,黑格尔基本上遵从了柏拉图和康德哲学将知性从属于理性的观念论传统,认为知性在面对作为无限的理性时是有限之物;最后,知性在面对怀疑主义或辩证法时会失去其有效性④。

但是即便如此,黑格尔认为知性思维本身仍然具有肯定的意义:第一,"无论如何,我们必须首先承认知性思维的权利和优点,大概讲来,无论在理论的或实践的范围内,没有知性,便不会有坚定性和规定性"⑤;第二,知性是"教化的一个本质环节"⑥;第三,知性"并不仅是一个主观的活动,而是十分普遍的东西",因而可以被视为"客观的东西",因此,黑格尔赋予作为逻辑真实体的第一个环节的知性以一个极高的评价,即知性的意义"约略相当于我们所说的上帝的仁德,就上帝的仁德被理解为赋予有限事物以存在或持续存在而言"⑦;第四,在艺术、宗教和哲学这些按照通常的观念被认为是距知性最远的领域里,知性同样不可缺少,这些部门越缺乏知性则越有缺陷⑧。

更为重要的是,黑格尔同时也意识到了知性与理性之间是不可分离的:"诚然,思维无疑地首先是知性的思维。但思想并不仅是老停滞在知性的阶段,而概念也不仅仅是知性的规定。"⑨因为知性并非"究竟至极之物,而毋宁是有限之物,而且知性的发挥,如果到了极点,必定转化到它的反面"⑩。

---

① 〔德〕黑格尔:《小逻辑》,贺麟译,第172页。
② 同上书,第176页。
③ 同上书,第172—173页。
④ Heinz Röttges, *Dialektik und Skeptizismus: die Rolle des Skeptizismus für Genese, Selbstverständnis und Kritik der Dialektik*, Frankfurt am Main: Athenäum, 1987, S.61.
⑤ 〔德〕黑格尔:《小逻辑》,贺麟译,第173页。
⑥ 同上书,第174页。
⑦ 同上。
⑧ 同上书,第175页。
⑨ 同上书,第172页。
⑩ 同上书,第175—176页。

这种"转化"在黑格尔看来就是知性本身的一种内在超越,也就是说,知性规定不只是为(理性)概念做好准备,而是说它本身在自身之中产生了(理性)概念。在这个转化过程中,"知性概念的片面性和局限性的本来面目,即知性概念的自身否定性就表述出来了"①。通过这个转化,知性的环节转化为辩证的环节:"辩证的环节,是诸有限规定本身的这种自我扬弃,并且是诸有限规定向它们的反面的过渡。"②

但是,如果知性向理性的过渡或转化是一种内在超越,那怀疑主义存在的意义是什么,或者它到底所扮演什么角色呢?

第 78 小节给出的答案是,怀疑主义作为一种否定的科学,是辩证法或科学的导论,这也对应于 1802 年《怀疑主义与哲学的关系》一文中那种"怀疑主义可以被视为通往哲学的最初阶段"的论述③,但与此同时,黑格尔又宣称怀疑主义"不仅是一条令人不愉快的路程,而且也是一段多余的路程"④,那么怀疑主义到底是多余的,还是不多余的呢?

在黑格尔看来,一方面,怀疑主义本身是有缺陷的,因为它只是"经验地和非科学地寻求有限的诸形式",所以怀疑主义本身是非科学的,因此对于科学而言也不是必然的。因此,怀疑主义作为非科学的东西,在这一意义上,作为辩证法或科学的导论,作为科学或哲学的一个环节,就是多余的,因为否定的科学的环节,即怀疑主义已经包含在肯定的科学,即辩证法之中,但怀疑主义的缺陷被消除了,换句话说,辩证法或辩证的东西才是"一种肯定的科学的本质环节"⑤。另一方面,怀疑主义,即知性的辩证的东西,也在一定程度上被解释为知性本身的内在动力,即知性概念的一种自我扬弃,正是出于这个原因,黑格尔才会说"但就它的特有的规定性来说,辩证法倒是知性的规定和一般有限事物特有的、真实的本性"⑥。就这一点而言,怀疑主义同样也是多余的,因为它只不过是知性的本性并因此是知性"运用辩证的东西的结果"且"仅仅停留在辩证法的否定结果"的另一种称呼而已⑦。

但是,就"诸有限规定过渡到它们的反面"而言,怀疑主义作为知性的辩证法并不是多余的,因为怀疑主义的功能或作用就是使那些有限规定性过

---

① 〔德〕黑格尔:《小逻辑》,贺麟译,第 176 页。
② 同上。参见:G.W.F. Hegel, *TWA*, Bd.8, S.168。
③ G.W.F. Hegel, *TWA*, Bd.2, S.240; G.W.F. Hegel, *GW*, Bd.4, S.215-216。
④ 〔德〕黑格尔:《小逻辑》,贺麟译,第 171 页。
⑤ 同上。
⑥ 同上书,第 176 页。
⑦ 同上书,第 176、181 页。

渡到它们的反面。这就是说,怀疑主义本身作为否定的科学,在这一意义上,作为辩证法或科学的导论,作为科学或哲学的一个环节,又不是多余的,而是有用的,只要怀疑主义作为导论,作为这样一个环节,既与科学的其他环节相区别,同时又建立了一种与其他环节的联系,而其他环节却无法发挥这样一种功能或作用。

总之,怀疑主义可以在肯定的科学中实行,也可以在肯定的科学之前实行,肯定的科学与怀疑主义的区别在于二者的结果,即肯定的科学的结果是诸规定在它们的对立中的肯定的统一,而怀疑主义的结果却只是诸规定的混乱和无效,因此,怀疑主义本身缺乏从一个范畴对立(Kategoriengegensatz)到下一个范畴对立的内在发展的必然性,而肯定的科学则是通过对最初的对立的确定的否定建立起了这种必然性①。更进一步说,怀疑主义只是一种外在的单纯的否定,而辩证法则是一种科学本身的怀疑,一种内在的扬弃,一种逻辑的思想运动的内在发展(并在这种内在发展中实现自身)。

此外,颇为有趣的是,正如福尔达所指出的那样,我们可以发现怀疑主义与精神现象学之间的这种地位的平行性,并能够借用怀疑主义与哲学的这种关系来解释精神现象学与逻辑学及其整个哲学体系的关系②:精神现象学,作为"走在纯粹科学之前"的某种东西,作为"科学体系的第一部分",作为"哲学科学"的"导论",作为逻辑学的"导论"③,并不是多余的,而是"哲学圆圈上的一个环节"④。当然,这并不是说同样作为导论的精神现象学与怀疑主义彼此之间没有区别,精神现象学与怀疑主义的区别不仅在于其科学性,还在于它扬弃有限的意识形态(包括怀疑主义本身)为自身的一个环节⑤。

由此,进入到"逻辑真实体"的第二个环节——"辩证的或否定的理性的方面"⑥。

---

① Hans Friedrich Fulda, *Das Problem einer Einleitung in Hegels Wissenschaft der Logik*, Frankfurt am Main: Vittorio Klostermann, 1975, S.37.
② 同上书,第25—27页。
③ 〔德〕黑格尔:《小逻辑》,贺麟译,第93—94页。
④ 〔德〕黑格尔:《哲学科学全书纲要》,薛华译,上海:上海人民出版社,2002年,第31页。在这里,黑格尔还表明了,意识及其历史(即精神现象学),如同其他每种哲学科学一样,并不是"一种绝对的开端",而只是"哲学圆圈上的一个环节"。对于黑格尔而言,只有绝对物(或无限物)本身才是哲学的开端(也是终点),关于这一点,笔者已经在本书第三章中加以阐述了。
⑤ Hans Friedrich Fulda, *Das Problem einer Einleitung in Hegels Wissenschaft der Logik*, S.39-40.
⑥ 〔德〕黑格尔:《小逻辑》,贺麟译,第172页。

二、辩证的或否定的理性的方面

在第 81 小节中,黑格尔明确将怀疑主义视为知性的辩证法、知性的辩证的东西或知性的辩证法原则,一方面,这暗示了怀疑主义的功能和作用的弱化,甚至因此最终可能意味着怀疑主义是多余的,另一方面,则是指明了怀疑主义只是知性"运用辩证的东西的结果,包含单纯的否定"①,而不是确定的否定,即辩证法或否定的理性。因此,怀疑主义存在的意义似乎被黑格尔降格或还原为知性的本性。然而,我们完全可以有理由说,知性规定在逻辑真实体的第一个环节中并未通过它自身过渡到它们的反面,并且知性本身似乎也没有什么动机扬弃这些固定的有限的抽象的知性规定,在某种意义上,甚至可以说知性本身阻碍着这种自身的内在超越。因此,一个令人困惑的问题是,如果知性非要停留于第一个环节并固守于那些"僵硬的长在",那么知性"现在没有更往前进"应该被归咎于知性本身吗?②

首先,既然知性的性质是有限之物,功能是"坚持着固定的规定性和各规定性之间彼此的差别"以使规定性与其对方相对立,结果是"将每一有限的抽象概念当作本身自存或存在着的东西"③,并且怀疑主义也只是知性对辩证法误用所造成的结果(但知性或怀疑主义对此并不自知),那么知性非要停滞于自身的阶段似乎并没有什么过错。

其次,无论是思维不能仅是老停留在知性的阶段,或是怀疑主义(否定的科学)作为辩证法(肯定的科学)的导论,还是怀疑主义作为知性运用辩证法的结果(一种单纯的否定),都是理性对知性和怀疑主义的一种理解和把握。也就是说,在黑格尔这里,我们不是通过知性和怀疑主义来阐明理性或辩证法的起源,而是反过来,基于理性这一阶段来理解知性到怀疑主义的起源以及从知性到怀疑主义再到理性(或辩证法)的这一过渡或转化,因此,知性本身无法理解这种过渡,当然也就更无法理解从知性到怀疑主义再到否定理性(辩证法)最后到肯定理性(思辨)的过渡或转化。一言以蔽之,这整个过渡或转化过程只有理性思维才能真正把握,仅靠知性思维是无法把握的。

借助于黑格尔在《逻辑学》中的相关论述,我们或许可以更好地理解为什么知性"现在没有更往前进,那并不是知性的过错"④。有别于康德,黑格

---

① 〔德〕黑格尔:《小逻辑》,贺麟译,第 176 页。
② 〔德〕黑格尔:《逻辑学》(下卷),杨一之译,北京:商务印书馆,1982 年,第 280 页。
③ 〔德〕黑格尔:《小逻辑》,贺麟译,第 172 页。
④ 〔德〕黑格尔:《逻辑学》(下卷),杨一之译,第 280 页。

尔确信：知性的停滞，不是理性的客观的无力，而是"理性的主观的无力：放任那些（知性）规定性如以上的状态，不能够通过与抽象普遍性对立的辩证力量、即通过那些规定性自己特有的本性、也就是通过它们的概念，把它们归结为统一"①。这意味着，理性的辩证法，在这里仍然没有变为知性规定性的内在本性，即没有变为与抽象普遍性对立的辩证力量，这种力量能够把握知性本身所无法把握的那些规定性的对立之统一。因此，黑格尔指出，不是"把知性和理性分开"，而是使知性的环节与辩证（理性）的环节相结合，成为知性规定性本身的内在超越，才能进入理性："被规定的和抽象的概念是前提条件，或不如说是理性的本质的环节；有限物在普遍性中与自身相关，概念是有了精神的形式，有限物通过普遍性在这一形式中把自己燃烧着了，辩证地建立起来，从而是理性现象的开始。"②也就是说，怀疑主义属于知性，辩证法属于理性，怀疑主义是知性应用辩证法的结果，知性可以放任知性规定性的对立而停滞不前，但理性不可以，它要求达到那些知性规定性的对立之统一，并且诸有限规定的自我扬弃（Sichaufheben）以及从知性向理性过渡的力量都是来源于理性。

然而即便如此，我们似乎依旧无法清晰地定位怀疑主义在从知性到理性的过渡中的角色：如果是知性规定本身驱使自己超越自身从而进入到理性规定的环节，那么这个过渡所需要的就既非辩证法也非怀疑主义；如果唯有怀疑主义才能提供这个过渡的步骤，那么怀疑主义就是哲学的一个不可缺少的环节，并且这个环节也不能被辩证法替代，因为怀疑主义不是被扬弃的环节，而是实现了方法上的功能和作用③。

借助于第 81 小节的第二个附释，或许可以更好地理解这个问题。首先，在附释二的第一段中，正如我们在《精神现象学》中看到的那样，黑格尔为古代的高尚的怀疑主义作辩护，来反对一种流行的笛卡尔式解释和舒尔策的那种近代怀疑主义：笛卡尔的那种怀疑主义只是"一种单纯怀疑的学说"，从而希望两个特定的观点中的一个会成为"坚定的真实的结论"，舒尔策的那种近代怀疑主义则是"一方面先于批判哲学，一方面又出自批判哲学的怀疑主义"，"目的仅在于否认超感官事物的真理性和确定性，并指出感官的事实和当前感觉所呈现的材料，才是我们所须保持的"，而古代的怀疑主义则是"对于知性所坚持为坚固不移的东西，加以完全彻底的怀疑"，当然，

---

① 〔德〕黑格尔：《逻辑学》（下卷），杨一之译，第 280 页。
② 同上。
③ Heinz Röttges, *Dialektik und Skeptizismus: die Rolle des Skeptizismus für Genese, Selbstverständnis und Kritik der Dialektik*, S.71.

第四章　怀疑主义、辩证法与思辨之关系的最终规定

古代的怀疑主义从自身中产生出来的"一种不可动摇的安定和内在的宁静"并没有为它带来方法论的意义①。

于是,接下来在第二段中,黑格尔考察了怀疑主义与知性(实证知识、抽象思维)、辩证的环节、思辨的环节、辩证法和哲学的关系以及怀疑主义的方法论意义。黑格尔指出,怀疑主义既非一切实证知识②的仇敌,也非以考察实证知识为任务的哲学的仇敌,而是有限的抽象的知性思维的仇敌,并且只有有限的抽象的知性思维畏惧并且无法抵御怀疑主义③。但是,黑格尔早先在第 81 小节的"说明"中已经把怀疑主义描述为知性的辩证法,并且把辩证法描述为孤立的知性规定性自身的一种内在超越。对此,唯一的解释只能是:知性之所以畏惧怀疑主义,乃是因为怀疑主义就是知性本身内在发展的顶点,这个顶点也就是知性的灭亡,即"任何事物所能达到的最高成熟状态或阶段,就是它在其中开始没落的那个状态或阶段"④。但是,真正的哲学不会畏惧怀疑主义,它不会停留于辩证法的否定结果,而是把怀疑主义"作为一个环节包括在它自身内,——这就是哲学的辩证的环节"⑤,而"辩证的环节"就是"诸有限规定本身的这种自我扬弃,并且是诸有限规定向它们的反面的过渡"⑥。

最终,黑格尔在这里的解决办法是:用知性在辩证法的名义下替代了怀疑主义,尽管在 1802 年的《怀疑主义与哲学的关系》中怀疑主义对于从知性到理性的过渡是不可缺少的。现在,这个貌似多余的怀疑主义获得了一个"知性的辩证法"的名誉头衔,并且怀疑主义作为辩证法的预备阶段或导论似乎也是可以接受的,但是我们仍然必须明白,即便怀疑主义是一个被知性局限的辩证法,但这并不意味着怀疑主义与辩证法是同一的⑦。与此同时,怀疑主义也似乎是无法与知性相协调的,它也的确总是与独断着的知性作斗争,关于这一点,黑格尔同样在 1802 年的《怀疑主义与哲学的关系》中已经阐明了。总之,怀疑主义必须反抗它作为知性辩证法的头衔,不仅因为它

---

① 〔德〕黑格尔:《小逻辑》,贺麟译,第 180—181 页。
② 实证哲学(Der positive Philosophie,"positive"亦指肯定的)指的是德国哲学中的宗教神秘主义学派,以后期的谢林等人为代表,主张哲学从属于宗教,反对理性认识,并且认为神的启示是"实证"知识的唯一源泉。他们把凡是宣布理性认识为其源泉的哲学,都叫做否定哲学(Der negative Philosophie)。
③ 〔德〕黑格尔:《小逻辑》,贺麟译,第 181 页。
④ 〔德〕黑格尔:《逻辑学》(下卷),杨一之译,第 280 页。
⑤ 〔德〕黑格尔:《小逻辑》,贺麟译,第 181 页。
⑥ 同上书,第 176 页。
⑦ Heinz Röttges, *Dialektik und Skeptizismus: die Rolle des Skeptizismus für Genese, Selbstverständnis und Kritik der Dialektik*, S.66.

与辩证法的一种因缘,而且还因为它与独断着的知性的对抗关系①。

因此,我们必须对黑格尔的区分进一步加以界定,特别是在1830年的《哲学科学百科全书纲要·第一部分:逻辑学》的语境下:怀疑主义事实上是一种被局限为否定性的知性辩证法,这种知性辩证法同样片面地否定那种被孤立的知性规定性,正如知性孤立地和固定地规定世界那样②。由此可见,怀疑主义本身只是单纯地抽象的否定,然而辩证法虽以否定为结果,就否定作为结果而言,同时也是一种肯定,"因为肯定中即包含有它所自出的否定,并且扬弃其对方(否定)在自身内,没有对方它就不存在"③。也就是说,对怀疑主义的否定性本质的洞察属于辩证法,怀疑主义无非是一种自我误解着的知性④。

在笔者看来,从1802年的《怀疑主义与哲学的关系》开始,就已经预示了如下结果:首先,诸知性规定无法固守自身,通过怀疑主义,诸知性规定被导向荒谬,即二律背反,虽然这个怀疑主义破坏了知性的独断主义,但是其本身结果仅仅牢牢把握住了单纯的否定;其次,尽管如此,辩证法从怀疑主义的单纯否定中获得了一个肯定的结果,即证实了被孤立的知性规定性是相对的,也正是在这点上,孤立的知性本身消亡了;再次,就理性的否定面而言,辩证法系统地反思了知性规定性的否定性和怀疑主义的否定性以及二者之间的关联,就理性的肯定面而言,辩证法系统地把握并扬弃了知性的独断主义与怀疑主义的表面上的对立,也就是说,在理性概念中将二者统一起来⑤。由此,黑格尔就锚定了知性、怀疑主义、辩证法和理性四者之间的关系,并且可以看到,逻辑真实体的第二个环节和第三个环节都被冠之以理性之名,区别只是在于理性的否定面是辩证,而理性的肯定面则是思辨,而思辨的基本特性就是"扬弃否定、否定中包含肯定"⑥。

由此,进入到"逻辑真实体"的第三个环节:"思辨的或肯定的理性的方面"⑦。

三、思辨的或肯定的理性的方面

现在,一个仍未获得解决的问题是,如果怀疑主义被每一种真正哲学作

---

① Heinz Röttges, *Dialektik und Skeptizismus: die Rolle des Skeptizismus für Genese, Selbstverständnis und Kritik der Dialektik*, S.67.
② 同上。
③ 〔德〕黑格尔:《小逻辑》,贺麟译,第181页。
④ Heinz Röttges, *Dialektik und Skeptizismus: die Rolle des Skeptizismus für Genese, Selbstverständnis und Kritik der Dialektik*, S.67.
⑤ 同上书,第68页。
⑥ 〔德〕黑格尔:《小逻辑》,贺麟译,第181页。
⑦ 同上书,第172页。

第四章 怀疑主义、辩证法与思辨之关系的最终规定

为一个环节包含在自身之内,它就完全不再是怀疑主义,也不再是怀疑,而是辩证,那么对于辩证的环节而言,如果辩证本身作为环节的话,辩证也就不再是辩证了,而是思辨了么①?

现在,最终结果是非常明显的:对立的知性规定的统一的把握不是辩证的事情,而是逻辑真实体的最高发展环节,即思辨的事情:"思辨的环节或肯定理性的环节在对立的规定中认识到它们的统一,或认识到这种包含在对立的规定的分解和过渡中的肯定。"②而"辩证的环节"则是"诸有限规定本身的这种自我扬弃,并且是诸有限规定向它们的反面的过渡"③。但是,与此同时,黑格尔在第 82 小节的"说明"中又明确地指出了:"辩证法具有肯定的结果,因为它有确定的内容,或因为它的真实结果不是空的、抽象的虚无,而是对于某些规定的否定,而这些被否定的规定也包含在结果中,因为这结果确是一结果,而不是直接的虚无。由此可知,这结果是理性的东西,虽说只是思想的、抽象的东西,但同时也是具体的东西,因为它并不是简单的形式的统一,而是拥有差别的规定的统一。……哲学所从事的只是具体的思想。"④因此,辩证(辩证的东西,das Dialektische)、思辨与辩证法(die Dialektik)三者之间的关系仍有待进一步明确。

我们固然可以如此地解释辩证法的肯定结果的转变:即辩证的环节作为否定的理性,仅仅是为肯定的理性作准备,甚至在某种程度上可以说,它对它所实现的东西是一无所知的,但是,这无助于问题的解决,因为黑格尔在第 81 小节中谈及作为环节的辩证时,已经清楚明白地指出:辩证法的成就是确定的否定。而现在,黑格尔却同样在第 82 小节中可能认为作为环节的思辨,说得确切一些,肯定的理性的成就是确定的否定的原则,而辩证仅仅被削减为第二个环节的原则,但是,由于辩证法及其特有的结果,即确定的否定,形成了第 82 小节的黑格尔解释的要点,黑格尔又含蓄地取消了将思辨置于辩证法之上这一做法,因为至少第 79—82 小节的方法论核心本身还是需要辩证法的⑤。不管怎样,黑格尔关于辩证与思辨的这种区别,一方面,有助于我们理解辩证法与怀疑主义之间的关系以及辩证法的内在发展环节,因为辩证法在思辨思维中澄清了概念的自我运动的原则,另一方面,也有助于我们理

---

① Heinz Röttges, *Dialektik und Skeptizismus: die Rolle des Skeptizismus für Genese, Selbstverständnis und Kritik der Dialektik*, S.73.
② 〔德〕黑格尔:《小逻辑》,贺麟译,第 181 页。
③ 同上书,第 176 页。
④ 同上书,第 181—182 页。
⑤ Heinz Röttges, *Dialektik und Skeptizismus: die Rolle des Skeptizismus für Genese, Selbstverständnis und Kritik der Dialektik*, S.75.

解并描述思辨哲学和怀疑主义之间的关系,并因此澄清了思辨哲学本身①。

由此我们也有必要更为细致地理解这三个环节:依据第二个环节,即"否定的辩证的或否定的理性的方面",辩证法已经是最后一个环节了,这意味着思辨这一环节也是属于辩证法的;依据第三个环节,即"肯定的辩证的或思辨的或肯定的理性的方面",思辨和辩证只是辩证法或理性的两个不可分离的环节,并且思辨是决定性的环节或最高的环节。由此我们可以知道,在 1830 年的《哲学科学百科全书纲要·第一部分:逻辑学》中,黑格尔更多的是把辩证(的环节)作为否定的辩证法来运用的,并且黑格尔为了区分否定的辩证法和肯定的辩证法,用"思辨(的环节)"这一概念代替了肯定的辩证法。由此,"知性(知性的肯定)—怀疑主义(知性的否定/知性的辩证法)—辩证(理性的否定方面/否定的辩证法)—思辨[理性的肯定(否定之否定)方面/肯定的辩证法]"这一结构最终变得清晰起来。

到此为止,我们可以基于第 81 小节,尤其是附释一来简单概括一下黑格尔关于辩证法的界定:

第一,辩证法并非是怀疑主义那样"一种外在的技术",即"通过主观的任性使确定的概念发生混乱,并给这些概念带来矛盾的假象,从而不以这些规定为真实,反而以这种虚妄的假象和知性的抽象概念为真实",而是一种"内在的超越",是"知性规定和一般有限事物特有的真实的本性"②。

第二,辩证法并非是"一种主观任性的往复辩难之术","这种辩难乃是出于机智,缺乏真实内容,徒以单纯的机智掩盖其内容的空疏",而是拥有真实内容的,其表述的是"知性概念的片面性和局限性的本来面目,即知性概念的自身否定性"③。

第三,辩证法("辩证的东西")是"现实世界中一切运动、一切生命,一切事业的推动原则",是"知识范围内一切真正科学认识的灵魂",是"生命本身即具有死亡的种子",它意味着"凡有限之物都是自相矛盾的,并且由于自相矛盾而自己扬弃自己"④。

第四,辩证法也不是那种单纯的诡辩,因为"诡辩的本质在于孤立起来看事物,把事物片面的、抽象的规定,认为是可靠的,只要这样的规定能够带来个人当时特殊情形下的利益",而辩证法的出发点则是"就事物本身的存

---

① Heinz Röttges, *Dialektik und Skeptizismus: die Rolle des Skeptizismus für Genese, Selbstverständnis und Kritik der Dialektik*, S. 10.
② 〔德〕黑格尔:《小逻辑》,贺麟译,第 176 页。
③ 同上。
④ 同上书,第 177 页。

第四章 怀疑主义、辩证法与思辨之关系的最终规定

在和过程加以客观的考察,借以揭示出片面的知性规定的有限性"①。

第五,黑格尔的辩证法既不同于古代的柏拉图的辩证法(关于黑格尔辩证法对柏拉图辩证法的继承与扬弃,具体内容可见本章第二节),也不同于近代的康德的辩证法(考虑到黑格尔所称赞的康德辩证法更多地是遵循亚里士多德的传统,即对先验分析论与先验辩证论的区分是属于亚里士多德的思想遗产,故笔者在本章第三节重点讨论了黑格尔辩证法与亚里士多德辩证法之间的联系与区别):柏拉图的辩证法"以自由的科学的形式"或"客观的形式"指出了一切固定的知性规定的有限性,而苏格拉底的辩证法仍带有强烈的主观色彩,至于康德的辩证法,则是对"知性范畴所引起的理性世界的矛盾"——"这种矛盾的性质构成我们后来将要指明的逻辑思维的辩证的环节"②——的发挥,在这种理性矛盾(即二律背反)中,康德"并不只是在揭示出两方论据的反复辩驳,或评论双方主观的辩难",而是要"指出每一抽象的知性概念,如果单就其自身的性质来看,如何立刻就会转化到它的反面"③。

第六,辩证法或矛盾进展原则并不是仅限于哲学意识之内,它是"一种普遍存在于其他各级意识和普通经验的法则",一切"有限事物的变化消逝不外是有限事物的辩证法"④。此外,"自然世界和精神世界的一切特殊领域和特殊形态,也莫不受辩证法的支配":自然有了内在矛盾而被迫超出其自身,精神世界中如果事物或行动到了极端总要转化到它的反面⑤。

由此,辩证法("辩证的东西")被黑格尔揭示为"科学进展的推动的灵魂,只有通过辩证的原则,科学内容才达到内在联系和必然性,并且只有在辩证的东西里,一般才包含有真实的超出有限,而不只是外在的超出有限"⑥,被揭示为概念自我运动的原则,被揭示为动机,这个动机不是外在地扬弃知性规定性,而是与知性的自我扬弃是同一的。知性、怀疑主义与辩证法之间的关系问题,在1802年的《怀疑主义与哲学的关系》中,仍然是非常模糊的,但是在这里,关于三者之间的关系的最终规定已经被阐明了:知性自身误解着地运用辩证法时,就形成了怀疑主义,并且辩证法本质上是属于理性的⑦。所以黑格尔才会说:"哲学的任务在于理解存在的东西,因为存

---

① 〔德〕黑格尔:《小逻辑》,贺麟译,第177—178页。
② 同上书,第131—132页。
③ 同上书,第178—179页。
④ 同上书,第179页。
⑤ 同上书,第179—180页。
⑥ 同上书,第176—177页。
⑦ 参见:Daniel Brauer, "Die dialektische Natur der Vernunft: Über Hegels Auffassung von Negation und Widerspruch", in *Hegel-Studien*, Band 30, Bonn: Bouvier Verlag, 1995, S.89 - 104。

在的东西就是理性"①,"理性不仅是哲学所特有的财产,毋宁应该说,理性是人人所同具"②。

与此同时,我们也可以基于第 82 小节来总结一下黑格尔关于思辨的界定:

第一,思辨逻辑包含有单纯的知性逻辑(即普通的逻辑)于自身之中,并且"从前者即可抽得出后者",即"我们只消把思辨逻辑中的辩证的和理性的成分排除掉,就可以得到知性逻辑"③。

第二,思辨的真理是"经过思想的理性法则(肯定理性的法则)","既非初步地亦非确定地仅是主观的,而是显明地包括了并扬弃了知性所坚持的主观与客观的对立,正因此证明其自身乃是完整、具体的真理",即思辨的真理是主观与客观的对立之统一④。

第三,思辨真理与宗教意识和宗教学的那种神秘主义相近,都是那样"一些规定的具体统一",就此而言,是指"理性的思辨真理即在于把对立的双方包含在自身之内,作为两个观念性的环节",理性真理是可以为思维所接近和掌握的,但理性的真理对知性思维而言之所以神秘,乃是因为这种真理超出了知性范围,即知性只认为分离或对立的规定是真实的,或只能把握抽象的同一性⑤。

总之,辩证与思辨作为不可分离的两个环节统一于理性,即辩证法本身。但又考虑到思辨作为逻辑真实体的最高环节,它又包含辩证的环节于自身之内,因此,在本书的第五章中,仍对黑格尔的哲学冠之以思辨哲学之名,由此彰显黑格尔的思辨哲学与其他的辩证哲学之区别。

最后,还需要注意的是,我们是否在知性地质疑逻辑真实体的诸环节的区分,即我们仅仅知性地,也就是说,分离地孤立地理解黑格尔的区分⑥。这或许是有可能会发生的,因为我们可能从始至终都只是把辩证法揭示为一种方法论,但是事实上,它更是"事情本身的过程"(der Gang der Sache

---

① 〔德〕黑格尔:《法哲学原理》,范扬、张企泰译,北京:商务印书馆,1979 年,第 12 页。
② 〔德〕黑格尔:《小逻辑》,贺麟译,第 182 页。
③ 同上。
④ 同上书,第 183 页。
⑤ 同上书,第 184 页。
⑥ 对于逻辑真实体的三个环节,正如黑格尔所说的那样,"它们可以全部被安置在第一阶段即知性的阶段",即加以一种知性的理解,但如果这样的话,三个环节之间就是孤立的,故而也就不能"见到它们的真理性",因此,对逻辑真实体的理解必须基于理性而非知性。参见〔德〕黑格尔:《小逻辑》,贺麟译,第 172 页。

selbst)①,即本体论、认识论和方法论的有机统一。这个事情本身,"不是一个现成的存在者,也不是存在者的总和,而是一种扬弃外在反思的行动;事情本身不是哲学的开始,也不是哲学的结果,而是一个前进-回溯的圆圈;事情本身不是纯粹的内容或被动的质料,不是知性的形式,而是一种自我运动的方法"②。

关于这一点,我将回到黑格尔辩证法的最初源头,即柏拉图的《巴门尼德篇》,结合《哲学史讲演录》和《逻辑学》(1812—1816)的相关论述,通过对柏拉图辩证法与黑格尔辩证法的一种整体性的比较研究,即黑格尔对柏拉图辩证法的继承和扬弃,来阐明如何理解辩证法作为"事情本身的过程"。当然,黑格尔的这一思想已经在《精神现象学》中作为自身实现着的怀疑主义得以展开了,而关于这一思想最为纯粹的表述,则体现在《逻辑学》中。然后,则是进一步通过对亚里士多德辩证法与黑格尔辩证法的整体性考察,阐明黑格尔与亚里士多德在辩证法与思辨概念上的联系与区别,由此进一步明晰黑格尔的辩证法与思辨思想的内涵与实质。

第二节 从否定的辩证法到肯定的辩证法:黑格尔对柏拉图的继承和扬弃

从真正的怀疑主义到辩证法,这一线索可以在黑格尔对《巴门尼德篇》的评价的转变中被明确清晰地把握:

在《怀疑主义与哲学的关系》一文中,黑格尔仅只将柏拉图的《巴门尼德篇》视为"真正的怀疑主义之更为完美的和自给自立着的文献与体系"。可以明确的是,辩证法最初是以一种暗含的方式在《耶拿体系草稿Ⅱ:逻辑,形而上学,自然哲学》中被广泛加以运用③。

随后,辩证法在《精神现象学》中成为绝对自我展开和绝对自我认识的方式,如在《精神现象学》的序言中,黑格尔就已经明确地将柏拉图的《巴门尼德篇》称作"古代辩证法的最伟大的作品"④,而在不久之前,施莱尔马赫

---

① 〔德〕黑格尔:《逻辑学》(上卷),杨一之译,第 37 页。
② 高桦:《从事情本身看黑格尔的辩证法》,《复旦学报(社会科学版)》2020 年第 6 期。
③ Manfred Baum, "Zur Methode der Logik und Metaphysik beim Jenaer Hegel", in *Hegel in Jena*, Hrsg. von Dieter Henrich und Klaus Düsing, *Hegel-Studien Beiheft*, Band 20, Bonn: Bouvier Verlag Herbert Grundmann, 1980, S. 130 – 138.
④ 〔德〕黑格尔:《精神现象学》(上卷),贺麟、王玖兴译,北京:商务印书馆,1997 年,第 49 页。

(Friedrich Daniel Ernst Schleiermacher)则同样把这篇他与施莱格尔(August Wilhelm Schlegel)错误地归入柏拉图早期作品的对话称为一个"罕见的辩证法作品"(dieses seltene Dialektische Kunstwerk)①。有别于施莱尔马赫的柏拉图-释义,即柏拉图的诸决定性的识见是包含于柏拉图的神话之中的,黑格尔特别地强调了在哲学中作为认识和绝对本质的唯一道路的纯粹思维的方法②。

之后则在《逻辑学》中,黑格尔更多地是基于自身的思辨辩证法来对柏拉图的否定辩证法加以批判,即便如此,虽然黑格尔并未明指,但他援引第欧根尼·拉尔修的观点③,明确地指明"泰勒斯是自然哲学的创始人,苏格拉底是道德哲学的创始人,而柏拉图则是属于哲学的第三种科学即辩证法的创始人"④,尽管柏拉图的前任是亚里士多德视之为辩证法创始者的爱利亚学派的芝诺,并且芝诺对于黑格尔而言也是爱利亚学派中最重要的人物,尽管正如赫拉克利特也是一样,黑格尔也肯定地吸收芝诺以及智者派的辩证法,即使智者派的论证方式被黑格尔视为是"错误的"辩证法⑤。

一以贯之,在《哲学史讲演录》中,黑格尔仍然认为"真正辩证法的详细发挥"包含于《巴门尼德篇》中,特别是其第二部分之中,它是"柏拉图辩证法最著名的杰作",其主题是"借巴门尼德和芝诺之口所说出来的辩证法",黑格尔甚至涉及了柏拉图的线寓(Liniengleichnis)中辩证法的意义,尽管他并未做详细地展开⑥。此外,黑格尔还更为清晰地强调了他自己的辩证法与新柏拉图主义的解释之间的区别。

显然,黑格尔赋予《巴门尼德篇》如此重要的意义必然具有更为深层次的理由,即柏拉图的辩证法对黑格尔的思想发展所具有的重要意义⑦。狄尔

---

① F. Schleiermacher, *Platons Werke*, Teil I, Bd. 2, Berlin: In der Realschulbuchhandlung, 1818, S. 86, 96 – 97.
② Klaus Düsing, "Formen der Dialektik bei Plato und Hegel", in *Hegel und die antike Dialektik*, Hrsg. von Manfred Riedel, Frankfurt am Main: Suhrkamp, 1990, S. 184.
③ 第欧根尼·拉尔修:《名哲言行录》(上),马永翔等译,长春:吉林人民出版社,2010年,第167页。
④ 〔德〕黑格尔:《逻辑学》(下卷),杨一之译,第537页。
⑤ Klaus Düsing, "Formen der Dialektik bei Plato und Hegel", in *Hegel und die antike Dialektik*, Hrsg. von Manfred Riedel, S. 169 – 170.
⑥ 〔德〕黑格尔:《哲学史讲演录》(第二卷),贺麟、王太庆译,北京:商务印书馆,1983年,第216页。
⑦ 关于黑格尔与柏拉图的辩证法之间的关系的研究,可以参见 Francis Macdonald Cornford, *Plato and Parmenides: Parmenides' Way of Truth and Plato's Parmenides*, translated with an Introduction and a running Commentary, London: Kegan Paul, 1939; Hans-Geoge Gadamer, "Hegel und die antike Dialektik", in *Hegel-Studien*, Band 1, Bonn: (转下页)

第四章 怀疑主义、辩证法与思辨之关系的最终规定

泰就曾经说过:黑格尔的思想赋予我们最艰涩的问题是辩证法和逻辑体系的建筑结构之形成①。辩证法作为起源于古代的方法,在 18 世纪通过康德哲学的纯粹理性的先验辩证法而重新获得尊重,康德的后继者,如费希特、谢林、施莱尔马赫以及黑格尔,已经继承了这样一种辩证法的必然性的论证,克服了辩证法的消极评价并且清楚地认识到了理性的一种特有的可能性,即超越知性思维的界限,与此同时,他们同样也意识到了辩证法的古代起源,但是相比于同时代其他人对辩证法的应用,黑格尔的辩证法拥有一个十分独特的立场,即他考虑的是辩证法的真正结果:从一个概念到另一个概念的内在进展是概念的自我运动,而非外在的超越,并且在这种持续的进展中,描述思维的内在必然性②。

(接上页) H. Bouvier Verlag u. Co. Verlag, 1961, S. 173 – 199; Reiner Wiehl, "Platos Ontologie in Hegels Logik des Seins", in *Hegel-Studien*, Band 3, Bonn: H. Bouvier Verlag u. Co. Verlag, 1965, S. 157 – 180; Günther Maluschke, *Kritik und Absolute Methode in Hegels Dialektik*, *Hegel-Studien Beiheft*, Band 13, Bonn: Bouvier Verlag Herbert Grundmann, 1974; Klaus Düsing, *Das Problem der Subjektivität in Hegels Logik*, *Hegel-Studien Beiheft*, Band 15, Bonn: Bouvier Verlag Herbert Grundmann, 1976; Wolfgang Künne, "Hegel als Leser Platos: Ein Beitrag zur Interpretation des Platonischen 'Parmenides'", in *Hegel-Studien*, Band 14, Bonn: Bouvier Verlag Herbert Grundmann, 1979, S. 109 – 146; Klaus Düsing, "Ontologie und Dialektik bei Plato und Hegel", in *Hegel-Studien*, Band 15, Bonn: Bouvier Verlag Herbert Grundmann, 1980, S. 95 – 150; Manfred Baum, *Die Entstehung der Hegeischen Dialektik*, *Neuzeit und Gegenwart*, Bd. 2, Bonn: Bouvier Verlag Herbert Grundmann, 1986; Manfred Riedel, Hrsg., *Hegel und die antike Dialektik*, Frankfurt am Main: Suhrkamp, 1990; Franco Chiereghin, "Platonische Skepsis und spekulatives Denken bei Hegel", in *Skeptizismus und spekulatives Denken in der Philosophie Hegels*, Hrsg. von Hans Friedrich Fulda und Rolf-Peter Horstmann, Stuttgart: Klett-Cotta, 1996, S. 29 – 49; Martin Gessmann, "Skepsis und Dialektik: Hegel und der Platonische Parmenides", in *Skeptizismus und spekulatives Denken in der Philosophie Hegels*, Hrsg. von Hans Friedrich Fulda und Rolf-Peter Horstmann, Stuttgart: Klett-Cotta, 1996, S. 50 – 63; Rainer Schäfer, *Die Dialektik und ihre besonderen Formen in Hegels Logik: Entwicklungsgeschichtliche und systematische Untersuchungen*, Hegel-Studien Beiheft, Band 45, Hamburg: Felix Meiner Verlage, 2001;〔德〕克劳斯·杜辛:《黑格尔与哲学史——古代、近代的本体论与辩证法》,王树人译,北京:社会科学文献出版社,1992 年。

① Manfred Riedel, "Dialektik des Logos? Hegels Zugang zum 'ältesten Alten' der Philosophie", in *Hegel und die antike Dialektik*, Hrsg. Von Manfred Riedel, Frankfurt am Main: Suhrkamp, 1990, S. 13 – 14. 狄尔泰的原话为:"(法兰克福时期的)草稿的最艰涩的问题是辩证法和逻辑体系的建筑结构之形成。"参见:Wilhelm Dilthey, "Das Hegel-Buch Kuno Fischers", in *Gesammelte Schriften*, Band XV: *Zur Geistesgeschichte des 19. Jahrhunderts*, Göttingen: Vandenhoeck und Ruprecht, 1991, S. 355。

② Hans-Geoge Gadamer, "Hegel und die antike Dialektik", in *Hegel-Studien*, Band 1, S. 173。

一、黑格尔对柏拉图辩证法的解读

众所周知,黑格尔早在图宾根的学生时期就已经与荷尔德林等一同阅读并翻译过柏拉图的作品①,之后在法兰克福时期于1797年与荷尔德林重逢之后更是深入地研究了柏拉图,而在耶拿时期,柏拉图哲学对黑格尔而言在诸多方面是自身体系化尝试的基础②。作为《黑格尔生平》的作者,卡尔·罗森克兰茨早在1844年就已经试图研究柏拉图的后期对话对黑格尔早期耶拿逻辑、形而上学和自然哲学手稿的影响,并且把黑格尔的范畴学说之根本转变归因于柏拉图的影响③。这种影响可以在黑格尔后期《哲学史讲演录》中关于柏拉图"辩证法"的章节中得到更为清晰的把握。

在《哲学史讲演录》中,黑格尔援引第欧根尼·拉尔修的思想把柏拉图的理念的科学体系分为三个组成部分④,而这显然是与黑格尔的哲学体系一一对应的:(1)《巴门尼德篇》,对应的是思辨哲学,即辩证法,但这种辩证法"不是把观念弄混乱的那种智者派的辩证法,而是在纯概念中运动的辩证法,是逻辑理念的运动";(2)《蒂迈欧篇》(*Timaios*),对应的是自然哲学;(3)《理想国》(*Politeia*),对应的是精神哲学⑤。显而易见,在黑格尔的注解中,与《巴门尼德篇》所处的基础性位置相类似的是:《逻辑学》⑥。因此,在黑格尔对最初系统地安置于柏拉图的《巴门尼德篇》中的辩证法的重建中,黑格尔通过对柏拉图辩证法的分析,试图将辩证法有机地融入他那思辨辩证的《逻辑学》的体系之中,而辩证法"作为哲学证明的方法"⑦则成为绝对或绝对精神或绝对理念或绝对概念本身展开——绝对或真理作为主体"产生其自身、发展其自身并返回于其自身的进程"——的显现方式,因为"在通常的

---

① H. S. Harris, *Hegel's Development, Volume I: Toward the Sunlight 1770 – 1801*, Oxford: Clarendon Press, 1972, p.98.
② Klaus Düsing, "Formen der Dialektik bei Plato und Hegel", in *Hegel und die antike Dialektik*, Hrsg. von Manfred Riedel, S.180.
③ Karl Rosenkranz, "Hegel's ursprüngliches System: 1798 – 1806", in *Literarhistorisches Taschenbuch, zweiter Jahrgang*, Hrsg. von R. E. Prutz, Leipzig: Otto Wigand, 1844. S. 153 – 242.
④ 第欧根尼·拉尔修:《名哲言行录》(上),马永翔等译,第165—167页。
⑤ 〔德〕黑格尔:《哲学史讲演录》(第二卷),贺麟、王太庆译,第199页。
⑥ Wolfgang Künne, "Hegel als Leser Platos: Ein Beitrag zur Interpretation des Platonischen 'Parmenides'", in *Hegel-Studien*, Band 14, Bonn: Bouvier Verlag Herbert Grundmann, 1979, S.110.
⑦ 需要留意的是:在这里的语境中,黑格尔提出作为哲学证明的的方法的辩证法所批判的实际上是谢林。关于辩证法与哲学证明的关系的分析,参见:Hans-Geoge Gadamer, "Hegel und die antike Dialektik", in *Hegel-Studien*, Band 1, S.173 – 199。

认识里，构成着内在性的这个外在陈述方面的是证明。但在辩证法与证明分开了以后，哲学证明这一概念，事实上就已经丧失了"①。

黑格尔对《巴门尼德篇》的辩证法的分析，始于对柏拉图哲学中辩证法的三个层面的区分：

首先，辩证法的第一个层面是指明感性的、受限制的、有限的东西不是真的东西，而是处于变迁之中的，不是由自身决定的，而是在与他物的关系之中被规定的，是相对的："即使我们对于它们有了真的表象，它们也没有客观意义的真理性。它们本身就不是真的，它们既是它们自己，又是它们的对方，而这对方也被当作存在着的，因此它们就有了矛盾，而且是不可消除的矛盾。"②辩证法的第一个层面所涉及的是"针对着这种形式的有限事物"，其目的在于搅乱并消解人们的有限的表象以及那特殊的东西，其运行的办法在于"揭示出特殊的东西的有限性及其中所包含的否定性，并指出特殊的东西事实上并不是它本身那样，而必然要过渡到它的反面，它是有局限性的，有一个否定它的东西，而这个东西对于它是本质的。假如你试指出并坚持这个特殊的否定的方面，则它就消逝了，就变成一个异于你所认定的东西了"③。这个层面所代表的形式的辩证法暗示的是芝诺的辩证法④，这个辩证法拥有的只是一个否定的结果，如果它没有在人们意识中引起对认识真实存在的科学要求的话。

其次，辩证法的第二个层面所涉及的是：共相、自在自为的东西、不变的和不朽的东西。辩证法的第二个层面所涉及的只是思想的运动，也就是说，相论仍然以一种抽象的方式被理解，而不是描述相论内容的内在规定："为了消解特殊的东西以形成共相，这种辩证法还不是真正的辩证法，还不是辩证法的真形式"⑤。辩证法的第二个层面是柏拉图和智者派所共有的。

最后，辩证法本身在第三个层面才出现，在那里柏拉图的主要工作是"对那由搅乱特殊的东西而产生的共相，即在其自身之内予以规定，并即在共相之内消解其对立。因而这种对于矛盾的消解就是一个肯定的过程，所以共相就被规定为在自身中消解着并且溶解了矛盾和对立的东西，同时也

---

① 〔德〕黑格尔：《精神现象学》（上卷），贺麟、王玖兴译，第44页。
② 〔德〕黑格尔：《哲学史讲演录》（第二卷），贺麟、王太庆译，第201—202页。
③ 同上书，第202页。
④ Franco Chiereghin, "Platonische Skepsis und spekulatives Denken bei Hegel", in *Skeptizismus und spekulatives Denken in der Philosophie Hegels*, Hrsg. von Hans Friedrich Fulda und Rolf-Peter Horstmann, Stuttgart: Klett-Cotta, 1996, S.47.
⑤ 〔德〕黑格尔：《哲学史讲演录》（第二卷），贺麟、王太庆译，第202页。

就被规定为具体的或本身具体的东西"①。依据黑格尔的解释,这种思辨的辩证法是柏拉图所特有的辩证法,有别于形成我们的表象内容的知性辩证法,这种知性的辩证法无非是思维的主观操作,思辨的辩证法所达到的是区别于理智(διάνοια/dianoia)的纯粹思想:"思想要变成流动的,必须纯粹思维,亦即这种内在的直接性认识到它自己是环节,或者说,必须对它自己的纯粹确定性进行自身抽象;——确定性的这种自身抽象,不是自身舍弃和抛弃,而是对它的自身建立中所含的固定性的扬弃,既扬弃作为纯然具体的东西而与不同的内容相对立的那种自我本身的固定性,也扬弃呈现于纯粹思维的因素之中因而分有自我的无条件性的那些不同内容的固定性。通过这样的运动,纯粹的思想就变成概念,而纯粹思想这才真正是纯粹思想、自身运动、圆圈,这才是它们的实体所是的东西,这才是精神本质性。"②因此它"并不是以一个否定的结果而结束的,反之,它表明了两个互相否定的对立面的结合"③。

在黑格尔看来,柏拉图的辩证法所达到的是对理念的明确规定,即柏拉图把绝对理解为爱利亚学派——爱利亚学派的辩证法是主观的辩证法——的巴门尼德的"有",同时为其注入赫拉克利特——"赫拉克利特的辩证法乃是客观辩证法"——的"变化",由此绝对被理解为"存在"与"非存在"的统一,"一"与"多"的统一,"无限"与"有限"的统一,也就是说,"理念的变化和过渡"是"事物在它们自身之内的变化和过渡",也就是"事物的范畴的变化和过渡","这不是外在的变化,而是从自身出来、通过自身的内在的过渡"④,并且也"只有通过辩证的运动,这自身具体的共相才进入这样一种包含对立、区别在内的思想里"⑤,这种纯粹思想的辩证运动在《巴门尼德篇》的第二个部分的八组假设的推论中得到了集中的展现⑥。尽管黑格尔并未对八组假设和推论加以区分,但是黑格尔却注意到了一与多之间的"转化"(umschlagen),"纯粹思想的运动在于使得它们自身成为它们的对方,因而

---

① 〔德〕黑格尔:《哲学史讲演录》(第二卷),贺麟、王太庆译,第 202 页。
② 〔德〕黑格尔:《精神现象学》(上卷),贺麟、王玖兴译,第 22 页。
③ 〔德〕黑格尔:《哲学史讲演录》(第二卷),贺麟、王太庆译,第 203 页。
④ 同上书,第 204 页。
⑤ 同上书,第 206 页。
⑥ 关于《巴门尼德篇》第二个部分的这八组假设及其推论的研究,参见:Günther Maluschke, *Kritik und Absolute Methode in Hegels Dialektik*, *Hegel-Studien Beiheft*, Band 13, Bonn: Bouvier Verlag Herbert Grundmann, 1974, S. 47 - 50; Wolfgang Künne, "Hegel als Leser Platos: Ein Beitrag zur Interpretation des Platonischen 'Parmenides'", in *Hegel-Studien*, Band 14, Bonn: Bouvier Verlag Herbert Grundmann, 1979, S. 109 - 146。

表明,只有这些纯粹思想的统一才是真正的真理"①。

黑格尔从两个方面批判了《巴门尼德篇》中柏拉图的方法:一方面,假设和推论总是通过外在的反思被实现②,而非内在地逻辑地阐述:"它们缺乏实在性。于是它们的运动也只是在空洞的抽象概念中空洞地推来推去,这些抽象概念只是属于反省,而没有实在性"③;另一方面,"黑格尔找不到对立和矛盾的肯定结果的发展"④。因此,对于黑格尔而言,《巴门尼德篇》中的辩证法是否定的:"柏拉图的辩证法,即使在《巴门尼德篇》里(在其他地方还更为直接),也一直只是企图使有局限性的主张自己取消自己,自己驳斥自己,再则就是干脆以'无'为结局。人们通常把辩证法看成一种外在的、否定的行动,不属于事情本身;这种行动,以单纯的虚荣心,即以想要动摇和取消坚实的东西和真的东西的主观欲望为根据;或者,这种行动至少是除了把辩证法研讨的对象化为空虚而外,只一事无成。"⑤

在黑格尔看来,这种辩证法的功绩在于把"纯粹理念"把握为"辩证的,本质上是与其对方同一"⑥的,因此,《巴门尼德篇》作为"真正意义上的柏拉图的纯粹理念学说",其否定性质的结果被黑格尔总括如下:"'一不论存在或不存在,不论一自身以及别的相'(有、表现、生成、静、动、生、灭等等),'不论就它自身或就它与别的相的关系而言,——总之,一切相既存在又不存在,既表现又不表现。'"⑦但是,柏拉图能够满足于这种否定性的结论吗?毫无疑问的是,在这篇对话的第二部分中所涉及的是一种柏拉图思考的自我批评⑧。柏拉图当然无法接受这种窘迫的最终结局,这一点同样被黑格尔隐含地承认了:在《巴门尼德篇》中仍然缺少"对立之结合为一,以及对这种统一的纯概念的表达,在别的对话里还有更多这样的仅属消极的结果,但在另一些对话里,在《斐莱布篇》(*Philebus*)和《智者篇》(*Sophistes*)中,柏拉图也说出了这种统一"⑨。在《智者篇》中,黑格尔指出了柏拉图的最高形式是"'存在'与'非存在'的同一",即柏拉图反对巴门尼德的证据,说得确切一

---

① 〔德〕黑格尔:《哲学史讲演录》(第二卷),贺麟、王太庆译,第218页。
② 〔德〕黑格尔:《逻辑学》(上卷),杨一之译,第38、91、178页。
③ 〔德〕黑格尔:《哲学史讲演录》(第二卷),贺麟、王太庆译,第221页。
④ Klaus Düsing, "Formen der Dialektik bei Plato und Hegel", in *Hegel und die antike Dialektik*, Hrsg. von Manfred Riedel, S.186–187.
⑤ 〔德〕黑格尔:《逻辑学》(上卷),杨一之译,第38页。
⑥ 〔德〕黑格尔:《哲学史讲演录》(第二卷),贺麟、王太庆译,第219页。
⑦ 同上书,第218—219页。
⑧ Günther Maluschke, *Kritik und Absolute Methode in Hegels Dialektik*, Hegel-Studien Beiheft, Band 13, Bonn: Bouvier Verlag Herbert Grundmann, 1974, S.44.
⑨ 〔德〕黑格尔:《哲学史讲演录》(第二卷),贺麟、王太庆译,第207页。

些,证明了"'非存在'是存在的,而单纯的、自身同一的东西分有了异在(Anderssein),'一'分有了'多'"①。

正如黑格尔所说,《智者篇》在很大程度上可以被视为《巴门尼德篇》逻辑上的延续,在一个至关重要的段落中,柏拉图指出:辩证法"正确地表明哪些理念相互协调哪些理念相互排斥……辨识出那个以各种方式贯穿于多个理念(其中每一个理念都与其他理念分离)的单一理念……也能辨识出多个彼此相异的理念被单一理念从外面包含,或者,多个'整体'结合为一个而形成单一理念,又或者,多个理念被完全界划开来;这也就是知道怎样按照理念进行划分,知道各个理念怎么可以结合,又怎么不可以结合"(253b-e)②。诚然,由于黑格尔是从他自己的诸存在规定的思辨辩证法出发来解释两篇对话的内容和方法的,如《智者篇》中的辩证法和最高的种概念,所以并未注意到柏拉图阐述中的差异,并因此把那些不同的规定理解为总是对立的并且把它们的统一理解为绝对的同一,这种绝对的同一包含矛盾于自身之中并且加以扬弃③。一个著名的例子是黑格尔对《智者篇》中一个重要段落的误译④,这也许是因为借助于佛罗伦萨柏拉图学园派的马尔西利奥·费奇诺的译本,即"'困难而真实的工作在于揭示出他物就是同一物,而同一物也就是他物,并且是在同样的观点之下;按照同一立场去指出事物中有了某一规定,它们就有着另一规定(这就是说,同一物就是他物,他物就是同一物。)反之,去指出同一物在某一方式下是他物,他物在某一方式下也是同一物,大的也是小的……'"⑤。

当然,黑格尔并不仅仅是在解释柏拉图的哲学,而是为了阐述他的思辨辩证法:"柏拉图的别一(τὸ ἕτερον),他把别一作为总体的环节之一,与一对立,并以这种方式,赋予他物以一种特有的本性。所以,他物唯有就它自身

---

① 〔德〕黑格尔:《哲学史讲演录》(第二卷),贺麟、王太庆译,第212页。
② 〔古希腊〕柏拉图:《智者》,詹文杰译,北京:商务印书馆,2012年,第71—72页。
③ Klaus Düsing, "Formen der Dialektik bei Plato und Hegel", in *Hegel und die antike Dialektik*, Hrsg. von Manfred Riedel, S.188.
④ 《智者篇》中的这个段落(259c-d)的原文为:"就是前面提到的:放弃那些(诡辩),让自己能够跟得上这样一步步的考验。当有人断言'异'以某个方式是'同','同'以某个方式是'异'时,那么就要弄明白,他认为这两者('同'与'异')在什么意义上,相对于什么东西出现了这种状况。再则,当有人断言'同'无论以什么方式都是'异','异'无论以什么方式都是'同',大者是小的,相似者是不相似的,他总是以这种方式在论证中提出矛盾并借此取乐,那么就要能够指明这不是真正的辩驳,而且这个人显然是刚刚接触'诸实在'的新生儿。"参见〔古希腊〕柏拉图:《智者》,詹文杰译,第83页。
⑤ 〔德〕黑格尔:《哲学史讲演录》(第二卷),贺麟、王太庆译,第209—210页。

去理解,才不是某物的他物,而是在它自身中的他物,即它自己的他物。"①这个"一"在这里是与自身同一的东西,黑格尔将《巴门尼德篇》中的"一"(ἕν)应用于这个"一",他物本身被黑格尔进一步规定为在它自身之中的他物,他物就是他自身或它自己的他物,是这个从现在开始被发展了的某种东西,因此,这是在自身之中的矛盾,它是在一个统一,即一个保持着矛盾的更高的肯定的统一之中的它本身和它的他物②。即便如此,对黑格尔而言,真正辩证法的实现仍然包含在柏拉图的《巴门尼德篇》之中③,当然,《巴门尼德篇》所达到的这样的一个否定的结果或许还无法让他满意④。

二、黑格尔对新柏拉图学派之解释的理解

正如弗朗西斯·麦克唐纳·康福德在其所著《柏拉图与巴门尼德》中指出的那样:"黑格尔同样赞同新柏拉图学派的解释。遗憾的是,他进一步宣称他自己的逻辑的一半在《巴门尼德篇》中被发现",但是这并不意味着"自那以后,黑格尔哲学的辩证法的幻相有时强化了、有时替换了新柏拉图学派的神秘主义的幻相"⑤。换句话说,尽管黑格尔赞同新柏拉图主义关于《巴门尼德篇》第二部分的解释,但他并非把柏拉图《巴门尼德篇》的辩证法视为与新柏拉图主义的解释相一致的,而是显然将这视为一种前后一致的解释和延续⑥。确定无疑的是,二者之间的类似是某种错觉⑦:《巴门尼德篇》的这些结果的确被新柏拉图学派,尤其是普罗克洛(Proklos)视为"真正的神学",即"上帝的一切秘密之启示",但是黑格尔却在这里"把上帝理解为一切事物的绝对本质;这个绝对本质的单纯概念正是这些纯本质、'一'与'多'等理念的统一和运动"⑧。与其十分类似的表述出现于《逻辑学》的导论之中:"因此,逻辑须要作为纯粹理性的体系,作为纯粹思维的王国来把握。这个

---

① 〔德〕黑格尔:《逻辑学》(上卷),杨一之译,第112页。
② Klaus Düsing, "Formen der Dialektik bei Plato und Hegel", in *Hegel und die antike Dialektik*, Hrsg. von Manfred Riedel, S.190.
③ 〔德〕黑格尔:《哲学史讲演录》(第二卷),贺麟、王太庆译,第216页。
④ 同上书,第219页。
⑤ Francis Macdonald Cornford, *Plato and Parmenides: Parmenides' Way of Truth and Plato's Parmenides*, translated with an Introduction and a running Commentary, p.Ⅵ.
⑥ Klaus Düsing, "Formen der Dialektik bei Plato und Hegel", in *Hegel und die antike Dialektik*, Hrsg. von Manfred Riedel, S.185.
⑦ Wolfgang Künne, "Hegel als Leser Platos: Ein Beitrag zur Interpretation des Platonischen 'Parmenides'", in *Hegel-Studien*, Band 14, S.110.
⑧ 〔德〕黑格尔:《哲学史讲演录》(第二卷),贺麟、王太庆译,第219页。

王国就是真理,正如真理本身是毫无蔽障,自在自为的那样。人们因此可以说,这个内容就是上帝的展示,展示出永恒本质中的上帝在创造自然和一个有限的精神以前是怎样的。"①

一方面,在新柏拉图主义的解释,尤其是普罗克洛的解释中②,黑格尔注意到了这种本质论或本体论关于这样的肯定的结果和这样的更高的统一的阐述,于是黑格尔把新柏拉图主义的这种原则上否定的神学改释为一种肯定的神学,另一方面,由于这种新柏拉图主义的神学缺乏一种思辨逻辑的基础,这种神学始于无法被思维的"一"、一种不可思维之物并且最终无法把辩证的和可以理解的关系发展为"多",所以它在黑格尔要求一种思辨辩证的发展的解释中同样没有正确地处理《巴门尼德篇》的矛盾的统一,由此,黑格尔把新柏拉图主义的神秘的展示转变为纯粹思维和知识③。

因此,有别于新柏拉图学派"把那些联系仅仅视为形而上学的规定",黑格尔则完全注意到关键的不同点④:依据思想于思想($νόησις\ νοήσεως$/nóēsis noēseōs)的亚里士多德哲学的规定(1074b)⑤,"上帝的本质就是一般的理念",而理念就是"绝对的自我思维者"(das absolute Sich-selbst-Denkende),即"思维自身的活动",对于黑格尔而言,"自我思维在自身之中的活动"无非是理念的辩证发展,通过这种辩证法的发展,上帝、精神和事物的绝对本质得以显现⑥。然而,黑格尔所构想的这个思辨本体论必须与知性思维的"本质论"或"本体论"相区别开来,知性思维仅仅是那些"单纯的直接的"规定,说得确切一些,单纯的本质所表示的只是客观事物的单纯的直

---

① 〔德〕黑格尔:《逻辑学》(上卷),杨一之译,第31页。
② 黑格尔在1821年5月末写给克罗采尔(Creuzer)的信中指出:"在我看来,在新柏拉图主义者中,普罗克洛这作品对历史的最宝贵的贡献,就是柏拉图的辩证法。同时,他比柏拉图更高些,因为在他那里开始把理念系统化,组织化。这在哲学上是迈了一大步,这是普罗克洛的贡献,以后的东西都要从这里创造出来。"参见〔德〕黑格尔:《黑格尔通信百封》,苗力田译编,上海:人民出版社,1981年,第235页。
③ Klaus Düsing, "Formen der Dialektik bei Plato und Hegel", in *Hegel und die antike Dialektik*, Hrsg. von Manfred Riedel, S.185,187.
④ 有关黑格尔与新柏拉图主义之间的思想渊源的研究。参见:Jens Halfwassen, "Die Bedeutung des spätantiken Platonismus für Hegels Denkentwicklung in Frankfurt und Jena", in *Hegel-Studien*, Band 33, Hamburg: Felix Meiner Verlage, 1998, S.85 – 132; Jens Halfwassen, *Hegel und der spätantike Neuplatonismus. Untersuchungen zur Metaphysik des Einen und des Nous in Hegels spekulativer und geschichtlicher Deutung*, Hegel-Studien Beiheft, Band 40, Bonn: Bouvier Verlag, 1999.
⑤ 亚里士多的原文为:"因此若以理性为至善,理性〈神心〉就只能致想于神圣的自身,而思想就成为思想于思想的一种思想。"参见〔古希腊〕亚里士多德:《形而上学》,吴寿彭译,北京:商务印书馆,1995年,第254页。
⑥ 〔德〕黑格尔:《哲学史讲演录》(第二卷),贺麟、王太庆译,第220页。

接的环节,因而不可能被标明为"真正绝对的本质",说得确切一些,"自己反映自己的东西"①。这些空洞的抽象概念只是"属于反思,而没有实在性",概念的本性,即在自身之中的反映,更为确切地说,"这种自身回复者回复到自身的运动",依据黑格尔的判断,柏拉图"还没有十分明确地表达出来,因而也就还没有确认,事物的本质即相同于神的本质"②。然而,黑格尔仍然主张:"这种思想,柏拉图只是没有在字面上说出来罢了,因为无疑地他是具有这种思想的实质的。"③

由此可见,正如黑格尔在《哲学史讲演录》中如此理解怀疑主义与哲学的关系那样:"区别只在于怀疑主义者停留在作为一个否定方面的结果上,说:这个和这个本身之中包含着一个矛盾,所以就消解了,就不存在了。这个结果是否定的;但是否定本身又是一个与肯定相对立的片面的规定性,换句话说,怀疑主义只是一个知性的东西。怀疑主义不知道这个否定同时也就是肯定,也就是一个本身有定的内容;因为这就是否定之否定,也就是无限的肯定,自己关涉到自己的否定性。很抽象地说,这就是哲学与怀疑主义的关系。"④在这里,黑格尔同样仅仅是表面上把柏拉图哲学标记为"否定的辩证法",而在黑格尔哲学核心中它还是被理解为一种"肯定-思辨的辩证法"的,这种辩证法,为了扬弃它的前提,并未因此导致客观的矛盾,而是把矛盾——在一种共同隶属(Zusammengehörigkeit)的意义上,差别与无差别的、存在与非存在的对立——理解为一种更高的统一⑤。也就是说,在《哲学史讲演录》中,黑格尔的理解是以他自己在耶拿时期发展的不再只是否定的,而是思辨的辩证法为基础的,根据这种辩证法,纯粹思维所树立的那些对立和矛盾,必然地根据肯定或否定之否定(Negation der Negation/das Negative des Negativen)⑥在一种更高的层面返回到最初的根据的统一,这种统一被纯粹思维理解和辨识为矛盾的肯定结果⑦。

总而言之,黑格尔在很大程度上把他自己的辩证法理解为始于柏拉图

---

① 〔德〕黑格尔:《哲学史讲演录》(第二卷),贺麟、王太庆译,第220页。
② 同上书,第221页。
③ 同上。
④ 〔德〕黑格尔:《哲学史讲演录》(第三卷),贺麟、王太庆译,北京:商务印书馆,1983年,第107—108页。
⑤ Hans-Geoge Gadamer, "Hegel und die antike Dialektik", in *Hegel-Studien*, Band 1, S. 188.
⑥ 〔德〕黑格尔:《哲学史讲演录》(第二卷),贺麟、王太庆译,第219页;〔德〕黑格尔:《逻辑学》(下卷),杨一之译,第543页。
⑦ Klaus Düsing, "Formen der Dialektik bei Plato und Hegel", in *Hegel und die antike Dialektik*, Hrsg. von Manfred Riedel, S.185.

的辩证法的思维出发点的一种延续①,因为对于黑格尔而言,尽管"柏拉图的辩证法从任何观点看来都还不能认作完备的"②,但是,"在思想的王国里自由地生活,在古代希腊哲学家看来,是绝对目的的本身,他们认识到,只有在思想里才有自由"③。

三、黑格尔对柏拉图辩证法的扬弃

毫无疑问,黑格尔的肯定辩证法与柏拉图的否定辩证法存在着亲缘关系,但是我们依旧无法因此而忽视二者之间的区别,因为这对黑格尔的整个哲学体系是至关重要的④。虽然黑格尔认为在《智者篇》中,柏拉图的辩证法达到了对这种对立之结合为一的统一的纯概念的表达,但是它仍然是以一种外在的形式应用于"存在""动""静""同""异"这些概念,这种辩证法仍然被刻画为一种外在的比较,说得确切一些,"外在的反思"。与此相对,在黑格尔的《逻辑学》中,辩证法将展现为概念的自我发展运动,说得确切一些,那些"在质料中时,沉没在自觉的直观、表象以及我们的欲望和意愿之内的"思维形式作为逻辑理念的纯粹形态将"从质料中"解脱出来⑤,也就是说,思维对自身规定以及对象的现实之把握所需要的各式各样的范畴,在那种从一个范畴到另一个范畴的辩证的内在进程中,一环扣一环地被推导出。

正如我们所看到的那样,黑格尔的辩证法使得那些众所周知的普遍规

---

① Günther Maluschke, *Kritik und Absolute Methode in Hegels Dialektik*, Hegel-Studien Beiheft, Band 13, Bonn: Bouvier Verlag Herbert Grundmann, 1974, S. 45 – 46.
② 〔德〕黑格尔:《哲学史讲演录》(第二卷),贺麟、王太庆译,第 222 页。
③ 同上书,第 223 页。
④ 黑格尔在《法哲学原理》中曾简明地总结了自己的辩证法与柏拉图的辩证法之间的区别:"概念的运动原则不仅消溶而且产生普遍物的特殊化,我把这个原则叫做辩证法。所以它不是这种意义的辩证法,即它把所给与感情或一般直接意识的对象、命题等等分解了,搞乱了,反来复去,一味要把相反的一面引申出来。这是一种否定的方法,就在柏拉图那里也常常看到。这种辩证法,会把与普通观念相反的东西看做它最后的成果,或者会象现代的半途而废那样软弱无力地把对真理的渐进看做它的最后成果。更高级的概念辩证法不仅在于产出作为界限和相反东西的规定,而且在于产出并把握这种规定的肯定内容和成果。只有这样,辩证法才是发展和内在的进展。其次,这种辩证法不是主观思维的外部活动,而是内容固有的灵魂,它有机地长出它的枝叶和果实来。理念的这种发展是它的理性特有的活动,作为主观东西的思维只是袖手旁观,它不加上任何东西。合乎理性地考察事物,不是指给对象从外面带来理性,并对它进行加工制造,而是说对象就它本身说来是合乎理性的。这里,正是在它的自由中的精神,自我意识着的理性的最高峰,它给自己以现实,并把自己创造为实存的世界。科学的唯一任务就在于把事物的理性的这种特有工作带给意识。"参见〔德〕黑格尔:《法哲学原理》,范扬、张企泰译,第 38—39 页。
⑤ 〔德〕黑格尔:《逻辑学》(上卷),杨一之译,第 10 页。

第四章 怀疑主义、辩证法与思辨之关系的最终规定

定,通过一种内在的有机的统一在其构建的哲学体系中被以这种方式重新规定,也就是说,《逻辑学》并非预先设定任何被给定的步骤方法,而是伴随着范畴本身向另一个范畴的发展来自我规定其方法。《逻辑学》的方法,换句话说,辩证法,本质上是概念本身的逻辑。《逻辑学》的这种无预设的、自我规定的展开方式,所依据的既非传统的归纳逻辑或演绎逻辑的法则,也非康德的先验逻辑的法则,而是一种内在发展和内在批判,显然,这种方法与"正题—反题—合题"的方法没有什么关系①。黑格尔的辩证范畴学说对范畴划分等级所按照的原则是:从那些不完满的范畴规定——基于它们的抽象性和普遍性,它们的内容是未确定的——向着更确定的和更完满的范畴前进,而完满性的尺度就是逻辑思想本身,这个逻辑思想在逻辑的终点,在"绝对理念",说得确切一些,"绝对概念"的标题之下,被设定为最高的范畴规定,与此同时,这种发展还被黑格尔描述为概念本身的一种内在的有机发展,以至于过渡为总是"更高的"范畴作为进展显现于概念的自我规定之中②。

在黑格尔那里,范畴发展的进程是与思辨思维的一个内在的自我规定的理念相协调一致的。按照黑格尔哲学的逻辑或《逻辑学》的辩证原则,在一个范畴到另一个范畴的发展的过程中,每个范畴本身的规定导致了内在的否定,通过这个过程,每个范畴的规定注意到了它的"对立面",由此完全"过渡"到这个概念的反面,从而发展为一个更为复杂的新范畴。故而"引导概念自己向前的,就是前述的否定的东西,它是概念自身所具有的;这个否定的东西构成了真正辩证的东西"③。理解黑格尔的逻辑就是理解辩证思维的过程,而非单是理解辩证思维的结果。辩证法,既非是外在于范畴的某种东西,也非仅是笛卡尔哲学意义上的工具或方法。这种逻辑或辩证原则,即辩证法,黑格尔在1830年的《哲学科学百科全书纲要·第一部分:逻辑学》中称之为"一切真正科学认识的灵魂"④。对于黑格尔而言,我们必须放弃关于思维法则的独断主义,必须把我们自己交给思维本身的运动,无论它把我们带往何处,也就是说,在《逻辑学》中,我们必须让思维规定思维本身,而不是我们在思维,也不是我们掌控思维选择的道路⑤。因此,黑格尔的《逻辑学》展现的是一种内在的、动态的思维的自我规定的逻辑,这种自我规定本

---

① Stephen Houlgate, *An Introduction to Hegel: Freedom, Truth and History*, Oxford: Blackwell Publishing, 2005, pp.37 – 38.
② Günther Maluschke, *Kritik und Absolute Methode in Hegels Dialektik*, Hegel-Studien Beiheft, Band 13, S.53.
③ 〔德〕黑格尔:《逻辑学》(上卷),杨一之译,第38页。
④ 〔德〕黑格尔:《小逻辑》,贺麟译,第177页。
⑤ Stephen Houlgate, *An Introduction to Hegel: Freedom, Truth and History*, pp.39 – 40.

身同时也是一种完全的自我批判,并且由于自我规定的思维规定自身,因此它自己设定作为真理的标准,最终在最高的范畴,即绝对理念那里,达到真理。

总之,相比于柏拉图哲学,黑格尔辩证法的决定性区别以及黑格尔的自我理解的本质上的进步在于:在《逻辑学》中,"思维规定"在一个体系的形态中已经被重建了。与此相反,黑格尔把柏拉图的辩证法,正如已经被提及的那样,刻画为"外在反思的辩证法"①:"因而,虽然柏拉图的《巴门尼德篇》仅仅显现于否定的一面……换句话说,柏拉图和巴门尼德等那些通常敏锐的人士,并未深入到哲学中去,这种哲学在事实的意识和任何地方都发现了真理,只在理性中未发现真理,他们也未达到诸概念的明晰性,因为知性和一种单纯的有限思维在物理学等较新的科学中确立诸概念的这种明晰性并意欲从经验中获得它。"②这种辩证法本质上满足于那些抽象的规定的一种比较,并因此无法在一种体系化的有机结构中产生并获得范畴的逻辑联结及其发展。因此,黑格尔的辩证法在根本原则上与柏拉图的辩证法相区别开来,即便黑格尔的辩证法在一种外在的比较的框架中可以被与柏拉图的辩证法联系在一起。人们可以把黑格尔的辩证法理解为柏拉图的辩证法的延续和深造,但柏拉图的辩证法在黑格尔哲学中以何种方式被进一步规定和改造,乃是理解二者之区别以及黑格尔的哲学之关键。

第三节 辩证法抑或思辨:黑格尔对亚里士多德的解读和批判

关于亚里士多德与黑格尔二者辩证法的比较研究③,杜辛曾在《黑格尔与哲学史》一书中有过一个颇为详细的学术史梳理,并且他的一个基本结论是:"虽然黑格尔在亚里士多德那里发现了最高内涵的真理,即本体论神学的真理,但却没有发现任何足以丰富其辩证法的方法论环节。"④杜辛的这

---

① 〔德〕黑格尔:《逻辑学》(上卷),杨一之译,第91页。
② G. W. F. Hegel, *TWA*, Bd. 2, S. 228 - 229; G. W. F. Hegel, *GW*, Bd. 4, S. 207 - 208.
③ 关于亚里士多德的辩证法与黑格尔的辩证法的比较研究,可以参见 G. R. G. Mure, *An Introduction to Hegel*, Oxford: Clarendon Press, 1970, pp. 114 - 128; Pierre Aubenque, "Hegeische und Aristotelische Dialektik", in *Hegel und die antike Dialektik*, Hrsg. von Manfred Riedel, Frankfurt am Main: Suhrkamp, 1990, S. 208 - 226; Alfredo Ferrarin, *Hegel And Aristotle*, New York: Cambridge University Press, 2004; John David Gemmill Evans, *Aristotle's Concept of Dialectic*, New York: Cambridge University Press, 2010; 〔德〕克劳斯·杜辛:《黑格尔与哲学史——古代、近代的本体论与辩证法》,王树人译,第87—119页。
④ 〔德〕克劳斯·杜辛:《黑格尔与哲学史——古代、近代的本体论与辩证法》,王树人译,第119页。

种判断当然有其道理,因为尽管黑格尔后来翻转了他先前将柏拉图置于亚里士多德之上的做法①——"在他的真正的思辨里面,亚里士多德是和柏拉图一样深刻的,而且比他发展得更远、更自觉;对立也获得了更高的明确性"②,但一个显而易见的事实是,黑格尔在讨论辩证法概念的前身时,所提到的是柏拉图与康德,而亚里士多德似乎不在其考虑的范围之内,只是反复提及他的思辨思想③。如黑格尔在《精神现象学》序言中就明确指出:"亚里士多德哲学由于它思辨的深刻而受到重视",柏拉图的《巴门尼德篇》则是"古代辩证法的伟大的作品"④。同样地,在《哲学史讲演录》有关亚里士多德的章节中,黑格尔就从未明确提及亚里士多德的辩证法概念,而是反复赞扬他具有思辨的思想⑤。

但是,杜辛的结论其实也不尽然。一方面,可以确定的是,黑格尔所称赞的康德式辩证法概念更多地是遵循亚里士多德而非柏拉图的传统,即对先验分析论与先验辩证论的区分是属于亚里士多德的思想遗产;另一方面,虽然黑格尔非常明确地表明亚里士多德的逻辑是一种有限的东西的逻辑,但是亚里士多德在其哲学中并未按照他自己逻辑学的形式加以处理,即黑格尔认为亚里士多德的某些处理蕴含着思辨的思想,这就为黑格尔恢复亚里士多德辩证法的名誉留下了空间⑥。也就是说,在黑格尔眼中,亚里士多德其实有两种辩证法,一种是知性逻辑意义上的辩证法,另一种则是他的思辨思想,之所以将这种思辨思想理解为辩证法,则是基于辩证与思辨这对概念在黑格尔那里的内在关联以及思辨在黑格尔整个哲学体系中的地位和意义⑦。那么,对于亚里士多德的这两种辩证法,黑格尔到底是如何具体理解的呢?

对这一问题的回答,笔者在这里似乎也并未跳出黑格尔自身思想的局

---

① Alfredo Ferrarin, *Hegel And Aristotle*, p.3.
② 〔德〕黑格尔:《哲学史讲演录》(第二卷),贺麟、王太庆译,第284页。
③ Hans-Georg Gadamer, *Hegel's Dialectic: Five Hermeneutical Studies*, trans. by Christopher Smith, New Haven, London: Yale University Press, 1976, pp.6-7.
④ 〔德〕黑格尔:《精神现象学》(上卷),贺麟、王玖兴译,第49页。
⑤ 〔德〕黑格尔:《哲学史讲演录》(第二卷),贺麟、王太庆译,第269、283、356、379页。
⑥ Pierre Aubenque, "Hegeische und Aristotelische Dialektik", in *Hegel und die antike Dialektik*, Hrsg. von Manfred Riedel, S.209.
⑦ 聂敏里先生在《〈物理学〉A3中的概念辩证法》一文中就指出,亚里士多德的《物理学》第一章第三节中触及了有关存在与不存在的概念辩证法,并且这一思想可以被视为黑格尔式辩证法的最初萌芽(参见聂敏里:《〈物理学〉A3中的概念辩证法》,《世界哲学》2019年第5期)。对此,笔者认为聂敏里先生的判断是准确的,但是本文认为,将亚里士多德的这一思想理解为黑格尔哲学意义上的辩证法,即思辨思想的萌芽,并将其与亚里士多德的知性逻辑意义上的辩证法相区别开来,不仅是合理的,还是有必要的,因为这将有助于我们更为清晰地把握亚里士多德辩证法思想的构成。

限来加以审视。但诚如聂敏里先生所说的那样,"当然,这不是说我们要用黑格尔式的辩证法来理解柏拉图式的或亚里士多德式的辩证法,而是说我们可以在柏拉图式的或亚里士多德式的辩证法中发现黑格尔式的辩证法的萌芽,否则,黑格尔式的辩证法就会成为无历史的。……因此,或许,完全按照黑格尔式的辩证法来重构柏拉图与亚里士多德的哲学会是一种过度的诠释,但是,在柏拉图式的辩证法或亚里士多德式的辩证法中发现黑格尔式的辩证法的萌芽,这不仅是合理的,而且是理智诚实的表现。"[1]有鉴于此,为了解决上述问题,须从如下三个方面展开:一、亚里士多德的辩证法是什么以及黑格尔是如何理解的? 二、黑格尔是如何理解亚里士多德的思辨思想的? 三、黑格尔的辩证法与亚里士多德的辩证法的区别是什么?

一、何为亚里士多德的辩证法

尽管亚里士多德基于芝诺对思维自身的矛盾运动的揭示,即通过揭露对方论点中的矛盾而探寻真理这一方法,将其视为辩证法的创立者[2],但是,对于辩证法的理解,亚里士多德基本上秉承的是苏格拉底的精神——"当时辩证法尚没有足够的力量使人能够离开是什么来研究对立物,来研究对立的双方是否属于同一门科学。有两件事公正地归之于苏格拉底,归纳推理和普遍定义,这两者都与科学的始点相关"[3]。

对此,皮埃尔·奥本克曾总结出古希腊辩证法的三个传统特征,并认为亚里士多德所理解的辩证法具备前两个特征,但不具备第三个特征:一是"总体性要求"(Totalitätsanspruch),即辩证法实际上是一种论题学,作为一种艺术技巧或工具,它无法探究所有可能的讨论主题的每个细节,也不产生知识,而是单纯地外在地在形式上可应用于所有可能的"意见",由此保持总体地指向一切知识的可能性;二是"否定性"(Negativität),即辩证法作为一种检验技术,虽然暴露了对象的自相矛盾,但并不能由此获得关于对象的真理,因此,它只是批判性的,甚至是破坏性的,而不是建设性的,因为辩证法本身并不产生任何新的知识;三是"进展性"(Fortschrittlichkeit),辩证式的对话,如果它遵循辩证法本身的规则去展开,而不是一种任意的展开的话,那么对话者的反对意见就会迫使讨论不断向前发展,从而使得对话免于故

---

[1] 聂敏里:《〈物理学〉A3 中的概念辩证法》,《世界哲学》2019 年第 5 期。
[2] 第欧根尼·拉尔修:《名哲言行录》(下),马永翔等译,长春:吉林人民出版社,2010 年,第 481 页。
[3] 〔古希腊〕亚里士多德:《亚里士多德全集》(第七卷),苗力田主编,北京:中国人民大学出版社,1993 年,第 296—297 页。

步自封或误入歧途,并最终能够使对话逐渐逼近真理,而这一切正好指明了思想本身的进展①。

如其所是,我们的确可以发现亚里士多德的辩证法能够大致被归纳为以下两种描述:一种是外在于事物本身而展开的,"专务批评",但不"切求真知"的辩证法②,但这种辩证法应当与智者派那种"玩弄语词游戏"的诡辩术相区别开来③;另一种则是作为一种单纯的工具,一种反驳的艺术,它并不传授知识,而只是"一种探索的方法,通过它,我们就能从普遍接受所提出的任何问题来进行推理;并且,当我们自己提出论证时,不至于说出自相矛盾的话"④。但在一种更为系统的把握中,我们则可以看到:

第一,关于亚里士多德对辩证法的定位。亚里士多德所理解的辩证法旨向的对象是一切意见或问题,其功能是"考察""批判"和"检验",尽管它无法上升为真理意义上的知识,但它对"智力训练""交往会谈""哲学知识"以及"与每门学科相关的初始原理"仍具有一种方法论上的意义:"辩证法恰好特别适于这类任务,因为它的本性就是考察,内含有通向一切探索方法的本原之路。"⑤在这里,亚里士多德把辩证法规定为探索初始原理和本原的方法,即从关于每个东西的普遍意见的各个方面出发,探讨一切事物的最初根据。换句话说,亚里士多德的辩证法是一种基于经验来对观点或意见进行考察和批判以探究事物本原的哲学方法。显而易见,亚里士多德这种以经验为基础的辩证法,与黑格尔的辩证法有着一定程度上的契合,如黑格尔在《精神现象学》中所描述的意识诸形态的内在发展序列正是关于意识的经验的科学。但是,在黑格尔那里,经验是指整个意识过程,不是对个别事物的把握,而是对全体的把握,也就是说,经验反映的是与事物本身一致的,它和事物以及本体是同一个东西。因此,尽管辩证法在亚里士多德那里可以被视为通往本体的方法和途经,但它并不具有本体论上的意义,而只具有认识论和方法论上的意义,就这一点而言,它完全区别于黑格尔的辩证法,因为后者是本体论、认识论和方法论三个层面上的统一。

第二,关于亚里士多德辩证法的内容。在亚里士多德那里,辩证论证包含归纳(从个别到一般的过程)和推理(从一般到个别的过程)这两类,相比

---

① Pierre Aubenque, "Hegelische und Aristotelische Dialektik", in *Hegel und die antike Dialektik*, Hrsg. von Manfred Riedel, S.210-211.
② 〔古希腊〕亚里士多德:《形而上学》,吴寿彭译,北京:商务印书馆,1995年,第60页。
③ 〔古希腊〕亚里士多德:《亚里士多德全集》(第一卷),苗力田主编,北京:中国人民大学出版社,1990年,第376页。
④ 同上书,第353页。
⑤ 同上书,第355页。

于归纳,推理"在反驳自相矛盾的论证时更加有力,也更为有效",因此后者更加重要①。而推理同样可以分为两类,一种是"辩证的推理",它是指"从普遍接受的意见出发进行的推理",另一种则是"证明的推理",它的出发点是"真实的和原初的"原理或定义,通过必然性的有效推理,得出真实可靠的结论②。由此可见,辩证推理强调综合,而证明推理强调分析,但是二者并非简单对立的关系,辩证推理(辩证法)的终点就是证明推理(形式逻辑)的起点,两者的结合共同构成了辩证论证的整个过程③。尽管亚里士多德更多地倾向于把辩证推理视为辩证论证的主要内容,但同时却要求整个辩证论证过程必须符合形式逻辑的思维规律,尤其是要符合不矛盾律,即辩证论证所寻得的每门学科的初始原理必须接受每门学科内在的证明推理体系的检验④。由此可见,辩证法(辩证推理)在亚里士多德那里所处的位置,似乎只是形式逻辑(证明推理)的一部分,而不是一种包含形式逻辑(证明推理)学说在自身之内的辩证法。如黑格尔在《精神现象学》序言中的"但在辩证法与证明分开了以后,哲学证明这一概念,事实上就已经丧失了"⑤这句话,就是对亚里士多德的证明推理与辩证推理之分离的批判,因为在黑格尔看来,"哲学证明"是辩证法的一个部分⑥。

第三,关于亚里士多德辩证法的原则、形式和结果。对亚里士多德来说,由于辩证法是受限于形式逻辑的,因此其首要法则仍然是非矛盾性,而形式逻辑上的自相矛盾无论如何是不能接受的。事实上,亚里士多德关于辩证法的思考总是与矛盾律联系在一起。从《形而上学》第四卷中的相关论述,可以看到亚里士多德所恪守的信条是,矛盾律所指涉的是"一切原理中最确实的原理"——"同样属性在同一情况下不能同时属于又不属于同一主题"⑦,即 A 一定不是非 A,或 A 不能既是 B 又不是 B。虽然诸如赫拉克利

---

① 〔古希腊〕亚里士多德:《亚里士多德全集》(第一卷),苗力田主编,第 366 页。
② 同上书,第 353 页。
③ 在这里需要指出的是,在亚里士多德看来,在辩证推理和证明推理之间,还有一个中介,即努斯直观(理性直观),因为最终还是要通过努斯才能直观到第一原理(解决从或然性到必然性的跨越问题),然后才是从努斯直观到第一原理出发,通过证明推理,最终达到事物的真理,因此在这里涉及三个环节,即辩证推理—努斯直观—证明推理。当然,总体来说,努斯直观这个环节还是属于辩证推理的。参见张守夫:《被遗忘的亚里士多德辩证法》,《山东社会科学》2006 年第 4 期。
④ 张守夫:《被遗忘的亚里士多德辩证法》,《山东社会科学》2006 年第 4 期。
⑤ 〔德〕黑格尔:《精神现象学》(上卷),贺麟、王玖兴译,第 44 页。
⑥ Manfred Baum, *Die Entstehung der Hegelschen Dialektik*, Bonn: Bouvier Verlag Herbert Grundmann, 1986, S.18 - 19.
⑦ 〔古希腊〕亚里士多德:《形而上学》,吴寿彭译,第 62 页。

特等一些哲学家都否认矛盾律的有效性,但亚里士多德认为,矛盾律不仅是(形式)逻辑的基本原则,也是形而上学的基本原则。

首先,就辩证法展开的基本原则而言,辩证法家自己和他的对手都必须承认矛盾律的合法性和有效性,因为如果双方都不承认矛盾律这一基本原则,那就无从指责对方是自相矛盾了。换句话说,当某个人建立起某一个命题时,他必须承认他所说的某些东西是有道理的,并且这些东西并非是与他所指相反的东西,即使一个人似乎提出一个问题却并不主张什么时,辩证法家也试图通过矛盾律来使对手不能回避其所说的那些有道理的东西[1]。当然,亚里士多德之所以驳斥矛盾律的否定者,其最大目的是为了揭示思维中由于矛盾两可这一错误而引起的错乱,而亚里士多德本人思想的不足则在于混淆了逻辑矛盾与现实矛盾,正是这一点,为黑格尔留下了空间。

其次,就辩证法展开的具体形式而言,如果辩证法家试图通过揭示对手的内在不一致来反驳对手,那么在一个三段论中,当对手通过一个命题 A(大前提)和一个命题 B(小前提),然后推导出一个命题 C(结论)时,辩证法家则是通过引导对手同样通过这个命题 A 和这个命题 B,然后推导出一个命题非 C,因为命题 C 和命题非 C 都必然遵循命题 A 和命题 B,但如果命题非 C 与命题 C 相矛盾,那么对手提出的命题本身就由于自相矛盾而是谬误的了。在这里,辩证法本身最重要的特性——通过对立命题的存在来加以反驳——事实上就已经内在地蕴含其中了,这种特性被反映在亚里士多德对辩证法的定义之中:对事物进行正反两方面的论证[2]。在亚里士多德看来,辩证法的这个特性不仅不能被视为是对矛盾律的一种漠视,反而应该被视为对矛盾律的一种自始至终的遵循。

最后,就辩证法展开的最终结果而言,尽管亚里士多德说过:"一个辩证的问题就是一个探讨的题目,它或者引人选择和避免,或者引人得到真理和知识,或者它自身就能解决问题,或者有助于解决其他某个问题"[3],但这也意味着辩证法的使命就到此为止了。在辩证法的终点,亚里士多德将在两个自相矛盾的结论中做一个排除了居间者的非此即彼的选择,虽然这个选择有可能具有一种思辨的意义。

仅就辩证法展开的具体形式而言,黑格尔大致会同意亚里士多德的理

---

[1] Pierre Aubenque, "Hegeische und Aristotelische Dialektik", in *Hegel und die antike Dialektik*, Hrsg. von Manfred Riedel, S. 213.
[2] 〔古希腊〕亚里士多德:《亚里士多德全集》(第九卷),苗力田主编,北京:中国人民大学出版社,1994 年,第 337 页。
[3] 〔古希腊〕亚里士多德:《亚里士多德全集》(第一卷),苗力田主编,第 364 页。

解。当然,这样的理解也并非亚里士多德的原创,而是可以归功于苏格拉底,或者说,柏拉图①。但是,在某种意义上,亚里士多德关于辩证法的理解或许也为黑格尔打开了一扇门,即能否通过辩证法来找到矛盾的正确答案,并在这个过程中最终走向真理。

简而言之,在亚里士多德那里,命题本身并没有被把握为一种对立的统一,更准确地说,他的辩证法始终是一种外在于事情本身的处理方法,并不具有本体论层面上的意义,因此,这种辩证法只能深陷于这种正题与反题的矛盾游戏之中而无法自拔,并且单纯地发挥着偶然性地否定的作用,从而放弃了对必然性和真理的要求。对此,黑格尔当然是无法容忍的,他并没有在亚里士多德关于辩证法的论述中,找到思辨的元素,即黑格尔哲学意义上的辩证法,就这点而言,亚里士多德的辩证法并非黑格尔辩证法的前身。黑格尔的辩证法自始至终都是一种肯定-思辨的辩证法,这种辩证法,并未导致客观的矛盾,而是把矛盾理解为一种更高的统一,其本身则展现为事情本身(思想本身)的自我发展序列,是一种有机的-历史的动态逻辑。它在一种本体论的层面上表明世界本身就是矛盾的,并且这些矛盾有着本体论层面上的意义。也正因为如此,黑格尔才无法援引亚里士多德的辩证法,甚至都没有提及它。

二、黑格尔对亚里士多德思辨思想的解读

虽然亚里士多德的辩证法不入黑格尔的法眼,但是黑格尔却赋予亚里士多德的思辨思想以极高的评价,这也是黑格尔所珍视的亚里士多德的重要遗产,并且这些思辨思想必须在黑格尔的视域中被加以理解。因此,摆在我们面前的问题是,在黑格尔看来,亚里士多德有哪些思辨思想,黑格尔是如何理解的,与其辩证法有何关系。为了回答这些问题,接下来将考察黑格尔意义上的亚里士多德的思辨思想,其主要体现在亚里士多德关于存在的论断、关于运动的学说和对理性概念的界定这三个方面之上②。当然,这并不是说黑格尔可以在亚里士多德的哲学中完全找到自己的观点,事实上,他对亚里士多德思辨思想的理解和误解是同时混合在一起的,但这并不妨碍

---

① Manfred Baum, *Die Entstehung der Hegelschen Dialektik*, S.10–11.
② 皮埃尔·奥本克在其《黑格尔的辩证法与亚里士多德的辩证法》一文中详细分析了亚里士多德对命题的分析、关于运动的理论及其神学中所蕴含的黑格尔意义上的思辨思想,本文对亚里士多德关于存在的论断和关于运动的学说的论述主要得益于他的相关研究。参见:Pierre Aubenque, "Hegelische und Aristotelische Dialektik", in *Hegel und die antike Dialektik*, Hrsg. von Manfred Riedel, S.215–221.

他准确地辨识属于自己的亚里士多德哲学中的思辨元素①。

(一) 亚里士多德关于存在的论断

亚里士多德之所以要研究"存在"(ου),乃是为了解决"存在是一还是多"这一困扰古希腊哲学家多时的疑难。在柏拉图看来,存在不可能是一同时又是多,尽管他可能确信自己通过理念的分有论已经解决了这个问题,但是,亚里士多德对此已经明确指出不过是"诗喻与虚文而已"②。巴门尼德则认为"存在是一",并将存在理解为自身等同的东西——"存在存在,非存在不存在",强调存在概念的严格逻辑同一性,使存在概念与非存在概念绝对地对立了起来③。既有别于柏拉图,也有别于巴门尼德,在《物理学》的第一章第三节中,亚里士多德倾向于如此检验这一疑难:

巴门尼德不仅假定"存在"作为宾词时只有一个意思且不能同时有相反的意思,而且假定了"存在"是"实体"以及"存在"是(不可分的)"一"。对此,亚里士多德分别加以反驳④。(1)关于"存在"是"实体"。如果"存在"不是实体,而是属性,那么作为属性的主词的"存在"就是"不存在"了,因为宾词必须与这个主词相区别开来的,即"非存在""存在";如果"存在"是实体,而不是属性,那么因为"实体"有某一属性并且这一属性必须有别于"实体"而不能以"存在"作自己的属性,所以这一属性是"不存在"的,因此"实体"就"不存在"了,即"存在""非存在"。(2)关于"存在"是(不可分的)"一"。亚里士多德认为,一个"实体"可以分成几个别的"实体",并且被分出的多个"实体"不可能是属于主体的属性或属于其他某个主体的属性,因为一方面属性被认为或者是可以属于也可以不属于主体的,或者是在它自身的定义里已经包括了属性所属的主词,并且整体事物的定义不能被包括在构成定义的各部分的定义之中,另一方面,如果属性是属于其他某个主体的属性,那么主体也就是别的主体的属性了,但是"实体"不是任何"实体"的属性,所以存在

---

① Hans-Georg Gadamer, *Hegel's Dialectic: Five Hermeneutical Studies*, trans. by Christopher Smith, pp. 27 – 30.
② 〔古希腊〕亚里士多德:《形而上学》,吴寿彭译,第 25 页。
③ 聂敏里:《〈物理学〉第一卷中亚里士多德对巴门尼德存在论的批判(上)》,《哲学研究》2009 年第 12 期。
④ 〔古希腊〕亚里士多德:《物理学》,张竹明译,北京:商务印书馆,1982 年,第 22—24 页。亚里士多德在这里还谈及若"存在"的意思是"实体",那么它也不能有量(大小),否则它的每一个部分就各是一个不同意义的"存在"了,因此宇宙万物都是由多个不可分的"实体"合成的。此外,这一部分对亚里士多德关于存在的论断的分析还参考了聂敏里先生的相关论述,具体内容可参见聂敏里:《〈物理学〉第一卷中亚里士多德对巴门尼德存在论的批判(上)》,《哲学研究》2009 年第 12 期;聂敏里:《〈物理学〉A3 中的概念辩证法》,《世界哲学》2019 年第 5 期。

是多,宇宙是由众多不可分的"实体"构成的。由此,亚里士多德最终得出这样一个结论:"存在('是')在这种意义上,不可能是一",而是多。

亚里士多德之所以得出这个结论,乃是因为他是在"存在/是有多种意谓"(to on legetai pollachōs)①这一层面上来加以讨论的,如"白的东西"是"白的",但它不仅仅是"白的",同时还是其他一些什么,这样"白的"概念与"白的东西"之间的差别就建立起来了,因此存在不是单义的,而是多义的。更进一步说,结合亚里士多德在《形而上学》第五卷第七章中对存在的意义的划分和《范畴篇》中依据"述说"和"依存于"两个标准对世界的划分,我们大致可以知道,谓述判断可分为两类,一类是就偶性而言的谓述判断,其中谓词是对主词偶性的陈述,如苏格拉底是白的,这里的"苏格拉底"是第一实体,"是"是指特性,"白的"作为其他范畴是偶性谓项;另一类是就自身而言的谓述判断,其中谓词是对主词自身的陈述,如苏格拉底是人,这里的"是"是指本质,"人"作为第二实体是本质谓项②。亚里士多德并不否认"存在/是"作为系词和作为等同的功能,但是在"作为存在意义"这一功能上,他认为巴门尼德的错误在于只认识到存在的一种意义,而存在的这些不同含义却各自规定了主词与宾词之间的一种结构,在每一种结构中,主词都将依据存在的一种确定的范畴意义与不同的宾词联系起来③。更进一步说,在"A是B"这一结构中,主词 A 与宾词 B 之间还蕴含着 A 是非 A 的这一矛盾,即 A 是自身同时又不是自身,这显然是违背矛盾律的,但如果 A 是 B 是可能的,那么 A 就既是自身又不是自身,由此 A 在自身之中就向他物转化,实现了一种自我否定,即与自身的差别。这样基于存在的"多",存在的运动就成为可能了。当然,在亚里士多德这里,存在的"多"并不是统一于"一"中之"多"。

亚里士多德关于存在的论断很容易让我们想起黑格尔在《精神现象学》中关于概念思维的描述。黑格尔认为,在概念思维那里,主词与内容(宾词或偶性)之间既不是超越和被超越的关系,也不是一种外在的规定关系,而是一个整体把握:首先,主词作为一个主体(第一个主体)是事物本身的展开,"是各种宾词的结集点,是一种保持着各种宾词的主体",即主词是被宾词规定的;其次,由于主词必须深入于、沉浸于或转化为宾词,故而宾词也变成一个主体,这个宾词(第二个主体)不能作为进行推理的运动者超越或独

---

① 詹文杰:《虚无与虚假之辨:柏拉图的 Not-being 概念》,《世界哲学》2006 年第 5 期。
② 余纪元:《亚里士多德论 ON》,《哲学研究》1995 年第 4 期。
③ Pierre Aubenque, "Hegeische und Aristotelische Dialektik", in *Hegel und die antike Dialektik*, Hrsg. von Manfred Riedel, S.216.

立于第一个主体之外,"宾词的运动"将仍然是事物本身的运动,即宾词会重新返回到主词;最后,这整个运动过程是主词返回到自身的运动①。它有别于推理思维,后者作为一种知性思维,从否定的方面来说,命题的主词总是超出其内容(宾词或偶性)之外的,从肯定的方面来说,内容作为宾词或偶性只是单纯地与主词联系在一起,即二者之间只是一种外在的规定关系。需要指出的是,黑格尔批判的推理思维也包括亚里士多德的那种知性的形式逻辑,但他同时也在亚里士多德关于存在的论断那里发现了思辨环节,这也是为什么黑格尔说亚里士多德在其哲学中并未按照他自己的逻辑学的形式加以处理的原因。

黑格尔通过对推理思维与概念思维的区分,由此延伸到对推理命题与思辨命题的区分,然后是对证明与辩证法的区分,从根本上是对一种外在的认识操作与事情本身的运动之间的区分,如果考虑到《精神现象学》中行文的对应关系,我们大致可以理解概念思维、思辨命题与辩证法之间的内在关联性,也就能明白亚里士多德关于存在的论断与黑格尔辩证法的渊源关系。黑格尔通过对概念思维中主词与宾词之间关系的分析,无非是要表明每一个命题本身就是一个矛盾,但相比于亚里士多德,他更进一步,将命题本身的矛盾理解为事情本身的自我运动,命题的运动就是真理本身的运动,绝对即主体(真理和真实的东西),实体(存在,生命,真理和真实的东西)就是主体,主体就是实体②。在黑格尔那里,命题本身的矛盾被把握为世界本身或事情本身的矛盾(不是形式逻辑意义上的矛盾,而是一个实质性,即有实质内容的矛盾,此矛盾包括形式逻辑矛盾在内)。因此,对命题及其矛盾的分析不能只诉诸于形式逻辑的原则,而必须奠基于存在论(ontology,即本体论)的原则:"存在/是有多种意谓"。

由此可见,就"存在/是有多种意谓"这一判断而言,黑格尔对亚里士多德这种思辨的思想抱以非常赞赏的态度,但亚里士多德的这种思辨仍不是黑格尔意义上的辩证法。对亚里士多德而言,黑格尔的"世界本身是矛盾的"这一判断还是无法被接受的。也正是出于这个原因,亚里士多德仍然认为"存在既是一也是多"这样的命题本身是矛盾的,因为在他看来,如果两个矛盾的宾词可以同时断言同一个主词的话,我们就既可以说"存在是一",也可以说"存在非一"了,而这两个命题彼此是矛盾的,故而其通过得出的结论"存在是多"最终消解了矛盾。有别于亚里士多德,黑格尔则坚持"存在既是

---

① 〔德〕黑格尔:《精神现象学》(上卷),贺麟、王玖兴译,第39—43页。
② 同上书,第10—11页。

一也是多"这样的命题是不矛盾(形式逻辑意义上的矛盾)的,它所表达的是一种世界本身或事情本身的矛盾的统一。但不管怎样,黑格尔在亚里士多德这里已经看到了存在的运动的奠基,至于存在是如何运动的以及一与多之间是何种关系则是在亚里士多德关于运动的学说中要解决的。

(二)亚里士多德关于运动的学说

如果说在亚里士多德关于存在的论断那里,对于"存在是一还是多"这一问题,黑格尔看到了他不同于柏拉图和巴门尼德的解决,并且在黑格尔看来,他已经触及了"世界本身就是矛盾的"这一大门,那么接下来,在亚里士多德关于运动的学说中,黑格尔看到的则是亚里士多德与巴门尼德关于"运动"的不同立场,即"存在的运动以及一与多的关系"问题,亚里士多德的独特之处体现在他关于潜能(dynamis)与现实(energeia),或者更准确地说,在他关于隐德莱希(entelecheia)的思考之中。

我们知道,巴门尼德及其弟子芝诺的基本观点是"存在是一不是多,是静不是动",他们认为运动变化是自相矛盾的,进而认为运动是不存在的和不可分的。亚里士多德并不同意他们的这种观点,在《物理学》的第三章中,他基于"存在定义"与"过程定义"来区分运动的两种实际上是紧密关联在一起的含义:一种是"实现活动"(energeia)意义上的运动,即运动与运动的目的在存在上是分离的;另一种是"潜在"意义上的运动,即"实现或实现能力"(todunaton)与自身本性的结合仍然有待通过运动来构成①。当然,这一区分在黑格尔那里并不存在,因为黑格尔认为运动与运动的目的在存在上不是分离的,并且存在就是存在的实现活动,就是存在自身本性的实现过程。

亚里士多德关于"运动"的界定,大致包含如下几种:(1)"离开了事物就没有运动","潜能的事物的实现即是运动";(2)"运动是在能运动的事物内进行的";(3)运动是能主动的事物和能被动的事物,作为能主动者和能被动者的实现;(4)"运动"是与"无限"联系在一起的,既"没有现实的无限物体",并且"量在现实上不是无限的,但分起来却是无限的",因此,"只有潜能(并非可以实现的那种"潜能")上的无限","不会有现实的无限"②。毫无疑问,亚里士多德之所以批判巴门尼德的存在论,乃是为了"将生成的概念重新引入到存在论的论域中,要依据生成的概念来改造巴门尼德的存在论,要表明存在是运动的,存在的运动就是自然的生成和变化",由此"不仅论证了物理

---

① 李猛:《亚里士多德的运动定义:一个存在的解释》,《世界哲学》2011年第2期。
② 〔古希腊〕亚里士多德:《物理学》,张竹明译,第69、73、75、85页。

第四章 怀疑主义、辩证法与思辨之关系的最终规定

学作为一门科学的可能,而且实现了从存在论向生成论的理论转换"①。正是出于这一点,黑格尔高度赞扬了亚里士多德的运动、空间、时间等思辨概念②,并认为他解决了"存在的一与多的关系"这一问题。

在黑格尔看来,亚里士多德通过对"运动"的思考表明了:运动、空间、时间等本身作为一个连续统一体,虽是潜在地无限可分的,却是现实地不可分的,换句话说,一个确定的整体,在存在的不同意义上,可同时被表述为可分的和不可分的、无限的和有限的,即一个潜在的无限可分的东西是一个现实的有限不可分的东西③。因此,在这里,亚里士多德并没有像巴门尼德或芝诺那样错误地否定"运动中的矛盾",进而否定运动本身,而是已经开始意识到"运动就是实有的矛盾本身"④(就亚里士多德而言,准确地说,是在"过程定义"上,而非"存在定义"上)。也就是说,无论是运动本身,还是我们对运动的思考,其实都是非矛盾的,因为"现实地"存在和"潜在地"存在只是存在的两种不同的意义。"他们正是在这里曾经感到无所适从,并且不得不承认了'一就是多'——仿佛同一事物不可能是一个又是多个似的,其实并不矛盾,因为'一'可以是指潜在的一也可以是指现实的一。"⑤

由此可见,一方面,尽管亚里士多德得出了一个非矛盾的结果,但是黑格尔却认为运动本身就是矛盾,并将亚里士多德关于运动的学说引向一种关于一与多之关系的新解释,即"一是多"本身是矛盾的,因为"多"在连续性中被建立为"一"环节,被建立为扬弃了的环节⑥,一展开为多,多统一于一,这就是"一是多"的生成运动。另一方面,黑格尔在亚里士多德那里,找到了柏拉图的理念所缺乏的而亚里士多德的理念所特有的东西,即"生命的原则、主观性的原则",说的更准确一些,这种特有的东西就是"活动性"(Tätigkeit),它是"维持自身等同的一种变化"和"一种自己规定自己的规定",在一定意义上,活动性其实就是一建立多并扬弃多的环节于自身之内的整个进程⑦,与此同时,黑格尔还在"活动性"的两个主要范畴,即潜能与

---

① 聂敏里:《〈物理学〉第一卷中亚里士多德对巴门尼德存在论的批判(上)》,《哲学研究》2009年第12期。
② 〔德〕黑格尔:《逻辑学》(上卷),杨一之译,第208—209页。
③ Pierre Aubenque, "Hegeische und Aristotelische Dialektik", in *Hegel und die antike Dialektik*, Hrsg. von Manfred Riedel, S.218-219.
④ 〔德〕黑格尔:《逻辑学》(下卷),杨一之译,第67页。
⑤ 〔古希腊〕亚里士多德:《物理学》,张竹明译,第20页。
⑥ 〔德〕黑格尔:《逻辑学》(上卷),杨一之译,第210页。
⑦ 〔德〕黑格尔:《哲学史讲演录》(第二卷),贺麟、王太庆译,第289—290页。

现实那里,找到了否定的原则,并把活动性与否定性紧密地联系在一起①。

这一切,最终汇聚于"隐德莱希"——就其"具有目的于自身之中、为自己设定目的、并积极为自己确立目的"而言,就其"为规定、目的的规定、目的的实现"而言,是"自己设定自己并自己运动的东西"②。也就是说,存在是一个有生命的实体,它必须自身转化为他物,并且只有始终处于"建立自身的运动之中",才能实现自己,才是一个真正的"现实的存在"③。在这里,黑格尔终于在亚里士多德那里找到了生成论意义上的存在概念——"存在就是生成,它是一个动词,也就是说,是一个在自我实现、自我生成着的存在,它按照自身的内在形式规定在对立物之间生成"④,这种生成运动正是黑格尔辩证法展开的基本方式。而当亚里士多德关于运动的学说与其理性概念结合在一起,作为理性自身的运动时,其将是黑格尔最为称颂的思辨思想。

(三)亚里士多德对理性概念的界定

在亚里士多德那里,理性/努斯(nous),即心智、理性灵魂,是人所特有的一种理性认识能力,即人的理智所进行的某种目的性思考-推理活动⑤,其表达了思想者与被思想者的同一⑥。亚里士多德还进一步区分了心智(心智是指理性灵魂中从事思维活动并作出判断的那部分)的两种状态:一种是"被动的心智",指心智尚未实现思想的潜在状态,是指人的理性认识及思想的功能,它依赖于身体;另一种是"主动的心智",指在实现思想中的心智的现实状态,是指灵魂的思维部分,它可以摆脱身体和认识对象的限制而独立运作,它是分有"世界理性"的一种积极的理性,此外,在科学与哲学知识领域中,理性还可分为理性直观和分析理性⑦。

黑格尔之所以将"理性"视为"亚里士多德的形而上学的顶点",是因为这是黑格尔在亚里士多德那里能找到的"最富于思辨的东西"⑧,它表达了主体与客体的思辨同一⑨(尽管在黑格尔看来,亚里士多德没有给予这种真

---

① 〔德〕黑格尔:《哲学史讲演录》(第二卷),贺麟、王太庆译,第291页。
② 同上书,第294页。
③ 〔德〕黑格尔:《精神现象学》(上卷),贺麟、王玖兴译,第11页。
④ 聂敏里:《〈物理学〉第一卷中亚里士多德对巴门尼德存在论的批判(下)》,《哲学研究》2010年第1期。
⑤ 廖申白:《亚里士多德的"努斯"作为目的性推理:一种解释》,《世界哲学》2013年第5期。
⑥ 〔古希腊〕亚里士多德:《形而上学》,吴寿彭译,第248页。
⑦ 姚介厚:《古代希腊与罗马哲学》(下),叶秀山、王树人总主编《西方哲学史》(第二卷),南京:凤凰出版社、江苏人民出版社,2005年,第738—740页。
⑧ 〔德〕黑格尔:《哲学史讲演录》(第二卷),贺麟、王太庆译,第355—356页。
⑨ Hans-Georg Gadamer, *Hegel's Dialectic: Five Hermeneutical Studies*, trans. by Christopher Smith, p.27.

正的同一以一种体系化的功能)。黑格尔对亚里士多德的"理性"的界定大致包含如下几个层面的内涵:(1)理性是"主动者、思维和思维对象",不能只被理解为能力,还应被理解为活动性;(2)理性只思维它自身,它是"思想的思想,乃是对思想加以思维的活动;这中间就表达出了主观和客观的统一……绝对的最终目的,思维着自身的理性,——这就是至善;至善是只在自己本身、只为自己而存在的";(3)"理性乃是一切,它潜在地是一个总体,是真理一般,——按其潜在性而言,乃是思想,而当其为真实时,则又是自在自为的思维,这个既是自在的存在又是自为的存在的活动性,乃是思维的思维,它虽然是抽象地被规定,但本身却构成绝对精神的本性"①。

当我们把亚里士多德的运动学说和理性概念联系起来考察时,大致可以知道黑格尔是如何将其视为亚里士多德的思辨思想的:虽然在亚里士多德那里,最高的神仍是自身不运动的推动者,这一点始终无法让黑格尔满意,但是,在亚里士多德的运动学说和理性概念那里,黑格尔也发现了理性的运动可以被把握为存在的运动,事情本身的运动,生命的一种建立自身的运动②,亦即理性的自我运动,一种主体与客体的同一,一种推动者与被推动者的同一,一种思维与思维的对象的同一,这种运动本身就是作为总体的事情本身或理性本身的实现过程,这种运动或活动性虽然与否定性联系在一起,但整体上却是一种包含否定性在内的肯定性运动。黑格尔的这样一种理解,可以在他关于辩证法与思辨之关系的最终规定中得到更为清晰地印证(参见本章第一节)。

由此可见,黑格尔在亚里士多德的形而上学、自然哲学和精神哲学中,而非逻辑学中,通过对其文本的创造性阐释,找到了属于自己哲学意义上的亚里士多德的思辨思想。而黑格尔的辩证法,甚至亚里士多德的辩证法(如果将亚里士多德的思辨思想也视为其辩证法的一个部分的话),都能够与亚里士多德的思辨思想部分地重合,并且这种部分重合也是有其依据的:一方面,在黑格尔那里,辩证法本质上是属于理性的③,是作为主体与客体之同一的理性的一种由否定构成的肯定性运动,这与亚里士多德关于理性的运动的整体性理解是基本一致的;但另一方面,如果我们不考虑亚里士多德自身的哲学意图以及黑格尔对他的误解的话,那么在亚里士多德那里,无论是

---

① 〔德〕黑格尔:《哲学史讲演录》(第二卷),贺麟、王太庆译,第 356 页。
② 萧焜焘:《辩证法史话》,北京:商务印书馆,2018 年,第 50—52 页。
③ Daniel Brauer, "Die dialektische Natur der Vernunft: Über Hegels Auffassung von Negation und Widerspruch", in *Hegel-Studien*, Band 30, Bonn: Bouvier Verlag, 1995, S. 89-104.

对命题的矛盾的知性理解,还是理性运动本身的非进展性和非体系化,都是黑格尔的辩证法所要扬弃的——前者将被表述为世界本身(命题本身)的矛盾的一种统一,后者将被表述为绝对本身(事情本身或存在本身)内在的运动发展序列的有机体系。

到此为止,还有最后一个问题亟待解决,即总结一下亚里士多德的辩证法与黑格尔的辩证法之间的区别。

三、黑格尔辩证法与亚里士多德辩证法的区别

不同于黑格尔,对亚里士多德而言,辩证的特性仍然不是一种优越性的标志,而是一种缺陷的标志,辩证法只是一种前科学的方法,即一种依据某种科学原则的探索,而前科学本身并不能构成一种科学,因此,对亚里士多德来说,辩证法充其量只是科学的工具或预备①。究其原因,还是因为辩证法在亚里士多德那里作为一种外在于事情本身的处理方法,并不具有本体论上的意义:"在亚里士多德那里……思辨的原理的本性没有被当作一个绝对的概念带进意识里面,没有被当作在自身里面包含着自然的和精神的宇宙的多样性的发展,——更不用说被当作共相来阐述,使得从它里面能够发展出特殊的东西来(他的逻辑学毋宁说刚刚和这个相反)。"②

尽管在亚里士多德看来,辩证法和本体论之间有所关联,但是二者是两个不同性质的部门,前者属于逻辑学,后者属于形而上学③。因此,亚里士多德的辩证法,作为一种知性逻辑,虽然渴望那种总体性或体系化的统一,但却只能止步于一种分裂或矛盾,并不能达到真理,而黑格尔的辩证法,则让我们看到了那种由否定的肯定的进展所构成的总体性或体系化,一种真理或绝对的自我展开。当然,我们始终不应忘记的是,有别于分析的必然性推理和劝说的修辞推理,亚里士多德创立了从普遍接受的意见出发的辩证推理理论④,而他正是作为辩证逻辑的奠基者才深受黑格尔推崇。

至于亚里士多德的思辨思想,正如皮埃尔·奥本克所说的那样,对黑格尔来说,亚里士多德的思辨思想能够被视为"辩证的",但其辩证法本身却并不是"思辨的"⑤。在对其哲学的一个总体性评判中,黑格尔如此说道:

---

① Pierre Aubenque, "Hegeische und Aristotelische Dialektik", in *Hegel und die antike Dialektik*, Hrsg. von Manfred Riedel, S. 221 - 222.
② 〔德〕黑格尔:《哲学史讲演录》(第二卷),贺麟、王太庆译,第384页。
③ 张守夫:《被遗忘的亚里士多德辩证法》,《山东社会科学》2006年第4期。
④ 〔古希腊〕亚里士多德:《亚里士多德全集》(第一卷),苗力田主编,第353页。
⑤ Pierre Aubenque, "Hegeische und Aristotelische Dialektik", in *Hegel und die antike Dialektik*, Hrsg. von Manfred Riedel, S. 224.

第四章 怀疑主义、辩证法与思辨之关系的最终规定

亚里士多德深入到了现实宇宙的整个范围和各个方面,并把它们的森罗万象隶属于概念之下;大部分哲学科学的划分和产生,都应当归功于他。当他把科学这样地分成为一定概念的一系列理智范畴的时候,亚里士多德的哲学同时也包含着最深刻的思辨的概念。没有人像他那样渊博而富于思辨。但总的看起来,他的哲学却不像是一个次序及联系皆属于概念的有系统的整体,而却是各个组成部分都从经验取来,被搁在一起;部分单独被认为一定的概念,但概念却不是起联系作用的运动。不过,虽然他的系统似乎没有在它的各部分中被发展出来,而各部分只是彼此并列着;但这些部分仍然是真正思辨的哲学的全部总和。①

可以看到,尽管黑格尔在亚里士多德那里找到了属于自己哲学意义上的思辨思想,但是对黑格尔来说,亚里士多德的哲学并未真正成为科学,因为后者未能把哲学的各个部分作为一个有机的整体加以把握并形成体系,亚里士多德哲学的这一缺点之后又被黑格尔再次强调:"在各式各样现象被他(亚里士多德)的哲学提高到概念里面之后,这个概念却又分解为一系列彼此外在的特定的概念,那个统一性、那个绝对地把它们结合起来的概念却没有被强调。"②相比于亚里士多德的思辨思想,黑格尔辩证法的决定性区别以及黑格尔的自我理解的本质上的进展在于:辩证法既是绝对本身的自我展开,又是哲学的各个部分的逻辑联结及其发展序列,其展现为一种内在统一的有机发展的体系化的动态结构。

总之,如果我们将亚里士多德的辩证法与其思辨思想分开来看待的话,那么亚里士多德的辩证法显然不是黑格尔辩证法的前身,而亚里士多德的思辨思想,虽然可以被黑格尔以辩证法的名义加以阐释,但在事情本身或哲学体系的生成展开的具体逻辑的理解等方面,二者仍有着本质的差别。

---

① 〔德〕黑格尔:《哲学史讲演录》(第二卷),贺麟、王太庆译,第269页。
② 同上书,第381—382页。

第五章　黑格尔的思辨哲学何以能够抵御怀疑主义的挑战

本章所探讨的问题是，黑格尔的思辨哲学何以能够抵御阿格里巴的怀疑主义，说得准确些，阿格里巴的五个论式的攻击。之所以是阿格里巴的五个论式，主要是因为在黑格尔看来，尽管皮浪的怀疑主义既是与哲学相分离的，又不涉及理性或理性的认识，但却从未试图针对哲学和理性，而仅是针对普通的人类知性的独断主义。但是，阿格里巴的五个论式，不仅针对普通的人类知性的独断主义，而且针对哲学和在哲学中显露的理性，针对理性则意味着针对真正的思辨哲学。

当然，对于这个问题的研究，同样离不开怀疑主义与辩证法的关系的研究，事实上，对于二者之关系的研究，将有助于阐明黑格尔哲学是何以能够以及如何来抵御以阿格里巴为代表的怀疑主义的挑战的。正如霍特格斯所说的那样，对于黑格尔来说，怀疑主义，更确切地说，怀疑是真正的哲学的唯一目标，尽管不断威胁的结果也是来自于它，而所有非辩证的（或非真正的）哲学都不可能真正地从怀疑主义中成长起来①。那么到底什么是真正的哲学呢？

黑格尔给出的答案是：真正的哲学（即思辨哲学）包含怀疑主义在其自身之中。这里之所以采用思辨哲学而非辩证哲学来描述黑格尔的哲学，无非是因为相较于辩证，思辨意味着一种提高，同时也意味着一种根据上的规定②，思辨本身就包含辩证于自身之中，思辨代表了黑格尔辩证法的那种肯定方面。当然，从本质上说，思辨与辩证并非两个东西，而是一个东西，甚至基于理性这个维度可以说，思辨（肯定的辩证法）和辩证（否定的辩证法）是属于辩证法本身的。

---

① Heinz Röttges, *Dialektik und Skeptizismus: die Rolle des Skeptizismus für Genese, Selbstverständnis und Kritik der Dialektik*, Frankfurt am Main: Athenäum, 1987, S.9.
② 同上书,第10页。

第五章　黑格尔的思辨哲学何以能够抵御怀疑主义的挑战

关于黑格尔的思辨哲学是如何回应怀疑主义的挑战,或者说得更准确些,能否抵御怀疑主义的攻击这一主题的研究,学界大抵有如下三条进路:

第一条进路是:基于辩证法与怀疑主义之关系的视角,阐明黑格尔的哲学体系如何回应和扬弃怀疑主义,以海因茨·霍特格斯和格哈德·霍夫韦伯为代表[1]。

第二条进路是:基于对黑格尔认识论内涵的澄清,表明黑格尔哲学体系如何在认识论上抵御怀疑主义的挑战,以迈克尔·佛斯特、朱塞佩·瓦尔尼耶、肯尼斯·韦斯特法尔和艾伦·斯贝特为代表[2]。

第三条进路是:基于黑格尔与怀疑主义之间的对峙,表明黑格尔的哲学体系无法抵御怀疑主义的攻击,以迪特马尔·海德曼为代表[3],这或许也是今天一些学者在研究怀疑主义与认识论之间的关系时对黑格尔只字不提的原因之一[4]。

尽管霍特格斯基于对黑格尔相关文本的分析,已经令人信服地表明黑格尔的思辨哲学体系能够抵御怀疑主义的攻击,但其对黑格尔哲学体系特性的描述并未达到令人完全满意的地步,因此仍有待进一步深入。佛斯特等人的研究之所以关注黑格尔的认识论问题,主要还是因为自从20世纪70年代以来,怀疑主义在分析哲学的认识论争论中重新变得流行起来。如佛斯特就曾指出,在耶拿早期,黑格尔思想的基本特征之一就是他发展了一套

---

[1] Heinz Röttges, *Dialektik und Skeptizismus: die Rolle des Skeptizismus für Genese, Selbstverständnis und Kritik der Dialektik*, S. 117 – 157; Gerhard Hofweber, *Skeptizismus als "die erste Stuffe zur Philosophie" beim Jenaer Hegel*, Heidelberg: Universitäts Verlag Winter Gmbh, 2006. 笔者关于黑格尔对怀疑主义的回应一和回应二的研究思路主要得益于海因茨·霍特格斯的相关研究。

[2] Michael Forster, *Hegel and Skepticism*, Cambridge, Mass.: Harvard University Press, 1989, pp. 97 – 180; Michael Forster, *Hegel's Idea of a Phenomenology of Spirit*, Chicago, London: The University of Chicago Press, 1998; Giuseppe Varnier, "Skeptizismus und Dialektik: Zu den entwicklungsgeschichtlichen und erkenntnistheoretischen Aspekten der Hegelschen Deutung", in *Hegel-Studien*, Band 21, Bonn: Bouvier Verlag Herbert Grundmann, 1986, S. 129 – 141; Kenneth Westphal, *Hegel's Epistemology: A Philosophical Introduction to the Phenomenology of Spirit*, Indianapolis: Hackett, 2003; Allen Speight, "Skepticism, Modernity, and the Origins of Hegelian Dialectic", in *The Dimensions of Hegel's Dialectic*, ed. by Nectarios G. Limnatis, London, New York: Continuum, 2010, pp. 140 – 156.

[3] Dietmar H. Heidemann, *Der Begriff des Skeptizismus: Seine systematischen Formen, die pyrrhonische Skepsis und Hegels Herausforderung*, Berlin; New York: Walter de Gruyter, 2007; Dietmar Heidemann, "Doubt and Dialectic", in *The Dimensions of Hegel's Dialectic*, ed. by Nectarios G. Limnatis, pp. 157 – 172.

[4] 徐向东:《怀疑论、知识与辩护》,北京:北京大学出版社,2006年。

明确而严格的认识论标准,并投入了很大一部分哲学精力来使他自己的哲学体系达到这些标准,而这场认识论斗争首先是试图迎接黑格尔所设想的怀疑主义的挑战,并且黑格尔对怀疑主义的关注也一直延续了下去①。佛斯特的判断当然有其道理,但真理问题关涉的不仅是认识论,还有本体论和方法论,黑格尔的哲学体系亦是如此,故而不能割裂这三者来理解黑格尔。至于海德曼,则是没有真正理解黑格尔的哲学,以至于认为其哲学体系无法抵御怀疑主义的攻击。

由此可见,关于黑格尔哲学能否抵御怀疑主义的攻击这一争议至今仍未停止。有鉴于此,笔者在这里试图解决的问题是,黑格尔的思辨哲学能否抵御怀疑主义的挑战? 这个问题又可细分为两个问题,即黑格尔如何回应怀疑主义的论式二、论式四和论式五? 黑格尔如何回应怀疑主义的论式一和论式三?

第一节 绝对的科学体系:黑格尔对阿格里巴的回应(一)

首先,试图展示的是,黑格尔是如何回应阿格里巴的第二个、第四个和第五个论式的。对于第二个论式——无穷倒退,即对根据的无穷追溯,总是与第四个论式,即哲学的出发点的假设联系在一起的,总的来说,其要求一个非独断的哲学开端。在黑格尔看来,其他的哲学终究不过是独断主义,因此对怀疑主义是束手无策的,而黑格尔的思辨哲学关于开端的一个新概念为抵御怀疑主义的攻击奠定了基础,这也可以被算作黑格尔《精神现象学》最重要的成就,即绝对或真理不仅被把握为实体,而且被把握为主体,也就是说,被把握为自我规定的实体。对于第五个论式,即循环论证的回应,可以通过绝对或真理自身的完成过程,亦即概念自身的运动被黑格尔描述为一个圆圈得以把握,这作为黑格尔最深刻的思想,所涉及的是对黑格尔的思辨哲学体系的一个总体把握。在此基础上,黑格尔关于绝对的科学体系可以使得其整个哲学抵御阿格里巴第二、第四和第五个论式的攻击。

一、对第二、第四和第五个论式的回应

通过对阿格里巴的"五式"的一种总体考量,我们可以发现,对于第一个论式,哲学意见的差异性或多样性必然会导致对其根据的一种追溯,而第三

---

① Michael Forster, *Hegel and Skepticism*, pp. 98 - 99.

第五章　黑格尔的思辨哲学何以能够抵御怀疑主义的挑战

个论式,所有现象和规定的相对性也同样会导致这一需求。这种对根据之根据的追溯过程,在怀疑主义看来,就是无穷倒退,即第二个论式。追溯的结果,即为了避免追溯到无穷时,就必须提出一种被怀疑主义称为假设的哲学开端,即第四个论式。如果要在证明时不陷于无穷倒退而又不假定任何东西,根据本身就要将那个需要它作为根据的东西作为自身之根据,而这就是循环论证,即第五个论式。因此,为了回应第二、第四和第五个论式,黑格尔提出了关于绝对的科学体系。

从黑格尔在《哲学史讲演录》中关于第二个论式的描述来看①,他一如既往地把怀疑主义视为针对知性哲学和独断主义的工具,同时也隐晦地表示了自己的逻辑与亚里士多德和康德的逻辑的区别②:在黑格尔看来,亚里士多德的逻辑不过是"一种有限的思维的自然史"③,而康德的逻辑也不过是"所谓的理性推论"④,与之相比,黑格尔自己的思辨逻辑,不仅代替了昔日的形而上学中的本体论部分,而且还包括了其余的形而上学——灵魂(理性心理学)、世界(理性宇宙论)和上帝(理性神学)⑤,这也是黑格尔对于《纯粹理性批判》和怀疑主义的回应。

在描述亚里士多德的逻辑时,黑格尔指明了知性推论与理性推论的区别:"知性式的三段论式,例如普通逻辑形式里面的三段论式,便具有这种意义,即一个内容和另外一个内容结合起来。反之,理性的三段论式则具有这样的内容,即主体等等和自身联结起来;理性的三段论式是:某一个内容、神等等,通过与自己的区别,把自己和自己联结起来。这种同一性构成了思辨的内容的主要环节……"⑥在这里,黑格尔一方面阐明了理性推论的概念,另一方面也通过知性推论与理性推论的对比疏远了包括康德哲学在内的"所谓的理性推论",即所谓的理性推论事实上不过是一种单纯的知性推论,而知性推论作为一种有限的思维,所把握的只能是思维与存在、主体与客体、有限与无限之分裂。由此,知性推论在面对怀疑主义时是无能为力的,

---

① 〔德〕黑格尔:《哲学史讲演录》(第三卷),贺麟、王太庆译,北京:商务印书馆,1983年,第133—134页。
② 参见:Heinz Röttges, *Dialektik und Skeptizismus: die Rolle des Skeptizismus für Genese, Selbstverständnis und Kritik der Dialektik*, Frankfurt am Main: Athenäum, 1987, S.134 - 137.
③ 〔德〕黑格尔:《哲学史讲演录》(第二卷),贺麟、王太庆译,北京:商务印书馆,1983年,第366页。
④ 〔德〕黑格尔:《哲学史讲演录》(第三卷),贺麟、王太庆译,第134页。
⑤ 〔德〕黑格尔:《逻辑学》(上卷),杨一之译,北京:商务印书馆,1982年,第47—48页。
⑥ 〔德〕黑格尔:《哲学史讲演录》(第二卷),贺麟、王太庆译,第378—379页。

它所导致的无穷倒退必然会产生追溯哲学的根据,即哲学的开端上的困难①:"哲学的开端,必定或者是间接的东西,或者是直接的东西,而它之既不能是前者,也不能是后者,又是易于指明的;所以,开端的方式,无论是这一个或那一个,都会遇到反驳。"②

而黑格尔本人关于哲学体系之开端的思想,既是他对第二个论式的回答,也是对第四个论式的回答,而这个开端就是绝对,也就是无限物,它是直接的东西和间接的东西之统一,是思维与存在、主体与客体、有限与无限之统一,这种统一要扬弃的恰恰是怀疑主义的内在缺陷,因为怀疑主义正是囚囿于均势原则而无法实现均势双方的统一。

从黑格尔对无限物与有限物之间关系的具体理解上,即关于"真"无限和"坏"无限的区分,我们可以更加清晰地看出黑格尔的思辨哲学与怀疑主义乃至近代哲学的区别:"无限物是否定之否定,是肯定物,是有……超出自身,否定其否定,变为无限,乃是有限物的本性。所以无限物并不是在有限物之上的一个本身现成的东西。"③在黑格尔那里,无限物与有限物之对立被重新包含在无限物之中,无限物不再被认为是某种外在于有限物的东西,而是包含有限物于自身之中的东西,这是一种"真"的无限物,而那种"坏"的、抽象的,即与有限物相分离的无限物,只不过是真的无限物一种抽象的、有限的把握,因而它仍只是一种有限物,这种"坏"的无限物作为一种量的无限递增或延伸,就只能是"无穷倒退"④。

关于这一点,黑格尔事实上早在《1800年体系残篇》中论及哲学与宗教的关系时就已经明确指出:"有限之提高到无限之所以标明自己是有限生命之提高到无限生命、之所以标明自己是宗教……以致这种提高只不过是在有限物之外再加上有限物,而这加上的有限物又被认作一个被(反思)设定之物,其本身又被认作有限物,而且重新又须在这个有限物之外寻求有限物,并且要求这样连续下去以致无穷。"⑤这种无限的进程,即无限倒退或"坏"的无限物,不过是真正的无限物的一种抽象反思,它与有限物处于单纯对立的关系之中:"这种坏的无限性,本身就与那种长久的应当是同一的东西;它诚然是有限物的否定,但是它不能够真正从有限物那里解放自己;有

---

① Heinz Röttges, *Dialektik und Skeptizismus: die Rolle des Skeptizismus für Genese, Selbstverständnis und Kritik der Dialektik*, S.137.
② 〔德〕黑格尔:《逻辑学》(上卷),杨一之译,第51页。
③ 同上书,第135页。
④ 同上书,第141页。
⑤ 〔德〕黑格尔:《黑格尔早期著作集》(上卷),贺麟等译,北京:商务印书馆,1987年,第475页。

第五章　黑格尔的思辨哲学何以能够抵御怀疑主义的挑战

限物又在无限本身那里出现为无限的他物,因为这个无限物只是在与它的他物,即有限物的关系中。到无限的进展因此只是重复的单调,是有限物与无限物使人厌倦的、老一套的交替。"①

为了回应第二个论式,黑格尔扬弃了这种无限倒退,形成了他关于无限物的辩证概念:

首先,黑格尔的无限物是"在许多形态和应用中,都被认为是最后的东西,再没有什么可以超出它之上"②,它就是绝对,就是世界本身或事情本身。它不是在我们之外的,也不是认识论意义上的绝对或无条件的,而是与我们一起的,是一种自我包含,是它影响我们,而不是我们影响它。它既不是一个物或有限者,也不是上帝或永恒者,即某种单纯的否定或纯粹的超越,而是一种自在自为的生命。它其实就是人类存在或人类精神本身,是人类的根源和出发点——存在条件的绝对性,亦即人类存在的总根据,这是不可再问的起点。

其次,从无限物与有限物的关系看,一方面,无限物是对有限物的超越、否定,并不是说二者是其统一的两个方面,而是说无限物把自身和有限物包括在自身之内,即无限物是有限物和与之相分离的无限物的统一③;另一方面,无限物对有限物的扬弃,不是作为有限物之外的现成力量,而是有限物自己的无限性扬弃自身④,这既是有限物在否定之中扬弃自己的否定,又是无限物在否定之中扬弃自己的否定,即无限物通过否定之否定回归到自身,亦即"出现为到无限中的进展"⑤。这就是说,如果绝对本身不在世界本身发展过程中以及关于绝对本身的人类知识以及它们之间的关系中显示自身,绝对本身不可能是绝对的,只有绝对本身的展开使得它成为绝对,因此,绝对不是静态的,而是发展的、运动的。

最后,无限物或绝对本身,作为在自身之内的展开,也是回归自身的运动。这个回归到自身的完全封闭的运动,是有限物和无限物的双重扬弃,但是这个双重扬弃仍然是在无限物自身之中的,无限物自身和有限物都只是环节。这种返回到自身的真正的无限,用黑格尔的话说,"其形象是一个圆……是封闭的,完全现在的,没有起点和终点"⑥。这最后一点,正是黑格尔对第五个论式的回答。

---

① 〔德〕黑格尔:《逻辑学》(上卷),杨一之译,第 141 页。
② 同上书,第 140 页。
③ 同上书,第 143 页。
④ 同上书,第 145 页。
⑤ 同上书,第 140 页。
⑥ 同上书,第 149 页。

正如汤姆·罗克摩尔所指出的那样,黑格尔将无限物,即绝对作为哲学开端的思想,事实上指向的是一种无基础的科学体系①,就这点而言,黑格尔与怀疑主义是一样的。但是,借助于这种无基础的科学体系,黑格尔不仅免于怀疑主义的第二和第四个论式的攻击,而且还与传统哲学相区别开来,因为无论是柏拉图和亚里士多德,还是笛卡尔和斯宾诺莎,以至于康德等等,这些被怀疑主义视为独断主义的哲学,都无法免于假设一个公理为不加证明的东西作为哲学的开端②:

如柏拉图在《理想国》(Politeia)中就曾指出,尽管不同于几何学和算学等等——后者从那些不需要加以证明的假设出发,"通过首尾一贯的推理最后达到他们所追求的结论"(510C),但是在"逻各斯本身凭着辩证的力量而达到的那种知识"那里,假设虽然不是被用作原理,而是仅仅被用作假设,"即,被用作一定阶段的起点,以便从这个起点一直上升到一个高于假设的世界,上升到绝对原理,并且在达到绝对原理之后,又回过头来把握那些以绝对原理为根据提出来的东西,最后下降到结论"(511B-C)③,柏拉图仍然没有避免是从一个假设出发,并且同样要求一个真正的开端,即绝对原理。

亚里士多德在《形而上学》中则明确指出,形而上学是研究智慧,即关于原因与原理的知识,并且明确否定了事物能够追溯其原因(物因、动因、本因、极因)至无穷无尽而无休止,因为无穷倒退的这种变易总是意味着一种考量上的反驳,也就是说,无穷倒退不仅导致"是"(das Sein)的不可能,而且还导致"知识"(das Wissen)的不可能(994a-b)④。因此,形而上学在于:"研究事物之所以成为事物者也该是学术工作的一门。——学术总是在寻求事物所依据的基本,事物也凭这些基本性质题取它们的名词。所以既说这是本体之学,哲学家们就得去捉摸本体的原理与原因(1003b)"⑤。亚里士多德所追求的一切原理中最确实的原理不仅是不可能错误的,而且还必定不是一个假设:"同样属性在同一情况下不能同时属于又不属于同一主题"⑥。这个最确实的原理,即矛盾律,在亚里士多德看来是不证自明的和绝对的,并且也是所有其他从属的原理的根据。但是,恰恰是在这一点上,辩证法扬

---

① 〔美〕汤姆·罗克摩尔:《黑格尔:之前和之后》,柯小刚译,北京:北京大学出版社,2005年,第85页。此外,可以参见:William Maker, *Philosophy without Foundations: Rethinking Hegel*, Albany: State University of New York Press, 1994。
② 〔德〕黑格尔:《哲学史讲演录》(第三卷),贺麟、王太庆译,第134页。
③ 〔古希腊〕柏拉图:《理想国》,郭斌和、张竹明译,北京:商务印书馆,1986年,第269—270页。
④ 〔古希腊〕亚里士多德:《形而上学》,吴寿彭译,北京:商务印书馆,1995年,第33—35页。
⑤ 同上书,第57页。
⑥ 同上书,第62页。

弃了知性的二律背反，黑格尔的思辨哲学也正是扬弃辩证法为自身之中的环节，因此，黑格尔在1830年的《哲学科学百科全书纲要·第三部分：精神哲学》的结尾处①援引亚里士多德《形而上学》卷(A)十二第七章中的一段话(1072b)②——这段话同样在《哲学史讲演录》中被黑格尔按照其意思翻译成德语并加以注解③——来指明"思辨是最使人愉快的，也是至善的"。当然，这同时也是黑格尔对亚里士多德的批判。

尽管笛卡尔在《第一哲学沉思集》中对第一哲学的探究表面上是一个革命性的开端，但是它仍然是起源于柏拉图-亚里士多德哲学的传统，它吸收并进一步发展了第一性知识（πρώτη ἐπιστήμη），即强化了思维的主观性的论证力量④。在笛卡尔看来，必须对所有的意见加以普遍的怀疑，以找到科学的真实无疑的最初根据，真正的知识依赖于这个绝对的开端并以此为基础，因此，笛卡尔的普遍怀疑的目标就是绝对的确证性。最终，笛卡尔把哲学体系的确定性建立在一个被视为基础的最初原理——我思故我在（Cogito ergo sum）——之上，这个最初原理并非来源于三段论式，而是一个自明的事情，是来源于精神的一种单纯的灵感，在他看来，基于这个被证明为真的基础之上的严格推理才是真正的知识。但是，这个最初原理在怀疑主义那里仍然轻松地被第五个论式，即循环论证加以反驳。当然，这样一个已知为真的根据作为开端也同样无法避免怀疑主义的第四个论式的攻击。

斯宾诺莎的哲学，可以被视为笛卡尔哲学的客观化。由于他采用几何学的方法来加以证明，即先提出界说（定义）和公则，然后加以证明，进而做出演绎。这一点使得他依旧无法避免怀疑主义的第四个论式的攻击。如《伦理学》的第一条公则："一切事物不是在自身内，就必定是在他物内"⑤，无非是亚里士多德的实体与偶性的两分的绝对化，这仍然属于第五个论式的范围⑥。后来的康德尽管做出了诸多努力，但是他关于物自体与现象两分的理论仍然无法避免陷入怀疑主义的结局。

摆在黑格尔面前的只有三条道路：第一条是基础主义，第二条是怀疑主

---

① 〔德〕黑格尔：《精神哲学：哲学全书·第三部分》，杨祖陶译，北京：人民出版社，2006年，第399—400页。
② 〔古希腊〕亚里士多德：《形而上学》，吴寿彭译，第248页。
③ 〔德〕黑格尔：《哲学史讲演录》（第二卷），贺麟、王太庆译，第299页。
④ Heinz Röttges, *Dialektik und Skeptizismus: die Rolle des Skeptizismus für Genese, Selbstverständnis und Kritik der Dialektik*, S.143-144.
⑤ 斯宾诺莎：《伦理学》，贺麟译，北京：商务印书馆，1997年，第4页。
⑥ Heinz Röttges, *Dialektik und Skeptizismus: die Rolle des Skeptizismus für Genese, Selbstverständnis und Kritik der Dialektik*, S.145.

义,第三条则是一种无基础的、循环论的科学体系,第三条道路已经由费希特率先作出了尝试①。尽管黑格尔继承了费希特的体系概念,但是他却选择了一条与笛卡尔、怀疑主义和费希特不同的道路,用汤姆·罗克摩尔的话来说,就是一种圆圈形式的论证方式,即不是起点证明终点,而是终点证明起点②——这就是黑格尔对第五个论式的回应。这并不是说黑格尔的哲学没有起点,而是说起点就是终点,这个起点"无非是在继承了过去并扩展了自己以后重返自身的全体,是对这全体所形成的单纯概念"③,亦即绝对或无限。黑格尔哲学的任务在于描述终点,亦即起点之形成过程,这个形成过程本身也就是其哲学体系本身的合理性的形成过程,换句话说,这个合理性并不是既定现成的,而是在体系本身的形成过程中产生的。

黑格尔的这种描述方法事实上所指向的是绝对物或无限物本身的现实的生命,因为黑格尔知道,我们在现实生活中完全可以从一个其真理性不可能被事先证明的地方开始推理,换句话说,我们在现实生活中很少甚至绝不可能发现一个笛卡尔意义上的基础④。事实上,即使是笛卡尔,作为一个几何学家,也无法对所假设的几何公理(公设)——作为几何学的不可动摇的基础——加以证明。更进一步说,正如黑格尔在《精神现象学》的序言中对笛卡尔所批判的那样,就算笛卡尔为其科学奠定了基础,也并不意味着科学大厦业已落成,即并不意味着我们已经获得了全体⑤。所以,黑格尔才会说:真理自身的成长或完成过程就是一个圆圈,在这个圆圈中,真理预悬它的终点为目的并以它的终点为起点,并且只有在其实现的过程和结果中才能获得现实性⑥。

因此,对于黑格尔而言,只要其哲学科学体系的终点证明了开端,那么就可以说哲学体系被证明了或者说哲学体系自己证明了自己的合理性⑦。这个哲学体系,作为全体,就是绝对通过自身发展并且也只有在其发展中才能实现自身,这个发展就是绝对在它的自我实现的过程中的真正展开,关于绝对本身的展开或实现的整个过程和结果的描述,也就是哲学科学体系本

---

① 〔美〕汤姆·罗克摩尔:《黑格尔:之前和之后》,柯小刚译,第53页。汤姆·罗克摩尔在该书中对这种无基础的科学体系的思想渊源作了详细论述。此外,亦可以参见默罗阿德·韦斯特法尔的相关论述,参见:Merold Westphal, *History and Truth in Hegel's Phenomenology*, Bloomington; Indianapolis: Indiana University Press, 1998, pp.14-19。
② 〔美〕汤姆·罗克摩尔:《黑格尔:之前和之后》,柯小刚译,第88—89页。
③ 〔德〕黑格尔:《精神现象学》(上卷),贺麟、王玖兴译,第7页。
④ 〔美〕汤姆·罗克摩尔:《黑格尔:之前和之后》,柯小刚译,第90—91页。
⑤ 〔德〕黑格尔:《精神现象学》(上卷),贺麟、王玖兴译,第7页。
⑥ 同上书,第11页。
⑦ 〔美〕汤姆·罗克摩尔:《黑格尔:之前和之后》,柯小刚译,第92页。

身。正是在这个意义上,我们才能理解体系对黑格尔的重要性。

二、绝对的科学体系

体系对黑格尔的重要性是不言而喻的。早在1800年黑格尔写给谢林的 封信中,就表明自己必须把少年时代的理想转变为反思的形式,转变成为一个科学的体系①。之后在《费希特与谢林哲学体系的差别》一文中,黑格尔第一次提出了绝对这个概念,尽管后来在《精神现象学》中绝对发生了一个重要的变形,获得了真正意义上的具体展开,并且在《逻辑学》和《哲学科学百科全书纲要》中作为绝对理念还将被两度讨论,但是在《费希特与谢林哲学体系的差别》中,绝对就已经获得了它的最初版本。对绝对的内涵的整体把握,将有助于我们对黑格尔关于绝对的科学体系的整体把握。

首先,绝对既是黑格尔哲学的起点,又是黑格尔哲学要返回的终点。绝对就是世界本身或事情本身,就是关于绝对本身的知识以及它们之间的关系,而哲学处理的就是绝对或存在或事情本身,哲学的任务就是认识事情本身,从这个意义上说,哲学是没有前提的。

其次,绝对并不是直接的或无条件的,而是要拥有那些被扬弃为直接性的条件和中介,正如哲学或绝对知识依赖于一定的自然和文化环境,但它必须扬弃这种自然和文化环境,同样地,人类也通过认知和实践活动来扬弃他们所依赖的自然环境,因此,绝对并不是认识论意义上的绝对的或无条件的,即我们关于绝对本身的知识不是直接的和无条件的,它涉及一个长期的探究过程,既包括单个的人类个体又包括作为整体的人类,绝对不能仅是保持简单和静态的,而是必须反映我们关于绝对的知识的发展,但绝对不是某种构建世界的东西,而是说概念系统嵌入于世界之中②。

最后,绝对之所以是绝对,在于它本身显示为世界本身的发展过程和关于绝对本身的知识以及它们之间的关系,绝对本身取决于它的展现,正如展现也依赖于它,就这点而言,黑格尔吸收了亚里士多德的潜能现实说,即一个存在的本质是存在的完全展开而非其胚胎状态,这意味着绝对并不是静态的,而是发展的,是依次在较高的自然阶段和人类知识在历史上的发展中展现自身的,并在黑格尔自己的哲学中达到绝对知识这一最高阶段③。

既然黑格尔的哲学是一个作为体系的知识的整体,一个依赖理性的概

---

① 〔德〕黑格尔:《黑格尔通信百封》,苗力田译编,上海:人民出版社,1981年,第58页。
② Michael Inwood, *A Hegel Dictionary*, Oxford, OX, UK; Cambridge, Mass., USA: Blackwell, 1992, p.28.
③ Michael Inwood, *A Hegel Dictionary*, pp.27—28.

念为最高法则的有机整体①,所以黑格尔无法承认一个命题或定义作为哲学的开端或前提:"在哲学的开端上,不能比从一个定义开始,如在斯宾诺莎那里,更糟糕的了。"②黑格尔在对莱因荷尔德的观点和哲学的严厉批判中,表明了他是如何理解哲学的前提的。莱因荷尔德认为哲学的前提或先决条件是那种为了可以认为甚至只是一种尝试而必须为哲学预先暂时假设的东西——"初真,自为的真和确定,说明一切可理解的真的根据"③,作为哲学的前提,初真本身却是不可理解的东西。黑格尔当然不同意这个观点,存在就是绝对,这不是被假设的,并且"哲学的第一主题应该是可理解物"④。黑格尔的绝对不是无条件的,而是有限制的。其他人的绝对是一个存在者,因此,他人认为绝对不能用理性把握,但黑格尔的绝对是一个过程,是实在,不是一个存在者,因此可以用理性去把握绝对。

因此,黑格尔的哲学体系不再需要莱因荷尔德哲学意义上的基础,哲学体系的形成是一种理性在自己本身中把握理性自己的根据,理性自己认识自己的道路。沿着这条道路,我们发现绝对物在完成自身之前一直处于发展的过程之中,在这条道路上前进时所看到的绝对组织自身的诸形态——多样性的诸形态表现为自我形成——都缺乏过程的目标即绝对。理性所穿越的形态的序列,不是主体符合客体(某个个别主体)的过程,也不是追求客观知识的过程,而是理性在不同层面上不断克服自身的缺陷的历史,是人类意识在不断地通往科学的道路上的人类的自我教育的过程,也是人类精神史展开通往绝对的道路的过程。

绝对在黑格尔那里具有生命的意蕴,同样哲学体系也具有生命的意蕴。因此,黑格尔的哲学体系只有在它的展开中并通过它的展开来建立自身使之成为一个客观的有机整体。与康德的哥白尼革命相对应,黑格尔提出了一个类似的学说:

> 科学主张——通过它绝对地设置自己的任何一部分,因此在开端和任何个别地方构成同一性和知识——在自身中建立自身。同时,知识作为客观总体不断地建立自身,它形成自身就更多,而它的各部分只是同认识的这种整体一起被建立起来了。中心点和圆圈式如此互相关

---

① 〔德〕黑格尔:《费希特与谢林哲学体系的差别》,宋祖良、程志民译,杨一之校,北京:商务印书馆,1994年,第21页。
② 同上书,第22页。
③ 同上书,第92页。
④ 同上书,第95页。

联,以至于圆圈的最初开端已经和中心点发生了关系,而且,如果圆圈的所有关系(整个圆圈)没有被完成,这个中心点就不是一个完整的中心。这个圆圈是一个整体,它需要一个特殊建立的根据,至少像地球需要一个特殊的根据,以便被下述这种力量——这种力量使地球围绕太阳旋转,同时把它保持在其完整生动的多样性的形象中　　所理解的那样。①

"这个特殊的根据"事实上就是绝对。绝对就是一切的开端,并且一切进程都是绝对的展现②。对绝对的展现之整体描述就是关于绝对本身的科学体系,这个科学体系本身就是一个圆圈,这个圆圈是自身封闭的、自身依据的东西并且作为实体而保持其环节于自身之内③,这就是黑格尔对第五个论式的回答④。真理作为对绝对的理解,同样也是一个自身封闭的圆圈。辩证法作为绝对的展开方式之显现过程,亦是如此。由此可见,黑格尔独特的开端概念、真理概念和方法概念都与其哲学的最核心的思想,即绝对从实体到主体的进一步规定,换句话说,绝对作为精神的具体内涵是相通的,因为精神"就是这种自己变为他物、或变成它自己的对象和扬弃这个他物的运动"⑤。精神的运动本身同样也是一个自身封闭的圆圈。以上就是黑格尔对第二、第四和第五个论式的回答。

第二节　思辨哲学和辩证法:黑格尔对阿格里巴的回应(二)

黑格尔关于绝对的科学体系的思想,通过解决哲学的开端和体系问题,回应了怀疑主义的第二、第四和第五个论式,而与之密不可分的则是,思辨哲学,作为关于绝对的科学体系,只能产生于一个诸哲学学说内在的自我扬弃的有机序列之中,并在一种辩证法的展开过程,即事情本身的过程中得以

---

① 〔德〕黑格尔:《费希特与谢林哲学体系的差别》,宋祖良、程志民译,杨一之校,第89页。
② 〔德〕黑格尔:《逻辑学》(下卷),杨一之译,第535页。
③ 〔德〕黑格尔:《精神现象学》(上卷),贺麟、王玖兴译,第21页。
④ 关于黑格尔的哲学体系的圆圈特征的研究,可以参见:Howard Kainz, *Paradox, Dialectic and System: A Contemporary Reconstruction of the Hegelian Problematic*, University Park, Penn.; London: Pennsylvania State University Press, 1988, pp. 93 – 110; Thomas Rockmore, *Hegel's Circular Epistemology*, Bloomington: Indiana University Press, 1986; M. J. Inwood, *Hegel*, London: Routledge, Kegan & Paul, 1983, pp. 317 – 321.
⑤ 〔德〕黑格尔:《精神现象学》(上卷),贺麟、王玖兴译,第23页。

最终实现,其作为结果同时也就是过程本身的基本思想,则是他对第一个论式(意见分歧)和第三个论式(相对性)的回应。由于这两个论式都体现了怀疑主义的均势原则,因此,辩证法也是对这二者的扬弃。

一、对第一个论式的回应

一般来说,黑格尔对思辨哲学与诸哲学学说之间关系的界定主要体现于黑格尔《哲学史讲演录》关于哲学史的三个基本结论之中,这也是黑格尔对第一个论式的回应。

结论一——"在一切时代里只存在着一个哲学,它的同时代的不同表现构成一个原则的诸必然方面。"[1]——就已经为思辨哲学免于怀疑主义的攻击奠定了基础,因为怀疑主义的第一个论式之所以攻击哲学,正是基于哲学家们之间充满了意见分歧,但是,在黑格尔看来,哲学不是意见,并且是唯一的[2]。当然,这并不是说哲学与意见之间抽象地对立,而是说,哲学体系本身并不是复数的形式,哲学学说的分歧、差异和多样性只是唯一的真正的哲学体系的不同表现或内部差异[3],如黑格尔早在《费希特与谢林哲学体系的差别》[4]和《导论:泛论哲学批判的本质,特别是它与当前哲学状况的关系》[5]中就曾明确表明这一点。黑格尔之所以提出只有一种哲学,既是为了表明自己思辨哲学的真理和认识形式上的优越性,以驳斥其他哲学主张,也是试图通过在相互竞争的哲学观点或主张中展示绝对或事情本身的自我把握来构建一种思辨哲学而非相互竞争的观点或主张,从而应对怀疑主义的均势原则[6]。

结论二——"哲学体系的递相接连的次序不是偶然的,而是表明这门科学发展阶段的次序。"[7]——指明了思辨哲学作为关于绝对的科学体系的内在发展结构。在黑格尔看来,诸哲学学说的多样性必须在一个科学体系的诸发展环节中被重新解释,因此思辨哲学并非不同的哲学立场或观点的罗列堆砌,而是应被把握为诸哲学主张或诸意识形态或诸概念本身的自我发

---

[1] 〔德〕黑格尔:《哲学史讲演录》(第四卷),贺麟、王太庆译,北京:商务印书馆,1983年,第378页。
[2] 〔德〕黑格尔:《哲学史讲演录》(第一卷),贺麟、王太庆译,北京:商务印书馆,1983年,第17—18页。
[3] 同上书,第23—24页。
[4] 〔美〕汤姆·罗克摩尔:《黑格尔:之前和之后》,柯小刚译,第98页。
[5] 〔德〕黑格尔:《耶拿时期著作:1801—1807》,北京:人民出版社,2017年,第117页。
[6] Michael Forster, *Hegel and Skepticism*, pp. 104-105.
[7] 〔德〕黑格尔:《哲学史讲演录》(第四卷),贺麟、王太庆译,第378页。

展或自我扬弃的序列。这不仅意味着不同的哲学立场或观点之间的争辩仍将持续,而且还意味着关于哲学本身的性质或哲学的可能性的认识可能仍将无法取得一致①。因此,思辨哲学的重点不在于仅仅抽象地指出这些不同的哲学立场与观点之间的对立或者它们与黑格尔哲学之间的对立,正如怀疑主义只是单纯抽象地否定一种哲学立场或观点那样,而是要将这些不同的哲学立场或观点扬弃为自身有机体系的一个发展环节,即绝对或真理的一个合乎理性的必然展开②。因此,"发展"(Entwicklung)这一概念表明黑格的真理并非像怀疑主义或其他非辩证的哲学所理解的那样是一个既定的或现成的东西,而是一个历史的生成的东西③。

对于怀疑主义及其所针对的所有非辩证的哲学而言,真理是一个既定的或现成的东西。但黑格尔却认为真理是一个历史的生成的东西,以人类精神为例,发展指的是从自在存在(Ansichsein,希腊文的"潜在")变成自为存在(Fürsichsein,希腊文的"实在")④,在这个变化的过程中,精神仍保持为同一物,开端与终结是结合着的,并且它的自在存在支配着整个过程,"精神的发展是自身超出、自身分离,并且同时是自身回复的过程"⑤。精神的自身回复是精神的最高目的,精神认识自身的过程,就是使自己成为自己的对象,自己二元化自己,自己分离自己,自己发现自己,最终自己回复到自己的过程⑥。人类精神"作为自身具体、自身发展的理念,就是一个有机的体系,一个全体,包含诸多的阶段和环节在它自身之内",而哲学就是"对于这种发展的认识,并且作为概念的思维,哲学就是这种思维的发展"⑦。

结论三——"一个时代的最后一种哲学是哲学发展的成果,是精神的自我意识可以提供的最高形态的真理。因此那最后的哲学包含着前此的哲学,包括所有前此各阶段在自身内,是一切先行的哲学的产物和成果。"⑧——是对思辨哲学的内在发展结构的进一步说明,同时也是黑格尔对诸哲学学说的差异性和多样性的理解。因此,结论三对回应第一个论式

---

① Heinz Röttges, *Dialektik und Skeptizismus: die Rolle des Skeptizismus für Genese, Selbstverständnis und Kritik der Dialektik*, S.122 - 123.
② 谢林并不认为在哲学科学和非哲学观点之间架起一座桥梁是必要的,甚至不是可取的,而黑格尔则认为哲学科学本身应该为个人提供非哲学观点通往哲学科学的阶梯。参见〔德〕黑格尔:《精神现象学》(上卷),贺麟、王玖兴译,第 16 页。
③ 〔德〕黑格尔:《哲学史讲演录》(第一卷),贺麟、王太庆译,第 25 页。
④ 同上书,第 25—26 页。
⑤ 同上书,第 28 页。
⑥ 同上。
⑦ 同上书,第 32 页。
⑧ 〔德〕黑格尔:《哲学史讲演录》(第四卷),贺麟、王太庆译,第 378 页。

同样是必不可少的,因为这意味着哲学学说的差异性和多样性将被统摄为一个发展中的体系,哲学史亦是如此。哲学自身的课题和任务,就是揭示出理念各种形态的推演和各种范畴在思想中的、被认识了的必然性①。需要注意的是,哲学史作为在时间,说的确切一些,在历史中被把握的那些哲学体系的时间次序,与理念里的那些概念规定的逻辑推演的次序虽有区别,但是大体上是同一的②。在黑格尔看来,诸哲学学说的差异性和多样性并不是意味着诸哲学学说是固定的或彼此互相排斥的,又或者是毫无可取之处的,而是说它们本质上应该作为一个整体的暂时的过渡环节,被统摄为一个处于发展运动之中的体系,用黑格尔的话说,"哲学的具体理念就是揭示出它所包含的区别或多样性之发展的活动"③。每一种哲学学说都是一个规定,但它并不因此就与别的规定互相排斥,而是它们必然要被结合在一起,并被降为一个整体中的诸环节。在这个整体中,某个环节作为一个独立的形态被扬弃,即在扩张为多之后,又回复到"多"之所出的"统一",这个新的统一本身又将是另一个较高发展或较成熟的开端④,直至达到终点,也就是在达到绝对或真理之前,这个过程会一直继续下去。

到这里为止,是黑格尔对第一个论式的回应。

二、对第三个论式的回应

但是,黑格尔回应第一个论式的结论三也在某种程度上意味着哲学发展进程没有终点和目的,似乎可以延伸至无穷,换句话说,这个无限的进程或许会招致一种怀疑主义所批判的那种危险,即在这个进程中,个别的哲学学说总是仅仅描述了真理的某个方面,而非是作为整体的真理本身,这一点尤其给黑格尔的整体性真理概念带来了困难⑤:

> 一如在思想的逻辑系统里,每一思想的形态有它独自有效准的地位,并且通过进一步向前的发展而被贬低为附从的环节,同样每一个哲学在全部过程里是一特殊的发展阶段,有它一定的地位,在这地位上有它的真实意义和价值。……因此每一哲学属于它的时代,受它的时代

---

① 〔德〕黑格尔:《哲学史讲演录》(第一卷),贺麟、王太庆译,第33—34页。
② 同上书,第34页。
③ 同上书,第37—38页。
④ 同上书,第38页。
⑤ Heinz Röttges, *Dialektik und Skeptizismus: die Rolle des Skeptizismus für Genese, Selbstverständnis und Kritik der Dialektik*, S.124.

第五章　黑格尔的思辨哲学何以能够抵御怀疑主义的挑战

的局限性的限制,即因为它是某一特殊的发展阶段的表现。①

　　黑格尔在这里,一方面是强调"个人是时代的产儿",哲学也是如此,是"被把握在思想中的它的时代"②,个人与哲学都无法超越他的时代和世界;另一方面,同时也是在强调作为环节的每一个哲学的价值。然而,第三个论式所攻击的恰恰是哲学的这种"时代"的局限性,即相对性。对此,黑格尔的回应是辩证法,它作为事情本身的过程,其原则是确定的否定,关于这一点,黑格尔已经在《精神现象学》的导论中加以详细论述了。离开了辩证法,黑格尔不仅无法揭示怀疑主义自身无法克服的根本弱点,而且也无法具体地阐明发展——作为扬弃第一个论式的哲学概念——的思想;发展推进的后一个阶段是一个更高的更为复杂的阶段,它不仅包含前一个阶段的全部内容和真理,而且这种发展必须是绝对或绝对精神或绝对理念本身的一种内在生成的生命运动③——"哲学理念之向外发展并不是一种变化,从一物变成他物,而同样是一种进入自身的向内深入,所以哲学的进步在于使前此的一般的、不明确的理念,更加自身明确。"④

　　可以看到,在一种辩证发展的有机结构中,所有的哲学学说被转化为一种从较不成熟的哲学学说到更为成熟的哲学学说的具体发展过程,这也是思辨哲学本身的一种内在的必然的自我扬弃的过程。换句话说,在黑格尔那里,思辨哲学本身就是一种"自身实现着的怀疑主义"。由此,黑格尔的思辨哲学体系不仅能够指明每一种哲学学说的片面性、不足或自相矛盾性,而且能够证明每一种哲学学说的片面性或不足是完全基于它自己提出的观点和标准,从而消除哲学体系本身的任意性或独断性,表明其正确性或科学性。因此,黑格尔的思辨哲学科学体系本身能够免于怀疑主义的攻击,而这个自我扬弃的过程,或者说,扬弃⑤本身,就是辩证法,也就是黑格尔对第三个论式的回应,同时也是对第一个论式的回应,而怀疑主义只是单纯外在地否定诸哲学学说,即偶然地指出诸哲学学说的"相对性"并且停留在这个否定的结果上,正是在这一点上,黑格尔与怀疑主义以及其他非辩证的哲学相

---

① 〔德〕黑格尔:《哲学史讲演录》(第一卷),贺麟、王太庆译,第48页。
② 〔德〕黑格尔:《法哲学原理》,范扬、张企泰译,北京:商务印书馆,1979年,第12页。
③ Heinz Röttges, *Dialektik und Skeptizismus: die Rolle des Skeptizismus für Genese, Selbstverständnis und Kritik der Dialektik*, S.125.
④ 〔德〕黑格尔:《哲学史讲演录》(第一卷),贺麟、王太庆译,第32页。
⑤ 正如黑格尔在《逻辑学》中所指出的那样,扬弃(aufheben)一词有双重含义,一方面指停止、终结,另一方面指保存、保持,扬弃自身的东西并不因扬弃而就是无,而是一个中介的东西,它是非有之物,却是一个从有出发的结果,它由规定性而来,因此它自身还有规定性。参见〔德〕黑格尔:《逻辑学》(上卷),杨一之译,第98页。

区别开来①:

> 哲学意见的差异性应当是用来反对哲学的无敌的武器。……哲学的理念是唯一并且同一的,虽然哲学家们本身并没有意识到这一点……真正的差异性不是实质的,而是不同发展阶段中的差异。差异性也可以包含片面性……全体才是真理。每一个哲学都是哲学;这与水果和樱桃的关系是一样的。②

当然,第三个论式,即相对性,不仅指向诸哲学学说之间的关系,而且还指向诸规定之间的关系③。诸规定之间的关系,对黑格尔而言,一方面,可以被理解为诸规定的否定,黑格尔对此固然要指明是确定的否定;另一方面,也可以被理解为一种单纯的差别:"关系包含着对立:与他物有关的东西,一方面是独立的,而另一方面,由于它在关系中,也不是独立的。"④关于后一点,我们可以回想起黑格尔在《精神现象学》中对知觉的分析,它所关涉的是诸规定性的辩证法,即某个规定性一方面处于与其他规定性的关系之中,但是另一方面每一个规定性本身又是独立的⑤。这种规定性的所谓独立性,即其有限性或外在性等,恰恰就是怀疑主义攻击的对象。当然,怀疑主义的这种否定并非诸规定性内在的本质上的否定,但是,在黑格尔看来,怀疑主义仍然以一种外在的方式指明了诸规定性之间的关系的本质:"万物是变化的……就是:事物都不是自在的,它的本质是要扬弃自己的;——万物都是变化的,这就是他们的必然性。……这种对一切规定的否定,就是怀

---

① Heinz Röttges, *Dialektik und Skeptizismus: die Rolle des Skeptizismus für Genese, Selbstverständnis und Kritik der Dialektik*, S.126.
② 〔德〕黑格尔:《哲学史讲演录》(第三卷),贺麟、王太庆译,第133页。
③ 黑格尔在《哲学史讲演录》中对第三个论式的描述为:"关系的比方(各个规定的相对性)已经见于上面:我们所断言的东西,看起来一方面表现在对作判断的主体的关系中,一方面表现在对别的东西的关系中,并不是独立的、本来的。"参见同上书,第134页。
④ 同上书,第130页。
⑤ 〔德〕黑格尔:《精神现象学》(上卷),贺麟、王玖兴译,第75—76页。在知觉的阶段,黑格尔要指出的问题是:一方面,事物本身和普遍性质在我们的知觉中是如何结合在一起的,如果事物成为一个包含诸共相(普遍性质)的索引,即事物本身只是个别化的普遍性质的结合,是一束个别性质,其独特特征何在? 这同时也是亚里士多德的种+属差或主词+属性的定义方式的困境。知觉是无法解决这个问题的。另一方面,我们感觉到的一个事物的性质可能不是事物自身的性质,而只是事物向我们展现的性质。如果这样,我们就不能通过知觉认识事物本身,我们知觉到的仅仅是事物的感性性质,正是这些感性性质构成了我们的知识。因此,要认识知觉的对象,必须认识这两种东西:一个是事物的普遍性质,一个是事物的特殊性质,而普遍性质和特殊性质的结合,知觉同样无法提供。

第五章 黑格尔的思辨哲学何以能够抵御怀疑主义的挑战

疑主义的特点"①。

由此可见,黑格尔在一种本体论的层面上将事物的自在的否定与规定性的否定相提并论,也就是说,诸规定性之间的这种关系不仅把事物的自在存在和本质的规定性转化为一种单纯的为他的存在,而且还把规定性的肯定性转化为否定性②。这种规定就是否定的思想毫无疑问是源于斯宾诺莎的:"规定性是肯定地建立起来的否定,这就是斯宾诺莎所说的:一切规定都是否定(Omnis determinatio est negatio)。这个命题极为重要;不过否定本身还只是无形式的抽象;把否定或无说成是哲学上最后的东西,这绝不该归咎于思辨哲学;对于哲学来说,无之不是最后,正如实在之非真那样。"③

黑格尔的这种规定就是否定的思想也蕴含了对怀疑主义本身的批判,其意在表明怀疑主义也是有其前提的,因为即使怀疑主义作为一种单纯的否定,也总是以某种肯定的东西为前提,即它无法怀疑自己在怀疑,换句话说,怀疑主义本身就是自相矛盾的。至于怀疑主义所假定的那种现象与事物本身的二分,只是剑指感性认识的有限性,而世界与我们的二分,必然是一个人为的结果,因为我们首先总是存在于一定时间的一个世界之中,这个世界不可能与我们分隔开来。因此,规定性本身的否定性,一方面,指明了怀疑主义与思辨哲学在处理方式上的区别,另一方面,也构成了确定的否定之动机,并由此指明了辩证法就是规定或概念的自我扬弃的运动。

黑格尔甚至将这种思想应用于对斯宾诺莎的批判,由此,与其说基于方法,不如说是基于思辨意图,可以发现二者在很大程度上是一致的④:"外在的驳斥的关键唯在于就它的方面僵硬地坚持那些假定的相反的形式……真

---

① 〔德〕黑格尔:《哲学史讲演录》(第三卷),贺麟、王太庆译,第 110 页。
② Heinz Röttges, *Dialektik und Skeptizismus: die Rolle des Skeptizismus für Genese, Selbstverständnis und Kritik der Dialektik*, S.130.
③ 〔德〕黑格尔:《逻辑学》(上卷),杨一之译,第 105—106 页。
④ Günther Maluschke, *Kritik und Absolute Methode in Hegels Dialektik*, Hegel-Studien Beiheft, Band 13, Bonn: Bouvier Verlag Herbert Grundmann, 1974, S.55. 此外,关于斯宾诺莎与黑格尔之间的比较。参见:Henry Myers, *The Spinoza-Hegel Paradox*, Ithaca: Cornell University Press, 1944. 亨利·迈尔斯在本书前言中指出:尽管斯宾诺莎和黑格尔在前提上拥有的共同之处可以列出一份长达 15 条的大名单,但是揭示斯宾诺莎-黑格尔的悖论的本质的任务在于展示二者或达到的对立的结论;Hermann Braun, "Spinozismus in Hegels Wissenschaft der Logik", in *Hegel-Studien*, Band 17, Bonn: Bouvier Verlag Herbert Grundmann, 1982, S. 53 - 74; Amihud Gilead, "The Problem of Immediate Evidence: the Case of Spinoza and Hegel", in *Hegel-Studien*, Band 20, Bonn: Bouvier Verlag Herbert Grundmann, 1985, S. 145 - 162; Laura Byrne, "Hegel's Criticism of Spinoza's Concept of the Absolute", in *Essays on Hegel's Logic*, ed. by George di Giovanni, Albany: State University of New York Press, 1990, pp.113 - 126.

正的反驳必须在对手方强有力的范围内,和他角力较量;在他以外的地方去攻击他,在他不在的地方去主张权利,对于事情是没有进益的。因此,对斯宾诺莎主义唯一的驳斥,只有首先承认他的立场是本质的并且是必要的,而其次又把这一立场从它本身提到更高的立场。"①

在黑格尔看来,对斯宾诺莎的驳斥在某种运动中得以实现了,通过这种运动,斯宾诺莎的基础概念——实体被包含在一种规定过程之中,实体在黑格尔哲学"概念"的自我发展中被证实为"思维在其自身之中就是与实体的存在合为一体的"②,然而与此同时,黑格尔仍然无法满足于斯宾诺莎的"这个单一性或这个无差别不运动的实体性"——上帝作为唯一的实体,因此,他在《精神现象学》中指出:如果"把直接性或直观视为思维",而这种理智的直观"重新坠入毫无生气的单一性中以及重新以一种不现实的方式来陈述现实自身"的话,那么唯有当"建立自身的运动"的"活的实体"是"自身转化与其自己之间的中介"时,它才真正是个"现实的存在",也就是说,实体"这个存在才真正是主体"③,亦即绝对被把握为自我生成、自我规定、自我运动、自我扬弃的实体。

黑格尔对第三个论式的辩证阐释,即关系性是规定性的否定性,并因此确定的否定无非是规定性的否定性的辩证扬弃,其实就是黑格尔对第三个论式的驳斥和回应:"为了争取科学的进展……唯一的事就是要认识一下的逻辑命题,即:否定的东西也同样是肯定的;或说,自相矛盾的东西并不消解为零,消解为抽象的无,而是基本上仅仅消解为它的特殊内容的否定;或说,这样一个否定并非全盘否定,而是自行消解的被规定的事情的否定,因而是确定了的否定。"④当然,这同时也是黑格尔对怀疑主义的回应,即辩证法无非是怀疑主义的扬弃。

正如我们看到的那样,黑格尔对怀疑主义第一个和第三个论式的回应,即思辨哲学只能产生于一个诸哲学学说内在的自我扬弃的有机序列之中的基本思想,在《精神现象学》中则体现为关于意识的经验的科学——作为绝对或精神的自我展开,亦即真理的具体展现——就是诸意识形态内在的自我扬弃的有机序列,在《逻辑学》中则为诸存在范畴内在的自我扬弃的有机序列。

综上所述,黑格尔基于思辨思维——怀疑主义的一种自我扬弃——的

---

① 〔德〕黑格尔:《逻辑学》(下卷),杨一之译,第244页。
② 〔德〕黑格尔:《精神现象学》(上卷),贺麟、王玖兴译,第11页。
③ 同上。
④ 〔德〕黑格尔:《逻辑学》(上卷),杨一之译,第36页。

第五章　黑格尔的思辨哲学何以能够抵御怀疑主义的挑战

思辨哲学之所以能够抵御怀疑主义,即阿格里巴的"五式"的挑战,原因在于:首先,黑格尔思辨哲学的开端是作为主体与客体、思维与存在、有限与无限之统一的绝对,它既是开端也是终点,由此构成一个圆圈,而思辨哲学就是绝对或事情本身自身生命的展开过程或完成过程,即真理自身的运动(回应"无穷倒退""假设"和"循环论证");其次,思辨哲学在一个科学体系中对绝对加以描述,即诸哲学主张或诸意识形态或诸概念本身的自我发展或自我扬弃所构成的序列,并把这个体系理解为思维本身的一种发展,即绝对思维作为体系,是对绝对思维本身作为起点、展开进程和终点的整体把握,而思辨哲学的展开方式则是辩证法,即事情本身的过程(回应"意见分歧"和"相对性")。

因此,黑格尔的思辨哲学体系不仅是可以抵御怀疑主义的攻击的,而且还扬弃了怀疑主义的五个论式为其哲学的核心思想。黑格尔所追求的并非是对怀疑主义的简单驳斥,而是把怀疑主义扬弃为概念的自我运动的动力,即辩证法,由此黑格尔的思辨哲学真正地成为自身实现着的怀疑主义[①]。黑格尔的思辨哲学的独特性在于,他并非探讨一种传统意义上的新哲学或真正的哲学,也非主张某种新的立场或观点,而是在一种有机体系的展开中,以确定的否定的方式,整体地把握人类的社会化构成、人类的普遍历史,以至于人类精神对普遍历史的反思。

如果我们非要追问黑格尔"何为辩证法和思辨哲学?"并要求给出一个快捷的明确答复,黑格尔或许会说:辩证法和思辨哲学无法被表述为一个命题或判断[②]。而怀疑主义与辩证法的关系之规定,在一定意义上,则可以理解为辩证法本身的圆圈之展开。

[①] Heinz Röttges, *Dialektik und Skeptizismus: die Rolle des Skeptizismus für Genese, Selbstverständnis und Kritik der Dialektik*, S.156.

[②] 同上书,第157页。

结语　思辨思维与怀疑主义

综上所述,我们可以看到,怀疑主义在黑格尔整个思想发展进程中的确构成了一个重要的环节,尤其是怀疑主义对于青年黑格尔思想决定性的发展阶段具有重要的意义,并且怀疑主义在黑格尔的哲学体系生成过程中扮演着一个双重角色:一方面,它在揭示感性、知性或有限企图解决形而上学的矛盾中所扮演的是解构性角色,另一方面,它在理性、绝对或无限自身的辩证展开中所扮演的是建构性角色。

当然,对于黑格尔而言,柏拉图的怀疑主义(这种怀疑主义与哲学相合一)和皮浪的怀疑主义(这种怀疑主义与哲学相分离,但不针对哲学)基本上是正面的角色,将被扬弃为辩证法。阿格里巴的"五式"作为皮浪的怀疑主义的凝练或发展或堕落,则更为复杂一些,一方面,它由于针对普通的人类知性的独断主义,而具有正面的角色,另一方面,又由于它针对哲学和理性,而具有反面的角色,因为针对理性意味着针对真正的思辨哲学,这也是笔者要在本书第五章展示黑格尔是如何来回应它的原因。而舒尔策的怀疑主义,由于本质上是一种知性的独断主义,则是完全反面的角色,至于笛卡尔的那种怀疑,其代表的仍只是近代的一种独断主义,同样也不是黑格尔要回应的对象,因为这些怀疑主义的前提本身就屈服于古代的怀疑主义。

但不管怎么样,这些怀疑主义都在黑格尔哲学体系的形成中,尤其是黑格尔辩证法的形成中,发挥了自己的作用。以至于黑格尔最初将其哲学本身称作"真正的怀疑主义",以示与这些怀疑主义的区别,随后更是用"自身实现着的怀疑主义"来指代精神现象学,最后则是在"怀疑主义—辩证法—思辨"和"知性—怀疑主义—理性"的结构中澄清了辩证法和思辨的内涵与关联。

而贯穿这一切始终的则是,黑格尔的整个哲学体系所作的一种思维方式上的改变,就是用思辨思维或理性思维来把握知性思维,即用理性辩证法来扬弃知性辩证法——怀疑主义,这也是怀疑主义的自我扬弃的过程。在怀疑主义那里,真理永远遥不可及,这是黑格尔或哲学本身所不能接受的。但在思辨思维那里,哲学孜孜追求并最终达到的是绝对真理,而绝对真理本身,亦即事情本身,从来就是一个有机的整体生命。

由此,我们似乎可以明白黑格尔在《精神现象学》的序言中给出的一个关于植物的有机生物学的隐喻:

> 这种人不那么把不同的哲学体系理解为真理的前进发展,而毋宁在不同的体系中只看见了矛盾。花朵开放的时候花蕾消逝,人们会说花蕾是被花朵否定了的;同样地,当结果的时候花朵又被解释为植物的一种虚假的存在形式,而果实是作为植物的真实形式出而代替花朵的。这些形式不但彼此不同,并且互相排斥互不相容。但是,它们的流动性却使它们同时成为有机统一体的环节,它们在有机统一体中不但不互相抵触,而且彼此都同样是必要的;而正是这种同样的必要性才构成整体的生命。①

在这个隐喻中,黑格尔用种子的成长来类比真理的自我发展,指明了真理的自我发展是过程和结果的有机统一,并且真理的有机整体生命是由其诸环节之间的必要性构成的。但是,黑格尔的隐喻并不是没有受到质疑,如霍夫韦伯就指出,这个隐喻意味着:花蕾、花朵和果实彼此作为不同的东西,每一个都是一个单独的个体,作为一个封闭的整体,都与其他个体相隔离、相排斥并且互不相容,植物的发展被设想为一系列的结果,但是如果人们想把个别的对象与其对立面连接起来,那么人们就会面临一个关于过渡的双重问题——种子何时以及如何过渡到植物,从花蕾到花朵,从花朵到果实?②

对于知性思维而言,一方面,当花蕾、花朵和果实没有在一个植物发展的整体中被考察时,那么这三者就会成为彼此孤立的个体,这在起初并没有什么问题,但一旦仔细考量,那么它们之间是在何时过渡的一系列问题就出现了③:其一,以花蕾与花朵为例,一个既不是花蕾,也不是花朵,但同时两者又兼而有之的状态是无法被设想并从时间上加以规定的;其二,由于三者都对应一种确定的状态,同时也对应一个固定的时间点,导致了过渡的时间

---

① 〔德〕黑格尔:《精神现象学》(上卷),贺麟、王玖兴译,北京:商务印书馆,1979年,第2页。
② Gerhard Hofweber, *Skeptizismus als "die erste Stuffe zur Philosophie" beim Jenaer Hegel*, Heidelberg: Universitäts Verlag Winter Gmbh, 2006, S.16-17.
③ 同上书,第17—18页。

点无法确定,如想要指明花蕾的终点和花朵的起点被证明是极有问题的。

另一方面,则是关于三者之间如何过渡的问题①,这不由地又让我们想起了亚里士多德在《物理学》中关于运动理论的分析,即发展或运动被把握为一种空间上的彼此并存和时间上的先后演替的一个序列上的一系列的点,由于每个点之间又是无限可分的,那么当物体既不在这个点,同时也不在那个点时,物体在序列中的位置以及这个物体与那个物体(点与点)的过渡是永远无法确定的,并且在这种情况下,发展或运动本身也消失不见了。

当然,霍夫韦伯也认为这个双重问题之所以出现,完全是因为知性思维以外在反思的形式来把握结果,并且这个结果仅仅满足了知性的需求——一个东西被外在地视为一个封闭的整体,而它产生的内在进程却被忽视了,而被如此把握的一个"最终结果或目的",不过是有如尸体一样的"僵死的存在物"②。因此,知性把握的整个世界最终不可避免地分崩离析了,面对这种状况,黑格尔不再诉诸于外在的反思或一种单纯的结果,而是诉诸于事情本身的展开,亦即绝对真理自身的展开。可以说,哲学的真理,是可以抵御怀疑主义的攻击的,这并非取决于它与事实相符,而是在于它内在的融贯一致性和有机整体性。在黑格尔那里,真理大致包含如下几个层面的内涵:

1. 真理与绝对。真理是事物必然为我们存在的方式,它是思维与存在的同一的等效物,真理与绝对是同一的,绝对就是真理,真理就是绝对,真理就是关于绝对的绝对知识,而与绝对割裂的东西一定不是真理。当黑格尔说"只有绝对是真的,或只有真理是绝对的"时③,是指只有从绝对本体出发,才能只有真而没有假,真或假是根据本体讲的,而不是根据认识关系讲的。因此,真理是本体论(存在论)的问题,而不只是认识论意义上的问题。绝对和认识的意义需要作为自身的实践来展开,意义不是现成的,意义就是真理,意义需要展开,需要去努力获取。

2. 真理是体系。真理是具体的,是差别性的统一,在历史中是发展的和系统的。真理不是主观设定的,而是自身存在的。真理是生命的整体,是一个有机统一体,真理作为全体,必须包含人类的全部经验,因此必须被表述为真理自身的科学体系,也只有作为体系才是现实的。可以说,真理是人类历史存在的永恒过程。真理并不是一个主观的过程,而是世界史的人类

---

① Gerhard Hofweber, *Skeptizismus als "die erste Stuffe zur Philosophie" beim Jenaer Hegel*, S. 18.
② 〔德〕黑格尔:《精神现象学》(上卷),贺麟、王玖兴译,第 1 页。
③ 同上书,第 53 页。

存在展开的过程。在黑格尔看来,真理是人类所有努力的目标,就是目标本身——真、善和美,它是关于人类福祉和幸福的东西,而不是自然科学的真理。黑格尔的真、善、美是统一的,通过真理的概念贯通了三者。

3. 真理是过程。真理在本质上乃是主体;作为主体,真理只不过是辩证运动,只不过是这个产生其自身的、发展其自身并返回于其自身的进程①。真理的过程是存在的过程,也是学习的过程,而不是主观思维的过程,是一个无限的过程。真理展开自身的过程,是它自身的一个完成过程,一个圆圈。真理是过程和结果的统一。真理在运动过程中必然有东西消失,有东西产生。真理运动过程中出现的种种形态或环节,不是非本质的东西,它的现实化是它自己建立自己的过程。

4. 真理与错误②。对黑格尔来说,哲学就是构造真理。这里的构造是指做哲学,哲学作为一个动词,而不是名词,它是一个永远展开的过程。但是,做哲学既会产生真理,也会产生错误。这里的错误既不是指自然科学意义上的错,也不是指通俗意义上的人不要怕犯错,更不是指认识论或符合论意义上的错误,而是指一种片面或不足,即这里的错误只不过是历史中的种种片面性。黑格尔认为,在此意义上,错误是积极的,因为它是真理的一部分。片面意味着换一个角度,但不同的角度转换后所得到的,并不会最终达到全知全视,而仍然是真理的一部分,这是一个螺旋无限上升的过程。错误是意识形式本身所具有的,每一次错误的纠正就是辩证法,它是我们改正的动力,因为人的本性是不断追求真理。因此,真理的展开不是从真到真理,而是从错误到错误,我们也没有必要"害怕犯错误"③,这一点恰好显示了黑格尔的实践哲学特征。

既然在黑格尔那里真理的产生或展开是一个动态过程,那么一种静止的思维就无法把握作为过程的真理,因而思维也应该如事情本身那样以相同的方式展开自身,即思维本身应该投身于发展的洪流之中并展开自身,并

---

① 〔德〕黑格尔:《精神现象学》(上卷),贺麟、王玖兴译,第44页。
② 黑格尔巧妙地运用动词名词化的"Wissen"那种过程/结果的双重含义——作为一种正在认识某物的活动过程的知识与作为这种活动结果的知识,来暗示错误的观点与正确的观点之间的关系:黑格尔认为我们可能会错误地认识某物,错误的知识在黑格尔看来是一种不符合对象的观点,当然,导致错误观点的认知活动同样产生正确的观点,并且错误的观点在产生正确的观点的过程中扮演一种重要的角色——对一种正确的观点的完全理解和证明合法无法离开对错误的观点的片面性的理解,即错误的观点通过认识中的自我批判产生正确的观点。参见:Kenneth Westphal, *Hegel's Epistemological Realism: A Study of the Aim and Method of Hegel's Phenomenology of Spirit*, Dordrecht, Boston: Kluwer Academic Publishers, 1989, p.102。
③ 〔德〕黑格尔:《精神现象学》(上卷),贺麟、王玖兴译,第52页。

且这种展开是由思维本身完成的,说得更为准确些,是与思维同时发生的,当然,在这里,思维并未退化为一种单纯的接受和被动的活动,而是说思想着的东西的行动性在于听任观看者和要思考的事情的产生①。因此,思维的任务在于实现这一过程并作为观察者观察这一过程,即概念也应该如事情本身一样展开自身:

> 与此相反,另一种思维,即形式推理,乃以脱离内容为自由,并以超出内容而骄傲;而在这里,真正值得骄傲的是努力放弃这种自由,不要成为内容任意调动的原则,而把这种自由嵌入于内容,让内容按照它自己的本性,即按照它自己的自身而自行运动,并从而考察这种运动。因为,避免打乱概念的内在节奏,不以任意武断和别处得来的智慧来进行干涉,象这样的节制,本身乃是对概念的注意的一个本质环节。②

而这样一种主张在一种有限的思维或外在反思看来,固然完全是不可思议的。那么,有限思维与思辨思维之间到底是何种关系?

对此,需要强调的是,黑格尔的出发点自始至终都是一种无限的、绝对的思维,即一种思辨思维,然后在此基础上,来阐明有限思维的克服。这种克服之所以会发生无非是因为有限思维作为一种知性,是以一种有限的方式来把握无限思维,它无法将自己理解为无限思维的一个内在发展环节,换句话说,有限思维的有限性恰恰在于有限思维以一种外在的知性反思方式把握有限思维与无限思维,即知性与理性、反思与思辨之间的对立,从而导致有限思维囿于自身的这种自相矛盾之中而使得自我克服成为不可能的。

因此,留给有限思维的道路,或者说,留给黑格尔的道路只能是有限思维的克服,而这条道路似乎又出现了新的分路:一条道路是,无限思维扬弃有限思维为自身的一个内在发展环节,但这种克服并非外在的处理,而是一种内在的扬弃,即无限思维或思辨思维所把握的无限思维是包含无限思维和有限思维于自身之中的无限思维,而有限思维所把握的无限思维仍是一种与有限思维相对立的有限的无限思维;另一条道路是,有限思维,即知性自身通过内在地揭示自身的片面性、不足或自相矛盾性,走向了下一个站

---

① Gerhard Hofweber, *Skeptizismus als "die erste Stuffe zur Philosophie" beim Jenaer Hegel*, S.19.
② 〔德〕黑格尔:《精神现象学》(上卷),贺麟、王玖兴译,第40页。

点,由此改变了自身的形态,即成为怀疑主义,怀疑主义是有限思维或知性的绝路,但其并非终点,而是要通往无限思维。对黑格尔而言,这两条道路其实是同一条道路。

到此为止,有限的思维(知性)、怀疑主义和无限的思维(思辨思维或绝对思维或理性)三者的位置关系问题终于摆到了我们面前。黑格尔在古代怀疑主义,尤其是柏拉图的《巴门尼德篇》那里看到了一种对知性思维的完美的、自给自立的系统化否定,并由此揭示了知性思维的界限(陷入一条绝路),从而开辟出一种真正哲学或思辨思维的可能性(获得一条出路)。在此基础上,黑格尔区分了怀疑主义本身与"真正的怀疑主义",前者作为意识形态诸环节之一,是辩证法的入口,而后者作为"绝对知识的否定一面"或"否定的辩证法",是辩证法的前身。而当黑格尔将这种"真正的怀疑主义"纳入自身的哲学体系之中,并将其作为哲学体系本身的展开方式时,黑格尔的哲学体系就可以抵御怀疑主义的攻击,这就是《怀疑主义与哲学的关系》一文的主题。

虽然怀疑主义对黑格尔哲学体系的起源具有重要的意义,但是到了《精神现象学》中,一方面,就自身实现着的怀疑主义作为精神现象学的方法而言,辩证法被规定为被扬弃了的古代怀疑主义,亦即自身实现着的怀疑主义;另一方面,就自身实现着的怀疑主义作为精神现象学本身而言,古代怀疑主义成为自身实现着的怀疑主义,即辩证法的一个环节。对黑格尔而言,怀疑主义只是单纯的否定,它通过均势所达到的悬搁判断和心灵宁静也并非是黑格尔哲学体系的需要,一种确定的否定才是,而这并不能由怀疑主义所提供,即使黑格尔还是一如既往地赞扬皮浪的怀疑主义的高贵木质并给予高度地评价。只有在一种确定的否定中,一种思辨的体系才得以展开,并且使绝对思维最终在其自身之中把握一切成为了可能。而绝对思维作为体系,乃是对以绝对思维本身作为起点,它的展开进程,以及作为终点的绝对思维本身的整体把握。

如果我们对比一下耶拿时期黑格尔在《怀疑主义与哲学的关系》与《精神现象学》中的思路,那么可以有趣地发现,黑格尔在《怀疑主义与哲学的关系》中更加侧重于深入研究理性的否定一面,而"真正的怀疑主义",即"否定的辩证法"直到1804—1805年的《逻辑和形而上学》中才发展为一种初具雏形的"肯定的辩证法"。之所以如此,大致是因为尽管黑格尔在那时已经意识到了构建一种哲学科学体系的必要性,但他尚未能找到这个哲学科学体系的展开方式,也未能厘清知性、怀疑主义、辩证法、理性和思辨之间的关系。换句话说,他已经打下了关于绝对的科学体系这座大厦的桩基,但是这座大厦建成后到底是个什么样子他尚未十分地明晰。但无论如何,黑格尔已经向我们展示了这座大厦的轮廓,并且从中可以初步窥探其内在发展结构。

之后,在《哲学科学百科全书纲要·第一部分:逻辑学》中,黑格尔赋予逻辑真实体的三个环节——"抽象的或知性的方面""辩证的或否定的理性的方面"与"思辨的或肯定的理性的方面"——以一个更加精微的界定,由此,知性、怀疑主义、辩证法、理性与思辨之间的关系也最终得以阐明:知性自身误解着地运用辩证法时,就形成了怀疑主义,而辩证法本质上是属于理性的,尽管辩证法是理性的否定一面,但它不是知性那种虚无的否定,而是包含一个肯定的结果于自身之中,即确定的否定,而这个肯定的结果或确定,又被黑格尔表述为理性的肯定一面,即思辨。到此为止,"知性(知性的肯定)—怀疑主义(知性的否定/知性的辩证法)—辩证(理性的否定方面/否定的辩证法)—思辨[理性的肯定(否定之否定)方面/肯定的辩证法]"这一结构终于变得清晰了。还剩下的一个问题是,思辨思维是如何把握绝对或事情本身的?

在《逻辑学》中的一个饱受争议的段落中,黑格尔如此表述道:"因此,逻辑须要作为纯粹理性的体系,作为纯粹思维的王国来把握。这个王国就是真理,正如真理本身是毫无蔽障,自在自为的那样。人们因此可以说,这个内容就是上帝的展示,展示出永恒本质中的上帝在创造自然和一个有限的精神以前是怎样的。"①黑格尔本人曾在不同的著作中多次表述过哲学与宗教的对象都是真理,甚至于哲学的对象就是上帝(神)。毫无疑问,时至今日,黑格尔的这种观点或立场已完全无法被多数人所接受,这一方面是因为伴随着自然科学的兴起和深入人心,神学已不复再拥有当初的地位,另一方面,则更多的是因为黑格尔的这种思辨思维对于知性思维而言是一种难以理解的东西,因为难以理解,所以人们似乎也不再愿意加倍努力去理解它了。

但是,事实上,这样一种观点或立场对于正确理解黑格尔哲学体系是绝对必要的。对于黑格尔而言,他的哲学从根本上说无非是尝试思维绝对物,也就是说,在一个体系中对绝对物加以描述,并且把这个体系理解为思维本身的一种发展。有别于笛卡尔或康德,黑格尔并非是要先为哲学找寻到一个确定的基础或开端,然后在此基础上建构起整个哲学,而是说,对意识形态或概念本身的运动的描述构成了其哲学体系的内容:如以知性为例,当它

---

① 〔德〕黑格尔:《逻辑学》(上卷),杨一之译,北京:商务印书馆,1982年,第31页。

意识到它的对象性思维无法把握事物或无法思考某种东西时,就会出于自身的原因,开始克服自己,而哲学也正是通过诸意识形态在原则上的自我克服开始的。这种克服都是以一个确定的内容开始的,如在《精神现象学》中是始于"感性确定性",而在《逻辑学》中则是始于"存在",诸意识形态或概念的自我发展或自我扬弃表面上似乎是一种单纯主观化的运动,但是诸意识形态或概念在自我考察或检验它自己所主张的真理时,总是必然地地伴随着一种现实化的具体克服,即一种客体化的过程,换句话说,诸意识形态或概念本身始终是主体与客体、存在与思维、有限与无限等的一种关系。而诸意识形态或概念本身的自我发展或自我扬弃所构成的序列在到达终点,也就是绝对之前,这个过程会一直继续下去。

因此,黑格尔的辩证法从来都不是那种"正题—反题—合题"或"肯定—否定—否定之否定"的三段论,即使它在一种外在的表现中呈现出如此的模式或类型,也不是某种外在意义上的方法论,更不是什么可随意拿来就用的研究方法。黑格尔的辩证法自始至终都是事情本身的过程,一方面,这是一条自由之路,因为它是事情本身的自我展开,而不是由什么其他的东西所决定的;另一方面,这也是一条必然之路,因为它是由事情本身的自我展开所规定的,具有一种内在的结构、动力和必然性。正因为如此,黑格尔的辩证法才呈现出演示和证明的双重特征,是一种演证法,一种有机的-历史的动态思辨逻辑。

这恰恰是黑格尔哲学本身为什么必须呈现为"体系"的最重要的根据之一,即必须呈现为一个有机的整体,在这个有机的整体中,每一个部分都与其他的部分关联在一起,因此,绝对只能被描述为一个有机的体系,并且这个体系包含概念本身的具体发展于自身之中[1]。

这也是黑格尔哲学本身为什么必须呈现为"动态"的最重要的根据之一,即"辩证法"其实就是一个隐喻,一个关于人类精神的成长和发展的隐喻[2]。可以说,辩证法既是人类精神形式的发展史本身,也是概念的自我发展史本身,甚至是自然的发展史本身。

总的来说,黑格尔哲学所面对的始终是一个处于二元分裂状态的世界,即人与世界、人与他人,甚至是人与自我最终分离的世界,而一种真正意义上的统一则不再被视为是必然的。在哲学方面,这意味着哲学仍只是反思

---

[1] Gerhard Hofweber, *Skeptizismus als "die erste Stuffe zur Philosophie" beim Jenaer Hegel*, S. 27 – 28.

[2] Robert Solomon, *In the Spirit of Hegel: A Study of G. W. F. Hegel's Phenomenology of Spirit*, Oxford: Oxford University Press, 1983, pp. 21 – 27.

哲学,并且放弃了思辨。因此,当黑格尔说哲学与宗教的对象都是真理,甚至于哲学的对象就是上帝(神)时,他实际上所表述的是,哲学的对象始终是人类本身。当然,这种二元分裂的状态本身并不是一个坏事,因为事实上也只有当这种分裂或分离被完全地经验到时,才有可能从这种分裂或分离中重新建立起统一,这同时也意味着,处于分裂或分离中的有限的东西实际上拥有它在绝对中的存在位置。因此,哲学任务是调和这种彼此分裂或分离的状态并在一种更高的统一性中扬弃。从某种意义上说,思辨哲学的缺失,作为思辨理念的消亡和真理消逝,是与上帝死了的宗教感觉相符合的,而只有当我们充分地经验这种后果时,意识才能重新严肃地追问一种更高的统一性,并因此哲学才能再次找到它自己的本质①。

  但是,黑格尔哲学本身的命运似乎向我们揭示了一种糟糕的走向:我们仍然处于那种分裂或分离之中。正如我们所看到的那样,关于黑格尔哲学的争议,从它诞生之日起,似乎从未停止过。抛开那些纯粹流于浮表的妄断不说,一方面,随着时间的发展,人类似乎早已一劳永逸地从绝对观念论的美梦中醒来了,发现黑格尔哲学作为一种绝对物的哲学,即一种有限与无限的和解(Versöhnung)的哲学,不但不再是可能的,甚至可能是一场哲学史的灾难。因此,黑格尔哲学似乎不再能够明它的价值,这导致了黑格尔的庞大体系越来越不被拥护,吸引力越来越弱,即便黑格尔体系所谓的失败原因仍尚未被完全澄清。另一方面,则是源自黑格尔思想本身的复杂性,源自黑格尔体系的一种有机的整体主义,在经过一种碎片化的和孤立化的处理后,使得黑格尔的某些思想被孤立地和尖锐地描述,以至于显得似乎是荒诞的,进而不值得再为其辩护,如黑格尔哲学中最难把握的自然哲学,由于在今天对自然的说明和解释几近完美地被自然科学接管了,导致它被视为一种无稽之谈,而非黑格尔哲学精神或理念的一种内在表达。

  面对这种情况,一方面,我们应该尽力地去理解黑格尔本人及其哲学,即接近他所处的时代,他不同时期的研究,尤其是他所走那条不被多数人所能理解的道路,而不是简单化地解释,更不应该嘲讽黑格尔的思想。黑格尔哲学之所以是一种真正的哲学,其伟大之处还是因为它乃是对事情本身的洞见。另一方面,考虑到今天我们接受黑格尔的方式和方法以及今天我们与黑格尔的关系,理解黑格尔哲学或许是最困难的事情之一了,但黑格尔哲学并不应该被视为是过时的,恰恰相反,他的思想在很大程度上是富有启发

---

① Gerhard Hofweber, *Skeptizismus als "die erste Stuffe zur Philosophie" beim Jenaer Hegel*, S. 28 - 29.

性的,并且能够为今天的哲学和今天的世界作出贡献。当然,其前提是我们已经知道黑格尔哲学是什么了。一种捡拾式的利用尽管隐含地表明黑格尔与我们同在,却无益于正确地把握黑格尔哲学。因此,在我们不能完全地掌握黑格尔哲学之前,对黑格尔哲学的一个总体性判断应该有所保留,但这并不意味着我们可以逃避这一场痛苦的精神沈礼,因为作为黑格尔的敌人,现代性的根本危机——世界的分裂和人自身的分裂时至今日甚至于在将来仍然大行其道①。

---

① 张汝伦:《从黑格尔的康德批判看黑格尔哲学》,《哲学动态》2016年第5期。

参考文献

一、外文文献

(一) 外文原著

1. Descartes, René. *Meditations on First Philosophy*. Translated by John Cottinghan, with an introduction by Bernard Williams. Beijing: China Social Sciences Publishing House, 1999.

2. Empiricus, Sextus. *Against the Logicians*. Translated and edited by Richard Bett. Cambridge, U. K.; New York: Cambridge University Press, 2005.

3. Empiricus, Sextus. *Outlines of Skepticism*. Edited by Julia Annas, Jonathan Barnes. Cambridge, U. K.; New York: Cambridge University Press, 2000.

4. Fichte, J. H., Hrsg. *Johann Gottlieb Fichte's sämmtliche Werke*. Band 1. Berlin: Verlag von Veit und Comp., 1845.

5. Giovanni, George di, and Harris, H. S. *Between Kant and Hegel: Texts in the Development of Post-Kantian Idealism*. Albany: State University of New York Press, 1985.

6. Hegel, G. W. F. *Gesammelte Werke* (=GW), In Verbindung mit der Deutschen Forschungsgemeinschaft herausgegeben von der Nordrhein-Westfälischen Akademie der Wissenschaften und der Künste. Band 1: *Frühe Schriften* I. Hamburg: Felix Meiner Verlag, 1989.

7. Hegel, G. W. F. *Gesammelte Werke*. Band 4: *Jenaer kritische Schriften*. Hamburg: Felix Meiner Verlag, 1968.

8. Hegel, G. W. F. *Gesammelte Werke*. Band 5: *Schriften und Entwürfe (1799–1808)*. Hamburg: Felix Meiner Verlag, 1998.

9. Hegel, G. W. F. *Gesammelte Werke*. Band 7: *Jenaer Systementwürfe*

II. Hamburg: Felix Meiner Verlag, 1976.

10. Hegel, G. W. F. *Gesammelte Werke*. Band 8: *Jenaer Systementwürfe* III. Hamburg: Felix Meiner Verlag, 1976.

11. Hegel, G. W. F. *Gesammelte Werke*. Band 9: *Phänomenologie des Geistes*. Hamburg: Felix Meiner Verlag, 1980.

12. Hegel, G. W. F. *Gesammelte Werke*. Band 11: *Wissenschaft der Logik*. Erster Band. *Die objektive Logik (1812/13)*. Hamburg: Felix Meiner Verlag, 1978.

13. Hegel, G. W. F. *Gesammelte Werke*. Band 12: *Wissenschaft der Logik*. Zweiter Band. *Die subjektive Logik (1812/13)*. Hamburg: Felix Meiner Verlag, 1981.

14. Hegel, G. W. F. *Gesammelte Werke*. Band 13: *Enzyklopädie der philosophischen Wissenschaften im Grundrisse (1817)*. Hamburg: Felix Meiner Verlag, 2001.

15. Hegel, G. W. F. *Gesammelte Werke*. Band 19: *Enzyklopädie der philosophischen Wissenschaften im Grundrisse (1827)*. Hamburg: Felix Meiner Verlag, 1989.

16. Hegel, G. W. F. *Gesammelte Werke*. Band 20: *Enzyklopädie der philosophischen Wissenschaften im Grundrisse (1830)*. Hamburg: Felix Meiner Verlag, 1992.

17. Hegel, G. W. F. *Werke in zwanzig Bänden* (= TWA: Theorie-Werkausgabe), *Redaktion Eva Moldenhauer und Karl Markus Michel*. Band 1: *Frühe Schriften*. Frankfurt am Main: Suhrkamp Verlag, 1986.

18. Hegel, G. W. F. *Werke in zwanzig Bänden*. Band 2: *Jenaer Schriften*. Frankfurt am Main: Suhrkamp Verlag, 1986.

19. Hegel, G. W. F. *Werke in zwanzig Bänden*. Band 3: *Phänomenologie des Geistes*. Frankfurt am Main: Suhrkamp Verlag, 1986.

20. Hegel, G. W. F. *Werke in zwanzig Bänden*. Band 5: *Wissenschaft der Logik* I. Frankfurt am Main: Suhrkamp Verlag, 1986.

21. Hegel, G. W. F. *Werke in zwanzig Bänden*. Band 6: *Wissenschaft der Logik* II. Frankfurt am Main: Suhrkamp Verlag, 1986.

22. Hegel, G. W. F. *Werke in zwanzig Bänden*. Band 7: *Grundlinien der Philosophie des Rechts*. Frankfurt am Main: Suhrkamp Verlag, 1986.

23. Hegel, G. W. F. *Werke in zwanzig Bänden*. Band 8: *Enzyklopädie der philosophischen Wissenschaften im Grundrisse* I. Frankfurt am Main: Suhrkamp Verlag, 1986.

24. Hegel, G. W. F. *Werke in zwanzig Bänden*. Band 18: *Vorlesungen über die Philosophie der Geschichte* I. Frankfurt am Main: Suhrkamp Verlag, 1986.

25. Hegel, G. W. F. *Werke in zwanzig Bänden*. Band 19: *Vorlesungen über die Philosophie der Geschichte* II. Frankfurt am Main: Suhrkamp Verlag, 1986.

26. Hegel, G. W. F. *Werke in zwanzig Bänden*. Band 20: *Vorlesungen über die Philosophie der Geschichte* III. Frankfurt am Main: Suhrkamp Verlag, 1986.

27. Herder, Johann Gottfried. *Herder: Philosophical Writings*. Translated and Edited by Michael N. Forster. Cambridge: Cambridge University Press, 2002.

28. Hoffmeister, Johannes, Hrsg. *Briefe von und an Hegel*. Band 1–3. Hamburg: Verlag von Felix Meiner, 1952–1961.

29. Hoffmeister, Johannes, Hrsg. *Briefe von und an Hegel*. Band 4. Berlin: Akademie-Verlag, 1978.

30. Hoffmeister, Johannes, Hrsg. *Dokumente zu Hegels Entwicklung*. Stuttgart: Fr. Fromanns Verlag, 1936.

31. Hume, David. *An Enquiry Concerning Human Understanding*. Edited by Tom L. Beauchamp. Oxford; New York: Oxford University Press, 1999.

32. Hume, David. *A Treatise of Human Nature*. Edited, with an analytical index by L. A. Selby-Bigge, M. A.. Beijing: China Social Sciences Publishing House, 1999.

33. Kant, Immanuel. *Kant's gesammelte Schriften* (=KGS), Hrsg. von der Königlich Preussische Akademie der Wissenschaften Abteilung 1: *Werke*. Band IV: *Kritik der reinen Vernuft* (1. Aufl. 1781), *Prolegomena, Grundlegung zur Metaphysik der Sitten, Metaphysische Anfangsgründe der Naturwissenschaft*. Berlin: Drusck und Verlage von Georg Reimer, 1911.

34. Schulze, Gottlob Ernest. *Aenesidemus oder über die Fundamente der von dem Herrn Professor Reinhold in Jena gelieferten Elementar-*

philosophie, nebst einer Vertheidigung des Skeptizismus gegen die Anmaßungen der Vernunftkritik, Berlin: Verlag von Reuther & Reichard, 1911.

35. Schulze, Gottlob Ernest. *Kritik der theoretischen Philosophie*. 2 Bde. Hamburg: bey Carl Ernst Bohn, 1801.

（二）外文研究专著

1. Adorno, Theodor. *Drei Studien zu Hegel*. Frankfurt am Main: Suhrkamp Verlag, 1970.
2. Axmann, Walter. *Zur Frage nach dem Ursprung des dialektischen Denkens bei Hegel*. Würzburg-Aumühle: Druckerei wissenschaftlicher Werke Konrad Triltsch Verlag, 1939.
3. Baillie, J. B. *The Origin and Significance of Hegel's Logic*. London: Macmillan and Co., Limited, 1901.
4. Baum, Manfred. *Die Entstehung der Hegelschen Dialektik*. Neuzeit und Gegenwart, Band 2. Bonn: Bouvier Verlag Herbert Grundmann, 1986.
5. Beck, Lewis. *Early German Philosophy*. Cambridge: Harvard University Press, 1969.
6. Becker, Werner. *Hegels "Phänomenologie des Geistes": Eine Interpretation*. Stuttgart: Verlag W. Kohlhammer, 1971.
7. Beiser, Frederick. *The Fate of Reason: German Philosophy from Kant to Fichte*. Cambridge: Harvard University Press, 1987.
8. Bloch, Ernst. *Subject-Objekt: Erläuterungen zu Hegel*. Frankfurt am Main: Suhrkamp Verkag, 1962.
9. Bonsiepen, Wolfgang. *Der Begriff der Negativität in den Jenaer Schriften Hegels*. Hegel-Studien Beiheft, Band 16. Bonn: Bouvier Verlag Herbert Grundmann, 1977.
10. Bubner, Büdiger. *Dialektik und Wissenschaft*. Frankfurt am Main: Suhrkamp Verkag, 1973.
11. Burbidge, John. *On Hegel's Logic: Fragments of a Commentary*. Atlantic Highlands, New Jersey: Humanities Press, 1981.
12. Butler, E. M. *The Tyranny of Greece over Germany*. London: Cambridge University Press, 1935.
13. Caird, Edward. *Hegel*. Edinburgh; London: William Blackwood and Sons, 1883.

14. Claesges, Ulrich. *Darstellung des erscheinenden Wissens: Systematisches Einleitung in Hegels Phänomenologie des Geistes. Hegel-Studien Beiheft*, Band 21. Bonn: Bouvier Verlag Herbert Grundmann, 1981.
15. Cornford, Francis Macdonald. *Plato and Parmenides: Parmenides' Way of Truth and Plato's Parmenides translated with an Introduction and a running Commentary*, London: Kegan Paul, 1939.
16. Dilthey, Wilhelm. *Die Jugendgeschichte Hegels*. in: *Gesammelte Schhften* 4. Stuttgart: B. G. Tuebner Verlagsgesellschaft m. b. H., 1959:1 – 187.
17. Düsing, Klaus. *Das Problem der Subjektivität in Hegels Logik. Hegel-Studien Beiheft*, Band 15. Bonn: Bouvier Verlag Herbert Grundmann, 1976.
18. Esposito, Joseph. *Schelling's Idealism and Philosophy of Nature*. London: Associated University Press, 1977.
19. Findlay, J. N. *Hegel: A Re-examination*. London: George Allen & Unwin Ltd., 1958.
20. Fink, Eugen. *Phänomenologische Interpretation der "Phänomenologie des Geistes"*. Frankfurt am Main: Vittorio Klostermann, 1977.
21. Fischer, Kuno. *Hegels Leben, Werke und Lehre*. Heidelberg: Carl Winter's Universitätsbuchhandlung, 1901.
22. Flay, Joseph. *Hegel's Quest for Certainty*. Albany: State of University New York, 1984.
23. Forster, Michael. *Hegel and Skepticism*. Cambridge, Mass.: Harvard University Press, 1989.
24. Forster, Michael. *Hegel's Idea of a Phenomenology of Spirit*. Chicago; London: The University of Chicago Press, 1998.
25. Förster, Eckart. *The Twenty-Five Years of Philosophy*. Translated by Brady Bowman. Cambridge: Harvard University Press, 2012.
26. Franks, Paul. *All or Nothing: Systematicity, Transcendental Arguments, and Skepticism in German Idealism*. Cambridge, MA: Harvard University Press, 2005.
27. Fulda, Hans Friedrich. *Das Problem einer Einleitung in Hegels Wissenschaft der Logik*. Frankfurt am Main: Vittorio Klostermann, 1975.
28. Gadamer, Hans-Georg. *Hegel's Dialectic: Five Hermeneutical Studies*. Translated by Christopher Smith. New Haven; London: Yale University

Press, 1976.

29. Glockner, Hermann. *Der Begriff in Hegels Philosophie. Heidelberger Abhandlungen zur Philosophie und ihre Geschichte* 2. Tübingen: Verlag von J. C. B. Mohr, 1924.

30. Görland, Ingtraud. *Die Kantkritik des jungen Hegel. Philosophische Abhandlungen* 28. Frankfurt am Main: Vittorio Klostermann, 1966.

31. Gray, Jesse. *Hegel and Greek Thought*. New York: Harper & Row, 1968.

32. Haering, Theodor. *Hegel: sein Wollen und sein Werk*. Aalen: Scientia Verlag, 1963.

33. Harris, Errol. *An Interpretation of the Logic of Hegel*. Lanham, Md.: University Press of America, 1983.

34. Harris, H. S. *Hegel's Development*, Volume I: *Toward the Sunlight 1770–1801*. Oxford: Clarendon Press, 1972.

35. Harris, H. S. *Hegel's Development*, Volume II: *Night Thoughts (Jena 1801–1806)*. Oxford: Clarendon Press, 1983.

36. Hartmann, Nicolai. *Die Philosophie des deutschen Idealismus*. Berlin: Walter de Gruyter & Co., 1929.

37. Haym, Rudolf. *Hegel und seine Zeit*. Berlin: Verlag von Rudolph Gaertner, 1857.

38. Heidegger, Martin. *Hegel's Concept of Experience*. Translated by Kenley Royce Dove. New York: Harper & Row, 1970.

39. Heidemann, Dietmar H. *Der Begriff des Skeptizismus: Seine systematischen Formen, die pyrrhonische Skepsis und Hegels Herausforderung*. Berlin; New York: Walter de Gruyter, 2007.

40. Henrich, Dieter. *Hegel im Kontext*. Frankfurt am Main: Suhrkamp Verlag, 1971.

41. Heinrichs, Johannes. *Die Logik der "Phänomenologie des Geistes". Abhandlungen zur Philosophie, Psychologie und Pädagogik* 89. Bonn: Bouvier Verlag Herbert Grundmann, 1974.

42. Hofweber, Gerhard. *Skeptizismus als "die erste Stuffe zur Philosophie" beim Jenaer Hegel*. Heidelberg: Universitätsverlag Winter GmbH, 2006.

43. Houlgate, Stephen. *An Introduction to Hegel: Freedom, Truth and*

History. Oxford: Blackwell Publishing, 2005.
44. Hyppolite, Jean. *Genesis and Structure of Hegel's Phenomenology of Spirit*. Translated by Samuel Cherniak and John Heckman. Evanston, Illinois: Northwestern University Press, 1974.
45. Inwood, Michael. *A Hegel Dictionary*. Oxford, OX, UK; Cambridge, Mass., USA: Blackwell, 1992.
46. Inwood, M. J. *Hegel*. London: Routledge, Kegan & Paul, 1983.
47. Jamme, Christoph. *"Ein ungelehrtes Buch": Die philosophische Gemeinschaft zwischen Holderlin und Hegel in Frankfurt 1797 – 1800. Hegel-Studien Beiheft*, Band 23. Bonn: Bouvier Verlag Herbert Grundmann, 1983.
48. Kainz, Howard. *Hegel's Phenomenology*, Part I: *Analysis and Commentary*. University, Alabama: University of Alabama Press, 1979.
49. Kainz, Howard. *Hegel's Phenomenology*, Part II: *The Evolution of Ethical and Religious Consciousness to the Absolute Standpoint*. Athens; London: Ohio University Press, 1983.
50. Kainz, Howard. *Paradox, Dialectic and System: A Contemporary Reconstruction of the Hegelian Problematic*. University Park, Penn.; London: Pennsylvania State University Press, 1988.
51. Kang, Sonn-Jeon. *Reflexion und Widerspruch: Eine entwicklungsgeschichtliche und systematische Untersuchung des Hegelschen Begriffs des Widerspruchs. Hegel-Studien Beiheft*, Band 41. Bonn: Bouvier Verlag, 1999.
52. Kaufmann, Walter. *Hegel: Reinterpretation, Texts, and Commentary*. Garden City, N.Y.: Doubleday & Company, Inc., 1965.
53. Kemper, Peter. *Dialektik und Darstellung*, Frankfurt am Main: Rita G. Fischer Verlag, 1980.
54. Kimmerle, Gerd. *Sein und Selbst: Untersuchung zur Kategorialen Einheit von Vernunft und Geist in Hegels "Phänomenologie des Geistes". Abhandlungen zur Philosophie, Psychologie und Pädagogik* 131. Bonn: Bouvier Verlag Herbert Grundmann, 1978.
55. Kimmerle, Heinz. *Das Problem der Abgeschlossenheit des Denkens: Hegels "System der Philisophie" in den Jahren 1800 – 1804. Hegel-Studien Beiheft*, Band 8. Bonn: H. Bouvier Verlag u. Co.

Verlag, 1970.

56. Kojève, Alexandre. *Introduction to the Reading of Hegel*. Translated by J. H. Nichols, Jr. Ithaca: Cornell University Press, 1969.

57. Kroner, Richard. *Von Kant bis Hegel*. Tübingen: Verlag von J. C. B. Mohr, 1961.

58. Lamb, David. *Hegel: From Foundation to System*. The Hague: Martinus Nijhoff Publishers, 1980.

59. Lauer, Quentin. *Hegel's Idea of Philosophy*. New York: Fordham University Press, 1983.

60. Lauer, Quentin. *A Reading of Hegel's Phenomenology of Spirit*, Fordham: Fordham University Press, 1993.

61. Loewenberg, Jacob. *Hegel's Phenomenology: Dialogues on the Life of Mind*. La Salle, Illinois: The Open court Publishing Co., 1965.

62. Lovejoy, Arthur. *Reason, Understanding and Time*. Baltimore: Johns Hopkins Press, 1961.

63. Lukács, Georg, *The Young Hegel*. Translated by Rodney Livingstone. London: Merlin Press, 1975.

64. Maker, William. *Philosophy without Foundations: Rethinking Hegel*. Albany: State University of New York Press, 1994.

65. Maier, Josef. *On Hegel's Critique of Kant*. New York: Columbia University Press, 1939.

66. Maluschke, Günther. *Kritik und Absolute Methode in Hegels Dialektik. Hegel-Studien Beiheft*, Band 13. Bonn: Bouvier Verlag Herbert Grundmann, 1974.

67. Marx, Werner. *Hegel's Phenomenology of Spirit: Its Point and Purpose —— A Commentary on the Preface and Introduction*. Translated by Peter Heath. New York: Harper & Row, 1975.

68. Maurer, Reinhart Klemens. *Hegel und das Ende der Geschichte: Interpretationen zur Phänomenologie des Geistes*. Stuttgart: W. Kohlhammer Verlag, 1965.

69. McRae, Robert. *Philosophy and the Absolute: The Modes of Hegel's Speculation*. The Hague: Martinus Nijhoff Publishers, 1985.

70. McTaggart, John McTaggart Ellis. *Studies in the Hegelian Dialectic*. Kitchener: Batoche Books, 1999.

71. Merker, Nicolao. *Le Origini della logica hegeliana: Hegel a Jena*, Milano: Feltrinelli, 1961.
72. Moran, Phillip. *Hegel and the Fundamental Problems of Philosophy*. Amsterdam: B. R. Grüner Publishing Co., 1988.
73. Mure, G.R.G. *An Introduction to Hegel*. Oxford: Clarendon Press, 1970.
74. Mure, G. R. G. *A Study of Hegel's Logic*. Oxford: Clarendon Press, 1950.
75. Müller, Gustav. *Hegel: Denkgeschichte eines Lebendigen*. Bern; München: Francke Verlag, 1959.
76. Myers, Henry. *The Spinoza-Hegel Paradox*. Ithaca: Cornell University Press, 1944.
77. Norman, Richard. *Hegel's Phenomenology: A Philosophical Introduction*. London: Sussex University Press, 1976.
78. Pinkard, Terry. *Hegel's Dialectic: The Explanation of Possibility*. Philadelphia: Temple University Press, 1988.
79. Pippin, Robert. *Hegel's Idealism*. Cambridge: Cambridge University Press, 1989.
80. Plant, Raymond. *Hegel*. Bloomington; London: Indiana University Press, 1973.
81. Pöggeler, Otto. *Hegels Idee einer Phänomenologie des Geistes*. Freiburg; München: Verlag Karl Alber, 1993.
82. Robinson, Jonathan. *Duty and Hypocrisy in Hegel's Phenomenology of Mind: An Essay in the Real and Ideal*, Toronto; Buffalo: University of Toronto Press, 1977.
83. Rockmore, Tom. *Hegel's Circular Epistemology*. Bloomington: Indiana University Press, 1986.
84. Royce, Josiah. *Lectures on Modern Idealism*. New Haven; London: Yale University Press, 1964.
85. Rosen, Michael. *Hegel's Dialectic and its Criticism*. Cambridge: Cambridge University Press, 1982.
86. Rosen, Stanley. *G. W. F. Hegel*. New Haven; London: Yale University Press, 1974.
87. Rosenkranz, Karl. *G. W. F. Hegels Leben*. Berlin: Verlag von

Duncker und Humbolt, 1844.

88. Rosenzweig, Franz. *Hegel und der Staat*, Berlin: Suhrkamp Verlag, 2010.

89. Röttges, Heinz. *Dialektik und Skeptizismus: die Rolle des Skeptizismus für Genese, Selbstverständnis und Kritik der Dialektik*. Frankfurt am Main: Athenäum, 1987.

90. Scheier, Claus-Artur. *Analytischer Kommentar zu Hegels Phänomenologie des Geistes*. Freiburg; München: Verlag Karl Alber, 1980.

91. Schrader-Klebert, Karin. *Das Problem des Anfangs in Hegels Philosophie*. Wien; München: Verlag R. Oldenbourg, 1969.

92. Seth, Andrew. *The Development from Kant to Hegel. Introduced by Jonathan Brodey*. London: Cambridge Scholars Press Ltd., 2002.

93. Soll, Ivan. *An Introduction to Hegel's Metaphysics*. Chicago: University of Chicago Press, 1969.

94. Solomon, Robert. *In the Spirit of Hegel: A Study of G. W. F. Hegel's Phenomenology of Spirit*. Oxford: Oxford University Press, 1983.

95. Stace, William. *The Philosophy of Hegel*. New York: Dover Publications, Inc., 1955.

96. Stern, Robert. *Hegel, Kant and the Structure of the Object*. London: Routledge, 1990.

97. Stiehler, Gottfried. *Die Dialektik in Hegels "Phänomenologie des Geistes"*. Berlin: Akademie-Verlag, 1964.

98. Taylor, Charles. *Hegel*. Cambridge: Cambridge University Press, 1975.

99. Walsh, Philip. *Skepticism, Modernity and Critical Theory*. New York: Palgrave Macmillan, 2005.

100. Werner, Jürgen. *Darstellung als Kritik: Hegels Frage nach dem Anfang der Wissenschaft*. Bonn: Bouvier Verlag Herbert Grundmann, 1986.

101. Westphal, Kenneth. *Hegel's Epistemology: A Philosophical Introduction to the Phenomenology of Spirit*. Indianapolis: Hackett, 2003.

102. Westphal, Kenneth. *Hegel's Epistemological Realism: A Study of the Aim and Method of Hegel's Phenomenology of Spirit*. Dordrecht; Boston: Kluwer Academic Publishers, 1989.

103. Westphal, Merold. *History and Truth in Hegel's Phenomenology*. Bloomington; Indianapolis: Indiana University Press, 1998.

104. White, Alan. *Absolute Knowledge: Hegel and the Problem of Metaphysics*. Athens: Ohio University Press, 1983.

105. Wolff, Michael. *Der Begriff des Widerspruchs: Eine Studie zur Dialektik Kants und Hegels*. Königstein: Hain, 1981.

（三）外文研究文集与期刊类文章

1. Arndt, Andreas. "Hegels Begriff der Dialektik im Blick auf Kant". in: *Hegel-Studien*, Band 38. Hamburg: Felix Meiner Verlage, 2003: 105 – 129.

2. Baum, Manfred, und Meist, Kurt. "Durch Philosophie leben lernen: Hegels Konzeption der Philosophie nach den neu aufgefundenen Jenaer Manuskripten". in: *Hegel-Studien*, Band 12. Bonn: Bouvier Verlag Herbert Grundmann, 1977: 43 – 81.

3. Beiser, Frederick C., ed. *The Cambridge companion to Hegel*. Cambridge: Cambridge University Press, 1993.

4. Beiser, Frederick C., ed. *The Cambridge Companion to Hegel and Nineteenth-Century Philosophy*. Cambridge: Cambridge University Press, 2009.

5. Braun, Hermann. "Spinozismus in Hegels Wissenschaft der Logik". in: *Hegel-Studien*, Band 17. Bonn: Bouvier Verlag Herbert Grundmann, 1982: 53 – 74.

6. Bondeli, Martin. "Hegel und Reinhold". in: *Hegel-Studien*, Band 30. Bonn: Bouvier Verlag, 1995: 45 – 88.

7. Boeder, Heribert. "Das natürliche Bewußtsein". in: *Hegel-Studien*, Band 12. Bonn: Bouvier Verlag Herbert Grundmann, 1977: 157 – 178.

8. Brauer, Daniel. "Die dialektische Natur der Vernunft: Über Hegels Auffassung von Negation und Widerspruch". in: *Hegel-Studien*, Band 30. Bonn: Bouvier Verlag, 1995: 89 – 104.

9. Bubner, Rüdiger, Hrsg. *Das Älteste Systemprogramm*. Bonn: Bouvier Verlag Herbert Grundmann, 1973.

10. Buchner, Hartmut. "Hegel und das Kritische Journal der Philosophie". in: *Hegel-Studien*, Band 3. Bonn: H. Bouvier u. Co. Verlag, 1969: 95 – 156.

11. Buchner, Hartmut. "Zur Bedeutung des Skeptizismus beim jungen Hegel". in: *Hegel-Studien Beiheft*, Band 4. Bonn: H. Bouvier u. Co. Verlag, 1969:49 – 56.
12. Dove, Kenley R. "Die Epoche der *Phänomenologie des Geistes*". in: *Hegel-Studien Beiheft*, Band 11. Bonn: Bouvier Verlag Herbert Grundmann, 1974:605 – 621.
13. Düsing, Klaus. "Die Bedeutung des antiken Skeptizismus für Hegels Kritik der sinnlichen Gewißheit". in: *Hegel-Studien*, Band 8. Bonn: Bouvier Verlag Herbert Grundmann, 1973:119 – 130.
14. Düsing, Klaus. "Hegels 'Phänomenologie' und die idealistische Geschichte des Selbstbewußtseins". in: *Hegel-Studien*, Band 28. Bonn: Bouvier Verlag, 1993:103 – 126.
15. Düsing, Klaus. "Ontologie bei Aristoteles und Hegel". in: *Hegel-Studien*, Band 32. Bonn: Bouvier Verlag, 1997:61 – 92.
16. Düsing, Klaus. "Ontologie und Dialektik bei Plato und Hegel". in: *Hegel-Studien*, Band 15. Bonn: Bouvier Verlag Herbert Grundmann, 1980:95 – 150.
17. Düsing, Klaus. "Spekulation und Reflexion: Zur Zusammenarbeit Schellings und Hegels in Jena". in: *Hegel-Studien*, Band 5. Bonn: H. Bouvier u. Co. Verlag, 1969:95 – 128.
18. Falke, Gustav. "Hegel und Jacobi: Ein methodisches Beispiel zur Interpretation der *Phänomenologie des Geistes*". in: *Hegel-Studien*, Band 21. Bonn: Bouvier Verlag Herbert Grundmann, 1986:129 – 142.
19. Flach, Werner. "Hegels dialektische Methode". in: *Hegel-Studien Beiheft*, Band 1, Bonn: H. Bouvier Verlag u. Co. Verlag, 1964:55 – 64.
20. Fleischmann, Jakob. "Objektive und subjektive Logik bei Hegel". in: *Hegel-Studien Beiheft*, Band 1. Bonn: H. Bouvier Verlag u. Co. Verlag, 1964:45 – 54.
21. Fulda, Hans Friedrich. "Zur Logik der Phänomenologie von 1807". in: *Hegel-Studien Beiheft*, Band 3. Bonn: H. Bouvier u. Co. Verlag, 1966:75 – 101.
22. Fulda, Hans Friedrich. "Die verkehrte Welt". in: *Hegel-Studien Beiheft*, Band 3. Bonn: H. Bouvier u. Co. Verlag, 1966:135 – 154.

23. Fulda, Hans Friedrich, und Henrich, Dieter, Hrsg. *Materialien zu Hegels "Phänomenologie des Geistes"*. Frankfurt am Main: Suhrkamp Verlag, 1973.
24. Fulda, Hans Friedrich, und Horstmann, Rolf-Peter, Hrsg. *Skeptizismus und spekulatives Denken in der Philosophie Hegels*. Stuttgart: Klett-Cotta, 1996.
25. Gadamer, Hans-Georg. "Hegel und die antike Dialektik". in: *Hegel-Studien*, Band 1. 1961:173 – 199.
26. Gilead, Amihud. "The Problem of Immediate Evidence: the Case of Spinoza and Hegel". in: *Hegel-Studien*, Band 20. Bonn: Bouvier Verlag Herbert Grundmann, 1985:145 – 162.
27. Gjesdal, Kristin. "The Hermeneutic Impact of Hegel's Phenomenology". in: *Hegel-Studien*, Band 43. Hamburg: Felix Meiner Verlage, 2008: 103 – 123.
28. Halfwassen, Jens. "Die Bedeutung des spätantiken Platonismus für Hegels Denkentwicklung in Frankfurt und Jena". in: *Hegel-Studien*, Band 33. Hamburg: Felix Meiner Verlage, 1998:85 – 132.
29. Hartmann, Klaus, Hrsg. *Die ontologische Option: Studien zu Hegels Propädeutik, Schellings Hegel-Kritik und Hegels Phänomenologie des Geistes*. Berlin; New York: Walter de Gruyter, 1976.
30. Hasler, Ludwig. "Skepsis und Natur: Zur philosophischen Funktion des Skeptizismus beim frühen Hegel". in: *Hegel-Jahrbuch* 1976. Köln: Pahl-Rugenstein, 1978:333 – 342.
31. Henrich, Dieter. "Anfang und Methode der Logik". in: *Hegel-Studien Beiheft*, Band 1. Bonn: H. Bouvier Verlag u. Co. Verlag, 1964:19 – 36.
32. Henrich, Dieter, Hrsg. *Hegels Wissenschaft der Logik: Formation und Rekonstruktion*. Stuttgart: Klett-Cotta, 1986.
33. Henrich, Dieter, und Düsing, Klaus, Hrsg. *Hegel in Jena. Hegel-Studien Beiheft*, Band 20. Bonn: Bouvier Verlag Herbert Grundmann, 1980.
34. Kimmerle, Heinz. "Documente zu Hegels Jenaer Dozententätigkeit (1801 – 1807)". in: *Hegel-Studien*, Band 4. Bonn: H. Bouvier Verlag u. Co. Verlag, 1967:21 – 99.

35. Kimmerle, Heinz. "Zur Chronologie von Hegels Jenaer Schriften". in: *Hegel-Studien*, Band 4. Bonn: H. Bouvier Verlag u. Co. Verlag, 1967:125-176.

36. Kimmerle, Heinz. "Zur Entwicklung des Hegelschen Denkens in Jena". in: *Hegel-Studien Beiheft*, Band 4. Bonn: H. Bouvier u. Co. Verlag, 1969:33-47.

37. Köhler, Dietmar. "Hegels Gewissensdialektik". in: *Hegel-Studien*, Band 28. Bonn: Bouvier Verlag, 1993:127-142.

38. Künne, Wolfgang. "Hegel als Leser Platos: Ein Beitrag zur Interpretation des Platonischen '*Parmenides*'". in: *Hegel-Studien*, Band 14. Bonn: Bouvier Verlag Herbert Grundmann, 1979:109-146.

39. Limnatis, Nectarios G., ed. *The Dimensions of Hegel's Dialectic*. London; New York: Continuum, 2010.

40. Macann, Christopher, ed. *Martin Heidegger: Critical Assessments*. London: Routledge, 1992.

41. Marmasse, Gilles. "Hegel und der antike Skeptizismus in den Jenaer Jahren". in: *Hegel-Studien Beiheft*, Band 50. Hamburg: Felix Meiner Verlag, 2001:134-150.

42. Nicolin, Günther, Hrsg. *Hegel in Bericht seiner Zeitgenossen*. Hamburg: Felix Meiner Verlag, 1970.

43. Pöggeler, Otto. "Zur Deutung der *Phänomenologie des Geistes*". in: *Hegel-Studien*, Band 1,1961:255-294.

44. Pöggeler, Otto. "Die Komposition der Phanomenologie des Geistes". in: *Hegel-Studien Beiheft*, Band 3. Bonn: H. Bouvier u. Co. Verlag, 1966:27-74.

45. Riedel, Manfred, Hrsg. *Hegel und die antike Dialektik*. Frankfurt am Main: Suhrkamp Verlag, 1990.

46. Schäfer, Rainer. "Die Dialektik und ihre besonderen Formen in Hegels Logik: Entwicklungsgeschichtliche und systematische Untersuchungen". in: *Hegel-Studien Beiheft*, Band 45. Hamburg: Felix Meiner Verlag, 2001:61-88.

47. Stern, Robert, ed. *G. W. F. Hegel: Critical Assessments*. London; New York: Routledge, 1993.

48. Trede, Johann Heinrich. "Hegels frühe Logik (1801-1803/04):

Versuch einer systematischen Rekonstruktion". in: *Hegel-Studien*, Band 7. Bonn: Bouvier Verlag Herbert Grundmann, 1972:123–168.

49. Westphal, Merold, ed. *Method and Speculation in Hegel's Phenomenology*. Atlantic Highlands, New Jersey: Humanities Press, 1982.

50. Wiehl, Reiner. "Phänomenologie und Dialektik". in: *Hegel-Studien Beiheft*, Band 11. Bonn: Bouvier Verlag Herbert Grundmann, 1974: 623–634.

51. Wiehl, Reiner. "Platos Ontologie in Hegels Logik des Seins". in: *Hegel-Studien*, Band 3. Bonn: H. Bouvier Verlag u. Co. Verlag, 1965:157–180.

52. Wiehl, Reiner. "Über den Sinn der sinnlichen Gewißheit in Hegels *Phänomenologie des Geistes*". in: *Hegel-Studien Beiheft*, Band 3. Bonn: H. Bouvier u. Co. Verlag, 1966:103–134.

53. Varnier, Giuseppe. "Skeptizismus und Dialektik: Zu den entwicklungsgeschichtlichen und erkenntnistheoretischen Aspekten der Hegelschen Deutung". in: *Hegel-Studien*, Band 21. Bonn: Bouvier Verlag Herbert Grundmann, 1986:129–141.

二、中文文献
（一）中文原著

1. 〔英〕贝克莱:《人类知识原理》,关文运译,北京:商务印书馆,1973年。
2. 〔古希腊〕柏拉图:《巴曼尼得斯篇》,陈康译注,北京:商务印书馆,1985年。
3. 〔古希腊〕柏拉图:《理想国》,郭斌和、张竹明译,北京:商务印书馆,1986年。
4. 〔古希腊〕柏拉图:《智者》,詹文杰译,北京:商务印书馆,2012年。
5. 〔法〕笛卡尔:《第一哲学沉思录》,庞景仁译,北京:商务印书馆,1986年。
6. 〔古希腊〕第欧根尼·拉尔修:《名哲言行录》,马永翔等译,长春:吉林人民出版社,2010年。
7. 〔古希腊〕塞克斯都·恩披里克:《悬搁判断与心灵宁静》,包利民等译,北京:中国社会科学出版社,2004年。
8. 〔德〕费希特:《全部知识学的基础》,王玖兴译,北京:商务印书馆,1986年。
9. 〔德〕费希特:《费希特著作选集》,梁志学主编,北京:商务印书馆,

1990—2006年。

10. 〔德〕歌德:《浮士德》,绿原译,北京:人民文学出版社,1994年。
11. 〔德〕歌德:《维廉·麦斯特的学习时代》,冯至、姚可昆译,北京:人民文学出版社,1988年。
12. 〔德〕歌德:《维廉·麦斯特的漫游时代》,关惠文译,北京:人民文学出版社,1988年。
13. 〔德〕海德格尔:《存在与时间》,陈嘉映、王庆节译,熊伟校,北京:生活·读书·新知三联书店,1987年。
14. 〔德〕海德格尔:《黑格尔的精神现象学》,赵卫国译,南京:南京大学出版社,2018年。
15. 〔德〕海德格尔:《林中路》,孙周兴译,北京:商务印书馆,2018年。
16. 〔德〕海德格尔:《同一与差异》,孙周兴、陈小文、余明锋译,北京:商务印书馆,2014年。
17. 〔德〕海涅:《论德国宗教和哲学的历史》,海安译,北京:商务印书馆,1974年。
18. 〔德〕黑格尔:《法哲学原理》,范扬、张企泰译,北京:商务印书馆,1979年。
19. 〔德〕黑格尔:《费希特与谢林哲学体系的差别》,宋祖良、程志民译,杨一之校,北京:商务印书馆,1994年。
20. 〔德〕黑格尔:《黑格尔通信百封》,苗力田译编,上海:人民出版社,1981年。
21. 〔德〕黑格尔:《黑格尔早期著作集》(上),贺麟等译,北京:商务印书馆,1987年。
22. 〔德〕黑格尔:《讲演手稿Ⅰ(1808—1816)》,梁志学、李理译,北京:商务印书馆,2012年。
23. 〔德〕黑格尔:《精神现象学》,贺麟、王玖兴译,北京:商务印书馆,1979年。
24. 〔德〕黑格尔:《精神现象学》,先刚译,北京:人民出版社,2013年。
25. 〔德〕黑格尔:《精神哲学:哲学全书·第三部分》,杨祖陶译,北京:人民出版社,2006年。
26. 〔德〕黑格尔:《历史哲学》,王造时译,上海:上海书店出版社,2001年。
27. 〔德〕黑格尔:《逻辑学》,杨一之译,北京:商务印书馆,1982年。
28. 〔德〕黑格尔:《纽伦堡高级中学教程和讲话(1808—1816)》,张东辉、户晓辉译,北京:商务印书馆,2012年。

29. 〔德〕黑格尔:《小逻辑》,贺麟译,北京:商务印书馆,1980年。
30. 〔德〕黑格尔:《耶拿时期著作:1801—1807》,朱更生译,北京:人民出版社,2017年。
31. 〔德〕黑格尔:《耶拿体系1804—1805:逻辑学和形而上学》,杨祖陶译,北京:人民出版社,2012年。
32. 〔德〕黑格尔:《哲学科学全书纲要》,薛华译,上海:上海人民出版社,2002年。
33. 〔德〕黑格尔:《哲学史讲演录》,贺麟、王太庆译,北京:商务印书馆,1983年。
34. 〔美〕M. 怀特编著:《分析的时代——二十世纪的哲学家》,杜任之主译,北京:商务印书馆,1987年。
35. 〔德〕康德:《纯粹理性批判》,邓晓芒译,杨祖陶校,北京:人民出版社,2004年。
36. 〔德〕康德:《纯粹理性批判》,王玖兴主译,北京:商务印书馆,2018年。
37. 〔德〕康德:《判断力批判》,宗白华译,北京:商务印书馆,2017年。
38. 〔德〕康德:《实践理性批判》,韩水法译,北京:商务印书馆,2017年。
39. 〔德〕康德:《未来形而上学导论》,庞景仁译,北京:商务印书馆,1982年。
40. 〔美〕库恩:《科学革命的结构》,金吾伦、胡新和译,北京:北京大学出版社,2003年。
41. 〔德〕莱辛:《论人类的教育》,朱雁冰译,北京:华夏出版社,2008年。
42. 〔德〕莱辛:《智者纳坦》,朱雁冰译,北京:华夏出版社,2011年。
43. 〔匈〕卢卡奇:《青年黑格尔》,王玖兴译,北京:商务印书馆,1963年。
44. 〔英〕洛克:《人类理解论》,关文运译,北京:商务印书馆,1983年。
45. 〔德〕马克思:《1844年经济学哲学手稿》,中共中央马克思恩格斯列宁斯大林著作编译局编译,北京:人民出版社,2005年。
46. 〔英〕欧克肖特:《政治中的理性主义》,张汝伦译,上海:上海译文出版社,2003年。
47. 〔德〕施莱尔马赫:《论柏拉图对话》,黄瑞成译,北京:华夏出版社,2011年。
48. 〔荷兰〕斯宾诺莎:《伦理学》,贺麟译,北京:商务印书馆,1997年。
49. 〔奥地利〕维特根斯坦:《哲学研究》,李步楼译,陈维杭校,北京:商务印书馆,2000年。
50. 〔德〕席勒:《审美教育书简》,冯至、范大灿译,上海:上海人民出版社,2003年。

51. 〔德〕谢林：《对人类自由的本质及其相关对象的哲学研究》，邓安庆译，北京：商务印书馆，2008年。
52. 〔德〕谢林：《近代哲学史》，先刚译，北京：北京大学出版社，2016年。
53. 〔德〕谢林：《论世界灵魂》，庄振华译，北京：北京大学出版社，2018年。
54. 〔德〕谢林：《启示哲学导论》，王丁译，北京：北京大学出版社，2019年。
55. 〔德〕谢林：《世界时代》，先刚译，北京：北京大学出版社，2018年。
56. 〔德〕谢林：《学术研究方法论》，先刚译，北京：北京大学出版社，2019年。
57. 〔德〕谢林：《先验唯心论体系》，梁志学、石泉译，北京：商务印书馆，2009年。
58. 〔德〕谢林：《哲学与宗教》，先刚译，北京：北京大学出版社，2017年。
59. 〔英〕休谟：《人性论》，关文运译，郑之骧校，北京：商务印书馆，1980年。
60. 〔英〕休谟：《人类理智研究》，吕大吉译，北京：商务印书馆，1999年。
61. 〔古希腊〕亚里士多德：《物理学》，张竹明译，北京：商务印书馆，1982年。
62. 〔古希腊〕亚里士多德：《形而上学》，吴寿彭译，北京：商务印书馆，1995年。
63. 〔古希腊〕亚里士多德：《亚里士多德全集》（第一卷），苗力田主编，北京：中国人民大学出版社，1990年。
64. 〔古希腊〕亚里士多德：《亚里士多德全集》（第七卷），苗力田主编，北京：中国人民大学出版社，1993年。
65. 〔古希腊〕亚里士多德：《亚里士多德全集》（第九卷），苗力田主编，北京：中国人民大学出版社，1994年。
66. 中国社会科学院哲学研究所西方哲学史研究室：《国外黑格尔哲学新论》，北京：中国社会科学出版社，1982年。

（二）中文研究专著

1. 曹剑波：《知识与语境：当代西方知识论对怀疑主义难题的解答》，上海：人民出版社，2009年。
2. 陈也奔：《黑格尔与古希腊哲学家》，哈尔滨：黑龙江人民出版社，2006年。
3. 邓晓芒：《黑格尔辩证法讲演录》，北京：北京大学出版社，2005年。
4. 邓晓芒：《思辨的张力：黑格尔辩证法新探》，北京：商务印书馆，2008年。
5. 〔德〕杜辛：《黑格尔与哲学史：古代、近代的本体论与辩证法》，王树人译，北京：社会科学文献出版社，1992年。
6. 〔德〕菲舍尔：《青年黑格尔的哲学思想》，张世英译，长春：吉林人民出版社，1983年。

7. 〔德〕芬克:《黑格尔〈精神现象学〉的现象学阐释》,贾红雨等译,上海:上海书店出版社,2011年。
8. 〔苏〕古留加:《黑格尔传》,刘半九、伯幼等译,北京:商务印书馆,1995年。
9. 韩水法:《康德物自身学说研究》,北京:商务印书馆,2007年。
10. 贺来:《辩证法与实践理性:辩证法的"后形而上学"视野》,北京:中国社会科学出版社,2011年。
11. 〔德〕亨利希:《在康德与黑格尔之间——德国观念论讲座》,乐小军译,北京:商务印书馆,2013年。
12. 胡长栓:《怀疑论研究》,吉林:吉林大学博士学位论文,2006年。
13. 黄裕生:《自由与真理:康德哲学的存在论阐释》,南京:江苏人民出版社,2008年。
14. 黄志军:《辩证法的实践哲学阐释》,北京:社会科学文献出版社,2015年。
15. 〔英〕霍尔盖特:《黑格尔导论——自由、真理与历史》,丁三东译,北京:商务印书馆,2013年。
16. 季忠:《社会辩证法研究》,长春:东北师范大学出版社,2015年。
17. 〔法〕科耶夫:《黑格尔导读》,姜志辉译,南京:译林出版社,2005年。
18. 李秋零:《德国哲人视野中的历史》,北京:中国人民大学出版社,2011年。
19. 刘林:《西方马克思主义辩证法思想研究》,北京:中国社会科学出版社,2018年。
20. 刘哲:《黑格尔辩证-思辨的真无限概念:在康德与费希特哲学视域中的黑格尔〈逻辑学〉》,北京:北京大学出版社,2009年。
21. 鲁成波:《西方怀疑论》,济南:山东大学出版社,2003年。
22. 〔美〕罗克摩尔:《黑格尔:之前和之后》,柯小刚译,北京:北京大学出版社,2005年。
23. 马新宇:《辩证法与价值虚无主义》,北京:中国社会科学出版社,2015年。
24. 彭燕韩:《辩证法比较研究》,北京:中国社会科学出版社,2016年。
25. 〔美〕皮平:《黑格尔的观念论》,陈虎平译,北京:华夏出版社,2006年。
26. 邵启鼎:《从困惑到彻悟:对辩证法的深思和破解》,北京:光明日报出版社,2013年。
27. 〔英〕斯退士:《黑格尔哲学》,鲍训吾译,石家庄:河北人民出版社,1986年。

28. 宋祖良:《青年黑格尔的哲学思想》,长沙:湖南教育出版社,1989年。
29. 孙正聿:《辩证法研究》,长春:吉林人民出版社,2007年。
30. 孙正聿:《辩证法与现代哲学思维方式》,长春:长春出版社,2019年。
31. 〔加〕泰勒:《黑格尔》,张国清、朱进东译,南京:译林出版社,2002年。
32. 田伟松:《黑格尔青年时期逻辑学与形而上学思想发展研究》,吉林大学博士学位论文,2016年。
33. 汪子嵩、范明生、陈村富、姚介厚:《希腊哲学史》(第二卷),北京:人民出版社,2014年。
34. 王福生:《求解"颠倒"之谜:马克思与黑格尔理论传承关系研究》,北京:中国社会科学出版社,2010年。
35. 王树人:《思辨哲学新探》,北京:中国人民大学出版社,2012年。
36. 王天成:《形而上学、理性与辩证法》,北京:中国社会科学出版社,2018年。
37. 吴琼、刘学义:《黑格尔哲学思想诠释》,北京:人民出版社,2006年。
38. 萧焜焘:《辩证法史话》,北京:商务印书馆,2018年。
39. 辛格:《黑格尔》,李日章译,台北:联经出版事业公司,1984年。
40. 徐向东:《怀疑论、知识与辩护》,北京:北京大学出版社,2006年。
41. 杨武金:《辩证法的逻辑基础》,北京:商务印书馆,2008年。
42. 杨祖陶:《德国古典哲学逻辑进程》,武汉:武汉大学出版社,2006年。
43. 姚介厚:《古代希腊与罗马哲学》(下),叶秀山、王树人总主编《西方哲学史》(第二卷),南京:凤凰出版社、江苏人民出版社,2005年。
44. 俞吾金等:《德国古典哲学》,北京:人民出版社,2009年。
45. 张澄清:《黑格尔的唯心辩证法》,福州:福建人民出版社,1984年。
46. 张桂权:《黑格尔论集》,北京:线装书局,2009年。
47. 张汝伦:《德国哲学十论》,上海:复旦大学出版社,2004年。
48. 张世英:《黑格尔〈精神现象学〉述评》,上海:上海人民出版社,1962年。
49. 张世英:《论黑格尔的逻辑学》,北京:中国人民大学出版社,2010年。
50. 张祥龙:《现象学导论七讲:从原著阐发意愿》,北京:中国人民大学出版社,2011年。
51. 张一兵:《马克思历史辩证法的主体向度》,武汉:武汉大学出版社,2010年。
52. 张以明:《生命与实践:黑格尔辩证法的存在基础》,北京:社会科学文献出版社,2010年。
53. 张志伟主编:《形而上学的历史演变》,北京:中国人民大学出版社,

2016年。

54. 赵凤岐:《辩证法:范畴与现实》,北京:中国社会科学出版社,2013年。
55. 赵光武:《辩证法的历史与逻辑》,南宁:广西人民出版社,1987年。
56. 赵林:《黑格尔的宗教哲学》,武汉:武汉大学出版社,1996年。
57. 周谷城:《形式逻辑与辩证法》,北京:生活·读书·新知三联书店,1962年。
58. 朱亮等编译:《国外学者论黑格尔哲学》,南京:南京大学出版社,1986年。
59. 朱学平:《古典与现代的冲突与融合:青年黑格尔思想的形成与演进》,长沙:湖南教育出版社,2010年。
60. 庄振华:《〈精神现象学〉义解》,北京:中国人民大学出版社,2019年。

(三) 中文研究文集与期刊类文章

1. 白刚:《黑格尔概念辩证法的形而上学本性》,《天津社会科学》2010年第2期。
2. 卞绍斌、张宏:《从人本学辩证法到历史辩证法——马克思哲学变革的方法论透视及其当代启示》,《南京社会科学》2000年第4期。
3. 邓安庆:《从"自然伦理"的解体到伦理共同体的重建——对黑格尔〈伦理体系〉的解读》,《复旦学报(社会科学版)》2011年第3期。
4. 丁三东:《黑格尔思辨逻辑中的判断学说》,《云南大学学报(社会科学版)》2016年第6期。
5. 丁三东:《在世界中行动:黑格尔的行动构想》,《哲学研究》2019年第11期。
6. 丁三东:《自由的逻辑:康德背景下的黑格尔逻辑学定位》,《哲学研究》2016年第12期。
7. 〔德〕伽达默尔:《怀疑的解释学》,何卫平译,《世界哲学》2017年第5期。
8. 高桦:《从事情本身看黑格尔的辩证法》,《复旦学报(社会科学版)》2020年第6期。
9. 高桦:《论黑格尔在〈精神现象学〉导论中对"自然的意识"的批判》,《哲学动态》2016年第7期。
10. 贾红雨:《论黑格尔哲学体系的开端问题》,《哲学研究》2017年第6期。
11. 李猛:《亚里士多德的运动定义:一个存在的解释》,《世界哲学》2011年第2期。
12. 廖申白:《亚里士多德的"努斯"作为目的性推理:一种解释》,《世界哲学》2013年第5期。
13. 倪剑青:《〈精神现象学〉的方法、结构与动力》,《哲学研究》2018年第

11 期。

14. 倪梁康:《康德"智性直观"概念的基本含义》,《哲学研究》2001 年第 10 期。
15. 聂敏里:《〈物理学〉A3 中的概念辩证法》,《世界哲学》2019 年第 5 期。
16. 聂敏里:《〈物理学〉第一卷中亚里士多德对巴门尼德存在论的批判(上)》,《哲学研究》2009 年第 12 期。
17. 聂敏里:《〈物理学〉第一卷中亚里士多德对巴门尼德存在论的批判(下)》,《哲学研究》2010 年第 1 期。
18. 聂敏里:《亚里士多德的 Dynamis 概念——记陈康先生一篇新发现的论文》,《云南大学学报(社会科学版)》2018 年第 2 期。
19. 舒远招:《康德和黑格尔论人格与自然的内在关联》,《哲学研究》2011 年第 10 期。
20. 舒远招:《自我完成的怀疑主义——对黑格尔〈精神现象学〉导论中一个概念的考察》,北京大学哲学系和德国耶拿大学哲学系合办的纪念黑格尔《精神现象学》200 周年国际学术研讨会会议论文,2007 年 9 月。
21. 吴晓明:《辩证法的本体论基础:黑格尔与马克思》,《哲学研究》2018 年第 10 期。
22. 先刚:《"回忆"和黑格尔精神现象学的开端》,《江苏社会科学》2019 年第 1 期。
23. 先刚:《黑格尔〈精神现象学〉中的"真相"和"真理"概念》,《云南大学学报(社会科学版)》2016 年第 6 期。
24. 谢地坤:《如何理解康德哲学——〈纯粹理性批判〉中一些概念的辨析》,《哲学研究》2014 年第 8 期。
25. 谢永康:《从"否定性的辩证法"到"否定的辩证法"——阿多诺与黑格尔-马克思哲学传统》,《社会科学战线》2007 年第 4 期。
26. 杨祖陶:《黑格尔〈耶拿逻辑〉初探》,《哲学研究》2011 年第 2 期。
27. 杨祖陶:《从〈耶拿逻辑〉到〈逻辑科学〉的飞跃》,《哲学动态》2013 年第 8 期。
28. 余纪元:《亚里士多德论 ON》,《哲学研究》1995 年第 4 期。
29. 张亮:《辩证法内部的争论:阿多诺和〈历史与阶级意识〉》,《江海学刊》2001 年第 5 期。
30. 张庆熊:《诠释学与现象学的汇通之路:从"意识事实"到"此在的实际性"》,《复旦学报(社会科学版)》2017 年第 1 期。
31. 张汝伦:《从黑格尔的康德批判看黑格尔哲学》,《哲学动态》2016 年第

5 期。

32. 张汝伦:《黑格尔与启蒙——纪念〈精神现象学〉发表 200 周年》,《哲学研究》2007 年第 8 期。

33. 张守夫:《被遗忘的亚里士多德辩证法》,《山东社会科学》2006 年第 4 期。

34. 张廷国、罗正东:《康德纯粹理性概念"演绎"初探》,《哲学研究》2018 年第 8 期。

35. 张志伟:《哲学的起源、危机与希望》,《哲学动态》2019 年第 7 期。

36. 赵敦华:《黑格尔"现实性"范畴的多种意义和中心意义》,《中国高校社会科学》2015 年第 5 期。

37. 赵林:《〈耶拿逻辑〉与"黑格尔哲学的真正起源和秘密"》,《武汉大学学报(人文科学版)》2013 年第 3 期。

38. 詹文杰:《虚无与虚假之辨:柏拉图的 Not-being 概念》,《世界哲学》2006 年第 5 期。

39. 庄振华:《黑格尔辩证法探本》,《武汉大学学报(人文科学版)》2015 年第 5 期。

40. 庄振华:《黑格尔的绝对知识——〈精神现象学〉第八章新解》,《云南大学学报(社会科学版)》2022 年第 2 期。

图书在版编目(CIP)数据

怀疑主义与辩证法:黑格尔辩证法形成问题研究/荆晶著. --上海:复旦大学出版社,2024.8. -- ISBN 978-7-309-17517-2

Ⅰ.B516.35

中国国家版本馆 CIP 数据核字第 2024JW3372 号

怀疑主义与辩证法:黑格尔辩证法形成问题研究
荆　晶　著
责任编辑/陈　军

复旦大学出版社有限公司出版发行
上海市国权路 579 号　邮编:200433
网址:fupnet@fudanpress.com　http://www.fudanpress.com
门市零售:86-21-65102580　　团体订购:86-21-65104505
出版部电话:86-21-65642845
常熟市华顺印刷有限公司

开本 787 毫米×1092 毫米　1/16　印张 16.75　字数 291 千字
2024 年 8 月第 1 版
2024 年 8 月第 1 版第 1 次印刷

ISBN 978-7-309-17517-2/B·811
定价:86.00 元

如有印装质量问题,请向复旦大学出版社有限公司出版部调换。
版权所有　侵权必究